L'ÉGLISE ET LA POLITIQUE QUÉBÉCOISE,
DE TASCHEREAU À DUPLESSIS

ÉTUDES D'HISTOIRE DU QUÉBEC/
STUDIES ON THE HISTORY OF QUEBEC

Magda Fahrni et/and Jarrett Rudy
Directeurs de la collection/Series Editors

1 Habitants and Merchants in
  Seventeenth-Century Montreal
  Louise Dechêne

2 Crofters and Habitants
  Settler Society, Economy, and Culture
  in a Quebec Township, 1848-1881
  J.I. Little

3 The Christie Seigneuries Estate
  Management and Settlement
  in the Upper Richelieu Valley,
  1760-1859
  Françoise Noël

4 La Prairie en Nouvelle-France,
  1647-1760
  Louis Lavallée

5 The Politics of Codification
  The Lower Canadian Civil Code
  of 1866
  Brian Young

6 Arvida au Saguenay
  Naissance d'une ville industrielle
  José E. Igartua

7 State and Society in Transition
  The Politics of Institutional Reform
  in the Eastern Townships, 1838-1852
  J.I. Little

8 Vingt ans après *Habitants
  et marchands*, Lectures de l'histoire
  des XVIIe et XVIIIe siècles canadiens
  Habitants et marchands,
  Twenty Years Later
  Reading the History of Seventeenth-
  and Eighteenth-Century Canada
  Edited by *Sylvie Dépatie,
  Catherine Desbarats, Danielle
  Gauvreau, Mario Lalancette,
  Thomas Wien*

9 Les récoltes des forêts publiques
  au Québec et en Ontario, 1840-1900
  Guy Gaudreau

10 Carabins ou activistes? L'idéalisme
   et la radicalisation de la pensée
   étudiante à l'Université de Montréal
   au temps du duplessisme
   Nicole Neatby

11 Families in Transition
   Industry and Population in
   Nineteenth-Century Saint-Hyacinthe
   Peter Gossage

12 The Metamorphoses of Landscape
   and Community in Early Quebec
   Colin M. Coates

13 Amassing Power
   J.B. Duke and the Saguenay River,
   1897-1927
   David Massell

14 Making Public Pasts
   The Contested Terrain of Montreal's
   Public Memories, 1891-1930
   Alan Gordon

15 A Meeting of the People
   School Boards and Protestant
   Communities in Quebec,
   1801-1998
   *Roderick MacLeod
   and Mary Anne Poutanen*

16 A History for the Future
   Rewriting Memory and Identity
   in Quebec
   Jocelyn Létourneau

17 C'était du spectacle!
   L'histoire des artistes transsexuelles
   à Montréal, 1955-1985
   Viviane Namaste

18 The Freedom to Smoke
Tobacco Consumption and Identity
Jarrett Rudy

19 Vie et mort du couple
en Nouvelle-France
Québec et Louisbourg au XVIIIe siècle
Josette Brun

20 Fous, prodigues et ivrognes
Familles et déviance à Montréal
au XIXe siècle
Thierry Nootens

21 Done with Slavery
The Black Fact in Montreal,
1760-1840
Frank Mackey

22 Le concept de liberté au Canada à
l'époque des Révolutions atlantiques,
1776-1838
Michel Ducharme

23 The Empire Within
Postcolonial Thought and Political
Activism in Sixties Montreal
Sean Mills

24 Quebec Hydropolitics
The Peribonka Concessions
of the Second World War
David Massell

25 Patrician Families and the Making
of Quebec
The Taschereaus and McCords
Brian Young

26 Des sociétés distinctes
Gouverner les banlieues bourgeoises
de Montréal, 1880-1939
Harold Bérubé

27 Nourrir la machine humaine
Nutrition et alimentation au Québec,
1860-1945
Caroline Durand

28 Why Did We Choose to Industrialize?
Montreal, 1819-1849
Robert C.H. Sweeny

29 Techniciens de l'organisation sociale
La réorganisation de l'assistance
catholique privée à Montréal
(1930-1974)
Amélie Bourbeau

30 Beyond Brutal Passions
Prostitution in Early Nineteenth-
Century Montreal
Mary Anne Poutanen

31 A Place in the Sun
Haiti, Haitians, and the Remaking
of Quebec
Sean Mills

32 The Pauper's Freedom
Crime and Poverty
in Nineteenth-Century Quebec
Jean-Marie Fecteau

33 Au risque de la conversion
L'expérience québécoise de la mission
au XXe siècle (1945-1980)
Catherine Foisy

34 From Old Quebec to La Belle
Province
Tourism Promotion, Travel Writing,
and National Identities, 1920-1967
Nicole Neatby

35 Genre, patrimoine et droit civil
Les femmes mariées de la bourgeoisie
québécoise en procès, 1900-1930
Thierry Nootens

36 L'Église et la politique québécoise,
de Taschereau à Duplessis
Alexandre Dumas

L'Église et la politique québécoise, de Taschereau à Duplessis

ALEXANDRE DUMAS

McGill-Queen's University Press
Montreal & Kingston • London • Chicago

© McGill-Queen's University Press 2019

ISBN 978-0-7735-5670-6 (relié toile)
ISBN 978-0-7735-5671-3 (relié papier)
ISBN 978-0-7735-5745-1 (ePDF)
ISBN 978-0-7735-5746-8 (ePUB)

Dépôt légal, premier trimestre 2019
Bibliothèque nationale du Québec

Imprimé au Canada sur papier non acide qui ne provient pas de forêts anciennes (100% matériel post-consommation), non blanchi au chlore.

Cet ouvrage a été publié grâce à une subvention de la Fédération des sciences humaines, dans le cadre du Prix d'auteurs pour l'édition savante, à l'aide de fonds provenant du Conseil de recherches en sciences humaines du Canada. Le programme Aide à la distribution d'un ouvrage à paraître en études québécoises de l'Association internationale des études québécoises (AIEQ) nous a aussi accordé une subvention à l'appui de la publication.

Nous remercions le Conseil des arts du Canada de son soutien. L'an dernier, le Conseil a investi 153 millions de dollars pour mettre de l'art dans la vie des Canadiennes et des Canadiens de tout le pays.

We acknowledge the support of the Canada Council for the Arts, which last year invested $153 million to bring the arts to Canadians throughout the country.

Catalogage avant publication de Bibliothèque et Archives Canada

Dumas, Alexandre, 1988-, auteur
L'Église et la politique québécoise, de Taschereau à Duplessis / Alexandre Dumas.

(Études d'histoire du Québec – Studies on the history of Quebec ; 36)
Comprend des références bibliographiques et un index.
Publié en formats imprimé(s) et électronique(s).
ISBN 978-0-7735-5670-6 (couverture rigide). –
ISBN 978-0-7735-5671-3 (couverture souple). –
ISBN 978-0-7735-5745-1 (ePDF). –
ISBN 978-0-7735-5746-8 (ePUB)

1. Église catholique – Québec (Province) – Histoire – 20e siècle. 2. Église et État – Québec (Province). 3. Religion et politique – Québec (Province). 4. Québec (Province) – Politique et gouvernement – 1920-1936. 5. Québec (Province) – Politique et gouvernement – 1936–1960. I. Titre. II. Collection: Studies on the history of Quebec ; 36

BX1422.Q8D86 2019   261.709714   C2018-906178-2
                                                C2018-906179-0

Ce livre a été composé par Marquis Interscript en 10.5/13 Sabon.

Table des matières

Figures ix

Introduction 3

1 Les relations entre l'Église et l'État jusqu'en 1930 15
2 Les dernières années du régime Taschereau 28
3 Les prêtres prennent parti 49
4 Les élections de 1935 61
5 Un changement de régime 96
6 La « douce révolution » de l'Union nationale 109
7 Le clergé dans la tourmente politique 125
8 Les libéraux de retour au pouvoir 148
9 « Les évêques mangent dans ma main » 190
10 Les mœurs électorales 227

Conclusion 242

Notes 253

Bibliographie 321

Index 333

Figures

1 Mgr Maurice Roy en compagnie du premier ministre du Québec, Jean Lesage, le 7 mars 1965. Archives de l'archevêché de Québec   12

2 Le cardinal Villeneuve entouré des dignitaires civils lors des fêtes de Jacques-Cartier à Gaspé en 1934. Archives de l'archevêché de Québec   35

3 Dignitaires assistant au défilé de la Saint-Jean-Baptiste en 1933. Archives de l'archevêché de Québec   47

4 Maurice Duplessis baisant l'anneau du cardinal Villeneuve lors du congrès eucharistique de 1938. Archives de l'archevêché de Québec   113

5 Le cardinal Villeneuve chante un Te Deum pour célébrer la victoire des Alliés sur l'Allemagne le 7 mai 1945 en compagnie du maire de Québec, Lucien Borne. Archives de l'archevêché de Québec   179

6 Mgr Maurice Roy, évêque de Trois-Rivières, assiste à l'exposition d'artisanat des Dames Fermières à Trois-Rivières en compagnie de Maurice Duplessis le 26 juin 1946. Archives de l'archevêché de Québec   192

7 Le premier ministre du Canada, Louis Saint-Laurent, présente ses vœux à l'archevêque de Québec, Mgr Maurice Roy, le 1er janvier 1954. Archives de l'archevêché de Québec   218

8 Caricature de Robert LaPalme illustrant les chefs de partis se disputant les appuis du clergé lors de la campagne électorale de 1960. *La Presse*, 15 juin 1960   237

L'ÉGLISE ET LA POLITIQUE QUÉBÉCOISE, DE TASCHEREAU À DUPLESSIS

Introduction

Depuis un demi-siècle, on raconte n'importe quoi[1].
Denis Vaugeois

En 1997, le ministre fédéral Stéphane Dion demande à la Cour suprême de se positionner sur la légalité d'un éventuel troisième référendum sur la séparation du Québec. Alors que la question enflamme les esprits, le cardinal Jean-Claude Turcotte, archevêque de Montréal, prend publiquement position: « La Cour suprême dira ce qu'elle voudra. Même si elle dit qu'on n'a pas le droit de le faire, si le peuple décide de le faire, c'est le peuple qui est souverain. Je suis un démocrate[2]. » Cette déclaration de principes est largement perçue comme une profession de foi souverainiste. Alors que plusieurs, dont le ministre Bernard Landry[3], se réjouissent de cet appui inespéré, des centaines d'appels de protestation sont logés à l'archevêché de Montréal: « Monseigneur, c'est effrayant, vous êtes devenu péquiste[4]! » Devant le tollé qu'engendre sa déclaration, le cardinal demande publiquement pardon d'avoir pris la parole sur un sujet qui « dépasse ses compétences[5] ». L'Église n'a pas à prendre position sur les questions politiques, explique-t-il. Cet épisode relativement récent illustre le rapport difficile qu'entretiennent les Québécois avec le lien du religieux et du politique. Où est donc passée cette époque où il était naturel pour les chefs de l'Église catholique québécoise de se prononcer d'autorité sur les questions d'État ? Cette époque a-t-elle seulement jamais existé ?

Lorsque nous songeons à l'alliance entre l'Église et l'État au Québec, nous pensons forcément à Maurice Duplessis. Plus que tout autre, ce premier ministre a la réputation d'avoir été un ultramontain, un ultraconservateur qui a basé sa politique sur les principes de la religion catholique et sacrifié le progrès de la société québécoise aux intérêts de l'Église. Cette image est fortement ancrée dans la culture populaire. On le réalise en visionnant la série télévisée *Duplessis* de Denys Arcand, où on voit le « Cheuf » interprété par Jean Lapointe se rendre au palais du cardinal Rodrigue Villeneuve pour recevoir les instructions de son chef spirituel. À l'archevêque de Québec est attribuée la responsabilité de l'infâme Loi du cadenas, de l'opposition de Duplessis au droit de vote des femmes, de sa lutte contre les syndicats et de ses lois sociales rétrogrades[6]. De façon générale, les Québécois ont volontiers associé tout ce qui leur déplaît dans leur histoire à l'influence de l'Église catholique. Cette influence fut-elle jamais aussi toute-puissante et envahissante que nous l'avons cru, surtout sur le plan politique ?

Une perspective anachronique déforme notre vision de cette période historique. Les grands débats de la Révolution tranquille ont été transposés à la période précédente. Maurice Duplessis a été présenté comme un obstacle sur le chemin de la modernisation de la société québécoise, modernisation qui passe nécessairement par la laïcisation et l'effacement de l'Église comme puissance politique. Ce faisant, les premiers ministres libéraux Louis-Alexandre Taschereau et Adélard Godbout se sont vu attribuer un programme politique qui ne fut pas le leur, celui de réformateurs prêts à perdre le pouvoir pour défendre un programme visant à faire entrer le Québec dans la modernité. Cette modernité passait par l'affranchissement de l'État vis-à-vis de l'Église, et le Parti libéral, croit-on, s'est fait champion de cet objectif[7]. L'Église s'est également vu accorder une omniscience remarquable, puisqu'on la juge consciente que ses fidèles allaient bientôt lui échapper, que son pouvoir commençait à s'effriter et que la société civile allait lui arracher son influence. Il faut pour cela oublier que le transfert des compétences opéré par le gouvernement de Jean Lesage dans les années 1960 a été un mouvement spontané visant l'efficacité de l'État et non pas l'accomplissement d'un programme idéologique nourri depuis plusieurs dizaines d'années[8]. L'objectif n'était pas d'épurer la société québécoise du catholicisme, mais bien de repenser son rapport avec le catholicisme, principalement dans le milieu de l'instruction[9]. Non seulement la création d'un ministère de l'Éducation ne figurait pas au programme du Parti libéral en 1960 ni en 1962, mais Paul Gérin-Lajoie était bien isolé au cabinet ministériel à défendre son projet auquel même René Lévesque était réfractaire[10]. Cette idée qui fait de l'élection provinciale de 1960 une prise de conscience collective où les Québécois ont rejeté l'Église et choisi la laïcité est une construction historique. Cette vision déformée de notre passé amène à représenter les libéraux comme des modernistes tenus en échec par l'alliance des forces conservatrices présidées par le clergé.

La société québécoise « duplessiste » apparaît présentée ainsi comme un tableau manichéen. Entre Maurice Duplessis qui défendait la tradition et le Parti libéral qui souhaitait la rompre, c'est derrière le premier que se seraient massivement rangés prêtres et évêques. Dans le même ordre d'idées, c'est l'influence cléricale qui aurait permis à l'Union nationale de prendre le pouvoir et de le conserver. Refusant de reconnaître au gouvernement Duplessis la moindre qualité pouvant justifier que nous lui accordions notre suffrage[11], nous déduisons que son long règne ne peut s'expliquer que par l'union des puissances occultes de l'argent et de la religion. Une lourde responsabilité est donc attribuée à cette supposée alliance entre l'Église et l'Union nationale.

Une déformation de la mémoire a conduit à ce jugement sévère sur le passé de la société québécoise. Sur la période de la Grande Noirceur, les acteurs de la Révolution tranquille se sont vu accorder le monopole de la mémoire. De Gérard Pelletier à Guy Rocher, d'André Laurendeau à Pierre Laporte en passant par Lise Payette et Madeleine Parent, ce sont aux contestataires du duplessisme et aux phares de la réingénierie de l'État qu'a été confié le soin de raconter le Québec d'avant 1960. Documentaires[12], colloques[13] et biographies[14] leur ont donné une place immense. Tout en racontant l'histoire, ces acteurs de la Révolution tranquille ont eu à justifier des réformes parfois remises en question. Ils se sont volontiers présentés comme les inventeurs de la modernité québécoise[15]. Il était nécessaire pour ce faire d'insister sur le « progrès » réalisé au cours de cette période mouvementée et, par le fait même, de rabaisser autant que possible l'époque qui a précédé. C'est ce qu'explique le journaliste et historien Laurier LaPierre : « Nous croyions apporter la lumière dans la province alors il nous fallait croire qu'avant, tout n'était que noirceur[16]. » C'est en diabolisant la Grande Noirceur qu'on a légitimé la Révolution tranquille. Pour justifier la laïcisation de l'éducation et des services sociaux, on a vertement dénoncé les effets catastrophiques de l'alliance entre l'Église et l'État. Ce faisant, le rôle politique du clergé a été amplifié et démonisé. Nous avons nourri dans l'imaginaire collectif l'idée d'une Église « bleue » dictant leur vote aux fidèles et s'opposant à toute mesure susceptible d'être associée au « progrès ». Les thèses de Jean-Charles Harvey et de Pierre Elliott Trudeau nous présentent l'Église comme une institution cherchant à conserver le Québec dans le Moyen Âge[17] ont été globalement acceptées.

Cinquante ans après les faits, plusieurs acteurs de la Révolution tranquille aiment répéter qu'on ne peut comprendre cette période sans l'avoir vécue[18]. L'historien de moins de 70 ans qui souhaite remettre en question les turpitudes du régime duplessiste ou la vertu du gouvernement Lesage fait donc face à une solide opposition. Il est toutefois essentiel aujourd'hui pour l'historien de ne plus se contenter des souvenirs des témoins de l'époque, qui souffrent forcément après 50 ans d'un biais de confirmation, c'est-à-dire qu'ils ont évacué de leur mémoire les éléments venant infirmer leur vision du passé pour ne retenir que ce qui y est conforme[19]. Ce biais est d'autant plus facile à développer que la société québécoise a généralement accepté cette vision déformée de la Grande Noirceur et de la Révolution tranquille. Pour en sortir, il faut donner une plus grande place aux sources documentaires.

Plusieurs historiens ont contribué à développer ce mythe et à le perpétuer. Ils ont généralisé des cas particuliers et pris des témoignages pour des vérités absolues sans les contre-vérifier. Les exemples étaient considérés comme représentatifs de l'ensemble et les déclarations jugées vraies dès qu'ils confirmaient les préjugés des auteurs. L'historien Antonin Dupont a par exemple utilisé le conflit entre les journaux libéraux et les journaux catholiques pour démontrer que l'Église était en constante opposition avec le gouvernement libéral de Louis-Alexandre Taschereau[20]. La correspondance surtout a été abusivement utilisée. Une seule lettre aimable d'un évêque à Maurice Duplessis a pu suffire à démontrer qu'il existait entre eux une relation amicale. On a trop souvent oublié (ou volontairement ignoré) qu'une lettre ne reflète pas nécessairement la pensée de son auteur et que les renseignements qu'elle contient ne sont pas toujours fondés. Cette erreur a été commise tant par les admirateurs de Duplessis, qui souhaitaient donner l'impression que le chef suscitait l'admiration de tous, que par ses critiques, qui cherchaient à démontrer que Duplessis était « l'homme du clergé[21] ». Nous proposons une version beaucoup plus nuancée.

Les remises en question de la Grande Noirceur par les historiens et autres spécialistes des sciences sociales se sont multipliées au cours des quelque 30 dernières années. Des colloques organisés en 2009 par Xavier Gélinas et Lucia Ferretti[22] et en 1996 par Alain-G. Gagnon et Michel Sarra-Bournet[23] ont permis aux chercheurs d'amorcer des réflexions sur de nombreux aspects du gouvernement Duplessis. Gilles Bourque, Jules Duchastel et Jacques Beauchemin ont tenté de prouver que la société duplessiste, loin d'être purement conservatrice, était au contraire essentiellement libérale[24]. L'historien Michael Gauvreau ainsi que les sociologues E.-Martin Meunier et Jean-Philippe Warren ont avancé que la Révolution tranquille, loin d'être une révolte contre « l'hégémonie cléricale », était au contraire une tentative de renouveler la place du catholicisme dans la société québécoise en s'inspirant du mouvement personnaliste[25]. Lucia Ferretti a expliqué que la paroisse, loin de n'être qu'une structure traditionnelle de pouvoir et de régulation sociale, était un instrument de socialisation et de solidarité auquel contribuait activement la population[26]. Roberto Perin a avancé que l'ultramontanisme de Mgr Bourget visait à ressouder les liens d'une communauté nationale désœuvrée et non à instaurer un État théocratique[27]. Les critiques de l'historiographie traditionnelle de la Grande Noirceur sont donc déjà nombreuses. L'exercice reste à faire en ce qui concerne le rapport du clergé à la politique, rapport qui n'est pas le moindre défaut qu'on lui ait reproché. Nous verrons que les historiens échappent difficilement à l'idée bien ancrée dans la mémoire populaire d'une entente tacite entre l'Église et l'Union nationale.

Une des erreurs commises par l'historiographie des relations entre l'Église et l'État est d'avoir examiné le duplessisme comme un objet d'étude isolé. Comparativement à Maurice Duplessis, à qui ont été consacrées un très grand nombre de recherches, Louis-Alexandre Taschereau et Adélard Godbout ont peu attiré l'attention des historiens. Leurs rapports avec le clergé et les évêques ont été examinés plutôt superficiellement. C'est malgré tout en opposition avec l'ultramontanisme allégué de Maurice Duplessis qu'ils ont été étudiés. Voulant trouver un fondement historique à un idéal de laïcité dont la Révolution tranquille serait tributaire, certains historiens ont souhaité démontrer que le Parti libéral de Jean Lesage était l'héritier en ligne droite du Parti patriote et des rouges du XIXe siècle, qui réclamaient déjà la séparation de l'Église et de l'État. Les auteurs des biographies de Taschereau et Godbout cherchaient à nous faire redécouvrir des héros incompris par leurs contemporains et oubliés aujourd'hui[28]. Ces héros qui, selon les auteurs, ont tenté de faire progresser la société québécoise presque malgré elle ont été présentés en martyrs. L'Église, leur ennemie jurée, joue dans cette vision de l'histoire le rôle de juge, de jury et de bourreau. Taschereau a voulu moderniser l'assistance publique, et Godbout, réformer l'éducation en plus d'avoir accordé le droit de vote aux femmes. Pour punir ces hérétiques, l'Église aurait uni ses forces pour assurer leur défaite et favoriser l'ascension de Maurice Duplessis, son chevalier servant. Ajoutons à ce biais un penchant pour l'événementiel qui amène à accorder une importance disproportionnée aux crises de toutes sortes et à ignorer les périodes de paix et d'harmonie, beaucoup moins facilement perceptibles. C'est ainsi que toute trace d'animosité entre l'Église et l'État sous un gouvernement libéral a été scrutée à la loupe et montée en épingle. Nous verrons que la réalité est beaucoup plus équilibrée.

Les biographes de Duplessis ont quant à eux insisté sur les bonnes relations entre l'Église et l'État sous l'Union nationale[29]. Bien que leurs opinions divergent, ils s'accordent dans leur vision d'une entente cordiale entre les deux pouvoirs. Les travaux sur le sujet commencent toutefois à dater. La dernière étude consacrée aux relations entre l'Église et l'État sous Duplessis est un chapitre de la biographie écrite par Conrad Black et publiée en 1977. Abondamment critiquée pour son *a priori* idéologique, l'œuvre de Black est pourtant toujours citée comme référence, et son interprétation des sources semble acceptée même par des auteurs dont l'opinion est opposée[30].

Près de 60 ans après la mort de Maurice Duplessis, nous croyons la période mûre pour une relecture à l'abri de l'angle émotif des témoins de l'époque. Loin d'être l'exception à la règle sur le plan des relations entre l'Église et l'État, l'Union nationale de Maurice Duplessis s'inscrit au contraire en continuité avec les gouvernements libéraux de Louis-Alexandre Taschereau et d'Adélard Godbout. C'est ce que ce livre vise à démontrer. Quel rôle a été celui de l'Église catholique dans la politique québécoise ? Comment se positionnait-elle par rapport aux différents partis et gouvernements ? Le clergé n'était-il réellement qu'un auxiliaire de l'Union nationale et des forces conservatrices ? Les évêques ont-ils « mangé dans la main » de Maurice Duplessis ? Ce sont les questions auxquelles nous nous proposons de répondre.

Nos conclusions diffèrent de ce que la mémoire populaire a retenu en raison des sources consultées. En plus de la correspondance déjà analysée des politiciens de l'époque, nous avons utilisé les archives des différents évêchés de la province (Québec, Montréal, Sherbrooke, Trois-Rivières, Chicoutimi, Saint-Hyacinthe, Saint-Jean-Longueuil, Rimouski, Valleyfield, Baie-Comeau), beaucoup plus rarement examinées par les historiens. La correspondance des archevêques de Québec et de Montréal a été particulièrement utile pour découvrir une nouvelle dimension des relations entre l'Église et l'État. Selon l'archiviste de l'archidiocèse de Québec, la correspondance du cardinal

Rodrigue Villeneuve n'avait encore jamais été utilisée par les chercheurs. Quant aux archives des archevêques Georges Gauthier et Joseph Charbonneau, elles nous ont été ouvertes sur autorisation spéciale du chancelier de l'archidiocèse de Montréal. Les lettres personnelles des évêques, où ils sont naturellement plus francs que dans leurs lettres échangées avec les politiciens, viennent fortement nuancer la vision que nous avons de leur rapport à la politique.

Nous avons retenu pour notre étude une période allant de 1930 à 1960. Nous observerons ainsi les années d'opposition de Maurice Duplessis, la formation de l'Union nationale et le rôle qu'y a joué le clergé. Notre étude inclura également la période Godbout afin de déterminer si elle présente réellement un contraste avec les deux gouvernements Duplessis. C'est en observant les relations entre l'Église et l'État sous les trois premiers ministres de cette période que nous pourrons déterminer comment se distingue l'Union nationale. La politique ne se limitant pas au parti qui forme le gouvernement, nous analyserons aussi la sympathie politique du clergé de même que son implication dans les différents partis d'opposition de l'époque, soit l'Action libérale nationale, le Parti national et le Bloc populaire canadien.

Il ne s'agit pas d'un effort de réhabilitation. Nous ne chercherons pas à présenter l'Église catholique comme une institution charitable purement désintéressée et ouverte au changement. Les documents que nous citerons suffiront à prouver que ce n'était pas le cas. Nous n'avons pas non plus l'intention de redorer l'image du « Cheuf ». Notre objectif est plutôt de réévaluer l'influence de l'Église dans la société québécoise d'avant 1960 et surtout la manière dont cette influence a été utilisée. Là se trouvent, à notre avis, les préjugés qu'il importe de démentir. La principale construction historique à laquelle nous allons nous attaquer est la vision de la Révolution tranquille comme rupture sur le plan religieux. Nous souhaitons démontrer que les deux gouvernements Duplessis ne sont pas des exceptions sur le plan des relations entre l'Église et l'État, mais s'inscrivent au contraire en continuité avec ceux qui les ont précédés et avec ceux qui les ont suivis. C'est ce que nous observerons en analysant les 30 dernières années de cette Grande Noirceur.

Le cas du Québec est évidemment unique dans l'ensemble canadien, mais est régi par des règles semblables, c'est-à-dire dans l'absence de repères idéologiques et historiques. Aux États-Unis, la rupture de tout lien entre l'Église et l'État a été si complète et opérée si rapidement (le principe est reconnu et affirmé dans la Constitution de 1776) que les symboles religieux ont pu demeurer présents dans l'espace public sans jamais menacer la neutralité de l'État[31]. Au Canada, la ligne n'a jamais été tracée, puisque la Constitution canadienne elle-même a été conçue pour répondre à des impératifs économiques et politiques et non pour présenter un programme idéologique. Par conséquent, les relations entre l'Église et l'État ont toujours été gérées au cas par cas et de manière spontanée[32]. En territoire canadien, le rapport du politique au religieux, du civil au religieux, est l'objet de négociations constantes encore aujourd'hui. Le Québec ne déroge pas à cette règle. La séparation entre l'Église et l'État s'est faite « à la pièce » et ne s'est jamais cristallisée dans un texte de loi. Le gouvernement québécois, qu'il soit dirigé par un Taschereau, un Duplessis, un Godbout ou un Lesage, a géré ses rapports avec l'Église en fonction de sa propre perception des besoins du moment et de la meilleure façon de les combler, non en fonction d'une idéologie libérale, ultramontaine ou anticléricale.

Les sociologues David Martin et Rodney Stark se demandent si la sécularisation peut se limiter à un « avant » et à un « après », c'est-à-dire à une première époque « religieuse » et à une seconde époque « moderne[33] ». La ligne nous semble clairement définie au Québec puisque la pratique religieuse est passée d'un extrême à l'autre en un temps record. Il existe un « avant » que nous avons baptisé la « Grande Noirceur », période où la sphère religieuse dominait la sphère civile, et un « après », période où les Canadiens français se sont affranchis de la tutelle de l'Église et ont créé un État autonome à la hauteur de leurs aspirations. Dans cette vision binaire de l'histoire, nous confondons laïcisation et sécularisation.

Le philosophe Charles Taylor établit deux formes de sécularisation : la première, que nous appellerions dans le contexte actuel « laïcisation », concerne l'évacuation du religieux de la sphère publique et en particulier de l'appareil étatique ; la seconde concerne le déclin de la croyance et de la pratique religieuses. La distinction est importante, puisque le taux de pratique religieuse ou d'adhésion à la foi n'est pas nécessairement représentatif de la laïcité dans un pays. Bien que le taux de pratique aux États-Unis soit semblable à celui que l'on trouve au Pakistan, ces deux pays ne sont évidemment pas au même stade des relations entre l'Église et l'État[34]. Selon la première définition, la laïcisation du Québec se fait progressivement tout au long du XXe siècle et ne s'achève réellement que dans les années 2000, lorsque l'enseignement religieux est supprimé et que le ministère de l'Éducation élimine ses comités catholique et protestant. Selon la seconde, la sécularisation s'effectue principalement dans les années 1970, alors que chute de moitié le taux de pratique religieuse des catholiques et que le clergé perd ses effectifs tout en étant incapable de les renouveler[35]. Le fait que les Québécois aient massivement abandonné leur pratique religieuse et parfois même leur foi catholique à la période où s'est opéré le transfert des responsabilités de l'Église à l'État nous a menés à confondre les deux processus qui pourtant sont bien distincts l'un de l'autre. Nous avons attribué aux acteurs de la Révolution tranquille le projet de laïciser l'État, une réorganisation de la société qui serait la traduction de la volonté de la population, alors en rupture avec son héritage catholique. Or, l'abandon de la pratique religieuse, qui a commencé dans les années suivant la Seconde Guerre mondiale, se fait principalement dans les années 1970, soit bien après les réformes des gouvernements Lesage et Johnson. En 1960, les catholiques québécois ne demandent encore qu'à évoluer avec l'Église, qu'ils souhaitent voir se moderniser. C'est cet échec de la modernisation de l'Église, constaté par la conclusion insatisfaisante du concile Vatican II, qui conduit nombre d'entre eux à l'abandonner[36].

Lorsque le Parti libéral de Jean Lesage arrive au pouvoir, le processus de sécularisation du Québec est déjà bel et bien enclenché. De plus en plus, le religieux est mis de côté par les différentes organisations laïques. L'exemple le plus frappant est la déconfessionnalisation de la Confédération des travailleurs catholiques du Canada (CTCC), l'organisation catholique laïque par excellence[37]. Le processus de laïcisation, si on entend la laïcité comme le produit politique du processus historique de sécularisation[38], est quant à lui embryonnaire, puisque l'Église est toujours dominante dans les champs de l'éducation, de la santé et des services sociaux. Si la Révolution tranquille vient ébranler la domination de l'Église dans ces champs de compétence, elle n'effectue pas l'évacuation du religieux. Selon le philosophe français Jean-Claude Monod, la laïcité de l'État n'est pas le début de la sécularisation, mais bien son accomplissement[39]. C'est la sécularisation progressive de la société québécoise qui a rendu sa laïcisation possible et nécessaire.

Lorsqu'on compare le Québec à d'autres nations, la France étant le point de repère de nombreux apôtres d'une laïcité affirmée, on a l'impression de constater un retard historique. La sécularisation ne débutant à nos yeux que dans les années 1960 et ne s'achevant que dans les années 2000, le Québec fait pâle figure à côté d'un pays comme la France, où la séparation de l'Église et de l'État est rendue

Figure 1 Mgr Maurice Roy en compagnie du premier ministre du Québec, Jean Lesage, le 7 mars 1965.

absolue et officielle dès 1905. On ne peut pourtant pas parler de « retard » du Québec puisqu'il n'existe pas de processus de sécularisation universel. Chaque nation connaît sa propre version de la laïcité. Il est bien évident que la sécularisation québécoise n'a rien à voir avec la sécularisation française, où la séparation de l'Église et de l'État est marquée par le conflit et la violence[40]. La différence de contexte explique beaucoup. Les nombreux facteurs ayant conditionné la séparation de l'Église et de l'État en France à la fin du XIXe siècle et au début du XXe siècle ne se sont pas retrouvés au Québec. Pour le gouvernement français où abondent les francs-maçons et autres tenants d'une idéologie révolutionnaire, les vœux d'obéissance et de sacrifice des prêtres, religieux et religieuses sont perçus comme étant incompatibles avec l'idéal républicain de liberté et de libre-pensée. On s'inquiète des liens de l'Église avec Rome, considérant la relation difficile entre la France et le Saint-Siège. Au moment où on se préoccupe du faible taux de natalité des Français comparativement à celui des Allemands, l'encouragement du clergé à la chasteté est perçu comme une menace à l'intérêt national[41]. Au Québec, le gouvernement provincial aux prises avec le déséquilibre fiscal a toujours été ravi de laisser aux communautés religieuses la gestion de l'éducation et des services sociaux[42]. L'encouragement du clergé à une forte natalité est en harmonie avec le désir de survivance des nationalistes canadiens-français. Politiquement, le Québec est dans l'ensemble fort conservateur sur le plan social. Les deux principaux partis sont d'accord sur la place de la religion catholique dans la société, sur l'importance de la propriété privée et sur les bienfaits de l'économie capitaliste. Communistes, socialistes et autres anticléricaux sont une force politique tout à fait marginale. Bien que l'Église et l'État soient tous deux jaloux de leurs prérogatives respectives, ils avancent dans la même direction et collaborent en ce sens. Le Québec ne connaîtra jamais de rupture abrupte semblable à celle qui s'est opérée en France. La laïcisation québécoise a été progressive et s'inscrit dans un processus qui s'étire sur un siècle.

Ce livre vise à démontrer que l'Union nationale s'inscrit en continuité avec les administrations libérales sur le plan des relations entre l'Église et l'État. L'arrivée au pouvoir de Maurice Duplessis ne constitue ni un recul ni un frein à la modernisation de l'État québécois. Ses 18 années au gouvernement sont une étape d'un cheminement continu.

L'argumentation suivra une structure chronologique, de façon que la continuité des relations entre l'Église et l'État soit mise en évidence. Nous présenterons d'abord un survol du rapport de l'Église catholique à la politique québécoise, du lendemain de la rébellion des patriotes à la grande crise, afin de mettre en contexte les relations entre l'Église et l'État sous le gouvernement libéral de Louis-Alexandre Taschereau. Nous examinerons ensuite les rapports de l'Église avec les gouvernements Taschereau, Duplessis et Godbout. Une attention particulière sera accordée aux campagnes électorales, puisqu'il s'agit de moments privilégiés pour toute participation politique. On remarquera facilement la distinction entre l'implication des prêtres et l'attitude des évêques, qui seront étudiées séparément. Nous accorderons également une importance considérable à certains événements et projets de loi isolés qui ont été souvent utilisés comme preuve de l'animosité de l'Église pour le Parti libéral ou de son penchant pour l'Union nationale : la question des écoles juives en 1930, le crucifix « de Duplessis » en 1936, la Loi du cadenas en 1937 ou encore l'adoption du droit de vote des femmes en 1940.

I
Les relations entre l'Église et l'État jusqu'en 1930

Les relations entre l'Église et l'État au Canada sont longtemps affectées par l'idéologie de l'ultramontanisme. L'historienne Nadia Fahmy-Eid résume en ces termes les deux objectifs de cette doctrine : « 1°, de restaurer l'autorité pontificale dans son intégrité en la définissant comme l'autorité suprême au sein de la chrétienté ; 2°, d'instaurer une fois pour toutes la suprématie de la société religieuse sur la société civile par le biais de la soumission totale de l'État à l'Église[1]. » Il s'agit donc dans un premier temps de restaurer et de réaffirmer la hiérarchie à l'intérieur de l'Église pour ensuite instituer celle-ci comme puissance dominante dans les sociétés au sein desquelles elle évolue. L'influence de l'ultramontanisme pénètre évidemment les domaines politique et électoral. Dans le choix d'un gouvernement, les électeurs doivent favoriser l'accomplissement de la volonté de la Providence. Or, qui de mieux que le prêtre peut les guider dans cette direction ?

L'ultramontanisme se développe en sol canadien au lendemain des rébellions de 1837-1838, au moment où apparaît également un libéralisme radical, inspiré des mouvements révolutionnaires européens. La seule année 1848 voit se dérouler de nombreuses révolutions en Europe, notamment en France et en Allemagne. L'Église québécoise est plus particulièrement préoccupée par l'agitation en Italie, où le mouvement d'unification menace la souveraineté du pape sur les États pontificaux. Ces divers mouvements inspirent une nouvelle forme de libéralisme qui se caractérise entre autres par la volonté de reléguer la religion au seul domaine spirituel, donc de retirer à l'Église son pouvoir temporel. Au Canada, ces nouveaux libéraux affichent une volonté revancharde à l'endroit du clergé, accusé d'avoir empêché le mouvement d'émancipation entrepris par les patriotes. Le clergé doit plus que jamais défendre l'étendue de son influence dans la société canadienne-française[2].

Au cours des décennies 1840 et 1850, le clergé s'associe au Parti réformiste de Louis-Hippolyte La Fontaine et s'oppose violemment aux rouges, héritiers du programme anticlérical du Parti patriote. Les rouges réclament la séparation de l'Église et de l'État, l'abolition de la dîme et la neutralité du système d'éducation. Comme les patriotes, ils souhaitent l'annexion aux États-Unis, ce qui représente, aux yeux du clergé, l'extinction à plus ou moins long terme de la religion catholique en Amérique du Nord[3]. Le clergé a joué un rôle de premier plan dans la disparition du libéralisme européen en sol canadien.

C'est à cette époque que l'influence de l'Église atteint son apogée. Les députés et les ministres consultent fréquemment les curés avant de faire une nomination et s'en remettent parfois totalement aux prêtres[4]. Être en bons termes avec le clergé est donc une nécessité pour l'ascension politique et sociale. L'alliance de l'Église avec les réformistes, puis avec les conservateurs, lui assure ses privilèges traditionnels tels que la perception de la dîme, l'exemption des taxes et la pleine liberté dans l'érection des paroisses. C'est dans le domaine de l'instruction que l'influence de l'Église est la plus importante. La loi de 1845 sur l'éducation fait des curés les commissaires des écoles de leur paroisse. Celle de 1846 assure leur emprise sur l'éducation en dispensant les religieux de l'examen d'aptitude pour obtenir le droit d'enseigner, tandis que les instituteurs laïques se voient dans l'obligation d'obtenir un certificat de moralité signé par le prêtre de leur confession. La loi réserve également au clergé le choix des manuels d'enseignement[5]. La domination de l'Église sur le système d'éducation est préservée en 1875, lorsque l'éphémère ministère de l'Instruction publique est remplacé par le Conseil de l'instruction publique, auquel siègent d'office tous les évêques de la province de Québec. Les évêques s'opposent dès lors à tout changement dans le système d'éducation. Derrière chaque réforme, on perçoit l'influence de Jules Ferry, ministre responsable de la laïcisation du système d'éducation français[6].

Ayant totalement confiance en ses alliés conservateurs, le clergé ne se prononce pas sur le projet de Confédération avant 1867. Mgr Ignace Bourget de Montréal semble être le seul évêque à se méfier du chef George Brown en raison de son passé antifrançais et anticatholique[7]. Lors de la campagne électorale de 1867, les évêques paraissent faire campagne aux côtés des conservateurs, tant leurs mandements sont cités à profusion pour défendre la Confédération. L'Église poursuit sa dénonciation du libéralisme sans se prononcer directement sur les enjeux électoraux. En retour, les libéraux condamnent avec acrimonie la partisannerie du clergé. La lutte électorale se fait plus entre le clergé et le libéralisme qu'entre les deux partis aspirant au pouvoir[8]. L'Église est donc une force politique non négligeable.

L'alliance entre le clergé et les conservateurs ne survit pas à la Confédération. L'attitude « conciliante » du leader conservateur Hector-Louis Langevin, qui refuse aux minorités catholiques des autres provinces les privilèges accordés à la minorité protestante québécoise, amène les évêques à prendre leurs distances de ce parti[9]. L'effritement de cette alliance amène les évêques de Montréal et de Trois-Rivières, Mgr Bourget et Mgr Laflèche, à appuyer le Programme catholique de 1871 et à demander des candidats, tous partis confondus, qu'ils s'engagent à le respecter. Rejetant désormais la base partisane, les ultramontains préfèrent s'appuyer sur les candidats eux-mêmes. Bourget et Laflèche croient que les seules modifications à la législation devraient être celles qui sont demandées par les évêques de la province. Le programme est toutefois rejeté par Mgr Taschereau de Québec et Mgr Langevin de Rimouski, qui craignent un affrontement ouvert entre les évêques et les hommes politiques[10].

Peu après la Confédération, il est établi que l'État est la partie dominante dans ses relations avec l'Église. Les tribunaux sont invités à se prononcer sur la question lorsque Joseph Guibord se voit refuser des funérailles religieuses en raison de son appartenance à l'Institut canadien, condamné par Mgr Bourget. On apprend au cours du procès que la cour civile peut obliger un prêtre à baptiser un enfant ou à annuler un mariage[11]. Le clergé n'est donc pas le maître absolu de sa zone d'influence. Une autre gifle est infligée aux ultramontains lorsque la participation des prêtres aux élections est contestée devant les tribunaux.

INFLUENCE INDUE

La question de l'influence indue de membres du clergé remonte aux débuts du parlementarisme canadien. Les prêtres sont régulièrement accusés d'abuser de leur influence pour favoriser la victoire de leur candidat ou de leur parti. Dès 1827, un curé soupçonné d'avoir « usé de la chaire » pour encourager ses paroissiens à voter pour le Parti patriote est contraint de démissionner[12]. Après les Rébellions, les rouges accusent les prêtres de se servir du confessionnal pour les attaquer impunément[13]. Au lendemain de l'élection de 1867, le journal libéral *Le Pays* lance une enquête sur l'influence indue du clergé. Le journal n'hésite pas à parler de « tyrannie ecclésiastique » pour décrire l'attitude des curés et des évêques[14].

Un des cas les plus remarquables est celui de l'élection fédérale de Charlevoix en 1876. Le conservateur Hector-Louis Langevin voit son élection annulée en raison d'abus d'influence de la part de membres du clergé en sa faveur. Il est rapporté que plusieurs prêtres auraient tenté d'influencer le vote en déclarant que voter pour le Parti libéral est un péché grave[15]. Certains prêtres sont allés jusqu'à assimiler le Parti libéral canadien au libéral italien Giuseppe Garibaldi, ennemi juré du pape Pie IX[16]. Le juge Adolphe-Basile Routhier, ultramontain et signataire du Programme catholique, rejette l'accusation d'influence indue et confirme l'élection d'Hector Langevin. En Cour d'appel, le juge Jean-Thomas Taschereau, frère de Mgr Taschereau, conclut que la population de Charlevoix, peu éduquée, voire illettrée, est fort encline à accepter les directives de ses prêtres. Le clergé a donc influencé indûment cette élection[17]. Le jugement initial du juge Routhier démontre tout de même l'influence de l'idéologie ultramontaine au Canada français. L'élection de Charlevoix n'est pas un cas unique. En 1880, des prêtres de Berthier informent leurs paroissiens que s'abstenir est aussi grave que de voter pour le Parti libéral, ne leur laissant donc aucun autre choix que de voter pour le Parti conservateur[18].

Bien que rouges et libéraux aiment à parler d'une conspiration politico-religieuse, l'Église n'aurait probablement jamais eu la capacité de mettre sur pied un plan concerté tant elle était divisée. C'est particulièrement vrai à la fin du XIXe siècle, au moment où pleuvent les accusations d'influence indue. Les tentatives de Mgr Fabre, évêque de Montréal, de transformer son diocèse en archidiocèse, suscitent une forte résistance chez Mgr Taschereau de Québec et son successeur, Mgr Bégin. Quant à l'ultramontain Mgr Laflèche de Trois-Rivières, il est peu pris au sérieux par ses collègues, qui aimeraient bien que le Saint-Siège modère son enthousiasme[19].

Les élections annulées pour cause d'influence indue rapportent temporairement un semblant d'unité au sein de l'épiscopat. Mgr Taschereau refuse de sévir pour mettre fin aux abus d'influence de ses prêtres. Il empêche également que des accusations soient entendues devant la cour diocésaine. Son successeur, Mgr Louis-Nazaire Bégin, refuse de reconnaître qu'il y a eu un mouvement général. Les cas d'influence indue sont selon lui des cas isolés et concernent souvent des prêtres favorisant le Parti libéral[20]. Quant aux évêques, ils ne sont intervenus que lorsqu'ils croyaient la religion et la morale chrétienne directement menacées. Taschereau et Bégin ne sont pas moins convaincus de la nécessité de soumettre toute politique à la doctrine catholique. Seulement, plus conscients que Bourget et Laflèche de la situation minoritaire des catholiques et des francophones au Canada et en Amérique du Nord, ils sont aussi plus enclins à encourager une attitude conciliante, meilleure façon de conserver les droits déjà consentis et possiblement d'en obtenir davantage.

N'allons pas croire que l'attitude de Bourget et Laflèche est cautionnée par le Vatican. Les ultramontains québécois sont au contraire considérés à Rome comme des religieux peu éduqués, au comportement excessif. Les papes croient davantage à l'efficacité d'une approche conciliante pour éviter de voir la minorité catholique d'Amérique du Nord être persécutée par la majorité protestante. D'ailleurs, indépendamment des garanties d'autonomie obtenues par le Québec lors de la Confédération, l'Église québécoise est toujours vue comme une partie de l'Église catholique d'Angleterre. Pour cette raison, Rome prend souvent le parti des évêques anglophones, plus modérés, contre leurs collègues francophones[21]. Ce favoritisme pose problème puisque les évêques québécois, de Laflèche à Taschereau en passant par Bégin et Langevin, considèrent l'Église du Québec comme une Église nationale. Cela explique en partie que le clergé se range majoritairement derrière le Parti national d'Honoré Mercier, qui appelle à l'« union sacrée » des Canadiens français contre leurs adversaires orangistes. L'Église québécoise est, dans son ensemble, foncièrement nationaliste[22].

À partir de Mgr Taschereau, le siège de Québec est surtout occupé par des tenants de la bonne entente avec le pouvoir civil. Lorsque Mgr Laflèche se lance en campagne contre Wilfrid Laurier, Mgr Bégin, archevêque de Québec, se montre plutôt ouvert à accorder le bénéfice du doute au chef libéral. L'archevêque craint particulièrement qu'une trop grande insistance des évêques québécois à l'endroit des députés fédéraux puisse attiser le fanatisme des orangistes ontariens sans pour autant influencer positivement les libéraux[23]. Encore une fois, la volonté de préserver les acquis de la communauté catholique motive l'évêque de Québec.

Jamais le Canada n'a été témoin d'un effort aussi important de la part de l'Église catholique pour influencer la politique qu'en 1896. Mgr Laflèche se donne à lui-même, ainsi qu'à l'Église dans son ensemble, le rôle de chef de file dans la quête de survivance de la société canadienne-française catholique. Méfiant envers Wilfrid Laurier, qui hésite et tergiverse dans la défense des droits scolaires des minorités catholiques, l'évêque pousse les prêtres québécois à se prononcer publiquement contre le Parti libéral. Un grand nombre d'entre eux se lancent ouvertement en campagne. Les prêtres ne sont évidemment pas unanimement sympathiques aux conservateurs ou hostiles aux libéraux. Paul Crunican rapporte le cas du curé Bédard de Saint-Constant, accusé par un candidat conservateur d'être un militant pro-Laurier[24]. Tous les efforts de Mgr Laflèche et d'une partie du clergé ne suffisent pas à empêcher l'élection de Laurier. La victoire libérale semble être la défaite de l'Église.

Après 1896, on n'assiste plus à une participation électorale aussi importante du clergé, bien que certains prêtres s'impliquent individuellement en politique[25]. Les évêques observent quant à eux la plus stricte neutralité. Ils s'abstiennent par exemple de prendre part aux campagnes référendaires sur la prohibition[26]. Cela ne signifie pas que l'épiscopat ne tente plus d'influencer la politique. En 1897, Mgr Bruchési, nouvel archevêque de Montréal, a bien failli convaincre le premier ministre Félix-Gabriel Marchand d'abandonner son projet de réforme de l'éducation en lui laissant entendre que le pape lui-même était opposé à l'idée. C'est finalement Thomas Chapais qui fait échouer le projet au Conseil législatif, où les conservateurs sont majoritaires[27]. L'Église devient plus jalouse de ses prérogatives. Aux accusations d'influence indue, le clergé répond par des accusations d'ingérence de l'État, celui-ci devant éviter autant que possible d'empiéter sur le territoire de l'Église qui contient l'éducation et tous les services sociaux[28].

Alors que le clergé se montre plus réservé quant à la politique après 1896, la presse catholique se montre au contraire plus agressive que jamais. La deuxième moitié du XIXe siècle voit une profusion des journaux catholiques, parmi lesquels le plus célèbre est sans contredit *La Vérité* de Jules-Paul Tardivel[29]. Très agressif à l'endroit des politiciens, *La Vérité* n'est pas non plus tendre à l'endroit des évêques, dont certains ne sont pas toujours suffisamment fidèles à la doctrine de l'Église aux yeux du directeur. Au XXe siècle, les journaux catholiques deviennent carrément polémistes. *L'Action catholique* de Québec est l'objet de plus d'une mésentente entre le gouvernement provincial libéral et l'archevêché de Québec[30]. Le journal *La Croix*, publié par Joseph Bégin à Montréal de 1903 à 1937, est parfois si agressif qu'il s'attire des reproches de Mgr Bruchési[31]. Mgr Rouleau, évêque de

Valleyfield, déplore le ton polémique des journaux catholiques et leur manque de respect pour les ecclésiastiques qui ne partagent pas leur point de vue[32]. La presse catholique ne doit donc pas être confondue avec les vues de l'épiscopat.

Lorsque se déclenche la Première Guerre mondiale, Mgr Bruchési s'empresse d'affirmer publiquement et officiellement le soutien de l'Église à l'effort de guerre canadien et britannique. L'Angleterre ayant protégé la liberté et la foi des Canadiens français, il est juste d'aider à la défendre lorsqu'elle se trouve menacée. Au-delà du loyalisme et de la soumission à l'autorité établie, ce soutien à l'Angleterre s'explique par le contexte de la politique religieuse. On cherche à démontrer que la période de l'intransigeance de Bourget et de Laflèche est terminée, que le souverain anglais est satisfait des évêques québécois, donc que rien n'empêche la nomination de plus de francophones aux nouveaux sièges épiscopaux. Par ailleurs, la guerre est déclenchée au moment où se déroule en Ontario un important conflit politique sur les écoles françaises et catholiques. Par leur appui à la guerre, les évêques québécois espèrent se ménager l'appui des gouvernements britannique et canadien pour défendre les droits des catholiques francophones. Malgré cette nuance, la prise de position de l'épiscopat affecte grandement son prestige. Même l'ultramontain Henri Bourassa ne défend pas Mgr Bruchési contre ses critiques : « Je ne reconnais plus aux évêques qu'une liberté d'opinion égale à celle des autres citoyens[33]. »

Le Parti libéral provincial, au pouvoir de 1897 à 1936, entretient à l'occasion certains froids avec l'Église, mais sans jamais recréer le climat d'hostilité du XIXe siècle. En 1923, exaspéré des nombreuses attaques du journal *L'Action catholique* contre son gouvernement, le premier ministre Louis-Alexandre Taschereau évoque auprès de l'archevêque Mgr Bégin la possibilité de la naissance d'un parti anticlérical. Cet « avertissement », qui prend l'allure d'une menace aux yeux du public, ne fait qu'alimenter les tensions[34]. Notons que, du côté clérical, l'hostilité est surtout alimentée par les journalistes catholiques et par une poignée de prêtres très impliqués politiquement. Les évêques maintiennent leur réserve. Inquiets de la mise en place de la Commission des liqueurs par le gouvernement de Louis-Alexandre Taschereau, ils se gardent de s'y opposer publiquement. Le clergé se contente de mettre en garde les fidèles contre les dangers des abus d'alcool[35]. La Loi de l'assistance publique, d'abord contestée parce que considérée comme une ingérence de l'État dans un domaine réservé à l'Église, semble finalement un succès puisque les communautés religieuses viennent réclamer l'aide financière du gouvernement. D'autres objets de contentieux, tels que la Loi sur l'adoption ou encore l'incapacité du gouvernement à faire respecter la Loi du dimanche, sont critiqués par les évêques, mais ne mènent jamais à un mouvement de contestation générale dans le clergé. Les prêtres se prononcent individuellement sur les questions politiques, y compris celles sur lesquelles leur position est la même que celle du gouvernement, par exemple le suffrage féminin[36]. L'Église ne peut évidemment pas ignorer les questions politiques tant elle y est intimement liée. Cependant, l'époque où le clergé s'attaquait directement au Parti libéral et utilisait la chaire pour combattre les mesures « nocives » semble loin derrière. C'est en 1930 que se déroule la dernière polémique opposant le gouvernement provincial à l'Église : la question des écoles juives.

LES ÉCOLES JUIVES

Depuis l'abolition du ministère de l'Instruction publique en 1875, la question de l'éducation est entièrement du ressort du Conseil de l'instruction publique, dans lequel on trouve les comités catholique et protestant. Il n'existe donc pas de structure gouvernementale encadrant l'éducation des non-chrétiens ou même des chrétiens orthodoxes. Jusqu'en 1903, les enfants juifs sont « tolérés » dans les écoles protestantes, mais ne jouissent d'aucun droit sur le plan légal. La loi de 1903 statue que les enfants juifs jouiront désormais des mêmes droits scolaires que les protestants. Les juifs peinent toutefois pour prendre leur place dans la commission scolaire montréalaise protestante, peu disposée à donner un rôle de décision à des non-chrétiens. De leur côté, les protestants considèrent que l'inclusion des juifs à leur commission scolaire est financièrement peu rentable, puisque cette communauté est moins fortunée que la communauté protestante et paie par conséquent moins d'impôt foncier[37]. Juifs et protestants sont donc à la recherche d'une nouvelle solution à la question.

Un projet de loi, déposé par le député Peter Bercovitch, propose la création d'un réseau scolaire juif. Le projet est presque immédiatement retiré en faveur d'un autre, moins ambitieux, qui prévoit uniquement la création d'une commission scolaire juive limitée à l'île de Montréal[38]. Les évêques opposés au projet ne s'embarrassent pas de cette importante distinction.

Apparemment sans s'être d'abord concertés, les évêques de la province de Québec protestent auprès du premier ministre. Mgr Georges

Gauthier, archevêque coadjuteur de Montréal et administrateur du diocèse depuis 1921, craint les conséquences d'une modification en profondeur du système d'éducation et croit que les concessions proposées dans le projet de loi seraient un affront pour la majorité catholique de la province[39]. Mgr Alfred-Odilon Comtois, évêque auxiliaire de Trois-Rivières, croit que l'idée de justice ne peut justifier la demande de la communauté juive. Les juifs venant s'établir au Canada savent qu'il s'agit d'un pays chrétien et ne peuvent demander au pays qui les accueille de sacrifier son caractère chrétien pour les accommoder[40]. Mgr Ross, de Gaspé, toujours le plus diplomate lorsque vient le temps de s'adresser au premier ministre, donne dans la flatterie :

> J'ai trop confiance à votre sens de politique avisé, de patriote convaincu, disons-le, de catholique croyant, pour croire que vous patronnerez du prestige de votre nom et de l'influence de votre position de chef de l'unique province en majorité catholique du Canada, un projet qui introduirait dans notre droit public un principe aussi trouble, dans l'application de notre Constitution un précédent aussi dangereux, et qui infligerait à l'esprit chrétien de notre province un soufflet aussi lamentable que celui de faire entrer les Juifs, comme corps, dans la direction de l'Instruction publique[41].

L'évêque de Gaspé approuve l'idée des écoles juives, mais croit que celles-ci devraient être étroitement surveillées par le gouvernement afin de s'assurer que les valeurs qui y sont enseignées sont conformes avec celles de la société. La création d'un réseau entièrement autonome serait une concession injustifiée : « Ce serait de l'aveuglement, du manque de caractère, disons le mot, de l'aplatissement qui enlève à un peuple tout droit à l'estime et au respect[42]. » Aux préoccupations religieuses viennent donc se mêler des préoccupations nationales.

L'exposé le plus complet est celui du cardinal Raymond-Marie Rouleau, archevêque de Québec. Il partage ses inquiétudes dans une lettre au premier ministre, qu'il adresse ensuite aux journaux. Il accuse le gouvernement d'envisager une loi provinciale pour régler une situation qui se limite à Montréal. Le cardinal ne s'oppose pas ouvertement à l'instauration d'une commission scolaire juive, mais craint que cette décision ne crée un précédent : « De plus, la faveur accordée aujourd'hui aux Juifs sera peut-être exigée demain, sous les mêmes prétextes, par d'autres confessions religieuses ou même par des sectes antireligieuses ? Une fois engagés dans cette voie, où nous arrêterons-nous, où aboutirons-nous[43] ? » Le cardinal craint également que les tracas que pourrait entraîner la multiplicité des écoles confessionnelles n'amènent un jour le gouvernement à privilégier la solution plus simple de l'école neutre.

La réaction du premier ministre ne se fait pas attendre. Puisque le cardinal Rouleau a choisi de rendre la question publique, geste que Taschereau dit regretter, il adresse lui aussi sa réponse aux journaux[44]. Se défendant bien de favoriser l'école neutre, il se vante au contraire d'assurer la stabilité du système confessionnel en adaptant le système d'éducation à la pluralité religieuse. Il réitère que la commission scolaire juive serait limitée à l'île de Montréal et serait sous la supervision immédiate du surintendant de l'instruction publique. Finalement, le premier ministre explique au cardinal que les Canadiens français ne peuvent se battre pour le respect des minorités religieuses dans les autres provinces et refuser justice à celles du Québec. Il invite le cardinal et les autres évêques à venir le rencontrer directement pour discuter du problème plutôt que de poursuivre la polémique avec des échanges de lettres dont certaines se retrouvent dans les journaux. Le 20 mars se réunissent le premier ministre, le secrétaire de la province Athanase David, le cardinal Rouleau ainsi que Mgr Gauthier, Mgr Comtois et Mgr Georges Courchesne de Rimouski. Le lendemain, les journaux publient une mise au point. *L'Action catholique* parle d'une « entente », bien que, dans les faits, les lignes directrices du projet de loi demeurent inchangées[45]. La rencontre ne visait en somme qu'à rassurer l'épiscopat.

La mise au point ne semble pas alléger la tension entre l'Église et l'État. Mgr Ross attend avec appréhension le dénouement de l'affaire et dit espérer que le premier ministre « ne se laissera pas circonvenir par les Juifs ni par nos inconscients[46] ». Mgr Comtois voit dans la loi sur les écoles juives un sursaut d'anticléricalisme de la part du premier ministre et croit que le « vieux virus libéral » prend le dessus[47]. Mgr Gauthier se plaint quant à lui au secrétaire de la province, Athanase David, que les évêques n'aient appris qu'accidentellement la teneur du projet de loi, que les interventions de l'épiscopat aient été ignorées par la législature et que le Conseil de l'instruction publique n'ait pas été consulté[48]. Le cardinal Rouleau félicite publiquement le gouvernement pour son respect des droits des parents juifs en matière d'éducation, mais réaffirme ses craintes de voir un jour les juifs être appelés à siéger au Conseil de l'instruction publique et ainsi à prendre position sur des questions qui concernent principalement les « enfants baptisés[49] ». Quoi qu'il en soit, la question semble réglée et les évêques ne voudront plus y revenir.

À l'automne 1930, c'est le gouvernement lui-même qui revient sur la question, alors que les juifs et les protestants paraissent maintenant favoriser le *statu quo*. Convaincu que l'opinion publique est défavorable à la loi, le Parti conservateur de Camillien Houde entend mener la prochaine campagne électorale sur le sujet. Pour Mgr Gauthier, il n'y a aucun doute : les écoles juives vont provoquer la chute du gouvernement. C'est ce qui explique à son avis qu'Athanase David lui demande d'approuver la loi. Il confie son sentiment au cardinal Rouleau :

> Quelle bonne ressource pour M. David s'il peut annoncer qu'il présente une loi approuvée ou dictée par l'Épiscopat ! Il enlève à l'opposition son plan de bataille : il la paralyse. Avons-nous le droit d'entrer dans ces combinaisons de politiciens ? Ce qui est plus grave, c'est que nous n'avons aucun projet de loi devant nous, et que si les politiciens s'en tiennent à leurs habitudes, nous aurons dans une nouvelle loi des clauses qui ne nous satisferont pas et nous porterons quand même aux yeux des catholiques la responsabilité de toute la loi. Est-il prudent de nous engager dans cette voie[50] ?

Plutôt que d'entrer dans les « tactiques » du ministre David, Mgr Gauthier préfère discuter avec Joseph-Édouard Perrault, ministre de la Voirie. Les deux hommes conviennent que la loi des écoles juives est devenue inutile puisque juifs et protestants n'en veulent plus. Il est hors de question de relancer la controverse du printemps précédent. Si le gouvernement souhaite avoir l'avis de l'épiscopat sur le projet des écoles juives, il devra lui soumettre un projet complet que les évêques ne commenteront que par avis officiel après l'avoir fait examiner par leurs avocats.

Dans tous les cas, il est préférable de ne pas faire de sortie publique. Mgr Gauthier explique au cardinal Rouleau que leurs chances de l'emporter seront meilleures s'ils ménagent « l'amour propre des politiciens[51] ». Deux semaines plus tard, le ministre Perrault informe Mgr Gauthier que l'article 13 de la loi, disposition plaçant les écoles juives sous la seule compétence du surintendant de l'instruction publique, sera retranché. L'archevêque s'en dit fort satisfait[52]. Il convient avec Athanase David qu'il faudra un jour examiner la question de l'éducation des « non-chrétiens » et que ce pas en arrière débarrassera la province d'un précédent qui aurait nui à l'élaboration d'une solution[53]. À la fin de la session parlementaire, le gouvernement adopte une nouvelle loi sur les écoles juives donnant pleine satisfaction à l'épiscopat. Mgr Gauthier remercie le ministre Perrault qui, selon lui, a joué un rôle de premier plan pour obtenir ce résultat[54].

La légende veut que, pour soulever l'opinion publique et décourager le gouvernement de créer une commission scolaire juive, Mgr Gauthier ait fait appel aux services du journaliste Adrien Arcand, futur chef du Parti national social chrétien. Les articles contre les écoles juives étant les premiers écrits antisémites d'Arcand, l'archevêque coadjuteur de Montréal porterait l'odieux de sa triste carrière de polémiste haineux. L'idée a vraisemblablement été lancée par un Adrien Arcand vieillissant et désireux de laver sa réputation. En 1965, soit 25 ans après la mort de Mgr Gauthier, Arcand raconte l'histoire de son rôle dans la campagne contre les écoles juives au cardinal Maurice Roy, archevêque de Québec:

> Mgr Gauthier me dit qu'il ne pouvait demander au *Devoir*, à *L'Action catholique* et au *Droit* de s'atteler à la tâche d'une contre-attaque concertée. Il me dit que mes journaux d'alors *Le Miroir* et *Le Goglu* avaient le genre voulu pour mener le combat, puis il me demanda comme faveur d'un fils à son père d'engager ce combat, me prévenant toutefois de tous les désagréments personnels que j'aurais probablement à en subir[55].

Arcand affirme dans cette lettre que Louis-Alexandre Taschereau lui-même l'aurait encouragé à combattre le projet de loi et qu'Athanase David l'aurait invité à participer à la réécriture du projet de loi. Ces dernières affirmations, qui sont vraisemblablement des fabulations, n'ont pas été retenues par les historiens. Toutefois, l'idée que Mgr Gauthier ait mis au monde Adrien Arcand et l'ait poussé vers l'antisémitisme a été maintes fois reprise. Robert Rumilly est le premier historien à l'affirmer dans son *Histoire de Montréal*[56]. Il accuse directement Mgr Gauthier d'avoir « lancé » Adrien Arcand dans l'antisémitisme. Fidèle à son habitude, il ne cite aucune source. De nombreux auteurs ont répété cette idée avec Rumilly pour référence. C'est le cas de Pierre Anctil, Yvan Lamonde, Raymond Ouimet, Nadia Khouri, Martin Robin, David Rome, Jacques Langlais et Jean-François Nadeau[57]. Les archives de Mgr Gauthier, comme celles d'Arcand, ne contiennent pourtant rien qui permette de supposer un lien quelconque entre les deux hommes. Le témoignage du chef des chemises bleues est à ce jour la seule « preuve » existante. Le rôle infâme attribué à Mgr Gauthier par Rumilly et par d'autres auteurs n'est guère plus vraisemblable que celui de Taschereau, qu'Arcand accuse également d'avoir encouragé sa campagne contre les écoles juives. Lui-même un antisémite issu de l'école de *L'Action française* de Paris, Rumilly trouvait possiblement un intérêt à absoudre le polémiste. Les historiens à sa suite l'ont probablement cité parce que l'idée que l'Église catholique ait nourri l'antisémitisme de la société canadienne-française est cohérente avec l'idée qu'on s'en fait.

Après ce débat sur les écoles juives, le gouvernement Taschereau ne se retrouve plus mêlé à de semblables controverses l'opposant à l'épiscopat. Il faut attendre les élections de 1935 pour que les relations entre l'Église et l'État s'enveniment de nouveau. D'ici là, elles connaissent un semblant d'harmonie.

2

Les dernières années du régime Taschereau

En 1931, le Parti libéral du Québec est au pouvoir depuis déjà 34 ans et le premier ministre Louis-Alexandre Taschereau est en poste depuis 11 ans. Le gouvernement est usé et de plus en plus contesté, notamment sur le plan de la moralité et de l'intégrité. Le gouvernement est éclaboussé par le scandale de la Beauharnois, compagnie d'électricité qui aurait contribué généreusement à la caisse électorale du parti en retour d'une autorisation de détourner les eaux du fleuve Saint-Laurent pour produire de l'électricité[1]. On remet également en question la présence de Louis-Alexandre Taschereau et de membres de sa famille dans les conseils d'administration d'institutions financières et de compagnies d'électricité dont les intérêts sont défendus par le gouvernement contre ceux qui réclament leur réglementation ou leur étatisation[2]. Les élections de 1931 sont marquées comme les autres par des pratiques électorales douteuses, mais la loi Dillon mise en place par la suite pour tuer les contestations dans l'œuf a été perçue comme un aveu éloquent de culpabilité[3].

Pendant la période difficile de la grande crise et de la Seconde Guerre mondiale, l'épiscopat québécois est sans contredit dominé par la figure du cardinal Rodrigue Villeneuve. Après avoir été supérieur du scolasticat des oblats à l'Université Saint-Paul d'Ottawa, puis premier évêque de Gravelbourg en Saskatchewan, le « petit père Villeneuve » s'installe sur le siège de l'archevêché de Québec au début de l'année 1932. Dès 1933, on le coiffe de la pourpre cardinalice. Sa réputation de nationaliste, bâtie par sa défense des droits des minorités canadiennes-françaises et par sa collaboration au numéro « Notre avenir politique » de *L'Action française*, nourrit les plus grands espoirs[4].

C'est apparemment avec peu d'enthousiasme que l'évêque de Gravelbourg quitte son diocèse pour aller s'installer à Québec. Alors que le siège archiépiscopal est vacant, Lionel Groulx lui confie que « chacun attend le messie québécois[5] ». Groulx s'attend à ce que cet honneur revienne à Mgr François-Xavier Ross, évêque de Gaspé, candidat appuyé par le Séminaire de Québec et par Louis-Alexandre Taschereau. Villeneuve lui répond sans détour : « La question du messie de Québec n'en est pas une dont je sois désintéressé. [...] Mais, entre nous, ne souhaitons Québec à personne de nos amis. Celui qui y montera devra bien songer à quelle roche tortueuse il s'installe, à côté du Capitole. Y en a-t-il qui ont envie de ces choses-là[6] ? » C'est pourtant à lui que sera confié le siège de Québec à peine une semaine plus tard.

Fils de cordonnier, le nouveau prélat n'en rapporte pas moins à l'archevêché de Québec le style princier du cardinal Taschereau et avec lequel semblaient avoir rompu ses prédécesseurs. Ceux qui avaient l'habitude d'aller spontanément rendre visite aux cardinaux Bégin et Rouleau s'étonnent de l'accueil froid reçu auprès du nouvel archevêque. Celui-ci s'en plaint à un ancien collègue, le père Anthème Desnoyers de l'Université Saint-Paul d'Ottawa : « Que de gens croient que le cardinal est un objet de curiosité qu'on peut aller voir dans le musée de son archevêché[7] ! » Le nouvel archevêque gère son diocèse comme il gérait son scolasticat, c'est-à-dire avec une hiérarchie bien établie et une discipline rigoureuse. Plutôt que de rencontrer individuellement ses prêtres qui ont manqué à la règle, comme l'auraient fait ses prédécesseurs, il communique généralement par courrier et expose de façon formelle les articles de la loi canonique auxquels les fautifs ont manqué. Il explique que cette « faiblesse » est due à ses « mœurs antérieures » de supérieur[8]. Il demeure tout de même convaincu de la nécessité de renforcer l'autorité : « Il faut qu'on s'habitue à avoir des chefs qui commandent[9]. »

Tout au long de son épiscopat, le cardinal reçoit un lot de lettres anonymes, parfois injurieuses, lui reprochant ses attitudes et ses positions sur diverses questions. Il soupçonne que certaines ont été écrites par des membres du clergé. Certains prêtres sont particulièrement réfractaires à l'endroit de la gestion autoritaire de leur nouvel archevêque. Habitués qu'ils sont à s'entretenir directement avec leur archevêque, ils sont peinés de désormais recevoir des directives par courrier ou, pire encore, par voie de communiqué dans *La Semaine religieuse de Québec* et dans *L'Action catholique*. Certains soupçonnent l'abbé

Paul Bernier, chancelier du diocèse, de « mener le cardinal[10] ». D'autres reprochent à l'archevêque d'être un vaniteux qui se plaît à se prêter aux grandes pompes et aux cérémonies : « On voudrait que, cardinal, je n'en porte ni les insignes ni n'en exerce l'autorité[11]. » Villeneuve se plaint particulièrement du sort que lui font les journaux. Il s'en confie au père Desnoyers : « Les journalistes me font dire toutes sortes d'énormités, mettant des guillemets à leur façon de résumer mes allocutions, omettant les nuances et instructions sur lesquelles j'ai insisté[12]. » Le prélat ne s'inquiète pas de tout ce qui est raconté sur son compte. Il se dit conscient que les évêques, comme les politiciens, ne peuvent prétendre faire l'unanimité autour d'eux, et que jamais n'a été vu un archevêque à Québec qui soit victime de récriminations.

Bien que le gouvernement provincial puisse être déçu que son « candidat », Mgr Ross, n'ait pas été choisi pour occuper le siège archiépiscopal de Québec, il apprécie beaucoup le nouvel archevêque, qui se révèle un interlocuteur diplomate et conciliant.

LA BONNE ENTENTE ENTRE L'ÉGLISE ET L'ÉTAT

La controverse des écoles juives n'a pas entamé de façon irréparable la bonne entente entre les évêques et le gouvernement. Lorsque ce dernier lance le projet de construire un nouvel « hôpital d'aliénés » à Montréal, Athanase David peut compter sur Mgr Gauthier pour trouver une communauté religieuse acceptant de prendre en charge l'établissement[13]. Dans le même ordre d'idées, lorsque l'archevêque projette de faire venir à Montréal l'abbé français Gustave Jeanjean pour une série de conférences sur la pédagogie, David propose que son ministère paie une partie des frais[14]. La courtoisie ponctue ces bonnes relations. Mgr Gauthier félicite le premier ministre pour sa contribution au « retour à la terre » des chômeurs montréalais[15]. Chaque année, à l'approche des fêtes, le cardinal Villeneuve reçoit une carte de vœux et une visite du premier ministre[16]. Le cardinal écrit quant à lui à Taschereau pour lui souhaiter un bon anniversaire de naissance[17]. Lorsque Mgr Gauthier éprouve des problèmes de santé, Taschereau lui envoie ses vœux de prompt rétablissement et s'informe de son état auprès de son auxiliaire, Mgr Deschamps[18]. L'archevêché de Montréal surtout semble bien s'entendre avec le gouvernement libéral. En plus d'être l'ami personnel de l'ancien premier ministre sir Lomer Gouin, Mgr Gauthier a de bonnes relations avec le ministre Joseph-Édouard Perrault, dont il appuiera la candidature au poste de lieutenant-gouverneur en 1939[19]. Son auxiliaire, Mgr Deschamps, est quant à lui l'intime du ministre Honoré Mercier, qu'il tutoie et surnomme « mon cher ministre[20] ».

Louis-Alexandre Taschereau ne semble pas donner dans les flatteries qui caractériseront la conduite de Maurice Duplessis à l'endroit de l'épiscopat. La seule exception, qui peut également être interprétée comme le geste d'un homme d'État catholique, est sa décision d'installer des crucifix dans les salles d'audience judiciaire de toute la province. Le geste paraît être passé inaperçu de l'épiscopat ou du moins n'a pas amené les évêques à féliciter ou remercier le premier ministre. La décision a toutefois suscité une certaine contestation. Au printemps 1930, le juge Duclos de la Cour supérieure ordonne d'enlever les crucifix du palais de justice de Montréal. Il justifie ainsi son objection au projet de loi: « Personne plus que moi ne respecte et admire notre Sauveur, mais je crois que la place du crucifix est dans les églises et non dans les cours de justice[21]. » Taschereau critique personnellement cette décision du juge et affirme à l'Assemblée législative que les crucifix sont là pour rester. Il explique qu'ils ont été demandés par le cardinal Rouleau, par des membres « de tous les clergés » et par le juge en chef de la Cour supérieure qui souhaitaient ajouter de la « solennité » au serment comme cela se fait dans d'autres « pays civilisés »[22]. Quelles qu'aient été les motivations du premier ministre, ce geste ne lui attire pas de sympathie particulière de l'épiscopat ni du milieu catholique.

Une nouvelle controverse est évitée lorsque le gouvernement présente un projet de loi visant à mieux encadrer les finances des fabriques, plus précisément pour empêcher les fabriques d'emprunter à des particuliers. Rappelons que, jusqu'à 1965, tous les paroissiens propriétaires sont tenus par la loi de contribuer au paiement de la construction ou de la rénovation de leur église, d'où l'intérêt pour le gouvernement d'encadrer les finances paroissiales[23]. Mgr Gauthier exprime certaines réticences au premier ministre sur le projet de loi et lui recommande de d'abord soumettre son projet aux autres évêques[24]. Alors que Mgr Villeneuve vient tout juste d'être nommé archevêque de Québec, Mgr Couchesne de Rimouski le prie d'accélérer son installation sur le trône archiépiscopal et d'intervenir immédiatement contre la mesure proposée[25]. Pressé de faire adopter son projet de loi, Taschereau le soumet à l'approbation de Mgr Omer Plante, auxiliaire de Québec, qui approuve le projet[26]. Lorsque Mgr Comtois propose de réunir les évêques afin d'adresser une réponse commune, il est déjà trop tard[27]. Taschereau peut présenter son projet de loi en affirmant avoir l'appui de l'archevêché de Québec. Le député Maurice Duplessis est le premier à s'y opposer à l'Assemblée législative. Selon le journal *L'Autorité*, il agirait sous l'impulsion de Mgr Comtois, explication reprise par l'historien Antonin Dupont[28]. Ce n'est toutefois qu'une supposition basée sur le lien géographique unissant l'évêque de Trois-Rivières au député. Rien ne permet d'affirmer que Mgr Comtois a effectivement encouragé Duplessis en ce sens. En fait, les évêques n'interviennent plus sur la question une fois l'appui de Mgr Plante rendu public, solidarité épiscopale oblige. En juillet, Mgr Villeneuve reconnaît que la Loi des fabriques aura été « un bienfait social et religieux tout ensemble[29] ».

Nous pourrions croire que Taschereau souhaitait court-circuiter l'opposition épiscopale en présentant son projet de loi à l'auxiliaire de Québec plutôt que d'attendre l'installation de l'archevêque. Le premier ministre semble pourtant accorder une grande considération aux opinions de Mgr Villeneuve. Comme il n'y a pas encore de loi de zonage au Québec (la première sera mise en place après la Seconde Guerre mondiale[30]) et que les biens religieux sont exempts de taxes, la construction de propriétés religieuses fait d'un terrain une propriété non imposable et enlève un revenu aux municipalités. Pour cette raison, le gouvernement libéral envisage en 1933 d'obliger les paroisses à soumettre les projets de constructions d'églises, de presbytères et de cimetières à l'approbation du conseil municipal lorsque les finances de la ville sont touchées. Avant d'agir, Taschereau soumet l'idée au cardinal, qui la rejette d'emblée, promettant que les évêques veilleront eux-mêmes à mieux encadrer cette question. Mgr Ross, également consulté, formule les mêmes objections. Cela amène Taschereau à abandonner immédiatement sa mesure[31]. Un autre projet de loi, visant cette fois à donner à la Cour d'appel du Québec un rôle plus important dans la législation du mariage civil, est abandonné pour les mêmes raisons[32]. Lorsque Mgr Villeneuve exprime des inquiétudes sur une possible modification à la Loi sur l'adoption, le premier ministre lui promet de lui soumettre le projet de loi avant de le présenter à la Chambre[33]. L'opinion du cardinal semble donc avoir eu un impact réel sur la législation de la province. Le premier ministre tient également compte de l'opinion du cardinal lorsque vient le temps de procéder aux nominations en lien avec le milieu scolaire[34].

Si le premier ministre se réfère le plus souvent au cardinal Villeneuve, Athanase David préfère s'adresser à Mgr Gauthier, son évêque. En

1931, le secrétaire de la province soumet au coadjuteur de Montréal un projet de loi du bien-être public afin d'obtenir son approbation. L'objectif semble être une plus grande participation de l'État dans l'aide sociale. Rappelons que la Loi de l'assistance publique, instaurée en 1921 par le gouvernement Taschereau, a souvent été citée comme une victoire de l'État sur l'Église, un premier pas vers l'État providence[35]. L'aide sociale n'est pourtant pas nécessairement un synonyme de « progrès[36] ». La Loi de l'assistance publique a permis au gouvernement libéral de souligner la ligne de démarcation entre l'indigent, inapte au travail, et le pauvre, toujours actif ou apte à l'être. Il ne s'agit donc pas pour l'État de rendre l'assistance publique plus efficace en supervisant l'Église, mais de s'assurer que le pauvre, dont l'existence est toujours considérée comme nécessaire au fonctionnement de l'économie, ne basculera jamais dans l'indigence, situation de dépendance nuisible à la société et à l'État.

Mgr Gauthier répond d'abord à David que l'aide sociale est un champ si complexe que tous les évêques de la province devraient pouvoir se prononcer[37]. L'archevêque juge le projet « tout à fait inacceptable » en raison de la « défiance » qu'il semble exprimer à l'égard des services rendus par les communautés religieuses. Il se dit ouvert à une meilleure collaboration entre l'Église et l'État sur le plan de l'aide sociale, mais croit que le projet devra être mûri de concert avec les évêques. Un mois plus tard, David revient à la charge après avoir modifié son projet de loi sous le titre de Loi concernant certains asiles et autres institutions. Mgr Gauthier lui répond avec sensiblement les mêmes observations que pour le précédent projet[38]. L'idée de la loi est donc abandonnée. L'approche des élections a pu motiver la volonté du gouvernement, tout comme elle a pu l'inciter à abandonner le projet pour éviter une nouvelle controverse avec l'épiscopat. Néanmoins, le projet ne sera jamais ramené sur la table par le gouvernement Taschereau.

L'Université de Montréal, dont la construction est interrompue en 1931 en raison de sa mauvaise situation financière, est un sujet de constante préoccupation. Mgr Gauthier et Mgr Villeneuve remercient Taschereau à de nombreuses reprises de l'intérêt qu'il porte au problème de l'université et des mesures qu'il suggère pour le régler[39]. Craignant qu'une taxe spéciale imposée par le gouvernement pour renflouer l'Université ne soit impopulaire, Mgr Gauthier propose que la taxe soit partagée par l'ensemble des propriétés religieuses de la province ecclésiastique de Montréal, qui en sont normalement exemptées[40].

En 1933, le premier ministre lance l'idée d'une loi spéciale pour venir en aide à l'Université de Montréal. Afin de gagner le public à l'idée de dépenser une somme importante en période de crise économique, il propose que les collèges classiques renoncent pendant trois ans à leur subvention annuelle et que l'argent ainsi épargné soit attribué à l'Université de Montréal. Favorable à l'idée, Mgr Gauthier lui sert d'intermédiaire auprès des autres évêques, mais se heurte à des refus. Le premier ministre envisage ensuite de réduire plutôt que d'abolir les subventions aux collèges classiques, de même que celles des séminaires. Mgr Gauthier tente à nouveau de convaincre ses collègues d'accepter la proposition. Ses suffragants, tout comme les supérieurs des séminaires et des collèges classiques, la rejettent[41]. À l'extérieur de la province ecclésiastique de Montréal, Mgr Comtois, Mgr Ross, Mgr Lamarche de Chicoutimi et Mgr Brunault de Nicolet lui font savoir que les finances de leurs institutions ne leur permettent pas d'accepter l'offre du premier ministre[42]. L'abbé M.-T. Giroux, supérieur du Séminaire Saint-Joseph à Trois-Rivières, écrit directement au premier ministre pour lui faire connaître son opposition. Il explique que supprimer le financement de son établissement pour donner à l'Université de Montréal, qui appartient à un diocèse riche, serait une injustice[43]. L'abbé Zéphirin Lahaye, supérieur du Séminaire de Nicolet, tient un discours semblable[44]. Mgr Gauthier demande pardon à Taschereau de n'avoir pu lui rendre service et souhaite que cela ne retarde pas la solution du problème universitaire[45]. L'archevêque lui exprime toute sa reconnaissance non seulement pour l'octroi gouvernemental, mais aussi pour avoir pris la défense de l'administration de l'université, accusée de mauvaise gestion. Malgré l'impopularité de la décision du gouvernement, le premier ministre se dit persuadé qu'un soutien financier sans condition est une solution acceptable[46]. L'université sera donc secourue par le gouvernement sans sacrifice financier de la part de l'Église.

L'épiscopat se permet de féliciter ou de remercier publiquement le gouvernement lorsque les lois promulguées sont conformes à l'idéal chrétien. Les amendements à la Loi sur l'adoption de 1933 sont loués par *La Semaine religieuse de Québec* comme étant « bienfaisants[47] ». *La Semaine religieuse de Montréal* remercie également le premier ministre pour son accueil aux protestations de la Ligue du Dimanche contre les dispositions de la loi permettant aux juifs de travailler le dimanche[48].

Figure 2 Le cardinal Villeneuve entouré des dignitaires civils lors des fêtes de Jacques-Cartier à Gaspé en 1934. De gauche à droite : R. B. Bennett, premier ministre du Canada, le sénateur L'Espérance, le Chevalier Côté, le cardinal Villeneuve, le lieutenant-gouverneur L. Patenaude et le premier ministre du Québec Louis-Alexandre Taschereau.

Si les évêques peuvent rendre des services particuliers à Taschereau dans certaines occasions, comme ce fut le cas de Mgr Gauthier dans la question du financement de l'Université de Montréal, le gouvernement n'est pas en reste. Alors qu'un certain abbé Gariépy est menacé de poursuites judiciaires, Mgr Deschamps, auxiliaire de Montréal, demande au premier ministre d'empêcher sa cause de se rendre devant les tribunaux et explique que, « dès qu'il s'agit d'un prêtre, le moindre soupçon prend tout de suite un certain caractère de gravité[49] ». Nous ignorons de quelle cause il s'agit, mais Mgr Deschamps peut remercier Taschereau deux semaines plus tard de sa « bienfaisante intervention » dans l'affaire en question. Nous pouvons supposer que le premier ministre a effectivement protégé l'abbé Gariépy[50].

LA BONNE ENTENTE MISE À L'ÉPREUVE

Alors que l'épiscopat dans son ensemble tente désormais de ménager la bonne entente avec le pouvoir civil, Mgr Comtois, que le cardinal Villeneuve considère comme le digne héritier de Mgr Laflèche[51], ne se prive pas de piquer le gouvernement. À l'automne 1932, il est question de procéder à une réorganisation des commissions scolaires en les attachant aux circonscriptions plutôt qu'aux paroisses. L'évêque auxiliaire de Trois-Rivières dénonce publiquement le projet dans des termes virulents :

> C'est un mal, dit-il, de vouloir tel changement parce qu'en éloignant l'école de l'église [sic], le curé de la paroisse perd toute l'autorité qu'il possédait sur les enfants. On prétend agir au nom de l'économie parce que nous traversons une crise économique. Mais il ne faut pas oublier que nous sommes en un temps de crise morale et religieuse et sous prétexte d'économiser, on perd la tête. Le diable pêche en eau trouble[52]...

Mgr Comtois conclut en invitant l'opinion publique à réagir « contre un mouvement aussi mauvais[53] ».

Athanase David proteste naturellement contre cette démarche. Il déplore que ce soit impossible pour un laïque de proposer une amélioration du système d'éducation sans être accusé de « sectarisme ». Cette hostilité pour toutes les idées nouvelles, explique-t-il, ne favorise en rien la collaboration entre l'Église et l'État. David conclut sa lettre en prévenant l'évêque qu'il n'a pas l'intention de soumettre le projet de loi au comité catholique du Conseil de l'instruction publique, connaissant déjà son opinion. Mgr Comtois lui répond que la collaboration entre l'Église et l'État ne doit pas empêcher les évêques de différer d'opinion avec le gouvernement. Il critique la décision du secrétaire de ne pas soumettre le projet au comité : « J'ai parlé en mon nom personnel, non pas au nom de l'épiscopat ou du comité catholique, et c'est celui-ci qui écope, et à cause de ceux-là. C'est fort. Non, vraiment, je ne me croyais pas tant d'importance[54]. » Le différend semble en rester là. C'est possiblement en raison de cet accrochage que la demande de Mgr Comtois qu'Omer-Jules Désaulniers soit nommé inspecteur d'écoles sera ignorée par David[55].

L'épiscopat est tout aussi soucieux que le premier ministre de maintenir l'ordre. Pour cette raison, Taschereau aimerait pouvoir compter sur les évêques pour mettre fin aux campagnes de protestation des cercles catholiques. En juin 1932, devant la pression de la Ligue du Dimanche pour que ferment les cinémas ce jour-là, le premier ministre écrit à Mgr Gauthier pour lui demander son opinion sur le sujet. Le coadjuteur promet de rencontrer « les intéressés » pour discuter de la question[56]. Loin de se plaindre de la loi actuelle, Mgr Gauthier dit au premier ministre être déjà satisfait que les vaudevilles soient interdits le dimanche. En décembre 1932, alors que les propriétaires de salles demandent que les enfants soient admis, la Ligue du cinéma démarre une campagne de protestation publique. Taschereau se défend de vouloir permettre l'admission des enfants au cinéma et demande à Mgr Plante, auxiliaire de Québec, de ne pas prendre part au mouvement de protestation. Mgr Plante, tout comme Mgr Lamarche à Chicoutimi, encourage tout de même les responsables du mouvement à poursuivre leur opposition publique au projet. La question juive revient sur la table en 1935 lorsqu'une protestation s'élève contre la permission faite aux juifs de garder leurs commerces ouverts le dimanche. Le premier ministre s'adresse alors au cardinal Villeneuve pour lui demander de contenir la campagne de protestation. Le cardinal lui répond qu'il ne peut faire taire les « justes protestations » des citoyens contre la concurrence déloyale que leur font les juifs puisque cela reviendrait à cautionner l'état actuel des choses[57]. Le premier ministre ne peut donc pas compter sur les évêques pour museler les mouvements de protestation des cercles catholiques contre son gouvernement.

À Québec, le journal *L'Action catholique* est source de nombreuses mésententes entre le pouvoir civil et le pouvoir religieux. En avril 1932, Taschereau se plaint à Mgr Villeneuve d'un éditorial d'Eugène L'Heureux qui dénonce « l'emprise des dictateurs économiques » sur le gouvernement provincial[58]. Le premier ministre explique que *L'Action catholique* est « pour le public » l'organe officiel de l'archevêché de Québec, donc que l'impression sera que l'épiscopat appuie cette position. L'archevêque lui répond que, bien qu'il désapprouve le ton employé par L'Heureux dans son éditorial, la critique des gouvernants est inévitable en régime démocratique. *L'Action catholique* n'étant pas l'organe officiel de l'archevêché, il n'a aucune objection à ce que le gouvernement ou le Parti libéral protestent contre l'article de L'Heureux. Il ajoute qu'il se réjouirait que le premier ministre se justifie publiquement des accusations de *L'Action catholique*. En septembre, le premier ministre se plaint de nouveau : « Mais je me demande où nous allons en venir si le journal, qui se prétend l'organe du clergé, se permet de saper d'une manière aussi outrageante l'autorité civile ! La vôtre sera peut-être la première à en souffrir si, parmi nos braves gens, on détruit le respect de l'autorité[59]. » L'archevêque se contente de donner des directives au directeur de *L'Action catholique*. Le 7 février 1933, L'Heureux publie un nouvel article où il attaque le premier ministre et sa politique sur l'électricité. Villeneuve s'empresse de lui écrire sa désapprobation et de transmettre copie de ses commentaires à Taschereau, qui s'en dit reconnaissant[60]. En 1935, alors que Taschereau se plaint cette fois d'une « tribune libre » de *L'Action catholique,* Villeneuve, devenu cardinal, lui répond qu'il n'a pas davantage de raisons de s'en offusquer que lui-même des taquineries à son endroit que l'on retrouve dans *Le Soleil,* organe du Parti libéral à Québec[61].

Bien que les articles d'Eugène L'Heureux provoquent souvent la colère du premier ministre, le cardinal refuse de le démettre de ses fonctions. Malgré ses défauts, le journaliste a des qualités remarquables. Villeneuve s'en confie à un de ses correspondants : « Mais, je vous avoue que des hommes comme M. L'Heureux, il n'en pleut pas ! Il en faudrait peut-être ailleurs[62]. » Il se contente donc d'une mise au point. Le curé Édouard-Valmore Lavergne de Notre-Dame-de-Grâce prévient le cardinal que son prestige allait souffrir de ses critiques à l'endroit de L'Heureux. Il rapporte les propos d'un autre curé qu'il se garde de nommer : « Ce geste vient de briser le piédestal que nous avions dressé dans nos cœurs pour notre archevêque, et le jette aux genoux de Taschereau[63]. » D'autres prêtres semblent accuser Mgr Villeneuve de favoriser le Parti libéral. C'est du moins ce qu'il laisse entendre à un de ses correspondants : « Je ne dis rien des lettres anonymes que je reçois, et où l'on m'accuse de vouloir m'envelopper de pourpre, d'être vendu à M. Taschereau, et autres énormités[64]. »

Aucun prêtre ne mettra davantage à l'épreuve la bonne entente entre l'Église et l'État que le curé Édouard-Valmore Lavergne. Apôtre social toujours en croisade, il est décrit par Lionel Groulx comme une « sorte de mousquetaire égaré dans le clergé, mais si courageux et si bon prêtre[65]. » Lorsque Mgr Villeneuve prend possession du siège archiépiscopal de Québec, le curé Lavergne l'assure qu'il trouvera en lui son prêtre « le plus soumis » et le plus empressé à accepter ses directives « comme venant de Dieu lui-même[66] ». Le nouveau cardinal est loin de se douter que ce curé se révélera plus turbulent qu'aucun autre de ses prêtres.

Le curé Lavergne lance son bulletin paroissial *La Bonne Nouvelle* le 26 octobre 1924. En première page figure un article éditorial, généralement écrit par le curé lui-même. Le texte peut parfois traiter de théologie ou des actualités paroissiales, mais il s'agit souvent d'un article de fond dont le contenu déborde largement le strict cadre de la paroisse et de la religion. Lavergne y dénonce régulièrement l'alcoolisme et le cinéma. Il mène une campagne active pour le syndicalisme catholique, appuie les ouvriers en grève et condamne ses collègues qui ne font pas la différence entre les unions catholiques et les unions neutres. En période électorale, le curé se permet de se mêler de politique. Pendant les élections provinciales de 1927, il accuse ouvertement le gouvernement de Louis-Alexandre Taschereau d'encourager l'alcoolisme. Son attitude sur la politique est toutefois loin de celle des prêtres du XIXe siècle qui associaient le rouge du Parti libéral à la couleur de l'enfer. Sur le plan politique, il reconnaît que « les opinions peuvent être différentes sans péché[67] ».

En décembre 1931, puis en janvier 1932, le curé Lavergne publie deux articles où il critique le premier ministre. Il condamne ses attaques contre *L'Action catholique*, critique ce qu'il considère comme des abus de pouvoir du gouvernement et accuse Taschereau de prendre le parti des capitalistes contre les travailleurs[68]. Les critiques du curé font beaucoup réagir. Alors que le siège de Québec est toujours vacant, le premier ministre envoie une copie de ces articles à l'archevêché. Il précise ne pas vouloir formuler une plainte, mais lui demande si les textes en question ont été approuvés par son tribunal de censure. Mgr Eugène Laflamme, vicaire capitulaire (archevêque suppléant), assure le premier ministre que les articles n'ont pas été soumis à la censure et qu'il ramènera le curé à l'ordre[69]. Une fois installé, le nouvel archevêque de Québec informe le curé Lavergne qu'il devra, pour maintenir son bulletin paroissial, n'y traiter désormais que des intérêts religieux de sa paroisse. Il joint à sa lettre les articles du droit canon qui justifient sa décision. Le curé Lavergne voit dans cette directive la mort de son bulletin. Il répond à son archevêque qu'il n'a pas l'intention d'apporter sa contribution « aux feuilles pleusardes [sic] qui encombrent déjà trop le domaine de la publicité dite religieuse et pastorale[70] ». Habitué à la gestion plus conviviale des cardinaux Bégin et Rouleau, le curé ne s'explique pas que le nouvel archevêque gère son cas par un « document administratif avec alignement solennel de « canons » comme pour réduire un ennemi dangereux et récalcitrant[71] ». Un compromis semble avoir été trouvé puisque *La Bonne Nouvelle* continue à paraître et à traiter de l'actualité.

En mai 1932, sans s'attaquer lui-même au gouvernement, le curé reproduit dans ses pages un éditorial de *L'Action catholique* qui persifle le premier ministre[72]. Cette fois, l'archevêque va au-devant des coups. Il fait immédiatement savoir au premier ministre qu'il désapprouve le dernier numéro de *La Bonne Nouvelle*. Il reproche cette dernière intervention au curé Lavergne, qu'il juge « plutôt nuisible au bien[73] ». Le prélat explique que *La Bonne Nouvelle* étant un bulletin paroissial, celui-ci ne peut répondre comme pour *L'Action catholique* qu'il ne s'agit pas d'un organe du clergé. Il craint que le journal libéral *Le Soleil* de Québec n'en profite pour l'attaquer de nouveau. Lavergne répond que *Le Soleil* sait « qu'un mot contre le curé de Notre-Dame de Grâce [sic], cela signifie quelques abonnés de moins[74] ». Il se défend de n'attaquer le premier ministre que lorsque celui-ci attaque *L'Action catholique*. Bien qu'il dise regretter les ennuis que cela peut causer à l'archevêque, il assure celui-ci qu'il a l'intention de récidiver s'il en ressent le besoin.

À l'automne 1933, le cardinal ordonne au curé de changer le ton de son bulletin paroissial, qui selon lui menace le bien commun. Il lui interdit désormais de publier des articles traitant de l'actualité sans d'abord les avoir soumis à sa censure[75]. Loin de se soumettre, Lavergne défend son action et remet en question les motivations du cardinal :

> Laissez-moi vous le dire en toute franchise, depuis vingt-cinq ans que je suis mêlé au ministère des âmes et à maints combats je ne cesse de m'étonner que le Bien Commun soit toujours en danger uniquement quand une voix s'élève en faveur des humbles, des gagne-petits, des miséreux contre les exactions, les injustices, les oppressions, les tyrannies, les abus des grands de ce monde[76].

En décembre 1933, le cardinal fait publier dans *La Semaine religieuse de Québec* l'obligation pour *La Bonne Nouvelle* de soumettre ses articles à la censure avant publication[77]. Le curé publie le communiqué dans ses pages, non sans critiquer de nouveau le gouvernement : « Ceux dont elle éclairait ainsi les manœuvres, les empiètements, même les scandales, au lieu de la combattre en face, de lui opposer de victorieux démentis, de remettre au point les inexactitudes, sont allés bravement importuner le Cardinal de leurs plaintes, de leurs récriminations, de leurs jérémiades[78]. » Malgré la censure, Taschereau trouve une fois de plus à se plaindre en 1935 d'un article de *La Bonne Nouvelle*, où le curé l'accuse d'être « directeur de trusts ». Le premier ministre dit ne pas vouloir se plaindre du curé Lavergne, qu'il reconnaît être incontrôlable, mais bien du fait que l'article ait reçu l'imprimatur de l'archevêché. Le cardinal se contente de promettre que l'imprimatur ne paraîtra plus[79].

La censure de *La Bonne Nouvelle* ne signifie pas que le premier ministre n'aura plus à se plaindre de son directeur. En janvier 1935, il informe le cardinal que le curé Lavergne aurait recommandé en chaire le premier ministre fédéral Richard Bedford Bennett et le chef de l'Action libérale nationale Paul Gouin aux prières de ses paroissiens. Le curé explique au cardinal qu'il n'a fait prier que pour des mesures que les deux hommes proposaient comme il a fait prier pour des projets de loi des ministres libéraux Irénée Vautrin et Charles-Joseph Arcand[80]. Le ministre Arcand avait effectivement reçu de la bonne publicité dans les pages de *La Bonne Nouvelle* pour son projet de loi sur l'extension juridique des conventions collectives[81]. L'attitude du curé Lavergne ne peut donc s'expliquer par une hostilité primaire à l'égard du Parti libéral.

Le curé Lavergne est un cas unique, un élément marginal, et non un digne représentant du clergé dans son ensemble. Les quelques prêtres dont le gouvernement Taschereau trouve à se plaindre sont, en comparaison, fort insignifiants. Parmi eux, nous pouvons nommer le curé J.-Adalbert Roy, de Saint-Côme. En 1932, tout en demandant à Taschereau d'aider sa paroisse à faire l'acquisition de nouveaux lots pour la colonisation, il accuse le gouvernement de ne pas faire les efforts nécessaires en faveur du « retour à la terre » et d'utiliser ce projet comme un argument électoral sans y apporter de soutien concret. Il menace le premier ministre de lancer la question dans l'opinion publique par la voie des journaux. Taschereau transmet la lettre à Mgr Plante, auxiliaire de Québec[82]. Le premier ministre n'aura plus rien à redire au curé Roy par la suite.

D'autres plaintes concernent le diocèse de Montréal, bien qu'on n'y compte aucun prêtre de la trempe du curé Lavergne. En 1931, des libéraux de Montréal informent Athanase David que le curé Placide Desrosiers de la paroisse Sainte-Brigide aurait affirmé en chaire que « le gouvernement de Québec n'est pas un gouvernement catholique[83] ». Le secrétaire de la province transmet l'information à Mgr Gauthier. Nous ignorons comment l'archevêque a réagi devant cette dénonciation, mais David ne se plaindra plus du curé Desrosiers par la suite. En 1934, le premier ministre informe Mgr Deschamps que le cercle d'étude communal de Sainte-Anne-de-Bellevue aurait publié un pamphlet injurieux contre le gouvernement. Taschereau se plaint du fait que le cercle a deux aumôniers qui semblent cautionner cette campagne antilibérale. Le chanoine Albert Valois croit lui aussi qu'il est inapproprié que des prêtres s'associent à une telle organisation. Quelques jours après la dénonciation du premier ministre, les deux prêtres retirent leur nom de l'organisation en question et le premier ministre s'en dit satisfait[84]. Alors qu'approchent les élections de 1935, Athanase David se plaint à Mgr Gauthier d'un curé qui l'aurait attaqué publiquement, condamnant la décision du gouvernement de fermer un orphelinat[85]. Contrairement au curé Lavergne, dont le dossier disciplinaire est colossal, ces quelques prêtres ne feront jamais l'objet de plus d'une plainte de la part du gouvernement. Nous pouvons donc difficilement parler d'une opposition ouverte et constante du clergé au gouvernement Taschereau.

Un sujet de discorde entre le pouvoir civil et le pouvoir religieux est la taxation des biens ecclésiastiques, exempts d'impôt. À l'été 1932, Taschereau attire l'attention de Mgr Villeneuve sur le fait que la moitié des biens-fonds de Sillery appartiennent à des communautés religieuses et se trouvent donc exempts d'impôt foncier, ce qui est financièrement embarrassant pour la municipalité. Or, de nouvelles communautés semblent s'y installer chaque année, ce qui alourdit le fardeau fiscal de Sillery. Le premier ministre dit ne pas vouloir taxer les biens des communautés religieuses, mais demande à l'archevêque de s'assurer que celles-ci se dispersent dans la région afin de ne pas aggraver la situation. Deux ans plus tard, le premier ministre réitère sa demande, apprenant que les religieuses de Sainte-Jeanne d'Arc ont fait l'acquisition de propriétés à Sillery. Taschereau demande donc une fois de plus à Mgr Villeneuve de se pencher sur la question[86]. Les archives de Taschereau et de Villeneuve ne contiennent pas de réponse que ce dernier aurait pu adresser à ce sujet. La situation de Sillery et l'indifférence du prélat n'amènent pourtant pas le premier ministre à envisager de taxer les biens religieux. À l'hiver 1934, lorsque la municipalité de Saint-Jérôme présente un projet de loi à cet effet, le premier ministre assure le cardinal que l'Assemblée législative le rejettera[87]. Son attitude lui vaut des félicitations de la part du prélat, qui se dit rassuré, d'autant plus que la ville de Saint-Hyacinthe semble préparer des démarches semblables à celle de Saint-Jérôme.

À l'hiver 1935, le cardinal entend parler d'un projet de loi qui serait présenté à l'Assemblée législative dont le but serait d'imposer des taxes aux communautés religieuses. Cette fois, le prélat réagit.

Villeneuve écrit au premier ministre pour lui exprimer ses craintes, mais se dit avoir bon espoir qu'il gardera « l'attitude loyale et ferme » qui fut la sienne dans le passé[88]. Taschereau répond ne pas croire personnellement que taxer les biens ecclésiastiques serait souhaitable. Il informe tout de même le cardinal que l'idée est de plus en plus populaire au sein de son parti, tant les députés libéraux sont « dégoûtés de la lutte sans merci que leur fait la soi-disant Bonne Presse » ainsi que des constantes remontrances du curé Lavergne. Il prévient également le prélat que sa carrière de premier ministre touche à sa fin et qu'il sera impuissant à contenir la vague, dût-elle continuer. Il ne tient donc qu'au cardinal de mettre fin à la campagne négative de *L'Action catholique* et du curé Lavergne afin d'éviter de faire surgir un « esprit antireligieux » dans la province. Le cardinal Villeneuve reconnaît la validité des doléances quant aux communautés religieuses qui embarrassent certaines municipalités avec leurs exemptions d'impôt foncier. Il dit avoir refusé à trois communautés religieuses de s'installer à Sillery. Quant à la campagne négative contre le gouvernement, il rappelle avoir approuvé la Loi sur l'extension juridique des conventions collectives et avoir publiquement félicité le gouvernement à cet effet[89]. Taschereau remercie le cardinal pour l'attention qu'il lui accorde et ne reviendra plus sur le sujet des biens religieux.

Au printemps 1935, deux mesures du gouvernement déplaisent à l'épiscopat et sont mises en place malgré tout. Le cardinal s'inquiète d'un projet de loi sur l'extension de la vente d'alcool et confie ses remontrances au premier ministre. Cette fois, il n'est pas question pour le gouvernement de reculer. Le premier ministre qualifie l'amendement de « nécessaire » pour contrer la vente clandestine de boisson. Encore une fois, Taschereau tente de faire comprendre au cardinal que leurs objectifs sont les mêmes : « Je vous prie de nous faire confiance et de croire que nous ne voulons pas faire quoi que ce soit qui puisse nuire à la cause de la tempérance[90]. » L'arrivée de Télésphore-Damien (T.-D.) Bouchard, le « diable de Saint-Hyacinthe », au cabinet ministériel, est encore plus inquiétante. L'arrivée au gouvernement du député et maire de Saint-Hyacinthe, qui milite depuis plus de 25 ans en faveur de la taxation des biens religieux et de la réforme de l'éducation, a évidemment de quoi inquiéter l'épiscopat[91]. Mgr Deschamps, auxiliaire de Montréal, croit que Bouchard « fait peur au gouvernement » et que c'est pour cette raison que Taschereau ne pouvait plus le garder hors du cabinet[92]. Les plus inquiets sont les évêques de Saint-Hyacinthe, Mgr Fabien-Zoël Decelles et son auxiliaire Mgr Joseph-Aldée Desmarais. Ce dernier confie au cardinal Villeneuve sa crainte que l'entrée de Bouchard au ministère ne soit que la première étape dans son ascension qui pourrait un jour le mener au poste de premier ministre[93]. Mgr Decelles n'en offre pas moins ses félicitations au nouveau ministre[94]. La nomination de Bouchard ne se veut pas un affront envers l'Église. Louis-Alexandre Taschereau souhaitait simplement mettre un terme aux critiques du député de Saint-Hyacinthe sur la politique du gouvernement et s'assurer qu'il ne quitte pas le Parti libéral pour la nouvelle Action libérale nationale[95]. Ne commettons donc pas l'erreur de voir dans ces mesures contestées par l'épiscopat un signe d'anticléricalisme ou d'une mésentente entre les deux pouvoirs.

LA MENACE COMMUNISTE

À l'instar du pape et de l'Église catholique dans son ensemble, l'Église québécoise s'inquiète de la montée du communisme. Cette inquiétude est ironique, puisque le mouvement communiste, qui n'a jamais été particulièrement fort au Québec, est en déclin au cours des années 1930. Alors qu'il était auparavant partie intégrante du mouvement ouvrier, le communisme est de plus en plus marginalisé, et les syndicats s'en éloignent. Sur le plan politique, les Canadiens, français comme anglais, sont plus attirés par le Commonwealth Cooperative Federation, parti de gauche purement canadien, que par le Parti communiste lié à Moscou[96]. Selon Andrée Lévesque, le Parti communiste compte à peine 175 membres au Québec en décembre 1937[97]. Cela n'empêche pas l'Église de s'inquiéter du mouvement.

C'est à Montréal que l'offensive est la plus féroce et Mgr Gauthier est certainement l'évêque le plus hostile à l'endroit de la « menace rouge ». En janvier 1931, inquiet des progrès du communisme apparemment causés par la misère engendrée par la crise, le coadjuteur de Montréal publie un mandement contre les dangers de la propagande communiste[98]. Mgr Gauthier ne réclame pourtant pas de remède musclé. Il place la charité au premier rang des moyens pour contrer la propagande. Le ministre des Terres et Forêts Honoré Mercier nourrit ses appréhensions en lui faisant parvenir de la documentation sur les activités communistes aux États-Unis[99]. Alors qu'une église russe orthodoxe à Lachine se prépare à demander son incorporation au gouvernement provincial, Mgr Gauthier informe le premier ministre que la ville de Lachine est « l'un des centres de l'activité bolchévique » et qu'incorporer l'église russe orthodoxe en question pourrait faciliter la diffusion de la propagande. À la fin de l'année, il doit reconnaître que cette église russe n'est pas une organisation bolcheviste[100]. Cette bévue ne diminue en rien le zèle anticommuniste du coadjuteur qui encourage les campagnes lancées par les membres de son clergé.

C'est le père Archange Godbout qui incarne à Montréal la lutte contre le communisme. Il est l'« aviseur moral » de la Ligue antisocialiste de Montréal, à laquelle appartient entre autres le député libéral fédéral Pierre F. Casgrain[101]. Le père Godbout devient célèbre en 1934 lorsqu'il provoque en débat contradictoire le communiste Gaston Pilon. Maurice Lalonde, le chef de la Sûreté provinciale, surveille de près ces activités. Sur son conseil, le premier ministre demande à Mgr Gauthier de décourager le père Godbout de continuer sa discussion publique avec Pilon, celui-ci étant poursuivi pour libelle séditieux et blasphématoire. Il craint qu'un des débats ne se termine en émeute. Le premier ministre semble s'inquiéter davantage que le coadjuteur des dangers qu'il y a à laisser un communiste s'exprimer en public. Mgr Gauthier croit au contraire que le premier débat a suffi à ridiculiser Pilon. Il réitère pour cette raison sa confiance en le père Godbout. Il ne croit pas que la possibilité d'agitation soit une raison suffisante pour empêcher un nouveau débat : « À ce compte, vous n'oserez plus tenir d'assemblées électorales[102]. » Peu confiant dans le gouvernement provincial pour faire la lutte au communisme, le père Godbout est à la recherche d'hommes qui se montreront à la hauteur de la tâche. Il est accusé par *L'Autorité* d'appuyer ouvertement l'Action libérale nationale de Paul Gouin au provincial et le Parti de la reconstruction d'Henry Herbert Stevens au fédéral[103].

L'ambiance est bien différente à Québec, où Mgr Villeneuve doit se faire tirer l'oreille pour accorder autant d'attention à la menace rouge. En 1932, Mgr Andrea Cassulo, délégué apostolique, lui demande de lui tracer un portrait aussi complet que possible sur l'activité communiste au Canada ainsi que des mesures prises par l'État et l'Église pour la combattre. L'archevêque lui présente une vision fort optimiste de la situation[104]. Il l'informe que le diocèse de Québec ne comporte en son sein aucune organisation rouge et que les gouvernements provincial et municipal exercent une surveillance efficace de toute activité communiste. Mgr Villeneuve croit également qu'aucune propagande bolcheviste ne circule dans les journaux et que la rare documentation distribuée est inefficace, l'opinion publique des Canadiens français comme celle de la grande presse étant totalement opposées au mouvement. Il n'y a donc visiblement pas lieu de s'inquiéter. Au-delà du fait que le cardinal n'est pas convaincu de l'importance de la menace communiste, son peu d'empressement à répondre aux demandes de Mgr Cassulo peut s'expliquer par le différend personnel qui sépare les deux prélats. S'appuyant sur la loi canonique, le cardinal Villeneuve se considère comme le primat de l'Église canadienne et refuse d'être à la remorque de la délégation apostolique. Le différend est affiché publiquement lorsque, tous deux invités à assister à l'ouverture de la session parlementaire à Ottawa, les prélats exigent d'avoir la préséance sur l'autre dans l'ordre des places, dilemme qui amène le cardinal à refuser d'assister à la cérémonie pour éviter d'être placé derrière le délégué[105].

L'archevêque de Québec ne partage pas le zèle de son collègue de Montréal. En 1932, Mgr Deschamps recommande à Mgr Villeneuve de traiter du communisme dans une lettre pastorale[106]. La suggestion n'a apparemment pas été retenue. Lorsque le curé Lavergne publie un article qui, au dire d'Athanase David, est susceptible de déchaîner « la vague qui monte », l'archevêque ignore pour cette fois les écarts du curé[107]. En 1933, celui qui est devenu cardinal joint tout de même sa voix au reste de l'épiscopat pour émettre une condamnation formelle du communisme, non sans appeler une « sage législation sociale » qui viendrait à bout de la « dictature économique qui aboutit à une injuste répartition des richesses et à la misère imméritée des classes populaires[108] ». En novembre, une nouvelle condamnation, cette fois plus autoritaire, réclame de nouveau une législation plus saine, mais aussi une lutte « intense » contre le communisme[109]. À la fin de 1934, toutefois, le cardinal joint sa voix à celle de Mgr Gauthier pour protester « contre les blasphèmes et la propagation, dans tout l'univers, du communisme athée et révolutionnaire[110] ».

Si le communisme est bien une préoccupation réelle du clergé québécois, il ne paraît pas affecter les relations entre l'Église et l'État. Hormis les quelques lettres échangées entre Mgr Gauthier et Louis-Alexandre Taschereau sur le sujet, la menace rouge n'est pas fréquemment l'objet de discussions entre les deux pouvoirs. Jusqu'en 1935, la campagne anticommuniste est le lot de prédicateurs solitaires, bien que populaires. Si on excepte le seul cas du père Godbout, le fait que le gouvernement Taschereau n'ait pas mis en place de législation musclée telle que la Loi du cadenas de Maurice Duplessis ne semble pas figurer parmi les griefs formulés à son endroit par le clergé.

Figure 3 Dignitaires assistant au défilé de la Saint-Jean-Baptiste en 1933. De gauche à droite: Le maire de Québec H.-E. Lavigueur, le gouverneur général Bessborough, le cardinal Rodrigue Villeneuve, le lieutenant-gouverneur H. G. Carroll, le délégué apostolique Andrea Cassulo et le premier ministre Louis-Alexandre Taschereau.

* * *

Contrairement à ce qu'on a pu en dire, l'Église n'a pas présenté d'opposition outrancière au gouvernement de Louis-Alexandre Taschereau. Ce dernier n'a pas non plus « maté les clercs[111] ». Taschereau et ses ministres se sont toujours montrés respectueux des prérogatives de l'Église et du jugement des évêques. Les deux pouvoirs se sont évidemment retrouvés à couteaux tirés à quelques occasions. Toutefois, à une époque où l'Église catholique est au Québec l'institution qui contrôle la santé, l'éducation et la charité publique tout en étant le principal guide moral de la société, certains accrochages avec le pouvoir civil sont inévitables. Ces accrochages ne sont en réalité pas si différents des frictions occasionnelles qu'on trouve encore aujourd'hui entre les gouvernements fédéral, provincial et municipaux. D'ailleurs, les responsabilités d'un évêque à l'époque se rapprochent en quelque sorte de celles d'un chef de gouvernement. Un prélat doit défendre les intérêts de son diocèse, de ses fidèles et de l'Église en général, mais doit conserver de bonnes relations avec les différents gouvernements. Le simple prêtre n'a pas de semblable responsabilité. C'est ce qui explique que de nombreux membres du bas clergé se sont permis de se ranger du côté de l'opposition politique.

3

Les prêtres prennent parti

Le contexte de la grande crise est propice à de profondes remises en question. Le clergé québécois a longtemps manifesté une approche conservatrice dans le champ social. À la fin du XIXe siècle, au moment où le pape Léon XIII publie l'encyclique *Rerum novarum* sur la question ouvrière, l'ensemble du clergé québécois demeure convaincu que « la question sociale ne se pose pas au Canada[1] ». Selon Jean Hamelin et Nicole Gagnon, à peine une trentaine de prêtres œuvrent dans le champ nouveau de l'action sociale en 1930, à titre d'aumôniers de syndicats, de directeurs d'action sociale, de missionnaires diocésains de tempérance, etc[2]. Malgré les encouragements du pape, le clergé est demeuré conservateur.

L'encyclique *Quadragesimo anno*, publiée en 1931 par le pape Pie XI, semble avoir eu une résonnance autrement plus importante[3]. Réaffirmant l'attachement de l'Église au principe de propriété privée, le pape affirme que ce principe doit être subordonné au bien commun. Il encourage donc les États à mettre en place une politique de redistribution des richesses[4]. Deux ans après la publication de *Quadragesimo anno*, l'École sociale populaire des jésuites de Montréal met au point le Programme de restauration sociale, un ambitieux ensemble de réformes qui détonne avec le conservatisme traditionnel de l'Église québécoise. Pour la première fois, le clergé fait appel à l'intervention directe de l'État pour assurer la redistribution de la richesse et le retour à l'équilibre social. Le programme est approuvé et présenté par une douzaine de laïques, idéologues pour la plupart, qui traduisent en mesures concrètes les principes énoncés par l'École sociale populaire : allocations familiales, pensions de vieillesse, nationalisation de l'électricité, réformes des institutions démocratiques, Code du travail, etc[5]. Jusqu'à un certain point, c'est le programme de la Révolution tranquille avant son temps.

Les réformes sont donc dans l'air. Un courant de plus en plus fort s'affirme contre la corruption et surtout contre le laisser-faire du régime en place. Le Parti conservateur de Camillien Houde et de Maurice Duplessis étant apparemment incapable d'incarner ce courant, c'est vers l'Action libérale nationale, parti fondé par Paul Gouin en 1934, que se tournent les mécontents. Où se situe le clergé dans cette dynamique politique ?

LES CHEFS DE L'OPPOSITION

Les biographes de Maurice Duplessis nous le présentent comme un ultramontain. À défaut de pouvoir attribuer ce zèle religieux à une éducation familiale sur laquelle nous avons peu de détails, ils l'associent plutôt au fait que l'avocat a grandi dans le diocèse de Trois-Rivières, celui du légendaire Mgr Louis-François Richer Laflèche[6]. La figure de style ne manque pas de charme, l'évêque ayant baptisé lui-même le futur premier ministre. Avec Mgr Ignace Bourget, il est le visage le plus connu de l'ultramontanisme. L'évêque croyait que la religion catholique devait avoir préséance sur l'État. Maurice Duplessis s'étant toujours présenté comme le dévoué serviteur de l'Église et ses contemporains l'ayant perçu comme tel, il semble aller de soi qu'il s'agit de l'héritier spirituel de Mgr Laflèche. On aurait toutefois tort de le tenir pour acquis.

Les archives de Maurice Duplessis comme celles des évêques ne contiennent aucune trace d'une correspondance régulière entre le chef de l'opposition et l'épiscopat. Même Mgr Comtois de Trois-Rivières préfère s'appuyer sur Alphida Crête, député libéral de Laviolette, pour défendre les intérêts de l'Église à l'Assemblée législative[7]. Il s'agit d'un choix logique. La suggestion d'un député ministériel a bien plus de chances de recevoir l'approbation du gouvernement que celle d'un député de l'opposition, fût-il chef de parti. Le cardinal Villeneuve et Mgr Gauthier ne semblent jamais s'être adressés à Maurice Duplessis pendant ses années dans l'opposition. Dans toute la période étudiée, les évêques s'adressent de préférence au chef du gouvernement, qu'il s'appelle Louis-Alexandre Taschereau, Maurice Duplessis ou Adélard Godbout. Le chef de l'opposition laisse la plupart des évêques indifférents, qu'il s'appelle Maurice Duplessis, Adélard Godbout ou Georges-Émile Lapalme. L'épiscopat souhaite influencer le chef du gouvernement sans pour autant s'abaisser à jouer le jeu des partis. Le rapport est évidemment bien différent au bas clergé.

Avant 1935, le chef conservateur ne paraît pas éveiller de sympathie particulière parmi les prêtres. La popularité de Duplessis dans le clergé semble se limiter à ses parents, amis et anciens confrères de classe, comme l'indique l'emploi presque général du tutoiement par les prêtres qui s'adressent à lui[8]. Lorsque les prêtres écrivent à Duplessis, c'est plus souvent pour lui demander des faveurs que pour offrir leur aide. Mentionnons l'abbé Joseph-Gers Turcotte du séminaire Saint-Joseph, qui aimerait bien que son ami Maurice convainque Athanase David de lui attribuer son prix littéraire éponyme. Sur une note plus politique, l'abbé Hervé Trudel lui demande d'empêcher la clause prévoyant qu'au moins un représentant de la minorité anglophone siège à la Commission scolaire de Trois-Rivières d'être supprimée. D'autres lui écrivent pour lui demander une poste pour leurs protégés en recherche d'emploi[9]. On ne trouve à son endroit que quelques mots et gestes de sympathie isolés. Mentionnons l'abbé Léo Paquin de Trois-Rivières, qui invite Duplessis à venir rendre visite aux malades de l'hôpital Cooke à la veille des élections provinciales de 1931 : « Vous voyant si gentil, quelques rouges un peu décolorés se décideront-ils à vous accorder leurs suffrages[10]. » L'abbé Joseph C. Grenier, curé de Saint-Justin, l'informe que les octrois dus aux Écoles ménagères de Sainte-Ursule et de Saint-Tite ont été retardés, espérant que cette information l'aidera à « faire connaître davantage la négligence du Gouvernement Taschereau à payer ses dettes[11] ». Contrairement aux futures victoires de Duplessis, ses succès personnels aux élections de 1927 et 1931 de même que son élection comme chef du Parti conservateur passent pratiquement inaperçus aux yeux du clergé. Encore une fois, les seules lettres de félicitations reçues sont celles d'amis personnels[12]. Il faut attendre la campagne de 1935 pour que les prêtres découvrent le chef du Parti conservateur sous un jour favorable.

Parmi les luttes de Maurice Duplessis qu'on associe aux intérêts de l'Église, on pourrait mentionner son opposition au suffrage féminin. On a volontiers dit de Duplessis qu'il avait tout fait pour empêcher les femmes d'obtenir le droit de vote et que son opposition avait pour but de séduire l'Église[13]. En fait, il est un intervenant fort timide sur la question, surtout si on le compare à certains de ses collègues libéraux qui affirment à l'Assemblée législative que « l'homme connaît mieux la femme qu'elle ne se connaît elle-même[14] » et que la femme électrice « choque notre sens de la convenance tout autant que la femme à barbe du cirque[15] ». Alors qu'un projet de loi proposant d'accorder le droit de vote aux femmes est présenté annuellement à l'Assemblée législative, Duplessis ne prononce jamais la moindre intervention sur la question. Il appuie tout de même les efforts de ses collègues pour faire avancer le projet de loi en le renvoyant au comité des *bills* publics (commission parlementaire). L'objectif des députés en faveur du suffrage féminin est de démentir le préjugé de leurs collègues convaincus que les femmes ne souhaitent pas qu'on leur accorde le droit de vote[16]. Pour Duplessis, il ne s'agit pas tant d'appuyer les droits des femmes que d'adopter une attitude contraire à celle de Taschereau et de la majorité de ses députés, eux fermement opposés au suffrage féminin. Le premier ministre s'oppose quant à lui en actes et en paroles à chaque occasion[17]. Si l'opposition au droit de vote des femmes était garante du soutien de l'Église, alors celui-ci devrait normalement revenir au Parti libéral de Louis-Alexandre Taschereau.

Le Dr Philippe Hamel, dentiste et pourfendeur du « trust » de l'électricité, est un autre représentant remarquable de l'opposition à Taschereau[18]. Il est l'un des principaux signataires du Programme de restauration sociale de 1933, programme qui sera celui de l'Action libérale nationale aux élections de 1935 et de 1939. Sa croisade en faveur de la nationalisation de l'électricité est fortement publicisée à Québec par *L'Action catholique*. Le curé Lavergne lui fait également une publicité dithyrambique dans les pages de *La Bonne Nouvelle*[19]. Des prêtres l'encouragent plus personnellement. L'abbé Henri Larouche, vicaire à Hébertville, le félicite pour sa dénonciation du « gouvernement néfaste et injuste Taschereau[20] ». Le père Godbout croit que le Dr Hamel combattra beaucoup plus efficacement le communisme que Louis-Alexandre Taschereau, qui ne semble guère s'intéresser à la menace rouge. L'abbé Arthur Proulx de Château-Richer l'encourage à se porter candidat aux élections provinciales dans la circonscription de Montmagny sous la bannière de l'Action libérale nationale. Contrairement à Duplessis, le Dr Hamel est vu comme un apôtre de la restauration sociale, nationale et morale du Canada français.

Mentionnons également Paul Gouin, fils de l'ancien premier ministre Lomer Gouin, petit-fils de l'ancien premier ministre Honoré Mercier et chef de l'Action libérale nationale[21]. Avocat de formation, il est dans les années 1930 un conférencier très en vue dont le sujet de prédilection est la colonisation. Au moment de lancer le Programme de restauration sociale, le père Joseph-Papin Archambault insiste auprès de lui pour qu'il y appose sa signature : « Ce serait une grosse déception pour nous si votre nom n'y apparaissait pas. Il aurait moins d'effet sur l'opinion[22]. » L'abbé Lionel Groulx apprécie particulièrement les idées politiques de Gouin, qui selon lui démontrent « qu'on n'éveille pas un peuple en ne parlant qu'à son estomac[23] ». C'est le lancement de l'Action libérale nationale en 1934 qui donne à Gouin toute sa notoriété auprès du clergé.

Le champion politique du clergé est décidément l'avocat Ernest Grégoire[24]. Comme Paul Gouin, il est un conférencier prisé, dans son cas spécialiste d'économie politique. Dans le contexte difficile des années 1930, il traite surtout des moyens de sortir de la crise économique[25]. Il est également un orateur anticommuniste[26]. En 1933, il donne publiquement son adhésion au Programme de restauration sociale[27]. Lorsqu'il annonce sa candidature aux élections municipales, *L'Action catholique* le présente, avec le Dr Hamel, comme le champion de la lutte contre le trust de l'électricité[28]. Sa candidature est très bien reçue par les membres du clergé.

L'enthousiasme des prêtres pour la candidature d'Ernest Grégoire ne semble pas s'être matérialisé en un appui ouvert. L'abbé Léon Létourneau, curé de Saint-Esprit, qui avait encouragé Grégoire à se présenter comme candidat à la mairie, lui avait promis de l'appuyer de même que tous ses candidats à l'échevinage[29]. Nous ignorons toutefois en quoi a pu consister cet « appui ». Sans le nommer, le curé Lavergne encourage ses paroissiens à voter pour le seul candidat qui soit « redoutable aux intérêts de ce trust pantagruélique, qui dévore les économies privées et les finances de notre ville[30] ». Il se réjouit ouvertement de la victoire de Grégoire dans les pages de son bulletin paroissial[31]. Après la campagne, il est accusé non pas d'avoir soutenu le nouveau maire, mais d'avoir attaqué un de ses principaux adversaires, le candidat Pierre Bertrand. Le curé aurait dit de Bertrand que c'était un menteur, un voyou, et que celui-ci « fréquentait une maison louche sur le boulevard Langelier », où il l'aurait lui-même vu. Il aurait également expulsé un jeune homme d'une organisation paroissiale parce que celui-ci travaillait pour le candidat. Interrogé par le chanoine Edgar Chouinard, Lavergne nie avoir injurié Bertrand et affirme que les détails sordides de sa vie privée sont de notoriété publique. Quant au jeune homme congédié, il l'aurait chassé de ses organisations paroissiales « parce que c'est un voleur » et non en raison de ses allégeances politiques[32]. La seule « intervention » en faveur de Grégoire semble avoir été celle des Adoratrices du Précieux-Sang, qui ont prié Dieu d'accorder « la plus brillante des victoires » au candidat, « puisqu'il y va de l'intérêt du vieux Québec[33] ». Elles sont imitées dans leur dévotion par les Ursulines de Québec. Les religieuses, cloîtrées ou non, ne se désintéressent pas tout à fait de la chose politique.

Au lendemain de son élection, le bureau d'Ernest Grégoire est inondé de lettres de félicitations dont 58 lui sont adressées par des prêtres, religieux et religieuses. La diversité géographique de leur provenance est particulièrement révélatrice de la popularité du nouveau maire. Grégoire reçoit des lettres de clercs de Québec et de ses environs, de même que de Montréal, de Sherbrooke, de Mont-Laurier, de Saint-Hyacinthe, des Cantons-de-l'Est, du Centre-du-Québec, du Lac-Saint-Jean, de la Matapédia et de la Gaspésie. Plusieurs disent avoir été séduits par son programme et lui souhaitent de pouvoir le réaliser rapidement. Mgr Camille Roy, recteur de l'Université Laval, se réjouit de cette « victoire de l'intelligence[34] ». C'est aussi l'avis du père jésuite Adélard Dugré : « Il ne faut donc pas désespérer de notre peuple, puisqu'il sait encore discerner et rechercher ceux qui veulent son véritable bien et qui ont les qualifications requises pour le lui procurer[35]. » L'abbé Arthur Robert de l'Université Laval se réjouit non seulement de la victoire d'Ernest Grégoire, mais également du bon résultat obtenu par ses adversaires Pierre Bertrand (député conservateur) et Oscar Drouin (député libéral), puisqu'ils sont eux aussi « contre les capitalistes sans vergogne qui exploitent depuis toujours[36] ». L'abbé Charles Michaud de Saint-Alexis-de-Matapédia admire particulièrement l'éloquence de Grégoire : « À vous entendre penser et parler si justement, comme le Pape, comme notre Cardinal, comme Dolfuss [sic] (chancelier d'Autriche), bien d'autres auront honte d'eux-mêmes et se réformeront au lieu de penser que le peuple peut encore sans inconvénient devenir plus misérable entre leurs mains[37]. » C'est donc un clergé fort enthousiaste qui accueille le nouveau maire de Québec.

Le partisan le plus important du maire Grégoire est sans aucun doute le curé Lavergne, qui prend ouvertement parti pour lui dans son bulletin paroissial. Trois mois après l'élection, *La Bonne Nouvelle* salue déjà le « travail méthodique d'assainissement, sous la direction d'un homme compétent et honnête » qui se fait à l'hôtel de ville[38]. Alors que le maire est attaqué pour de nouvelles taxes impopulaires, le curé rappelle d'abord que c'est le conseil municipal qui vote les taxes et non le maire, ensuite que ces taxes sont nécessaires en raison du gaspillage des administrations précédentes[39]. À l'automne 1935, non content de défendre le maire, le curé s'attaque à ses adversaires. Il cible directement l'échevin Eudore Parent, qu'il accuse d'être financé par le gouvernement Taschereau et de calomnier le maire Grégoire. Il dit attendre « le jour béni où il sortira de l'Hôtel-de-Ville [sic] et de la vie publique[40] ». L'archevêché ne semble pas avoir reçu de plainte de l'échevin en question, mais réagit tout de même. Mgr Omer Plante, évêque auxiliaire de Québec, reproche au curé Lavergne de faire de la « personnalité » dans son bulletin et lui commande de changer de ton. La directive est toutefois donnée avec douceur et empathie : « J'ai beaucoup de sympathie pour vous, j'admire vos dons d'écrivain et de polémiste, mais je déplore que vous n'usiez pas de plus de charité pour ceux que vous considérez vos adversaires[41]. » Cette sympathie et cette admiration expliquent possiblement que le bulletin ait pu survivre aussi longtemps tout en transgressant continuellement les directives de l'archevêché.

En 1935, tandis qu'approchent les élections, quelques prêtres expriment le souhait de voir le maire Grégoire se lancer en politique provinciale. Alors que certains lui expriment ce souhait discrètement[42], le père Godbout le demande publiquement à Montréal. Il déclare dans une assemblée vouloir voir le maire de Québec jouer un rôle plus grand dans la province : « C'est un honnête homme comme celui-là, type du citoyen sincère et intègre, que je voudrais voir à la Législature. De la sorte nous saurions ce qui se passe dans cette "soue à cochons"[43]. » L'abbé Doria Grimard de Chicoutimi recommande à Paul Gouin d'approcher Grégoire afin qu'il se porte candidat pour l'Action libérale nationale : « Son Honneur le Maire Grégoire de Québec jouit d'une popularité étonnante dans tous les milieux de notre province et particulièrement ici. C'est qu'il personnifie avec les autres dirigeants de l'A. L. N. l'honnêteté, la justice, le désintéressement[44]. » Leur souhait est exaucé puisque Grégoire est candidat de l'Action libérale nationale dans la circonscription de Montmagny aux élections provinciales de 1935. Avec le Dr Hamel et Paul Gouin, il suscite beaucoup d'enthousiasme à l'endroit du nouveau parti.

DES PRÊTRES MILITANTS
POUR L'ACTION LIBÉRALE NATIONALE

Le programme de l'Action libérale nationale a tout pour attirer la sympathie du clergé. Les prêtres conservateurs peuvent apprécier l'accent que met le programme sur la « reconstruction rurale » et sur la colonisation. Les nationalistes de la jeune génération sont séduits par l'inspiration groulxiste du nouveau parti. Ceux qui espèrent avant tout une restauration morale de la politique approuvent l'ambitieux projet de réforme électorale. Finalement, tous les prêtres doivent être contents que le nouveau parti se réclame du programme de restauration sociale de l'École sociale populaire et des encycliques papales[45]. Le nouveau parti tente de se ménager l'appui du clergé. L'ALN publie un journal hebdomadaire, *La Province*, qu'elle offre au rabais aux curés de paroisse. Les organisateurs demandent également aux curés de leur indiquer des hommes sûrs qui pourraient devenir leurs agents de propagande, une attitude dénoncée par le journal libéral *Le Canada*[46].

Lancée officiellement en juillet 1934, l'Action libérale nationale met plusieurs mois à rallier le clergé. Certains prêtres s'y montrent tout de même rapidement sympathiques. Le curé Desrochers de Charlemagne se dit convaincu que le programme de l'ALN contribuera « au bon tournant des affaires, de la politique et de l'histoire[47] ». L'abbé Doria Grimard de Chicoutimi croit que Paul Gouin a avec lui « les éléments sains de notre race soupirante[48] ». L'abbé Georges-Marie Bilodeau, missionnaire colonisateur, se réjouit de l'importance accordée par le nouveau parti à la colonisation, mais avoue conserver toute sa confiance envers l'actuel ministre, Irénée Vautrin[49]. Ces témoignages de sympathie ne se transposent pas nécessairement en un militantisme actif. Mentionnons quelques-uns des cas où le prêtre est sorti de la chaire pour appuyer ce nouveau parti politique.

Au cours de l'été 1934, Paul Gouin renoue avec un ancien confrère du Séminaire de Québec, l'abbé Pierre Gravel de Thetford Mines[50]. Celui-ci est un des premiers à se montrer sympathique au programme de l'Action libérale nationale et invite son chef à venir donner une causerie devant les membres de l'Œuvre de jeunesse dont il est le directeur. Il lui promet une assistance de 400 personnes. Aussi directeur du cercle d'études sociales Pie XI, qui rassemble les élites de Thetford Mines, et du cercle ouvrier de Thetford, qui deviendra au printemps 1935 le Syndicat national catholique de l'amiante, l'abbé Gravel a plusieurs tribunes à proposer à Paul Gouin et les lui offre régulièrement. Il dit travailler assidument à lui faire des adeptes. Gravel recommande également des hommes « de qualité » pour l'organisation du parti dans sa région et d'éventuels candidats pour les élections qu'on sent venir. À l'été, il informe Gouin que les gens de Thetford ne sauraient accepter de voter que pour un ouvrier « connu pour son désintéressement » et propose le nom de Théophile Lafrance, ancien président de son cercle ouvrier. En octobre, alors que les élections sont sur le point d'être déclenchées, Gravel fait savoir à Gouin que les ouvriers sont prêts à accepter le maire Tancrède Labbé comme « candidat ouvrier » et lui recommande de ne pas lui opposer de candidat[51]. Labbé se présente effectivement comme candidat de l'ALN avec l'appui de Gravel.

L'abbé Alcide Lemaire, curé de Manseau (Bécancour), se réjouit de voir que l'Action libérale nationale devient populaire en milieu urbain, mais souhaite que sa popularité s'étende aux campagnes. Au printemps 1935, il offre à Paul Gouin de mettre sa salle paroissiale à sa disposition afin qu'il puisse venir entretenir ses paroissiens de son programme politique. Il demande régulièrement aux organisateurs du parti de lui faire parvenir des copies des discours des chefs du parti afin de les distribuer. Lorsque vient le temps de choisir un candidat pour la circonscription de Nicolet, le curé Lemaire est consulté par les organisateurs. Un des noms proposés par le curé, celui d'Émery Fleury, semble avoir été retenu par les organisateurs[52]. C'est toutefois sous la bannière conservatrice que se présente Fleury, la circonscription de Nicolet étant concédée au Parti conservateur. Le curé de Saint-Joseph d'Alma semble également avoir contribué au choix du candidat de l'ALN pour la circonscription du Lac-Saint-Jean, bien qu'encore une fois elle soit finalement concédée aux conservateurs[53].

Plus discret, l'abbé Aurèle Parrot de Lachine dit enseigner aux jeunes de sa paroisse à délaisser l'esprit de parti de leurs parents et à juger les questions objectivement. Il les encourage à écouter les causeries radiophoniques de l'Action libérale nationale afin de s'informer des différents mouvements politiques. Pour la même raison, dit-il, il distribue les manifestes du parti. Dans les coulisses, il se donne le rôle de conseiller politique de Paul Gouin. Il critique notamment l'emploi du mot « libéral » dans le nom du nouveau parti, qui laisse supposer un lien entre celui-ci et le Parti libéral de Taschereau. L'emploi de ce terme, de même que la volonté avouée de « relibéraliser » le Parti libéral, lui semble un obstacle pour rallier les conservateurs. Il recommande pour cette raison de changer le nom du parti pour « Parti national ». L'abbé Parrot suggère aussi à Gouin de dire clairement s'il souhaite s'allier à Maurice Duplessis pour remplacer Taschereau ou s'il compte soutenir le Parti libéral pour mieux l'influencer[54]. L'idée du changement de nom est rejetée, mais la mention de la « relibéralisation » du Parti libéral est retranchée du programme de l'ALN peu de temps après la lettre de Parrot[55].

Nous pouvons également signaler certains gestes plus isolés. Le curé Desrosiers de Thurso demande à Paul Gouin et à son lieutenant Frederick Monk de venir exposer à ses paroissiens, dans les deux langues, le programme de l'Action libérale nationale. Pour bien montrer le sérieux de sa requête, il fait signer sa lettre par 17 de ses paroissiens. L'abbé Whissel de Notre-Dame-du-Nord (Témiscamingue) fait une demande semblable. L'abbé Doria Grimard dit avoir inspiré l'article intitulé « L'alliance Lapointe-Taschereau » paru dans *Le Devoir* du 22 mars sous la plume de Louis Dupire. La déclaration est vraisemblable, l'abbé Grimard ayant déjà critiqué l'entente entre les deux politiciens dans des termes similaires dans une lettre précédente. Il recommande à Paul Gouin de rappeler fréquemment que le programme de l'ALN est tiré du Programme de restauration sociale, donc directement inspiré des encycliques papales. Le père oblat Georges Boileau de Chambly, bien que séduit par le programme de l'ALN, déplore le style parfois trop agressif de ses candidats et recommande à Paul Gouin de faire baisser le ton. Le programme, explique l'oblat, est si parfait qu'il n'est nul besoin de recourir aux tactiques déloyales des vieux politiciens. Le curé Joseph Labrecque de Sainte-Sophie (Mégantic) est qualifié par Philippe Hamel d'« apôtre discret » qui « sonne l'éveil » autour de lui[56]. De nombreux prêtres participent donc chacun à leur façon à faire grandir le nouveau parti dans lequel ils placent beaucoup d'espoir.

Tous les prêtres ne sont évidemment pas à l'aise de s'afficher publiquement en faveur d'un parti, peu importe l'intensité de leur sympathie. Le chanoine Edgar Chouinard de Québec, qui ne peut pas assister aux assemblées politiques en raison de son statut, assure Paul Gouin qu'il suit son mouvement grâce aux écrits et aux conférences radiophoniques[57]. Certains prêtres, craignant de voir leurs sympathies politiques devenir publiques, demandent aux chefs de l'ALN de détruire leurs lettres[58]. Malheureusement pour les principaux intéressés, mais heureusement pour l'auteur de ce livre, cette directive a souvent été ignorée.

Il est difficile de dire où se plaçaient les sympathies politiques de ces prêtres avant l'arrivée en scène de l'Action libérale nationale. Il est bien certain que parmi eux se trouvent d'anciens libéraux. Le curé Labrecque, qui se dit « un vieux rouge désabusé », se laisse convaincre par le Dr Hamel de souscrire à l'ALN et contribue avec ses deniers[59]. L'abbé Rémi Pilon de L'Île-Perrot (Vaudreuil) se dit également « un de ces nombreux libéraux déjantés de la politique du gouvernement

Taschereau[60] », libéral « qui sera à l'avenir du parti national aussi longtemps qu'il servira les intérêts de la province[61] ». L'abbé Maurice Laliberté du Séminaire de Québec, un autre partisan de l'ALN, dit avoir toujours soutenu le libéral Joseph-Napoléon Francœur[62]. Le curé Médéric Gravel de Saint-Édouard-de-Port-Alfred (Chicoutimi) dit voir en Paul Gouin le digne héritier de son grand-père Honoré Mercier et de son père Lomer Gouin, un héritage qu'a renié selon lui Louis-Alexandre Taschereau. Il compare son attitude à celle de son frère, le professeur Léon-Mercier Gouin, qui « insulte la gloire de ses ancêtres » en magnifiant Taschereau[63]. Il nous a été impossible de déterminer s'il y a également d'anciens bleus chez les prêtres qui soutiennent l'ALN.

Pour quelles raisons ces prêtres appuient-ils ce nouveau parti en plein développement ? L'explication se trouve dans des motivations sociales, nationales et morales. Les prêtres qui écrivent à Paul Gouin pour lui faire part de leur sympathie aiment évidemment beaucoup son programme, directement tiré des encycliques et perçu comme la meilleure solution à la crise économique. Le clergé semble également apprécier le fait qu'il s'agisse d'un troisième parti, donc moins enclin à jouer le jeu politique qui marque depuis si longtemps le Québec. Les prêtres sont nombreux à être las des querelles partisanes. Dans cette optique, l'Action libérale nationale est le seul parti à pouvoir apporter une solution vraiment « nationale ». Le Parti libéral est sur ce plan particulièrement décrié. La dénonciation la plus violente est celle de l'abbé Doria Grimard : « Il faut mettre ce régime à la raison ; non, ce n'est pas assez, il faut le terrasser, l'engloutir à cent pieds sous terre. Ce régime le plus néfaste que les Canadiens français ont eu depuis la conquête[64]. »

Gardons-nous bien de conclure à un mouvement généralisé. Si nous nous fions aux sources, le nombre de prêtres impliqués dans le mouvement de l'Action libérale nationale ou ayant témoigné leur sympathie à Paul Gouin, Philippe Hamel et Ernest Grégoire ne semble pas avoir dépassé la centaine. Le nombre est tout de même remarquable si on le compare avec les autres partis. Les archives de Louis-Alexandre Taschereau, de T.-D. Bouchard, d'Adélard Godbout ou de Maurice Duplessis ne témoignent jamais d'un mouvement aussi important en leur faveur, et ce, à aucune étape de leur carrière. Duplessis lui-même n'a jamais suscité à ce point l'enthousiasme du clergé. Dans le cas de l'ALN, nous avons relevé des dizaines de témoignages de sympathie et plusieurs prêtres intervenant directement. Ils ont conseillé l'organisation du parti, contribué financièrement, distribué les documents de propagande, voire influencé eux-mêmes les électeurs, recommandé des candidats, invité les orateurs à venir haranguer leurs paroissiens… et la campagne électorale n'est toujours pas lancée !

***

La mobilisation politique du clergé en 1935 ne peut s'expliquer par sa simple opposition au gouvernement libéral. D'abord, nous avons vu que les relations entre l'Église et l'État sous Louis-Alexandre Taschereau n'étaient pas aussi acrimonieuses que nous avons pu le croire. Après la polémique de 1930 opposant le gouvernement aux évêques sur la question des écoles juives, les relations entre les deux puissances sont demeurées relativement harmonieuses. Bien sûr, quelques accrochages sont venus perturber cette bonne entente. Ces mésententes occasionnelles sont toutefois inévitables entre deux puissances jalouses de leur sphère d'influence respective. On les verra également se produire sous Maurice Duplessis. Par ailleurs, l'opposition, nous l'avons vu, se matérialise principalement par les attaques de « la bonne presse », qui ne relève pas du clergé, et du curé Lavergne, qui est un électron libre et non un digne représentant de l'Église québécoise. On remarque certes une opposition au gouvernement Taschereau. La loi Dillon, l'entrée de T.-D. Bouchard au cabinet, la corruption et la collusion de plus en plus visibles du gouvernement libéral, sa défense apparente des « trusts », son ambivalence sur le projet de taxer les biens religieux sont tant de griefs que les prêtres peuvent formuler. Cette opposition semble toutefois plus circonstancielle que systématique, comme le démontrent les cas de prêtres libéraux convertis à l'Action libérale nationale.

Il serait absurde d'affirmer, à la suite de Léon Dion, que Maurice Duplessis est en 1935 le champion du clergé[65]. Ce rôle sied bien davantage à Paul Gouin, Philippe Hamel et Ernest Grégoire. Face à ces trois hommes de principe présentés comme des chevaliers en croisade de restauration sociale, nationale, chrétienne et morale, Duplessis n'est jamais que le chef des bleus. L'idée de le voir remplacer Louis-Alexandre Taschereau ne semble pas éveiller de grands espoirs. C'est la raison pour laquelle la frange la plus politisée du clergé se tourne vers l'Action libérale nationale dans le cadre de l'élection provinciale de 1935.

4

Les élections de 1935

Les élections de 1935 marquent incontestablement une rupture. Pour la première fois, Maurice Duplessis se présente comme aspirant au poste de chef du gouvernement. L'entrée en scène de l'Action libérale nationale vient briser la dualité traditionnelle du Parti libéral et du Parti conservateur. En ce qui concerne l'Église, les élections de 1935 voient l'implication des prêtres en politique atteindre un sommet jamais égalé au XXe siècle.

Le 7 novembre, Paul Gouin et Maurice Duplessis annoncent la formation de l'Union nationale, alliance électorale entre le Parti conservateur et l'Action libérale nationale. Pour assurer la défaite du gouvernement Taschereau, un seul candidat serait opposé au gouvernement dans chacune des circonscriptions. Soixante d'entre elles seraient concédées à l'ALN, et 30 au Parti conservateur. En cas de victoire, Maurice Duplessis occuperait le bureau du premier ministre, tandis que Paul Gouin attribuerait la majorité des ministères à ses députés[1]. L'alliance est bien accueillie par les membres du clergé. Dès le mois de juin, le curé Lemaire de Manseau avait proposé aux dirigeants de l'ALN d'envisager une fusion avec le Parti conservateur[2]. L'abbé Pierre Gravel, l'abbé Doria Grimard, l'abbé A. Meunier de Saint-Hyacinthe et l'abbé Valmore Forget de Montréal félicitent Paul Gouin de s'être entendu avec Maurice Duplessis[3]. Grimard est heureux que Gouin ait « sacrifié l'honneur pour faire triompher ses principes ». Le fait qu'il accepte le second rôle pour faciliter la victoire de son programme est une nouvelle preuve de son désintéressement et de sa volonté de dépasser l'intérêt de parti. Élever le débat politique au-dessus de la partisannerie est la volonté d'un grand nombre de prêtres, de même que celle de « moraliser » l'exercice électoral.

DES ÉLECTIONS PLUS MORALES

Les élections de 1931 ont été particulièrement contestées. Alors qu'on s'attendait au triomphe de Camillien Houde et du Parti conservateur, Louis-Alexandre Taschereau y a remporté la plus grande victoire de sa carrière, récoltant 79 des 90 circonscriptions[4]. Les irrégularités électorales, la violence et la fraude ont été dénoncées plus que jamais[5]. Dans ce contexte, il était normal pour le clergé d'intervenir et d'exiger des élections « propres » en 1935. Le premier à prendre position sur la question est le cardinal Villeneuve. À l'approche des élections fédérales, qui se déroulent deux mois avant le scrutin provincial, il publie dans *La Semaine religieuse de Québec* une circulaire qu'il demande à ses curés de lire en chaire, « sans commentaire ni autre développement[6] ». Il commande aux fidèles d'exercer consciencieusement leur droit de vote en ne pensant qu'au bien commun et sans se laisser affecter par l'esprit de parti. Il condamne la corruption électorale, le parjure, l'achat de votes et l'intempérance liée aux élections. Les autres évêques s'empressent de diffuser la lettre dans leur propre diocèse[7]. Le mandement du cardinal, publié initialement en août, est reproduit dans *L'Action catholique* au cours de la campagne provinciale[8].

À Rimouski, Mgr Courchesne va plus loin. Il demande à ses prêtres de faire signer des requêtes par leurs comités paroissiaux, adressées aux conseils de ville, et de prendre position contre toute corruption électorale au cours des prochaines élections fédérales et provinciales. L'approbation et la désapprobation des conseils municipaux seront ensuite publiées dans les journaux de Rimouski et de Rivière-du-Loup : « On saura par là même quels conseils municipaux auront refusé d'agir[9]. » Les résolutions des conseils de ville seront également transmises à chacun des candidats aux élections. Mgr Courchesne incite ses prêtres à dénoncer en chaire tout abus dont ils sont témoins et à demander que les coupables soient traduits en justice. L'évêque se réjouit du succès de sa démarche au cours de l'élection fédérale et commande à son clergé de répéter l'exercice pendant la campagne provinciale[10]. Mgr Courchesne dit ne pas douter de la bonne foi des candidats, mais redoute le zèle de leurs « subalternes ». Contrairement à ses confrères qui se contentent de prêcher la bonne parole, l'évêque de Rimouski utilise ouvertement la coercition sociale pour faire respecter la morale.

La lettre du cardinal Villeneuve mène à la création de la Ligue de moralité publique, qui s'emploie à faire respecter ses directives. La

Ligue obtient l'appui de Mgr Conrad Chaumont, vicaire général de Montréal, qui encourage ses curés à soutenir le mouvement[11]. Une semaine avant le scrutin, la Ligue invite l'abbé Charles-Omer Garant à donner une causerie ayant pour titre *Corruption des mœurs électorales*. L'abbé Garant dénonce vigoureusement les candidats qui promettent sans croire et ceux qui votent sous un faux nom. Il déplore le fait que les lois qui encadrent les élections ne soient pas mieux observées. Le chanoine Adélard Harbour, directeur de *La Semaine religieuse de Montréal*, donne également une causerie sur la moralité des élections. Tout en condamnant les abus et en faisant siennes les recommandations du cardinal Villeneuve, le chanoine critique sévèrement l'esprit de parti et encourage les fidèles à voter après avoir soigneusement analysé les candidats et les programmes[12]. On relève en outre certaines initiatives plus isolées. Pendant la campagne, six curés de la circonscription de Dorchester demandent aux candidats de s'abstenir de tenir des assemblées contradictoires, étant donné qu'elles sont « une occasion d'amusements malhonnêtes, de cabales, de médisance, de calomnie et de mensonge[13] ». Le clergé redouble d'efforts afin d'obtenir des élections plus « morales ».

Pendant la campagne électorale fédérale, le sénateur Raoul Dandurand informe Mgr Deschamps que des bureaux de vote auraient été ouverts dans certaines maisons de religieuses. Le sénateur recommande à l'auxiliaire de Montréal de décourager cette mesure, « car des bureaux de votation ouverts dans ces couvents démontreraient le lendemain du vote une unanimité dont on tiendrait responsable [*sic*] les autorités religieuses[14] ». Le sénateur est donc convaincu que le vote des communautés religieuses serait unanime. Il y a fort à parier que Dandurand ne s'attend pas à une unanimité libérale. La question ne se pose pas dans le cadre des élections provinciales, les femmes n'ayant toujours pas le droit de vote. Il est tout de même question du vote des religieux.

À quelques jours du scrutin, *Le Devoir* informe ses lecteurs que de nombreux religieux seraient privés de leur droit de vote, le gouvernement ayant volontairement omis d'inscrire leurs noms sur les listes électorales[15]. *Le Devoir* explique que, lors des scrutins précédents, les religieux n'avaient pas à s'inscrire individuellement sur les listes. Les fonctionnaires du gouvernement acceptaient simplement les listes fournies par les supérieurs des congrégations et des établissements. Les communautés religieuses auraient appris trop tard que, cette fois, leurs membres devaient s'enregistrer individuellement. *Le Devoir* croit que ce changement d'attitude s'explique par le fait que le gouvernement a relevé une majorité conservatrice dans ces établissements aux élections de 1931. Le journal cite des lettres qui lui sont envoyées par des religieux de Montréal, de Québec, de Sherbrooke et du Lac-Saint-Jean, sans toutefois les nommer. Il publie une longue série d'articles sur les religieux « défranchisés » dans les 10 jours précédant l'élection[16]. La nouvelle règle électorale aurait non seulement privé des religieux de leur droit de vote, mais aussi certains vicaires et curés. Cette situation n'est cependant pas généralisée puisque l'abbé Meunier de Saint-Hyacinthe se scandalise au contraire de voir des bureaux de vote dans les collèges de sa circonscription. Le gouvernement compte user de ce moyen, pense-t-il, pour savoir de quel côté votent les prêtres[17]. L'opposition décèle donc un anticléricalisme certain de la part du gouvernement, qu'il démontre en privant les religieux de leur droit de vote ou encore en le facilitant.

DES PRÊTRES POLITICIENS

À défaut de pouvoir voter, certains religieux font sentir le poids de leur opinion politique par leurs interventions au cours de la campagne. Sur ce plan, ils ne se contentent pas d'appeler à des élections morales. Ils se permettent des interventions partisanes, et l'Action libérale nationale en est la principale bénéficiaire.

Plusieurs prêtres contribuent avec leurs deniers. Les dons varient de 1 $ à 25 $. L'abbé Maurice Patry du Séminaire de Trois-Rivières qualifie la caisse électorale de l'ALN de « fonds de secours de la province en détresse[18] ». Lui et cinq de ses collègues financent la campagne d'Ernest Grégoire dans la circonscription de Montmagny. L'abbé C. Leclerc fait une collecte semblable auprès des prêtres de son collège, également pour financer la campagne de Grégoire[19]. D'autres prêtres font gracieusement contribution du sous-sol de leur église ou de leur salle paroissiale pour les assemblées de l'ALN[20].

Certains prêtres s'occupent plus directement de l'organisation. L'abbé Doria Grimard organise la campagne d'Arthur Larouche dans Chicoutimi et celle d'Ernest Trottier dans Charlevoix-Saguenay. Dans Mégantic, l'abbé Pierre Gravel tente d'obtenir de Philippe Hamel et d'Ernest Grégoire qu'ils viennent offrir publiquement leur appui au candidat Tancrède Labbé. À la demande de Paul Gouin, Gravel doit également dissuader un certain Alfred Laflamme de faire campagne au nom de l'ALN dans Richmond, circonscription concédée au Parti conservateur. Le père Oscar Handfield, recteur du Collège des Jésuites de Québec, donne congé à un de ses élèves afin qu'il puisse aider l'équipe du Dr Hamel le jour du scrutin[21].

La prière demeure l'arme privilégiée des religieux. L'abbé Doria Grimard fait prier les 40 sœurs franciscaines et les 400 enfants dont il a la charge pour la victoire de l'ALN[22]. L'abbé Odilon Gauthier de l'orphelinat Don Bosco de Québec fait de même avec ses 23 frères et leurs 260 orphelins[23]. À Saint-Alexis-de-Matapédia, l'abbé Charles Michaud dit une messe en faveur d'Ernest Grégoire et de Philippe Hamel le jour du scrutin[24]. Sœur Jean du Crucifix de l'Asile de la Providence assure Paul Gouin qu'elle et ses religieuses continuent à prier pour le succès complet de la « grande cause[25] ». Le père Thomas Mignault, préfet du Collège des Jésuites, laisse entendre à Gouin que les pères de son école ont également prié pour sa victoire[26]. Si ces témoignages sont exacts, on remarque bien, comme le craignait le sénateur Dandurand, une unanimité en faveur de l'opposition dans certains établissements religieux.

Des prêtres vont jusqu'à tenter de convaincre directement l'électorat. Le curé Laflamme de Saint-Armand (Missisquoi) recrute une quinzaine d'abonnés pour *La Province*, journal de l'Action libérale nationale[27]. L'abbé Charles East dit avoir « converti » trois employés de son école normale à l'ALN[28]. Le curé Arthur Proulx de Château-Richer avoue avoir conseillé en privé de voter contre le gouvernement[29]. L'abbé Georges Adam dit n'avoir exprimé son opinion qu'à ceux qui la lui demandaient. Il considère que les prêtres ont le droit et le devoir de parler de questions économiques « tant que la justice est concernée[30] ». L'abbé Meunier de Saint-Hyacinthe tente de « ramener de vieux rouges à la bonne cause[31] » et leur explique ce qu'est un trust, leur explique que le gouvernement utilise leur argent pour aider les trusts et surtout tente de les convaincre qu'il est possible de remplacer le Parti libéral. Il compare Paul Gouin au président américain Franklin Delano Roosevelt.

Dans certains cas plus rares, les prêtres vont jusqu'à prendre publiquement position. Le curé Rémi Pilon de L'Île-Perrot (Vaudreuil) dit avoir « fustigé publiquement » le gouvernement Taschereau pendant une heure la veille du vote[32]. Le curé Léon Vien de Saint-François-de-Montmagny avoue également avoir effectué une dénonciation publique de la corruption et de l'anticléricalisme du gouvernement Taschereau[33]. L'abbé Odilon Gauthier dit être « sorti de la sacristie » pour appuyer la campagne d'Ernest Grégoire, mais ne précise pas la nature de sa participation[34]. Le curé Adalbert Roy de Saint-Côme en Beauce aurait présidé une assemblée politique de chacun des deux candidats de sa circonscription, mais se serait plaint très ouvertement du gouvernement sur la question de la colonisation[35]. À Québec, le chanoine Cyrille Labrecque et l'abbé Lapointe, aumônier des Frères des écoles chrétiennes, interviennent en faveur de Philippe Hamel dans la circonscription de Québec-Centre. Le chanoine Labrecque considère toutefois que sa participation fut « vraiment peu de chose[36] ». Dans d'autres cas, le rôle des prêtres a été plus remarquable et surtout plus remarqué.

À Thetford Mines, l'abbé Pierre Gravel met à profit le journal *Le Canadien* dont il est récemment devenu le directeur. Quelques jours avant le déclenchement des élections, il félicite avec dérision le premier ministre pour sa promesse de 1931 de mettre en place les pensions de vieillesse, façon ironique de rappeler qu'elles ne sont toujours pas en vigueur quatre ans plus tard[37]. Une semaine avant les élections, il tient une assemblée publique à Thetford Mines au même moment où se tient une assemblée libérale à laquelle participe le ministre T.-D. Bouchard. L'évêque de Sherbrooke, Mgr Alphonse-Osias Gagnon, écrit à Mgr Plante au cours de la campagne pour lui demander de tenir l'abbé Gravel loin d'Asbestos, ville située dans son diocèse. Mgr Plante, qui avait déjà prévenu Gravel de ne pas se rendre à Asbestos, lui sert un nouvel avertissement. L'abbé retourne tout de même à Asbestos la veille du scrutin pour donner son appui au candidat conservateur Albert Gaudreau. Selon un témoin, il aurait ruiné une assemblée libérale en tenant sa propre assemblée en plein air à quelques mètres de la salle réservée par les organisateurs libéraux. Gravel aurait réuni 2000 personnes tandis que les libéraux n'en auraient réuni que de 60 à 75. Les orateurs, humiliés, auraient alors refusé d'adresser la parole à l'assemblée. L'abbé aurait accusé publiquement le gouvernement de « saouler les gens, [d']acheter les électeurs et [de] tromper le peuple pour rester au pouvoir[38] ». Il aurait également fait de nombreuses interventions en Beauce et appuyé ouvertement le candidat Vital Cliche de l'ALN.

À Montréal, l'intervention la plus remarquée est celle de l'anticommuniste père Godbout. La veille du scrutin, il doit adresser la parole à une assemblée politique de Candide Rochefort, candidat de l'ALN dans Montréal-Sainte-Marie. Le matin même, le chancelier Albert Valois demande au père d'annuler sa présence à l'assemblée. L'abbé Valois aurait laissé entendre au père Godbout qu'il agissait ainsi à la demande du Parti libéral. Le père Godbout ne se présente donc pas à l'assemblée, mais envoie une lettre aux organisateurs, dans laquelle il explique la situation et accuse le gouvernement de vouloir bâillonner le clergé : « Ceux qui font le mal, a dit notre Seigneur, haïssent la lumière. Que mes concitoyens en prennent note et votent en conséquence[39]. » La lettre est reproduite dans *L'Action catholique* et dans *Le Devoir*[40]. Ainsi, sans avoir eu l'occasion d'appuyer son candidat, le père Godbout a tout de même effectué la condamnation publique du gouvernement libéral. Le journal *La Croix* attribue à sa lettre la victoire de Candide Rochefort[41].

Deux jours avant le scrutin, l'abbé Guillaume Miville-Deschênes du Séminaire de Québec donne une conférence radiophonique sous les auspices de la Ligue de la moralité publique intitulée *L'intempérance et les élections*[42]. L'abbé ne mentionne jamais le Parti libéral ou le gouvernement Taschereau, mais ses accusations sont très claires. Il critique la législation de la province qui permet à l'alcoolisme de se répandre, attaque « certains journaux engraissés de $350,000 [sic] puisés, chaque année, à même les fonds publics » et dit souhaiter qu'au lendemain des élections « nous puissions avoir le gouvernement que nous mériterons ». Selon l'abbé Charles East, Louis-Alexandre Taschereau aurait tenté d'empêcher l'abbé Miville-Deschênes de s'exprimer sur les ondes. Mgr Camille Roy lui aurait répondu qu'il ne pouvait empêcher la causerie puisqu'elle devait traiter de moralité publique[43].

Le premier ministre a gain de cause dans un autre cas, celui de l'abbé Léonidas Castonguay, également du Séminaire de Québec. Une personne « très près de l'archevêché » aurait informé Taschereau que l'abbé Castonguay allait faire une charge contre le gouvernement à la radio. Le premier ministre serait de nouveau intervenu auprès de Mgr Roy pour bloquer la conférence. Cette fois, le recteur aurait donné suite à sa demande. Mis au courant de l'événement, le curé Lavergne déclare publiquement que Taschereau aurait menacé Mgr Roy pour museler l'abbé Castonguay. À la demande du premier ministre, le recteur publie une mise au point dans les journaux de Québec, où il nie avoir reçu des menaces du premier ministre. À défaut de pouvoir s'exprimer sur les ondes, l'abbé Castonguay se rend à quelques jours du scrutin dans la circonscription de Lotbinière « travailler pour la bonne cause[44] ». L'abbé Castonguay dit également mettre son influence au service d'Ernest Grégoire.

L'abbé Maurice Laliberté, lui aussi professeur au Séminaire de Québec, se serait rendu à Sainte-Croix, dans Lotbinière, la veille du scrutin pour dénoncer publiquement le Parti libéral. L'abbé Laliberté aurait encouragé les paroissiens à soutenir le parti des « hommes de cœur » tels que Paul Gouin, Ernest Grégoire, Philippe Hamel et Oscar Drouin. Il rappelle que le programme de l'ALN a été inspiré par des « hommes éminents » tels que le père Joseph-Papin Archambault et l'abbé Lionel Groulx. Il encourage les gens à se libérer du « régime néfaste » de Louis-Alexandre Taschereau[45].

Avant de partir pour l'Europe, le cardinal Villeneuve rappelle au curé Lavergne que la discipline générale de l'Église défend de faire de la « personnalité » et que, vu le contexte politique, il valait mieux être plus prudent que jamais. Il conclut son avertissement sur cette note ambigüe : « Se retenir… un peu[46] ! » Le curé est au contraire plus agressif que jamais et, encore une fois, éclipse tous ses confrères. Dès le début de la campagne, il est accusé d'avoir fait un discours politique devant les mineurs syndiqués de Thetford Mines, probablement à l'invitation de l'abbé Gravel, également présent à l'assemblée. Le curé Lavergne aurait notamment déclaré que le gouvernement Taschereau fait occuper des postes de jeunes hommes par des jeunes filles avec qui les ministres ont des relations sexuelles[47]. Le ministre Joseph-Édouard Perrault entreprend immédiatement de récolter des déclarations signées contre le curé.

Le 10 novembre 1935, soit deux semaines avant le scrutin, *La Bonne Nouvelle* publie son numéro le plus politique. Dans son éditorial, le curé Lavergne condamne très clairement le gouvernement Taschereau, l'affublant d'épithètes telles que « régime fou », « régime criminel » et « régime d'hypocrisie ». Il invite ses lecteurs à surmonter l'esprit de parti pour se donner un gouvernement à la hauteur de leurs aspirations. Vu les sympathies non dissimulées du curé, c'est un appel clair à voter pour Ernest Grégoire et l'Action libérale nationale. Le bulletin énumère les compagnies dont les conseils d'administration comportent Louis-Alexandre Taschereau. Dans un long texte de quatre pages, le curé Lavergne donne ses raisons de soutenir le maire Grégoire. Il explique que, depuis 25 ans qu'il vit à Québec, Grégoire est le premier maire à démontrer une réelle volonté de protéger « les ouvriers, les faibles et les indigents contre l'exploitation et l'oppression des trusts, en particulier du trust de l'électricité[48] ». L'article suivant est la reproduction d'un discours du maire où il explique pourquoi il se lance en politique provinciale. La politique municipale et provinciale occupe environ 15 des 32 pages de cette édition du bulletin paroissial.

Étonnamment, le gouvernement ne réagit pas à ce pamphlet. Il est possible que Taschereau soit arrivé à la conclusion que ses plaintes contre le curé Lavergne demeurent sans effet, d'autant plus que le cardinal absent ne peut le rappeler à l'ordre. Une autre publication monopolise l'attention du Parti libéral. Une semaine avant les élections, le curé Lavergne prononce un sermon à saveur très politique où il condamne le gouvernement. Le sermon, intitulé *Votez en hommes libres, en patriotes, en bons chrétiens*, est une attaque en règle contre le « régime qui nous écrase à Québec et dont il faut régler le compte[49] ». Conscient que des libéraux sont présents dans l'église et surveillent ses paroles en espérant le prendre en défaut, le curé les nargue en leur distribuant des copies imprimées de son discours pour leur éviter d'avoir à le sténographier. L'opposition fait reproduire le texte du sermon et en distribue des exemplaires dans toute la province. Selon Mgr Plante, c'est par centaines de milliers d'exemplaires qu'aurait été distribué le sermon. De 40 000 à 50 000 exemplaires auraient circulé entre Rivière-du-Loup et Gaspé, et été distribués dans toutes les paroisses de la Beauce. L'abbé Gravel fait reproduire le sermon dans les pages du journal *Le Canadien*. À Chicoutimi, l'évêque Mgr Lamarche dit avoir tenté d'en empêcher la diffusion par les prêtres du séminaire, sans succès[50]. La publication de ce sermon nourrira bien des remontrances après la campagne.

Quelques jours avant les élections, Mgr Plante se contente de « mettre en garde » le curé et lui rappelle qu'il lui est interdit de faire de la politique, surtout en chaire. Ses directives formelles se limitent cependant à s'abstenir « de parler politique dans l'église de Notre-Dame-de-Grâce[51] ». À défaut de pouvoir faire un nouveau discours dans son église, le curé participe aux assemblées d'Ernest Grégoire dans la circonscription de Montmagny. Lavergne précise ne pas avoir reçu l'autorisation de ses supérieurs, probablement pour éviter de les associer à ses actions. Les applaudissements de la foule, dit-il, prouvent qu'il a le droit de parler. Le curé accuse le gouvernement de protéger les trusts et critique la corruption inhérente du régime. Il reproche au Parti libéral de prétendre défendre les intérêts du clergé en défendant ceux des grandes compagnies. Finalement, il renouvelle son appui à Ernest Grégoire.

Tous ces prêtres que nous avons mentionnés sont intervenus en faveur des candidats de l'Action libérale nationale. L'abbé Pierre Gravel est le seul à avoir soutenu des candidats des deux partis. Son soutien à Albert Goudreau, candidat conservateur dans Richmond, s'explique par sa conviction que celui-ci approuve le programme de l'ALN et qu'il emploiera ses efforts à le faire respecter. En ce qui concerne le curé Lemaire, nous avons vu qu'il était avant tout un partisan de l'ALN. Son soutien à un candidat conservateur s'explique par le partage des circonscriptions entre les deux partis. Rappelons qu'il avait lui-même proposé le candidat Émery Fleur, retenu par Paul Gouin. Le soutien de l'abbé Maurice Laliberté à un candidat conservateur paraît également « accidentel ». Dans son discours à Lotbinière, il aurait vanté le programme de l'ALN et fait l'éloge de Paul Gouin, d'Ernest Grégoire, de Philippe Hamel et d'Oscar Drouin. Le curé Rémi Pilon, ancien libéral, semble lui aussi gagné à l'ALN. Au lendemain du scrutin, il se réjouit de la victoire de Paul Gouin, d'Ernest Grégoire, de Philippe Hamel et déplore la défaite d'Horace Philippon, de Calixte Cormier et de Roger Ouimet, tous candidats de l'ALN. S'il félicite Maurice Duplessis pour les bons résultats de l'Union nationale, c'est qu'il le voit comme un chef capable d'assurer l'accomplissement du « magnifique » programme que l'homme politique a accepté dans l'intérêt de la province. Finalement, l'abbé Léonidas Castonguay est également un partisan d'Ernest Grégoire[52]. De toute évidence, l'Action libérale nationale a davantage stimulé l'implication politique des prêtres que le Parti conservateur, dont les candidats semblent avoir trouvé peu de membres du clergé pour les appuyer publiquement. L'idée est vraisemblable puisque le Parti conservateur n'a jamais bénéficié d'appuis aussi actifs de la part du clergé depuis les élections fédérales de 1896.

La popularité des prêtres impliqués a certainement joué un rôle dans les succès de l'Union nationale. Le curé Lavergne est un orateur de réputation nationale. L'abbé Gravel est l'animateur du plus important syndicat de sa région. Le curé d'Asbestos se plaint d'ailleurs à ses supérieurs ecclésiastiques que ses paroissiens sont plus réceptifs aux discours de l'abbé Gravel, un vicaire étranger, qu'à ses propres directives[53]. Le père Godbout est un conférencier très apprécié à Montréal. Les six candidats soutenus par ces trois religieux ont emporté la victoire dans leur circonscription respective. Si les prêtres ont eu une influence sur le vote, c'est leur réputation personnelle qui a assuré cette influence et non leur statut de religieux.

Ces prêtres dont nous avons relevé un soutien accru à un candidat ou à un parti sont donc tous « actionnistes ». Aucun ne semble être un conservateur convaincu. Quant au Parti libéral, la seule intervention que nous avons relevée dans nos sources est celle d'un prêtre qui, selon le cardinal Villeneuve, aurait présidé une assemblée publique en faveur d'un ministre de Taschereau. Le prélat ne mentionne pas le nom du prêtre ni celui du ministre. Le journal *Le Soleil* mentionne également des curés qui ont « participé à des *meetings* libéraux, appuyant de leur parole ou de leur présence les candidats officiels du gouvernement[54] ». Encore une fois, aucun nom n'est mentionné. Sans encenser le gouvernement, le curé Léon Létourneau de Saint-Esprit se moque publiquement des chefs de l'Union nationale et du curé Lavergne après l'élection. Ces quelques interventions publiques de la part de membres du clergé, bien que remarquables, ne suffisent pas à brosser un portrait complet des sympathies politiques du clergé. Les réactions au résultat des élections nous aideront à tracer ce portrait.

LES RÉACTIONS

La victoire est celle du Parti libéral, qui se maintient au pouvoir avec une majorité de 48 sièges sur 90. L'opposition remporte 42 sièges, à raison de 16 pour le Parti conservateur et de 26 pour l'Action libérale nationale. Comparativement aux 11 circonscriptions de 1931, c'est un progrès remarquable.

Les évêques ne semblent pas avoir exprimé leur sympathie personnelle, ni en public, ni en privé. Le chapitre diocésain de Québec paraît tout de même gagné à l'Action libérale nationale. Nous avons déjà mentionné la sympathie du chanoine Edgar Chouinard de Québec pour Paul Gouin. Dans le diocèse de Québec, le chanoine Cyrille Labrecque participe activement à la campagne de Philippe Hamel, le chanoine Charles Beaulieu contribue financièrement à la caisse de l'ALN et les chanoines Joseph-Romuald Pelletier et Auguste Marcoux témoignent de leur appui à Ernest Grégoire et Philippe Hamel. Dans les autres diocèses, nous n'avons relevé que le chanoine M.-T. Giroux, supérieur du Séminaire de Trois-Rivières et ami personnel de Maurice Duplessis, qui se réjouit également de la victoire de l'Union nationale[55]. Autrement, le haut clergé est muet sur le résultat des élections. Les prêtres sont plus loquaces.

Les archives de Louis-Alexandre Taschereau contiennent peu de lettres échangées avec le clergé. Les lettres conservées démontrent tout de même que l'appui des prêtres à l'opposition est loin d'être unanime. L'abbé Lucien C. Bédard écrit au premier ministre pour l'assurer qu'il lui reste encore « de nombreux et sincères amis » dans le clergé[56]. Le curé Léonce Boivin de Notre-Dame, aux Éboulements, le félicite également et déplore les sorties des prêtres qui se sont laissé « leurrer » par l'opposition[57]. Il accuse l'Union nationale d'avoir acheté ses victoires avec du whisky. Le curé Boivin félicite aussi Adélard Godbout, Athanase David, Honoré Mercier et Joseph-Édouard Perrault, qu'il dit connaître personnellement. Un prêtre anonyme, qui croit que Taschereau le reconnaîtra sans qu'il ait besoin de signer sa lettre, le félicite de sa victoire. Convaincu que l'opposition doit son succès aux chômeurs, l'abbé recommande à Taschereau de les obliger à travailler pour recevoir les secours directs: « Ils critiqueront moins puisqu'ils n'en auront pas le temps[58]. » À Sainte-Hélène-de-Kamouraska, le curé Martin croit que les prêtres regretteront leur appui à l'Union nationale le jour où la « révolution » les frappera, car ils seront les premiers à en souffrir[59]. Il déplore l'ingratitude des membres du clergé, qui n'ont pas su reconnaître tout ce que le premier ministre a fait pour les collèges classiques. L'abbé Jules Ricard de Saint-Jean félicite également Taschereau[60].

Robert Taschereau, fils du premier ministre et député libéral de Bellechasse, reçoit lui aussi des félicitations des membres du clergé de sa circonscription. Le curé Adélard Chouinard de La Durantaye salue sa victoire et lui propose d'organiser un concert en son honneur[61]. Le curé Joseph Destroismaisons de Saint-Raphaël le félicite d'avoir été réélu « malgré une lutte indigne et déloyale[62] ». Le curé Horace Labrecque de Sainte-Sabine assure Robert Taschereau que les membres de sa famille ont travaillé activement pour sa réélection[63]. La circonscription de Bellechasse contient donc au moins trois curés favorables au Parti libéral. S'il nous avait été possible de consulter les archives de tous les députés libéraux, il y a fort à parier que nous aurions trouvé une situation semblable. Cette sympathie libérale est-elle motivée par une réelle adhésion ou par un simple intérêt pour le parti au pouvoir? Impossible de le dire. Il faut évidemment se méfier des lettres d'appui au parti victorieux. Dans le cas du curé Léonce Boivin, nous avons pu constater qu'il a également appuyé Adélard Godbout même après la défaite de 1936, ce qui démontre une réelle adhésion au Parti libéral[64]. La lettre du curé Labrecque à Robert Taschereau laisse entendre qu'il vient d'une famille rouge, ce qui peut aussi être un facteur.

Du côté de l'opposition, il nous a été possible de consulter les archives de Maurice Duplessis, de Paul Gouin, d'Ernest Grégoire et de Philippe Hamel. Pour la seule élection de 1935, ces 4 fonds contiennent 92 lettres de félicitations de la part de prêtres, religieux et religieuses, à raison de 31 lettres de félicitations adressées à Paul Gouin, 30 à Ernest Grégoire, 16 à Philippe Hamel et 15 à Maurice Duplessis. Plusieurs proviennent de parents et d'amis personnels. Une fois ces lettres retranchées, les nombres sont ainsi réduits : 27 lettres adressées à Grégoire, 26 à Gouin, 16 à Hamel et 10 à Duplessis. Sur le plan de la sympathie du clergé, le chef du Parti conservateur du Québec fait bien pâle figure en comparaison des trois ténors de l'Action libérale nationale.

Sur 15 lettres à Duplessis, donc, 5 lui viennent d'amis personnels, parmi lesquels on trouve le chanoine Giroux et l'abbé Albert Tessier du Séminaire de Trois-Rivières[65]. Ces amis ne sont pas moins enthousiastes que les autres. Le curé Joseph C. Grenier de Saint-Justin, de Maskinongé, croit que l'opposition a remporté une belle victoire sur « cette combine de trustards qui tient la province dans la misère et qui s'enrichit au dépend [sic] du peuple[66] ». Le chanoine Giroux se réjouit du choix du peuple, qui avait pourtant envoyé 60 députés libéraux à Ottawa un mois plus tôt, et attribue ce retournement au travail de Duplessis : « Sous les coups de fouet de la vaillante opposition, que tu incarnes depuis quatre ans, [le peuple] s'est brusquement ressaisi pour chasser du pouvoir le régime qui nous exploite depuis quinze ans[67]. »

On ne trouve donc que 10 lettres provenant de prêtres avec qui Duplessis n'entretient pas de relation particulière. On remarque surtout la sobriété des félicitations. « Un vieux de la vieille vient vous dire : *Good !* » se contente d'écrire le curé Paul-Émile Brouillet de Compton[68]. « Bien cordiales félicitations ! » ajoute l'abbé Lionel Groulx[69]. « Courage, continuez ! » renchérit le curé Pierre Veilleux de Maria (Bonaventure)[70]. « Sincères félicitations », écrit le curé O. Landry[71]. Ces brèves missives semblent bien neutres en comparaison des messages dithyrambiques adressés aux chefs de l'ALN. Par ailleurs, des 10 prêtres ayant félicité Duplessis, 4 ont également témoigné leur sympathie à Gouin, à Grégoire et à Hamel. Duplessis ne bénéficie donc pas dans leur estime d'un statut particulier[72].

Parmi les prêtres plus « exclusivement » dévoués à Duplessis, on trouve le curé Médéric Gravel de Saint-Édouard-de-Port-Alfred, qui croit que le chef conservateur serait déjà premier ministre « si le régime Taschereau n'avait transformé notre Province en une véritable caverne de voleurs électoraux[73] ». Ami de l'Action libérale nationale, le curé Gravel croit que Duplessis est tout de même le principal défenseur de l'Union nationale et de son programme. C'est également le cas du curé Lionel Boisseau de Cap-aux-Os, qui croit que Duplessis est le mieux placé pour sortir sa région de la misère dans laquelle le gouvernement libéral la laisse croupir : « La Gaspésie a eu le couperet sur la gorge, menaces de perdre les secours directs, primes de pêche, enfants de 12 ans qui déplacent de la neige, femmes qui votent, boissons, appels plus bas pour salir la réputation des adversaires, c'est avec ces cochonneries qu'on choisit les législateurs pour un gouvernement supposé [sic] catholique[74]. »

Aux yeux des prêtres, la frontière entre les deux partis n'est pas clairement tracée. Pour certains, l'union est si évidente que la structure du parti devrait changer en conséquence. L'abbé Doria Grimard, que Paul Gouin surnomme son « directeur de conscience politique par correspondance », recommande de supprimer les termes actionnistes et conservateurs pour ne plus utiliser que le terme « nationaux » afin de faire disparaître les divisions de parti[75]. Le curé Rémi Pilon croit également que les gens de sa paroisse sont trop libéraux pour voter pour un candidat conservateur, même si celui-ci est allié à l'ALN[76]. On remarque que les anciens libéraux n'ont pas complètement renoncé à leurs allégeances passées. L'abbé Charles East croit que Lomer Gouin se réjouirait des succès de l'Action libérale nationale[77]. En observant les lettres de félicitations, on remarque surtout que les prêtres jugent les individus sans distinction de parti. Le curé Joseph-Alfred Bellemare de Batiscan félicite aussi bien son « ami de cœur » Maurice Duplessis que Paul Gouin et Ernest Grégoire[78]. Le curé Joseph C. Grenier de Saint-Justin, de Maskinongé, félicite son ami Maurice pour sa victoire, mais se réjouit également des victoires des chefs de l'ALN[79]. Pareillement, l'abbé Aurèle Parrot félicite son ami Paul Gouin, mais se réjouit aussi de la victoire de Maurice Duplessis[80]. Un prêtre de Montréal supplie Duplessis de rester uni à Gouin « pour le bien de la nation[81] ». La sympathie du clergé se place principalement derrière l'ALN, mais cela n'empêche en rien les religieux de reconnaître la valeur des candidats conservateurs. De même, les prêtres conservateurs sont sympathiques aux ténors de l'ALN.

Le programme de l'Action libérale nationale et sa teneur nationaliste ont de toute évidence joué un rôle important dans l'adhésion des prêtres. L'abbé Rémi Pilon de L'Île-Perrot (Vaudreuil) félicite Maurice Duplessis pour sa victoire et l'invite à défendre l'application du Programme de restauration sociale[82]. L'abbé Lucien-G. Talbot encourage Philippe Hamel à poursuivre sa lutte pour la « restauration sociale et patriotique » de la province de Québec[83]. Le père jésuite Louis de Léry se réjouit des victoires de l'Union nationale en raison de son adhésion au Programme de restauration sociale[84]. L'abbé Aurèle Parrot mentionne lui aussi le programme et félicite Paul Gouin de s'adresser à l'intelligence du peuple : « À son tour, il se lève avec ses chefs, secoue ses chaînes, se déprend des tentacules de la pieuvre, vote sa délivrance, sa liberté ! Encore un coup... et la pieuvre sera morte[85] ! » L'abbé Valmore Forget croit à la victoire prochaine de l'ALN, qui entraînera « la gloire de l'Église » et « la libération économique de notre race[86] ». L'abbé S. Veilleux de Montréal se réjouit de constater que « le peuple a secoué ses chaînes et s'éveille à la réalité de l'abîme vers lequel nous nous acheminons[87] ».

La corruption du Parti libéral semble également avoir été déterminante dans l'attitude politique du clergé. L'abbé Laverdière du sanatorium Mastaï se réjouit qu'une forte opposition soit en place pour faire la lumière sur « les turpitudes du régime actuel[88] ». L'abbé Stanislas Paradis de la paroisse des Saints-Martyrs-Canadiens croit que, dans la dernière campagne, « la justice et la loyauté étaient aux prises avec le mensonge sous toutes ses formes et la corruption la plus éhontée dont notre peuple fut témoin[89] ». Mgr Élias Roy du collège de Lévis fait également référence aux bassesses électorales du Parti libéral[90]. Le frère Théogène de l'académie Saint-Joseph de Mont-Joli croit que l'Union nationale l'aurait emporté sans la « machine électorale infernale » du Parti libéral[91].

Aucun des chefs de l'opposition ne semble être perçu unanimement comme le principal leader. Chacun paraît avoir ses partisans les plus dévoués. Le curé Joseph C. Grenier dit que voir Maurice Duplessis devenir premier ministre est « son plus ardent désir » et il a bon espoir que ce désir se réalisera avant longtemps puisque de nouvelles élections ne sauraient tarder[92]. Le chanoine Joseph-Romuald Pelletier apprécie plus particulièrement Philippe Hamel, « chevalier sans peur et sans reproche », « compatriote ardent et fier », « infatigable défenseur des droits de ses concitoyens contre l'injustice et l'oppression du mauvais capitaliste[93] ». Le frère Louis Patrice d'Iberville attribue au « bienfaisant travail de moralisation et de relèvement social » d'Ernest Grégoire la sympathie de « tous les éléments sains de la province » pour son parti[94]. Le père Louis de Léry est plus particulièrement admirateur de Paul Gouin et de ses talents d'orateur : « solidité de pensée, noblesse de sentiment, tour oratoire, phrases impeccables, diction parfaite, chaleur et force[95] ». L'abbé Tremblay de l'orphelinat de Giffard considère le Dr Hamel comme l'instigateur de tout le mouvement. L'abbé Arthur Lacasse estime que ce rôle revient à Paul Gouin[96]. Oscar Drouin, organisateur en chef de l'ALN et député de Québec-Est, est également mentionné dans plusieurs lettres. S'il nous avait été possible de consulter ses archives, celui-ci se serait probablement trouvé parmi les figures les plus populaires auprès du clergé, au moins à égalité avec Duplessis.

Cette défaite qui a l'air d'une victoire ne met pas fin à l'enthousiasme du clergé. Plusieurs continuent à soutenir activement l'opposition. Lionel Groulx, qui n'est intervenu d'aucune façon dans la campagne électorale, félicite et encourage Paul Gouin:

> J'arrive d'une retraite fermée de professeurs de l'Université de Montréal. Nous étions douze, digne [sic] des temps; tous les douze partisans de l'Union nationale. Tous espèrent grandement une régénération de notre vie politique en français. Lourde responsabilité, je le sais, pour celui qui a fait naître de tels espoirs. D'autre part quel lot magnifique que d'être venu à une heure, où l'on peut abattre de la grande besogne et faire de sa vie une grande chose! Je prie Dieu qu'il vous soit en aide[97].

L'abbé Doria Grimard promet à Gouin de continuer à le soutenir malgré toutes les protestations des libéraux. L'abbé F. X. Tousignant assure Gouin que tous les prêtres du Collège de l'Assomption sont derrière lui[98]. Le curé Médéric Gravel promet à Maurice Duplessis que la population du Saguenay le soutiendra lors des prochaines élections: « Un bataillon de 8000 soldats fièrement groupés sous le noble drapeau national, n'attend que le mot d'ordre pour se lancer à une dernière attaque qui conduira à la victoire définitive « les héros de 1935 » et nous débarrassera à tout jamais d'un régime devenu la honte et l'oppression de toute une race[99]. » Quelques prêtres joignent aux encouragements une nouvelle contribution financière[100].

Le curé Alcide Lemaire demande à quelques reprises à Paul Gouin de lui envoyer d'autres exemplaires du sermon du curé Lavergne afin de les distribuer. Il demande également à l'ALN de déléguer quelqu'un pour l'aider à former un comité d'organisation pour l'Union nationale. Le curé Lemaire dit faire de son mieux pour assurer l'union des « vieux organisateurs conservateurs » et des jeunes de l'Action libérale nationale[101]. L'abbé Albert Langlois de Saint-Vallier (Bellechasse), l'abbé J. Fortin de la Librairie de l'Action catholique et le curé Faucher de

Sainte-Cécile-de-Lévrard (Nicolet) demandent aussi à l'ALN de leur faire parvenir des exemplaires du *Catéchisme des électeurs*, circulaire électorale utilisée par le parti au cours de la campagne. Pour motiver les troupes, le curé Charles Michaud rédige des chants satiriques portant des titres tels que *Les adieux de Taschereau* avec l'aide d'une certaine Madame T. C. M. Le curé Jos.-D. Michaud de Val-Brillant demande à Paul Gouin de faire le nécessaire pour que les conférences radiophoniques de l'ALN soient diffusées dans la Matapédia et la Gaspésie, régions « qui ont le plus besoin d'être éclairées[102] ».

Quelques prêtres sont désemparés de voir les causeries radiophoniques de l'opposition être victimes de la censure fédérale. Le curé Victor Lanoue de Jolinville, le curé J. A. Vézina de Saint-Liboire (Bagot) et le curé Jos. D. Michaud de Val-Brillant se plaignent directement à Ernest Lapointe, ministre de la Justice, et accusent le gouvernement de favoriser le Parti libéral[103]. Le curé Michaud va jusqu'à comparer le gouvernement fédéral à celui d'Hitler. Le curé Vézina joint à sa protestation une pétition qu'il a fait signer par 260 personnes. Le clergé n'entend donc pas se faire plus discret après la campagne électorale.

La plupart des prêtres vont tout de même devoir faire preuve de retenue dans leur implication politique. L'auxiliaire de Québec, Mgr Plante, publie une directive dans *L'Action catholique* demandant aux prêtres de s'abstenir de traiter des questions politiques le dimanche suivant les élections. Dans le camp libéral, un consensus semble s'établir quant à la responsabilité de la courte victoire, qui doit être attribuée à la « campagne » du clergé en faveur de l'opposition. *Le Devoir* mentionne certains élus et fonctionnaires qui auraient évoqué la formation d'un parti anticlérical[104]. Journalistes, politiciens et militants libéraux unissent leurs forces afin de s'assurer que les prêtres ne soutiendront pas de nouveau l'Union nationale lors de la prochaine élection, qui ne saurait tarder.

LA « CONSPIRATION POLITICO-RELIGIEUSE »

Pendant la campagne, le seul prêtre dont l'influence est dénoncée est le curé Lavergne. Sans le nommer d'abord, *Le Soleil*, organe du Parti libéral à Québec, accuse « certain curé-politicien » d'avoir transformé sa chaire en tribune politique et le Dr Hamel d'être le bénéficiaire consentant de ses écarts de comportement[105]. *Le Soleil* compare le curé Lavergne aux prêtres libéraux, dont l'intervention est jugée plus respectable :

À l'heure actuelle, plusieurs membres du clergé du Québec défendent publiquement, en leur qualité de citoyens, M. Taschereau et ses ministres. Comme les deux prêtres actionnistes de la région de Nicolet, ces amis de la cause libérale exercent ainsi leur droit strict. Il ne nous est pas revenu, cependant, qu'ils eussent attaqué le parti Gouin-Duplessis du haut de la chaire en leur qualité de prêtres et de pasteurs. Ils n'ont pas confondu les deux domaines[106].

À trois jours du scrutin, J.-A. Barnard, rédacteur en chef et éditorialiste du *Soleil*, estime toujours que le curé Lavergne est un cas unique et qu'aucun excès comparable n'a été remarqué ailleurs dans la province. Le journal *Le Canada*, organe du Parti libéral à Montréal, semble également considérer le cas du curé Lavergne comme étant exceptionnel : « C'est la première fois de mémoire d'homme qu'un prêtre s'occupe aussi activement d'élection et de campagne électorale[107]. » En dehors du cas du curé Lavergne et de la lettre du père Godbout, les journaux nous apprennent bien peu de chose sur les interventions du clergé dans la campagne électorale. *Le Soleil* mentionne le discours de l'abbé Laliberté dans Lotbinière et l'appui public de l'abbé Gravel à Albert Gaudreau à Asbestos[108]. À cela se limitent les interventions rapportées dans la presse. Ce n'est qu'après la campagne que les journalistes s'intéresseront au comportement politique des prêtres.

Dès le lendemain du scrutin, les journaux libéraux commencent à dénoncer l'influence indue. *Le Soleil* est le premier à dénoncer « l'autorité la plus respectable » qui est « sortie de son rôle pour combattre l'autorité civile[109] ». Barnard laisse entendre que cette participation du clergé aux élections pourrait avoir des conséquences importantes :

> Pas plus ici qu'ailleurs, il n'est désirable que, sans raison de principe, la majorité du peuple se sente sournoisement combattue par son clergé. Celui-ci n'a rien à gagner à provoquer des querelles dans la nationalité. Par contre, il risque de perdre beaucoup et de compromettre des causes supérieures en outrepassant son droit et les généreux privilèges dont il jouit paisiblement[110].

Barnard n'hésite pas à qualifier cette intervention d'ingratitude de la part du clergé, compte tenu de la générosité passée du premier ministre pour les institutions religieuses. Dans *Le Canada*, le rédacteur en chef Edmond Turcotte dénonce également la « conspiration politico-religieuse » dont fut victime le gouvernement et n'hésite pas à parler de « coup de poignard dans le dos des libéraux[111] ». Ces articles très agressifs, publiés dans les trois jours suivant le scrutin, sont les seuls sur le sujet. Les deux rédacteurs en chef sont rapidement rappelés à l'ordre par leurs supérieurs.

La campagne de la « bonne presse » est beaucoup plus longue. Les rédacteurs Omer Héroux et Georges Pelletier du *Devoir*, Eugène L'Heureux et Louis-Philippe Roy de *L'Action catholique*, Léopold Richer du *Droit* d'Ottawa, Pierre Dupont du *Progrès du Saguenay*, Joseph Bégin de *La Croix* de Montréal et un rédacteur anonyme du *Franc-Parleur* de Québec unissent leurs plumes pour attaquer *Le Soleil* et *Le Canada*. Eugène L'Heureux accuse les journaux libéraux de vouloir « creuser un fossé entre les fidèles et le clergé[112] ». Il défend le droit des prêtres de se mêler de politique et met au défi *Le Soleil* de citer des « éléments sociaux plus éclairés, plus désintéressés, plus calme [sic] que le clergé ». Omer Héroux recommande aux journaux libéraux de se plaindre directement aux évêques plutôt que de dénoncer des prêtres anonymes[113]. Il demande aux chefs du Parti libéral de rappeler leurs journaux à l'ordre. Héroux accuse également *Le Soleil* de laisser entendre que le clergé tout entier s'était ligué contre le Parti libéral, avec l'accord, voire à la demande, des évêques. Léopold Richer croit que *Le Soleil* n'attire l'attention sur les interventions du clergé que pour camoufler les irrégularités dont se sont rendus responsables les libéraux pendant la campagne[114]. Richer explique que les prêtres étant par nature des hommes désintéressés, leur intervention est par le fait même justifiable.

Tous ces rédacteurs s'accordent pour dire que l'influence indue de la dernière campagne n'était pas dans les interventions du clergé, mais dans les basses tactiques électorales du Parti libéral et dans les mensonges dont les journaux libéraux se font les porte-paroles. Louis-Philippe Roy va jusqu'à affirmer que la corruption libérale justifiait à elle seule l'intervention des prêtres, qui sont les mieux placés pour rehausser le niveau moral des élections[115]. Joseph Bégin de *La Croix* félicite le curé Lavergne et le père Godbout d'avoir bravé « la meute ministérielle » pour aller défendre « la patrie en danger[116] ». *Le Franc-Parleur* de Québec croit que c'est le succès de l'intervention du clergé qui motive les libéraux : « Tant que les interventions de quelques prêtres contre le régime ont été plus ou moins anodimes [sic], le Soleil n'a rien dit et les putois rouges-radicaux [sic] n'ont pas hurlé. Mais du moment que les rares interventions ont commencées [sic] à ouvrir les yeux du peuple, la rage s'est emparée du neveu du cardinal

[Taschereau][117]. » La plupart des rédacteurs soulignent les contradictions dans le discours du *Soleil*, qui reconnaissait au clergé le droit de se mêler de politique deux jours avant les élections, mais le leur refuse deux jours après. Ainsi, les journaux de « la bonne presse » s'accordent pour dire que les dénonciations des libéraux sont exagérées, mais indépendamment de cela, considèrent qu'il est du droit et du devoir du clergé d'intervenir dans la sphère publique.

Vraisemblablement en raison des nombreuses réactions, J.-A. Barnard prend la seule responsabilité pour ses articles et affirme que ni ses patrons, ni ses chefs politiques ne les ont inspirés ou commandés[118]. Trois jours plus tard, c'est au tour d'Henri Gagnon, président du *Soleil*, de faire une mise au point. Il explique qu'il était à New York au moment où les articles ont été publiés, mais qu'il ne les aurait pas acceptés s'il avait eu l'occasion de se prononcer. Il offre également ses excuses aux membres du clergé et aux lecteurs que les articles ont blessés[119]. Omer Héroux et Pierre Dupont du *Progrès du Saguenay* répondent que, si les articles dénoncés avaient attaqué le Parti libéral plutôt que le clergé, il n'aurait pas fallu 10 jours avant d'obtenir une rétractation[120].

En dehors de la presse, des politiciens de l'opposition protestent eux aussi contre la campagne du *Soleil* et du *Canada*. Une semaine après les élections, Horace Philippon et Philippe Hamel se portent à la défense du clergé lors d'une assemblée. Alors que Philippon se contente de condamner les attaques du *Soleil,* Hamel semble confirmer les craintes des libéraux sur la participation du clergé : « Comme groupe, comparez le groupe du clergé à tout autre. C'est lui qui a plus de cœur et si je pouvais dévoiler tout ce qu'il a fait pour la cause de l'Union nationale, vous en seriez émus jusqu'aux larmes. Voilà le patriotisme qui se réveille en cette province[121]. » Selon Hamel, les succès de l'Union nationale seraient donc dus en grande partie à l'influence du clergé. Il se fait son plus ardent défenseur. Ernest Grégoire tient le premier ministre personnellement responsable des articles du *Soleil* et du *Canada*. Louis-Alexandre Taschereau déclare publiquement s'être plaint en sa qualité de « catholique respectueux de l'autorité » au cardinal Villeneuve en qui il a parfaitement confiance pour régler la question[122].

Lorsque débute la session parlementaire, c'est au tour de Maurice Duplessis de prendre la défense du clergé contre les « articles absolument odieux » du *Soleil* et d'accuser le premier ministre d'en être responsable[123]. En réponse au discours du chef de l'opposition,

Taschereau rappelle la générosité de son gouvernement à l'endroit des communautés religieuses et les bons mots passés des cardinaux de Québec à son endroit. Le Dr Hamel rétorque que la relation entre le gouvernement et l'Église semble moins harmonieuse lorsqu'on se souvient du débat sur la question des écoles juives[124]. Athanase David blâme l'opposition, qui a « sali » le clergé en le descendant dans l'arène politique, d'être responsable des articles du *Soleil* et du *Canada*[125].

Certains prêtres réagissent contre la campagne libérale. Le curé Lavergne affirme publiquement ne pas avoir voulu soutenir Ernest Grégoire, mais défendre l'Église catholique contre les calomnies dont elle était victime[126]. L'abbé Aurèle Parrot, qu'on sait être un partisan de Paul Gouin, mais qui se défend bien d'avoir fait de la politique, relève les contradictions dans les attentes du peuple par rapport aux prêtres :

> S'ils ne s'en mêlent pas, il désire qu'ils s'en mêlent ; mais s'ils s'en mêlent, il ne faut jamais qu'ils soient « contre ». [...] Aussi longtemps que les prêtres ne sont pas « contre » apparemment, on les veut, on s'en sert, on les applaudit. Mais on oublie qu'en régime démocratique les opinions sont libres et peuvent varier selon les lois proposées et selon les actes posés. Aussi bien, si les prêtres semblent tourner « contre » et exprimer librement leurs opinions, on joue les hauts cris et on accuse « d'influence indue »[127].

Il déplore qu'on généralise les agissements de « deux ou trois prêtres ». Quant à ceux-ci qui ont osé élever la voix, l'abbé Parrot leur donne raison, à titre de « défenseurs de la morale publique ». Dans *L'Action populaire* de Joliette, l'abbé Albini Lafortune, futur évêque de Nicolet, dénonce également la campagne libérale contre le clergé[128]. Il se contente toutefois de condamner les articles du *Soleil* sans pour autant défendre le droit des prêtres de se mêler de politique.

Un concert à l'église Notre-Dame-de-Grâce organisé par le curé Lavergne donne aussi lieu à des protestations publiques. En plus de l'abbé Gravel et de l'abbé Guillaume Miville-Deschênes, on remarque dans l'assistance le Dr Hamel, le maire Grégoire, Oscar Drouin et Pierre Bertrand, tous quatre députés de l'Union nationale. Le curé Lavergne se réjouit de voir ces hommes, autrefois adversaires, être désormais unis pour la même cause. L'abbé Gravel prend à son tour la parole pour saluer la victoire de Tancrède Labbé dans Mégantic et attaque la campagne du *Soleil* contre l'influence cléricale.

Louis-Alexandre Taschereau se moque ouvertement des « assemblées politiques » de l'église Notre-Dame-de-Grâce, qui visent selon lui à « entretenir le feu sacré » de l'opposition. À l'archevêché, Mgr Plante n'entend pas à rire avec cet événement à saveur politique et le dénonce au cardinal[129].

La réaction la plus violente et la plus dénoncée de la part d'un membre du clergé est celle de l'abbé Pierre Gravel lors d'une assemblée de Jeune-Canada au marché Saint-Jacques à Montréal. Son discours est rapporté dans tous les principaux journaux de la province[130]. Gravel revendique fièrement la part qu'il a prise dans la campagne électorale. Muni d'une ceinture fléchée, il accuse le gouvernement de se cacher derrière le manteau de la religion pour défendre les intérêts de la haute finance. À la suite de tous ses collègues, il dénonce les mœurs électorales du Parti libéral : « Nous prêchons l'honnêteté dans les élections ; nous demandons aux candidats de ne pas acheter les votes, soit avec du whisky ou [sic] de l'argent. Qui se plaint de notre campagne ? Les ministériels seuls. Ils ne veulent pas entendre la voix qui leur dit que ce qu'ils font est mal suivant leur religion et leur conscience[131]. » L'implication politique du clergé a donc occupé une partie de l'attention publique pendant plusieurs semaines. En 1936, c'est devant les tribunaux que se poursuit l'affrontement entre les deux camps.

Les élections de plusieurs députés des trois partis sont contestées. Dans le cas des députés de l'opposition, on trouve plusieurs fois l'accusation d'« influence indue ». C'est le cas de Maurice Duplessis, de Paul Gouin, d'Ernest Grégoire, de Frederick Monk, de Candide Rochefort, de Pierre Bertrand et de François Leduc. Du côté de Duplessis et de Gouin, les faits reprochés se limitent à avoir fait circuler le sermon du curé Lavergne, qui selon l'accusation laissait entendre que voter pour le gouvernement était un péché[132]. Dans le cas de Rochefort, on l'accuse d'avoir utilisé l'intervention du père Godbout en sa faveur pour faire croire que la religion commandait de voter pour lui[133]. Monk et Leduc sont en outre accusés d'avoir utilisé « l'influence indue ». Quant à Grégoire, l'accusation ajoute les discours du curé Lavergne en sa faveur la veille des élections. La requête accuse également « plusieurs prêtres du comté de Montmagny » d'avoir tenté d'influencer l'électorat du haut de la chaire. Les procès d'influence indue ravivent la plume des rédacteurs de *L'Action catholique*, du *Devoir*, du *Franc-Parleur* et de *La Croix*, qui dénoncent de nouveau l'anticléricalisme des libéraux[134].

Ironiquement, le curé Lavergne est aussi blâmé d'avoir soutenu le député conservateur Pierre Bertrand de Saint-Sauveur, qu'il était accusé d'avoir calomnié lors des élections municipales de 1934[135]. Albert Cantin, employé à la Commission du Havre de Québec, accuse « certains membres du clergé » de s'être « constitués les agents » de Bertrand et d'avoir exercé une « influence indue ». Le curé Lavergne, dont la paroisse est dans la circonscription de Saint-Sauveur, et son fameux sermon sont plus particulièrement ciblés. Lavergne aurait « menacé des peines éternelles attachées à la faute grave les paroissiens qui voteraient contre le défendeur ». Bertrand et son organisation auraient distribué le sermon du curé Lavergne dans toutes les paroisses de la circonscription. Selon Cantin, c'est cette influence du curé qui est responsable de l'élection de Bertrand, raison pour laquelle il demande l'annulation de celle-ci. La poursuite est finalement abandonnée pour péremption d'instance en juin 1936.

LES APPELS AU CARDINAL

En dehors des salles d'audience judiciaire et des imprimeries, l'organisation libérale s'affaire à amasser des preuves et des témoignages contre les prêtres pour pouvoir s'en plaindre à l'autorité religieuse. Le premier ministre entreprend de monter un dossier qu'il compte ensuite présenter au cardinal Villeneuve. Les candidats libéraux vaincus Walter Reed (L'Assomption), Léonce Cliche (Beauce) et Gaspard Fauteux (Montréal-Sainte-Marie) tentent chacun de démasquer les prêtres qui ont usé d'influence indue. Edgar Rochette, député de Charlevoix-Saguenay, mène l'enquête dans sa propre circonscription. Le journaliste J.-Amédée Gagnon et un certain Émile Moreau sont mandatés par Taschereau pour enquêter sur les actions des prêtres. Mentionnons également Léo K. Laflamme, l'avocat de la poursuite dans la contestation de l'élection d'Ernest Grégoire, qui partage sa documentation avec le premier ministre. Il n'est pourtant pas facile pour tout ce monde de récolter des déclarations assermentées. Léonce Cliche explique à Taschereau que les partisans libéraux craignent « d'affronter leur curé et de risquer de se ruiner dans leur commerce[136] ».

Le juge Philippe-Auguste Choquette, père du candidat libéral Fernand Choquette, mène une quête de vengeance personnelle contre le curé Lavergne, qu'il accuse d'être responsable de la défaite de son fils contre Ernest Grégoire[137]. Il recueille les témoignages qu'il fait parvenir directement à l'archevêché de Québec dans les semaines et les mois suivant l'élection. Le cardinal informe le juge qu'il nuit au dossier en présentant constamment de nouvelles preuves puisqu'il retarde l'instruction de la cause :

> Il vaudra mieux ou bien que Monsieur le Juge prenne résolument action contre Monsieur l'Abbé Lavergne, ou bien qu'il rentre dans le silence et laisse à l'autorité la liberté d'agir quand et selon qu'elle le jugera bon. Car, s'il y en a qui s'étonnent que l'Ordinaire ne punisse point tel ou tel, il y en a d'autres qui s'étonnent aussi que les autorités civiles passent l'éponge sur certaines irrégularités électorales[138].

La directive semble trahir le désir du cardinal que le Parti libéral fasse le ménage dans sa propre cour avant de faire la morale à l'Église.

Certaines dénonciations viennent sans être sollicitées. Eugène Latulippe de Pont-Rouge écrit à Taschereau pour l'informer que trois curés auraient publiquement appuyé le candidat actionniste Bona Dussault dans Portneuf. Il interprète la directive d'un curé de ne pas voter pour un candidat qui fournit de la boisson aux électeurs comme une attaque contre le Parti libéral. D'autres dénonciations sont plus insolites. Un certain Nil Gosselin, qui se dit élève de septième année, informe Taschereau que les religieux de son école « ont à maintes reprises discuté ou fait de la politique avec leurs élèves ». Le garçon croit que ces prêtres « ont beaucoup influencé l'électorat ici avec ce préjugé rapporté dans les familles par les élèves[139] ». Voilà un adolescent qui détient beaucoup de sens politique. Faire la liste des dénonciations reçues par le premier ministre nécessiterait plusieurs dizaines de pages.

Taschereau est conseillé par son ami Mgr Joseph Gignac du Séminaire de Québec, qui approuve ses démarches. Mgr Gignac craint que la campagne du clergé ne mène à répéter les problèmes de 1896. Il donne toute son approbation au premier ministre : « On n'a pas le droit de suspecter ta haute intelligence des affaires, ton dévouement aux intérêts de la province, ton honnêteté, ton patriotisme[140]. » Voilà donc au moins un autre prêtre libéral identifié.

L'avocat Hector Perrier rédige un mémoire intitulé *Clergé, action catholique et politique dans la province de Québec*, qu'il remet au premier ministre et dans lequel il lui recommande des mesures à prendre pour défendre la cause du gouvernement auprès des évêques et du délégué apostolique. Perrier reçoit la collaboration de son frère, l'abbé Armand Perrier de Westmount. L'avocat mentionne dans son mémoire que « certains prêtres écœurés de tout cela, mais qui ne veulent pas faire de politique publique » sont prêts à appuyer les démarches du gouvernement. Le mémoire insiste sur le fait que le Parti libéral est au Québec l'autorité civile, qu'il n'est pas permis au clergé d'attaquer. Perrier croit également que le gouvernement devrait rappeler qu'il n'a jamais refusé une demande des autorités religieuses sur toute question sociale. Conscient des problèmes causés par les articles du *Soleil* et du *Canada*, il recommande au gouvernement d'exercer une « censure bienveillante » dans leurs publications. Perrier propose d'intenter des poursuites contre le curé Lavergne, l'abbé Gravel et le père Godbout[141].

Louis-Alexandre Taschereau et son ministre Joseph-Édouard Perrault s'adressent d'abord directement au délégué apostolique, Mgr Andrea Cassulo. Les deux ministres se plaignent tout particulièrement du curé Lavergne. Ils informent le délégué apostolique des conséquences que pourrait avoir l'opposition publique du clergé au gouvernement, évoquant une campagne anticléricale et antireligieuse. Refusant d'intervenir, Mgr Cassulo dirige le premier ministre vers le cardinal Villeneuve, à qui il recommande de souligner les efforts des évêques pour tenir les prêtres loin de la politique. Le délégué croit tout de même que le cardinal doit travailler à rétablir l'harmonie entre les deux puissances : « La Province de Québec étant la mère de toutes les autres, il est évident qu'elle doit être très élevée en dignité, afin de donner le bon exemple de toutes les vertus[142]. » Le cardinal est vexé que le premier ministre se soit adressé à Mgr Cassulo de préférence à lui-même : « Ils espèrent que Votre Excellence ou le Saint-Siège prendra peur et commandera aux Évêques de les remettre en selle. C'est bien un peu naïf[143]. » Selon Villeneuve, le gouvernement ne poussera pas la question jusqu'au bout, de crainte que les enquêtes sur les abus des prêtres ne révèlent « certaines manœuvres ignominieuses d'autre part ».

Le cardinal croit que la conduite des prêtres qui sont intervenus en faveur de l'opposition a au moins fait taire ceux qui accusent l'Église d'être soumise « au régime des politiciens les plus puissants » et qui croient que le gouvernement peut acheter les évêques avec des octrois aux collèges et aux institutions religieuses. Le cardinal explique également le fait qu'il n'a pas immédiatement condamné les incursions électorales de ses prêtres :

> On m'a parlé d'un prêtre qui a présidé une assemblée publique en faveur d'un ministre libéral. Je n'ai pas encore vérifié le fait, et les libéraux ne s'en vantent pas! Il est vrai qu'il n'a pas le talent de l'abbé Lavergne, qui a certes manqué de discipline, et que je condamne, mais qui néanmoins a dit de grosses vérités qu'on ne saurait contredire, et a vengé l'Église et le clergé de certaines insinuations perfides. On voudrait un désaveu public de l'abbé Lavergne. Jusqu'à date [sic] je n'ai pas cru devoir le faire. Cela ne ferait qu'augmenter l'excitation. Et pourquoi faudrait-il aggraver le scandale? J'attends une occasion de remettre les choses au point[144].

À un de ses correspondants, le cardinal Villeneuve accuse le premier ministre de ne pas comprendre les « raisons profondes de ses revers » et pour cette raison de blâmer les « quelques prêtres » qui ont « fait des imprudences[145] ». De toute évidence, le cardinal n'est pas réceptif à la thèse de la conspiration politico-religieuse.

Taschereau soumet son dossier au cardinal Villeneuve et à Mgr Cassulo le 9 janvier[146]. Selon les recommandations d'Hector Perrier, le premier ministre présente son rapport en rappelant au cardinal la générosité passée du gouvernement à l'endroit de l'Église québécoise et des communautés religieuses. Le dossier contient divers rapports non signés et non datés portant des titres tels que *Cantons de l'est* [sic], *Comté de Frontenac, Lac-Saint-Jean,* accusant divers religieux d'avoir pris parti pour l'opposition ou d'avoir attaqué le gouvernement. Plusieurs sont accusés d'avoir discuté politique en chaire. D'autres, comme l'abbé Maurice Laliberté, sont accusés d'avoir tenu des conférences publiques[147]. Le nom le plus souvent mentionné est naturellement celui du curé Lavergne. Plusieurs déclarations sont signées et même assermentées. D'autres sont anonymes. On y trouve entre autres les lettres que le curé Boivin et le curé Martin ont adressées à Taschereau le lendemain des élections. Le nom des curés et leur fonction ont été savamment retranchés, soit pour les protéger, soit pour ne pas montrer qu'il y a des partisans libéraux dans le clergé.

Au total, ce sont 55 prêtres qui sont accusés d'avoir parlé contre le gouvernement ou d'avoir publiquement appuyé l'opposition. De ce nombre, 50 sont accusés d'être intervenus en faveur d'un candidat de l'Action libérale nationale et 5 en faveur d'un candidat conservateur. Le nombre peut sembler important à première vue, mais est en réalité dérisoire si l'on considère qu'on trouve au Québec à cette époque un peu plus de 3000 prêtres en plus d'un millier de religieux[148]. Même si toutes les accusations du Parti libéral sont fondées, ce qui n'est probablement pas le cas, les prêtres s'étant prononcés publiquement représentent moins de 2 % du clergé.

Dans sa réponse au premier ministre[149], le cardinal rappelle que l'Église n'est inféodée à aucun parti politique et qu'elle n'entend pas le devenir. Avant d'aborder la question de l'intervention des prêtres, le prélat croit de son devoir de rappeler certains faits : les appels du clergé à des élections morales et à un bon gouvernement ne sont pas une attaque contre le Parti libéral, le parti au pouvoir ne constitue pas l'autorité civile, et l'argent distribué par le gouvernement aux institutions religieuses est un gage de « sage administration de la chose publique » de la part des gouvernants et non de « générosité » de la part du Parti libéral : « Nous ne retirons pas les éloges, sincères et fondés, souvent exprimés au Gouvernement de la Province par Nos prédécesseurs ou par Nous-même ; mais Nous croyons devoir faire observer qu'ils se sont adressés aux gouvernants eux-mêmes, et n'ont jamais été proférés avec un sens exclusif et dans un esprit de parti. » Le cardinal rappelle au premier ministre que des prêtres sont également intervenus en faveur du parti libéral et qu'il doit traiter ceux-ci comme il traite ceux-là. Le prélat désapprouve « l'espèce de police que s'emploient à faire certains individus qui surveillent sans mandat les dits et faits de leur curé, pour interpréter à tort et à travers tout ce qu'ils voient et entendent, et le répéter partout en leur sens, et qui vont même jusqu'à enquêter auprès des pénitents ». Il conclut en expliquant que, si les chefs de parti décourageaient la corruption électorale avec plus d'énergie, les prêtres perdraient leurs motifs de s'impliquer politiquement.

Après avoir enquêté sur chacun des cas qui lui sont soumis, le cardinal rejette la plupart des plaintes puisqu'elles ont été portées par des dénonciateurs anonymes, par des enfants et par des gens intéressés. Le curé Lavergne, l'abbé Gravel et l'abbé Laliberté sont les trois seuls cas retenus pour un cas de discipline canonique. Les autres accusations sont niées en bloc et rejetées. Certaines plaintes sont facilement démenties. À Walter Reed, qui accuse les pères du scolasticat de l'Épiphanie d'avoir traîné de force leurs étudiants aux bureaux de scrutin pour les faire voter contre le gouvernement, Mgr Papineau, évêque de Joliette, répond : « Accusation inconcevable, car il n'y a pas même de scolasticat à l'Épiphanie[150]. » Dans d'autres cas, même si les propos rapportés sont véridiques, on dénote une certaine déformation de la part des rapporteurs. Le curé Michel Beaudoin de L'Assomption est accusé d'avoir dit à ses paroissiens de cesser de voter rouge parce que leur père était rouge[151]. Afin de mieux se défendre auprès de son archevêque, le curé demande à Joseph-Arthur Brouillette, maire de L'Assomption, de lui écrire ses propos tels qu'il se les rappelle : « vous avez dit qu'il ne fallait pas voter bleu, rouge ou caille parce que mon père était bleu ou rouge[152]... » Cette version des faits est confirmée par un autre témoin[153]. Les dénonciations ne sont donc pas toutes à prendre au sérieux. On s'étonne tout de même que des prêtres qui sont des militants enthousiastes de l'Action libérale nationale, tels que le curé Alcide Lemaire de Manseau ou l'abbé Doria Grimard de Chicoutimi, n'aient pas figuré aux dossiers des libéraux.

Les évêques portent des jugements bien différents sur la question. Mgr Courchesne de Rimouski affirme publiquement n'avoir aucun abus à signaler : « On me dit que des politiciens se sont crus visés chaque fois que nous avons fait appel à l'honnêteté des mœurs en temps d'élections. Je le regrette pour eux. Mais n'allons pas en conclure à l'opportunité de nous lier, comme prêtres, à eux ou à d'autres politiciens[154]. » Mgr Joseph-Alfred Langlois félicite ses prêtres du diocèse de Valleyfield pour leur prudence et leur discrétion[155]. Mgr Papineau de Joliette s'est dit profondément surpris que des prêtres de son diocèse soient visés par les accusations d'influence indue[156]. À Montréal, Mgr Deschamps se dit convaincu, après enquête, que toutes les accusations portées contre des prêtres de son archidiocèse sont non fondées : « Vraiment, ce n'est pas la peine de faire tant de tapage[157] ! » La situation est bien différente dans le diocèse de Chicoutimi, qui semble faire figure d'exception. De nombreux prêtres y sont ciblés par les accusations du Parti libéral. L'évêque Mgr Charles Lamarche informe le cardinal Villeneuve que tous les renseignements fournis par le premier ministre sont exacts, « sauf pour M. l'abbé Lucien Savard qui est un libéral[158] ». L'évêque expose au cardinal son sentiment sur l'action électorale des prêtres :

> La plupart de ces messieurs sont sincères : ils votent et veulent faire voter pour l'idéal. Jusqu'ici le clergé n'avait pas manqué de discrétion, au moins outrageusement, mais cette année un vent de fronde nous est venu contre un gouvernement à la vérité bien fatigué et vermoulu. [...] Tous ces braves jeunes, nos nourrissons, étaient prêts à nous passer sur le corps, s'ils rencontraient un geste contrariant. Je l'ai expérimenté quand j'ai voulu suspendre

la diffusion à la lettre Lavergne. Les prêtres du Séminaire, comme ceux d'autres séminaires, formaient bloc à peu près compact.
À midi même, je saisissais la parole d'un jeune prêtre : « Ce sera ou les élections ou la révolution[159]. »

Contrairement à certains de ses collègues, Mgr Lamarche croit que les prêtres doivent observer la plus parfaite discrétion sur le plan politique, de crainte de susciter du mécontentement, une crainte vraisemblablement justifiée au vu des récents événements.

PEINES ET CHÂTIMENTS

De retour au pays après les élections, la première réaction du cardinal Villeneuve est de publier les ordonnances du concile plénier de Québec sur la question. Le concile établit que les prêtres peuvent intervenir sur le plan politique et en particulier pour demander de respecter les règles de la moralité, mais ce faisant doivent conformer leurs « instructions » à celles de leurs évêques. Sur le plan politique, il est préférable que le clergé affiche l'unanimité, de crainte que les prescriptions ecclésiastiques ne perdent de leur autorité si les fidèles réalisent qu'elles varient d'un pasteur à l'autre[160]. Les journaux publient les directives du cardinal sans les commenter[161]. Le journal *L'Autorité* y voit « une victoire complète pour la prétention libérale : qu'à moins que la religion ou la morale ne soient en cause, le clergé n'a pas à intervenir dans les campagnes électorales[162] ». Le rédacteur croit que les directives vont mettre fin à la campagne du curé Lavergne et de l'abbé Gravel.

Un mois plus tard, le cardinal fait une mise au point officielle avec une lettre pastorale. Sans le nommer, le cardinal remercie *Le Soleil* de s'être rétracté. Il condamne les dénonciations anonymes et ceux qui ont tenté de faire croire à une campagne générale du clergé contre l'un ou l'autre des partis politiques alors que les dénonciations additionnées touchent moins d'une centaine d'individus. Cette attitude démontre selon lui la superficialité de la religion chez certains catholiques :

N'en a-t-on pas vus [sic] qui ont menacé d'abandonner la pratique religieuse ou même qui ont délaissé provisoirement l'église [sic], parce que les paroles ou les actes attribués à tel membre du clergé les avaient blessés dans leur conviction. Nous allions dire dans leur religion politique. Comme si l'on était catholique pour l'avantage du curé, et non uniquement pour le salut de son âme[163].

Il ajoute que, si des prêtres ont manqué à la discipline, c'est aux évêques et non aux journalistes ou aux partisans politiques d'enquêter sur le sujet. Le cardinal condamne les « détractions » de certains prêtres, mais non leur jugement légitime sur les questions politiques. Les prêtres qui ont dénoncé les abus électoraux et encouragé des élections morales n'ont fait qu'obéir aux prescriptions de leurs évêques. Le cardinal profite donc de sa lettre pour condamner une fois de plus les abus électoraux qui se sont produits au cours des élections. Il déplore également les « omissions injustes sur certaines listes électorales », référence aux religieux qui ont été privés de leur droit de vote. Encore une fois, les journaux publient la lettre sans commentaire[164].

Mgr Comtois fait siennes les directives du cardinal et les partage avec enthousiasme : « Il importe de donner un coup de mort à cette prétention que la politique échappe à la loi morale, et que le prêtre n'a pas le droit d'avoir son opinion et de l'exprimer en matière politique[165]. » Le cardinal avoue à Lionel Groulx qu'il ne s'attend pas à ce que Taschereau soit satisfait de sa mise au point[166]. Il reçoit les félicitations du maire Grégoire, qui croit qu'il vient de rendre un « extraordinaire service » au peuple canadien-français : « En effet, c'est dans la mare de l'électoralisme le plus méprisable qu'il était en voie de sombrer, et c'est de là que vous le tirez[167]. » Il reçoit également les remerciements de l'abbé Philippe Desranleau, futur évêque de Sherbrooke : « Vous avez donné le coup de mort à l'influence indue, cette vieille rengaine libérale que l'on agite dans la province depuis 70 ans. Le libéralisme de 1880 est fini chez nous, et c'est en 1936 que notre cardinal l'a enterré[168]. »

Une fois la poussière retombée, les évêques de la province de Québec adressent au clergé une lettre collective imposant aux prêtres l'interdiction la plus formelle :

Conséquemment, Nous ordonnons à tous Nos prêtres de ne point traiter publiquement, jusqu'à nouvel ordre, soit en chaire soit ailleurs, des questions politiques, même par leur côté moral, et Nous leur demandons de ne point manifester publiquement vers quel parti ils penchent, même pour les raisons les plus fondées, à moins d'en avoir reçu instruction de l'autorité légitime[169].

Un résumé de la lettre confidentielle est publié dans *Le Canada* et le document est distribué par milliers d'exemplaires, indiscrétion publiquement condamnée par le cardinal[170]. Bravant l'interdiction, le journal *L'Autorité* publie le texte intégral dans ses pages afin de satisfaire la curiosité de ses lecteurs[171]. Le curé Lavergne confie à Ernest Grégoire qu'il espère que le résumé des journaux n'est pas conforme au texte et que les évêques laisseront à leurs prêtres « la liberté de penser et d'agir dans les questions d'opinion[172] ».

La lettre, confidentielle, donne l'impression que la première lettre pastorale du cardinal visait avant tout à démontrer que l'épiscopat ne plierait pas devant la pression des politiciens, des journalistes et des autres plaignants. Cela dit, les évêques ne peuvent vraisemblablement pas permettre à leurs prêtres de continuer à se mêler de politique, au risque de voir le scandale se répéter aux élections suivantes, que tous estiment proches. L'image qu'ont voulu donner les évêques a évidemment été brouillée par la fuite de la lettre confidentielle. Officiellement, ils réaffirmaient le droit des prêtres de s'intéresser à la chose politique. Dans les faits, ils leur interdisaient de prendre la parole, au moins pour la prochaine campagne électorale.

Certains prêtres doivent subir plus personnellement les conséquences de leurs actes. Six jours après son discours au marché Saint-Jacques, l'abbé Gravel est nommé vicaire de la paroisse Saint-Roch de Québec. À ses discours pendant et après la campagne s'ajoute l'accusation d'avoir forcé le maire d'Asbestos à démissionner en organisant une démonstration publique de la part des membres de son syndicat. Ironiquement, le prêtre qui lui succède, tant comme vicaire de sa paroisse que comme directeur du Syndicat de l'amiante, est l'abbé Joseph Campagna, également accusé d'avoir parlé contre le Parti libéral lors des élections. Le cardinal tient à démontrer que la mutation de l'abbé Gravel n'est pas due à des pressions politiques qui ont été exercées sur lui. À Montréal, le père Godbout est réduit au silence par son supérieur. Cette décision est vraisemblablement due à une lettre d'Hector Perrier, qui informait Mgr Deschamps que le père poursuivait ses conférences à saveur politique, des conférences dont le journal *L'Autorité* rendait compte et se gaussait depuis la campagne. Mgr Gauthier fait savoir au père Godbout qu'il approuve la sanction de son supérieur : « J'ai relu en compagnie de conseillers tout à fait sûrs, les notes sténographiées de vos derniers discours. Nous étions tous du même avis : il n'était pas prudent que vous continuiez ainsi, surtout dans les heures troublées que nous traversons[173]. »

Quant au curé Lavergne, Mgr Plante l'informe qu'il aura à répondre de sa conduite au cardinal. Loin d'être repentant, le curé assume totalement sa conduite : « Conseils pris à source informée, et certaines circonstances s'étant produites j'ai adopté cette décision qui peut vous ennuyer mais dont je me félicite devant Dieu encore plus que devant les hommes[174]. » Insatisfait de sa réponse, Mgr Plante interdit la publication de son bulletin paroissial[175]. À son retour, le cardinal ordonne la suspension de *La Bonne Nouvelle* pour trois mois. Lorsqu'il paraîtra de nouveau, le bulletin sera soumis à sa censure personnelle. Le prélat profite des ennuis de santé du curé Lavergne pour l'obliger à se retirer en Floride. Il joint à son commandement un chèque pour défrayer une partie des coûts du voyage[176]. Le 1er février, le cardinal nomme l'abbé Paul Bouillé administrateur de la paroisse Notre-Dame-de-Grâce. Il explique au curé qu'il espère ainsi « donner un semblant de satisfaction aux amis [qu'il a] assez rudement malmenés par [sa] lettre pastorale[177] ». Il désire montrer que les évêques de la province de Québec peuvent régler la question par eux-mêmes, car Mgr Cassulo envisage d'exiger officiellement des directives pour le clergé en temps d'élections, scénario que le cardinal souhaite éviter :

> Pour cela, évidemment, il ne faut pas que j'aie l'air d'avoir soutenu votre droit à l'indiscipline. Au surplus, je vous ai dit nettement mon jugement là-dessus. À moins donc que vous ne jugiez devoir vous-même régler le cas, en me donnant votre démission spontanée pour raison de maladie, il faudra que d'ici six mois vous m'évitiez d'avoir à me prononcer sur votre cas. Autrement, je serai amené par Rome ou par mes collègues à devoir vous juger et vous condamner. Et je n'y tiens pas[178].

Il lui commande donc d'être absent de Québec pendant la session de l'Assemblée législative et pendant les prochaines élections, si elles ont effectivement lieu. Afin d'ajouter du poids à ses directives, le cardinal dit envisager de le transférer à la paroisse de Lauzon (Lévis), où il pourrait « avec fruit remuer un peu de ce coin assez endormi[179] ». Malgré la sollicitude de la lettre, le curé est peiné et croit voir derrière l'attitude du cardinal l'influence des libéraux, qui veulent lui faire payer son amitié pour Grégoire et Hamel[180]. En 1941, lorsque se fera le procès canonique du curé Lavergne, le cardinal déclarera qu'il n'a pas alors demandé sa démission « étant donné les complications d'ordre politique que cela aurait pu entraîner[181] ». Ironiquement, c'est l'acharnement des libéraux qui semble avoir conservé la cure de l'abbé Lavergne.

À défaut d'obtenir réparation, le gouvernement se venge par ses propres moyens. À la recommandation du shérif Lauréat Lapierre, Louis-Alexandre Taschereau et Athanase David font volontairement retarder la subvention annuelle de l'orphelinat de Saint-Ferdinand, dont le directeur est accusé d'avoir parlé contre le gouvernement[182]. L'orphelinat reçoit finalement sa subvention avec quatre mois de retard. L'abbé Ernest Arsenault, directeur, s'enquiert au premier ministre des raisons de ce retard, expliquant que les gens de Saint-Ferdinand ne savent pas bien ce qui se passe dans les milieux politiques. Dans sa réponse, Taschereau ne fait guère d'effort pour dissimuler les raisons véritables : « Vous me dites dans votre lettre qu'à St-Ferdinand, on ne sait pas ce qui se passe dans les milieux politiques. Mais je crois que certains événements récents montrent qu'on ne s'en désintéresse pas tout à fait[183]. » Une lettre d'Athanase David à Taschereau laisse entendre que les « sanctions » prises à l'endroit de l'orphelinat de Saint-Ferdinand sont les mêmes que celles qui ont été prises à l'égard des autres institutions coupables des mêmes « délits[184] ». L'hospice des Franciscains de Montréal, dirigé par le père Godbout, peine également pour recevoir du financement de la part du gouvernement[185].

***

Les réactions à la participation des prêtres aux élections de 1935 nous apprennent la vision qu'avait la société québécoise de son clergé comme guide moral. Ce que reprochent Louis-Alexandre Taschereau et ses ministres ainsi que les journaux libéraux aux prêtres qui se sont mêlés de politique, officiellement du moins, n'est pas d'avoir attaqué le Parti libéral ou d'avoir pris parti pour l'opposition, mais d'avoir attaqué « l'autorité civile ». Au pouvoir depuis 39 ans, le Parti libéral est pratiquement synonyme de gouvernement. Critiquer le premier ministre et travailler à le renverser sont un crime de lèse-majesté. Étant donné l'étroite association entre l'Église et l'État, les attaques des prêtres contre le gouvernement sont perçues comme une trahison. Toujours prêt à défendre les prérogatives du clergé contre T.-D. Bouchard et ses collègues radicaux, Taschereau ne peut s'expliquer qu'on lui colle une réputation d'anticlérical. Il n'est pas question d'empêcher les prêtres de se prononcer sur les affaires publiques. Nous avons vu que la réaction à cette campagne ne s'est pas fait attendre et que le clergé a trouvé de nombreux avocats pour défendre son droit à se prononcer sur les questions politiques. Aux yeux de plusieurs, le prêtre, gardien de la morale et personnage désintéressé, doit conserver son droit de parole intact. C'est également l'opinion des évêques. Ceux-ci doivent cependant s'assurer d'imposer des balises aux prêtres sur les questions politiques afin d'éviter un nouveau scandale, comme celui qui suit les élections de 1935.

Il est évident que l'idée d'une mobilisation générale du clergé est fortement exagérée. Même en additionnant les prêtres dont la participation est confirmée à ceux dont elle n'est que présumée par les libéraux, nous dépassons à peine la soixantaine de noms. Il est fort probable que la participation du curé Lavergne ait effectivement influencé le résultat du vote, d'autant plus que son sermon a été distribué dans toute la province. D'autres prêtres très populaires, tels que l'abbé Pierre Gravel et le père Godbout, ont également pu jouer un rôle dans les succès de l'opposition. Notons que même le curé Lavergne, qui a fustigé les libéraux du haut de la chaire, n'a jamais laissé entendre que voter libéral était un péché, contrairement à ses confrères du XIXe siècle. Comment aurait-il pu en être autrement puisque parmi les prêtres partisans de l'Action libérale nationale se trouvaient de nombreux anciens rouges?

Les élections de 1935 doivent également nous faire repenser l'idée traditionnelle d'un soutien inconditionnel du clergé à l'Union nationale de Maurice Duplessis. L'apparente absence de réaction du cardinal Villeneuve n'est pas, comme l'affirme Bernard Vigod, une preuve de sa sympathie pour l'opposition[186]. Elle se fait dans le respect des directives de Rome, qui depuis deux décennies commandent aux évêques d'éviter à tout prix les affrontements publics entre catholiques. Mgr Cassulo lui-même fait de cette harmonie un point central de sa politique[187]. Quant à l'opposition du clergé au Parti libéral, elle n'est pas motivée, comme le dit Antonin Dupont, par le « caractère progressiste de certaines lois du gouvernement Taschereau[188] ». Nous avons vu que les prêtres sympathisants de l'opposition étaient au contraire très enthousiastes à l'endroit des réformes proposées par l'Action libérale nationale.

On peut s'étonner que la version du Parti libéral ait été élevée au rang de réalité historique par les historiens. Cela s'explique par l'idée reçue de l'alliance entre l'Église et Duplessis. L'idée que le clergé ait massivement attaqué le Parti libéral, donc indirectement soutenu l'Union nationale dès 1935, démontrerait que les prêtres ont appuyé Duplessis dès le début. D'ailleurs, comme nous le verrons, ce n'est pas la dernière fois que les libéraux accusent le clergé d'avoir en grand nombre appuyé l'Union nationale et d'avoir causé leur défaite de cette façon.

Pourtant, la popularité de Maurice Duplessis auprès du clergé se construit bien progressivement. À l'image de son parti, le chef conservateur ne suscite de l'enthousiasme qu'en fonction de son opposition au gouvernement libéral. Lorsque son nom est mentionné par un prêtre dans un discours, il est toujours suivi de celui de Gouin, et souvent de ceux de Grégoire et d'Hamel. L'alliance entre les deux partis a permis de placer Maurice Duplessis parmi les défenseurs du programme de l'Action libérale nationale, programme auquel il n'adhère qu'en surface, mais qui a suscité l'adhésion du clergé et qui a convaincu plusieurs d'entre eux de s'impliquer directement dans la campagne électorale. Cela dit, gardons-nous de conclure à une adhésion unanime. Sur les questions politiques, les prêtres sont divisés comme tout autre groupe de la population. L'examen de notre documentation dévoile tout de même deux tendances : une condamnation de la corruption du Parti libéral et un enthousiasme pour le programme et les chefs de l'Action libérale nationale. Si Maurice Duplessis suscite une certaine sympathie, c'est à titre d'allié de Paul Gouin et d'opposant à Louis-Alexandre Taschereau. L'époque où le ciel était bleu et où l'enfer était rouge semble définitivement révolue. En 1935, l'enfer est toujours rouge, mais le ciel est désormais rouge pâle. La couleur bleue serait plutôt attribuable au purgatoire, voire aux limbes.

5

Un changement de régime

La victoire du Parti libéral aux élections de 1935 est de courte durée. L'enquête des comptes publics, qui révèle divers scandales de corruption, porte le coup de grâce au régime Taschereau. Du côté de l'opposition, Maurice Duplessis éclipse Paul Gouin et s'impose comme seul chef de l'Union nationale. Il conserve officiellement le programme de l'ALN de même que la plupart des lieutenants de Gouin, à commencer par Philippe Hamel et Ernest Grégoire[1]. Duplessis a toutes les cartes en main pour remporter une éclatante victoire. Où se positionne le clergé dans cette joute politique ?

LES RELATIONS ENTRE L'ÉGLISE ET L'ÉTAT

L'implication des prêtres au cours des élections de 1935 crée un froid entre le cardinal Villeneuve et Louis-Alexandre Taschereau. Furieux de l'attitude ambivalente du prélat, le premier ministre ne lui envoie pas de carte de vœux à l'approche des fêtes et ne lui fait pas sa traditionnelle visite du jour de l'An. Il faudra une guérison miraculeuse de l'épouse de Taschereau, attribuée par celle-ci à une visite que lui a faite le cardinal à sa chambre d'hôpital en 1937, pour que les deux hommes renouent leur relation amicale[2]. Ce froid ne se transpose tout de même pas sur les relations entre l'Église et l'État, qui demeurent cordiales.

En mars 1936, le premier ministre soumet au cardinal un projet de loi visant à donner un plus grand rôle à la Cour d'appel du Québec dans la législation du mariage civil. Après avoir consulté Mgr Gauthier, le cardinal répond que le projet ne lui semble pas opportun. Taschereau accepte ses réserves et y renonce[3]. Il consulte également l'abbé Henri Roy, aumônier général de la Jeunesse ouvrière catholique, sur la législation du travail[4]. De façon générale, le premier ministre paraît chercher plus qu'auparavant l'appui du clergé. Il promet d'accorder la loi des pensions de vieillesse, qui lui était réclamée depuis longtemps, ainsi que d'abroger l'article de la Loi du dimanche qui en exemptait les juifs[5]. De son côté, Athanase David continue à demander conseil à Mgr Gauthier pour ses lois sociales[6]. Le ministre T.-D. Bouchard, qui présente son plan pour venir à bout du chômage, est fier d'annoncer qu'il a reçu l'appui de son évêque, Mgr Decelles de Saint-Hyacinthe, qui encourage la population à soutenir les efforts du ministre[7]. La campagne de 1935 n'a donc pas brouillé outre mesure les relations entre l'Église et l'État.

L'Université de Montréal figure toujours au premier plan des préoccupations de Mgr Gauthier. En mai 1936, le gouvernement libéral prépare un nouveau projet de loi pour venir en aide à l'université. Il y est prévu que le conseil d'administration sera formé de sept membres, dont trois seraient nommés par le gouvernement et un par la Ville de Montréal. Mgr Gauthier voit derrière cette mesure la volonté de certains éléments radicaux du Parti libéral de laïciser l'université et partage cette crainte avec le premier ministre : « Ah ! Je comprends peut-être mieux que personne vos tracas et vos ennuis. Vous êtes tiré en sens contraire. Il est également certain que nous n'avons pas que des amis. Mais pour satisfaire une opinion, vous risquez d'en soulever une autre, et ce que l'on appellera la mainmise du gouvernement sur l'Université va provoquer des réactions certaines[8]. » Inquiet, le coadjuteur ne semble pas remettre en question la bonne foi du premier ministre. Quoi qu'il en soit, le gouvernement est défait avant de pouvoir établir une solution à long terme au problème de l'université.

De nombreuses pressions amènent Louis-Alexandre Taschereau à démissionner, mettant fin à une carrière politique de 36 ans et à un mandat de 16 ans comme premier ministre. Une lettre de Mgr Gauthier vient mettre un baume sur son malheur : « Je veux ajouter que dans les circonstances difficiles que vous avez traversées, j'ai souvent pensé à vous, avec beaucoup de sympathie et une bonne prière[9]. » La supérieure des Sœurs de l'Hôpital Saint-Michel-Archange écrit également au premier ministre démissionnaire pour l'assurer qu'elle n'oubliera pas sa générosité à l'endroit de son institution[10]. Le curé Adélard Chouinard de La Durantaye est particulièrement pessimiste : « Honorable monsieur, nous comprenons que pour vous, le temps est venu de prendre un peu de repos. Nous sommes plus à plaindre. Qu'adviendra-t-il de nous[11] ? » Il est fort probable que Taschereau a reçu davantage que ces trois seules lettres de la part du clergé, mais il n'a conservé qu'une petite partie de sa correspondance. La lettre de Mgr Gauthier est notamment absente de son fonds d'archives.

Dès son arrivée au pouvoir, le nouveau premier ministre Adélard Godbout s'empresse d'écrire au cardinal Villeneuve pour lui offrir ses hommages et l'assurer de sa « soumission toute filiale[12] ». Témoignage sans conséquence puisque le Parti libéral est vaincu aux élections tenues deux mois plus tard. Retenons seulement que ce parti ne quitte pas le pouvoir en laissant une mauvaise impression à l'Église. Malgré ce qu'ont pu dire de lui contemporains et historiens, Louis-Alexandre Taschereau n'était pas un anticlérical, et la majorité des évêques en étaient conscients. Les prêtres, par contre, n'étaient pas dans le secret de leurs prélats et étaient libres d'interpréter les événements de la même façon que le reste de la population.

LA RUPTURE DE L'UNION NATIONALE

Deux mois à peine après les élections provinciales, l'attention se tourne vers les élections municipales de Québec. L'élection semble refléter la politique provinciale, puisque le seul adversaire du maire Grégoire, député de l'opposition, est le libéral Lucien Borne, qui sera candidat dans Québec-Centre aux prochaines élections provinciales.

Grégoire est réélu par une majorité de 2000 voix, et 11 de ses 13 candidats à l'échevinage l'accompagnent à l'hôtel de ville[13]. Sa victoire est, encore une fois, fort bien accueillie par les membres du clergé. L'abbé Arthur Robert assure Grégoire que les prêtres du Séminaire de Québec sont unanimement en sa faveur. Sœur Marie de la Rédemption, supérieure du couvent de Notre-Dame-de-Bellevue, lui annonce que toutes ses religieuses prient Dieu de le soutenir dans chacune de ses initiatives. L'enthousiasme derrière Grégoire semble entre autres motivé par l'appartenance de Lucien Borne au Parti libéral. L'abbé Oscar Genest du Séminaire de Québec croit que la défaite de Borne est une « taloche pour le chef du régime Taschereau ». L'abbé Gaudreault de Bagotville croit que la victoire de Grégoire annonce « la fin d'un régime néfaste et l'avènement d'un gouvernement honnête et progressif qui servira de modèle à ceux de la province[14] ». L'enthousiasme derrière l'Action libérale nationale et le désir de changement semblent toujours aussi forts.

Au cours de la session parlementaire de 1936, on débat à nouveau de la possibilité d'accorder le droit de vote aux femmes de la province.

Le projet de loi est proposé par Frederick Monk de l'Action libérale nationale. La donne pourrait bien être différente cette fois-ci, puisque l'ALN contient une majorité de députés favorables au suffrage féminin. Alors que des rumeurs de toutes sortes circulent quant à l'éventuelle succession de Louis-Alexandre Taschereau[15], les députés libéraux comptent démontrer leur union en rejetant unanimement le suffrage féminin. Même Edgar Rochette, qui a pourtant parrainé la mesure l'année précédente, annonce qu'il ne votera pas pour un projet de loi proposé par l'opposition[16]. La discipline de parti l'emporte sur les principes. Adélard Godbout s'oppose au projet de loi comme chaque fois qu'il a eu à voter sur la question. Vingt-quatre députés de l'opposition appuient la mesure, à raison de 14 députés de l'ALN, dont Paul Gouin, et 10 du Parti conservateur[17]. Les 43 députés libéraux présents s'opposent au projet de loi. Les femmes québécoises devront encore attendre avant d'obtenir le droit de vote.

Malgré ce qu'on peut penser, l'appui de l'Action libérale nationale au suffrage féminin n'a pas affecté le soutien du clergé à son endroit. L'abbé Pierre Gravel, un adversaire du vote des femmes, soutient activement le député Tancrède Labbé pendant toute sa carrière politique, bien que celui-ci ait voté en faveur du suffrage féminin en 1936[18]. L'appui personnel de Paul Gouin ne semble pas non plus lui avoir aliéné des appuis dans le clergé. Le député René Chaloult, un des plus importants partisans des droits des femmes dans la députation, est particulièrement populaire auprès des prêtres. Son épouse Jeannette participe activement à ses campagnes électorales et ses partisans dans le clergé semblent voir cette implication d'un bon œil[19]. Le curé Lamonde de Kamouraska croit que Chaloult doit en partie sa victoire aux efforts de son épouse et la félicite pour sa participation. Cette attitude n'est pas celle de prêtres qui souhaitent à tout prix voir la femme cloîtrée dans sa cuisine. Ce soutien de membres du clergé à des députés favorables au suffrage féminin démontre que cet enjeu est loin d'être une priorité pour eux. Bien que peut-être eux-mêmes opposés au vote des femmes, ces prêtres qui ont appuyé les députés de l'Action libérale nationale ont visiblement jugé que cette question était bénigne en comparaison des grands enjeux nationaux et du programme de réforme que ces politiciens présentaient. Cela doit nous amener à réfléchir sur les thèses de certains historiens qui ont avancé que le suffrage féminin a contribué à braquer l'Église contre le Parti libéral et à la jeter dans les bras de Maurice Duplessis et de l'Union nationale[20].

L'entente entre Paul Gouin et Maurice Duplessis, improvisée dans le cadre de l'élection, ne semble pas appelée à durer. Au printemps 1936, les libéraux tentent de ramener Gouin au bercail. Mgr Élias Roy du Collège de Lévis croit nécessaire de l'avertir que son retour chez les libéraux signifierait la mort du mouvement de restauration qu'il a lancé. Refusant d'ajouter foi à ces rumeurs, l'abbé Gravel défend son ami Gouin contre quiconque prétend qu'il est déloyal envers Duplessis et vendu aux libéraux, bien que des signes laissent penser le contraire. Le journal *La Province*, organe de l'ALN, ne semble plus favoriser l'union avec le Parti conservateur. L'abbé Paul-Émile Paquet du Collège de Lévis croit que cela laisse présager un retour des députés de l'ALN au Parti libéral. Il supplie Paul Gouin d'expulser les traîtres et d'opérer une fusion définitive avec le Parti conservateur[21]. Le curé Lavergne reproche également à *La Province* de ne pas être loyale envers l'entente Duplessis-Gouin: « On dirait que systématiquement vous avez décidé de ne pas rendre justice à M. Duplessis et à M. Grégoire et à d'autres. J'ai beaucoup d'admiration pour M. Gouin. Mais M. Duplessis n'est pas moins digne de notre admiration dans un autre genre[22]. » Le sentiment n'est pas unanime. L'abbé Doria Grimard croit que le manque de loyauté se trouve plutôt du côté des conservateurs et que ceux-ci travaillent à évincer Paul Gouin. Alors qu'il recommandait en 1935 de favoriser la fusion avec le Parti conservateur, il croit désormais qu'il ne faut rien précipiter[23].

Le 19 juin, Gouin annonce sa rupture avec Duplessis. Il l'accuse de vouloir reconstituer le Parti conservateur sous un nouveau nom et d'avoir refusé d'honorer le pacte du 7 novembre, garantissant 60 circonscriptions sur 90 à l'Action libérale nationale[24]. Le chef de l'ALN quitte toutefois le navire pratiquement seul. La grande majorité de ses députés, y compris Grégoire et Hamel, demeurent du côté de Duplessis. Beaucoup déplorent la « trahison » de Paul Gouin et croient que cette décision annonce son retour au Parti libéral. Cette idée est également véhiculée par les religieux. C'est le cas du curé Jos.-D. Michaud de Val-Brillant, qui organise une « grande assemblée de protestation contre le traître[25] ». Il place désormais toute sa confiance en Ernest Grégoire. Le curé Desrochers, ami personnel de Paul Gouin, croit aussi qu'il a tort de se retirer, qu'il a manqué à sa parole envers Duplessis et qu'il « se laisse prendre les ailes dans le Parti libéral[26] ». Il l'informe que, selon une jeune religieuse qui dit avoir communiqué en rêve avec Sainte-Thérèse d'Avila, Dieu voit d'un mauvais œil sa rupture avec l'Union nationale[27]. L'abbé Émilien Gauthier croit que la rupture de l'entente est la preuve que Paul Gouin, malgré son animosité personnelle pour Taschereau, est demeuré libéral. Lui et d'autres prêtres annulent leur abonnement à *La Province* en l'accusant de faire passer les intérêts partisans avant ceux de la province[28]. Le curé Laflamme de Saint-Armand (Missisquoi), qui autrefois recrutait des lecteurs pour le journal, est le premier à retirer son nom de la liste des abonnés : « J'ai admiré le mouvement de l'Action libérale nationale, mais le grabuge s'y met et je ne veux pas encouragé [sic], même par la lecture, un journal de cette sorte. Je n'approuve pas le geste de son fondateur sur qui je fondais de plus belles espérances[29]. » Lionel Groulx lui-même se dit déçu par l'attitude de Gouin et prévient que son soutien à *La Province* pourrait être écourté :

> J'ai accordé ma sympathie à l'Action libérale nationale, mouvement de restauration canadienne-française en dehors de tout esprit de parti. Mais s'il faut qu'après avoir reproché à l'Union Nationale d'être devenue une offensive bleue, vous deveniez, comme hélas on le fait pressentir, une offensive rouge, prenez pour acquis que je vous renverrai votre journal sans cérémonie. J'ai été trop de fois déçu, dans ma vie, par les politiciens, pour prêter les mains même du plus loin, à cette nouvelle duperie[30].

L'abbé Gravel ne croit guère au scénario de la trahison de Gouin, mais tente de le dissuader de poursuivre la lutte avec l'ALN, de peur de diviser les forces d'opposition et de favoriser la victoire des libéraux[31]. Il assure tout de même Gouin que plusieurs prêtres lui restent sympathiques. Le père jésuite Arthur Dubois félicite ce dernier pour son attitude dans sa courte carrière politique : « Il y a là pour tous un exemple de droiture, de désintéressement, de courage viril, de maîtrise de soi, qui portera des fruits[32]. »

Une fois la surprise et la déception passées, plusieurs prêtres souhaitent la réconciliation des deux camps. L'abbé Gravel supplie Gouin de revenir dans la lutte aux côtés de l'Union nationale afin d'assurer la réalisation de son programme : « Nous sommes plusieurs qui n'avons confiance qu'en toi à cet effet[33]. » L'abbé Gérard Gariépy du Séminaire de Québec lui tient sensiblement le même discours : « Il est plus que temps d'éduquer notre peuple au point de vue national et cette éducation ne pourra se faire ni par M. Godbout ni par M. Duplessis mais par vous seul[34]. » L'abbé L.-P. Blais encourage lui aussi le rapprochement avec Duplessis afin d'éviter la victoire du tandem Godbout-Bouchard[35]. L'abbé Valmore Forget, un des premiers adeptes de l'ALN, implore Gouin de continuer la lutte jusqu'à l'accomplissement de son programme, malgré toutes les difficultés qu'il rencontre sur sa route. Ces encouragements demeurent lettre morte puisque Gouin n'est pas candidat aux élections. La campagne électorale ne voit donc s'affronter que deux partis.

LES ÉLECTIONS DE 1936

Les évêques émettent à nouveau des directives à leurs prêtres et à leurs fidèles. Celles du cardinal Villeneuve sont sobres. Il recommande à ses diocésains « le respect de chacun et un grand esprit de justice » et « qu'on évite toute parole ou agitation qui pourrait nuire à la paix publique et au bien commun[36] ». Aucune mention n'est faite de l'implication des prêtres. De toute évidence, le prélat ne souhaite pas revenir sur les événements de 1935. Mgr Cassulo est satisfait et fait siennes les instructions du cardinal[37]. Mgr Ross, de Gaspé, est plus catégorique dans ses directives aux fidèles: « Ne vous enivrez pas, ne vous parjurez pas, ne commettez aucune injustice pour priver votre prochain du droit qu'il a de voter autrement que vous; ne volez pas les suffrages, ne vendez pas le vôtre, ne faites tort ni injure à personne[38]. » Les évêques jouent leur rôle traditionnel de gardiens de la morale.

Le cardinal Villeneuve et Mgr Gauthier ne semblent pas avoir exprimé d'opinion particulière au cours de la campagne. On dénote tout de même un sentiment d'exaspération chez certains évêques. Mgr Courchesne, de Rimouski, confie au cardinal Villeneuve qu'il redoute la victoire du Parti libéral, qui selon lui paralyse depuis longtemps les efforts de l'Union catholique des cultivateurs pour sortir les agriculteurs de l'indigence. Il en veut principalement à Jules Brillant, organisateur en chef libéral dans le Bas-du-Fleuve et président de la Compagnie de Pouvoir du Bas-Saint-Laurent, qui selon lui maintient les gens dans la misère la plus noire: « Tant que l'association ne permettra pas aux cultivateurs de prendre leur place sur le marché ils seront ainsi exploités. Or il est évident que le programme du premier ministre veut laisser subsister cet état de choses, quitte à en atténuer l'effet par des primes, qui équivalent à des secours directs[39]. » L'absence de réponse du cardinal empêche de savoir s'il partage l'opinion de son collègue de Rimouski. Sans exprimer d'opinion sur le Parti libéral en général, Mgr Ross se plaint au cardinal Villeneuve que Pierre-Émile Côté, député libéral de Bonaventure, dispose d'une « police » qui surveille les agissements des prêtres de sa circonscription et même ceux de l'évêque lui-même[40]. Mgr Ross avait d'ailleurs remercié Paul Gouin en 1935 pour le « flot d'air pur » qu'il introduisait dans la vie politique canadienne-française[41].

Se sachant épiés par les libéraux, les prêtres agissent de façon plus réservée qu'en 1935. Encore une fois, l'abbé Odilon Gauthier de la Maison Don Bosco fait prier ses frères et ses orphelins pour la victoire de l'Union nationale. L'abbé Rémi Pilon dit avoir travaillé discrètement au succès de l'Union nationale dans L'Île-Perrot. Le frère Hébert, directeur de l'Académie commerciale de Québec, assure le transport des frères de son école afin de leur permettre d'aller voter pour le Dr Hamel, qu'ils appuient unanimement. Quelques religieux recommandent des hommes sûrs à Hamel afin de l'aider au cours de la campagne. Des contributions financières sont encore envoyées[42].

Les principaux fautifs de 1935 se font particulièrement discrets. Le curé Lavergne demande une dispense de quelques semaines pour partir en voyage pendant les élections, prétextant des problèmes de santé, dispense que le cardinal lui accorde avec grand plaisir[43]. Les organisateurs de l'Union nationale envisagent de publier une version retravaillée de son sermon afin de viser Adélard Godbout plutôt que son prédécesseur. Le curé se défend bien d'avoir autorisé la republication de son sermon. Lavergne joue malgré tout le rôle de rédacteur de discours pour le Dr Hamel et le maire Grégoire[44]. Selon Robert Rumilly et Conrad Black, c'est au curé Lavergne qu'on doit attribuer le célèbre « discours-crachat » d'Ernest Grégoire, attaque publique contre le « traître » Paul Gouin[45]. L'abbé Gravel reste discret, mais surveille de près ses collègues qui pourraient être tentés d'intervenir en faveur du Parti libéral. Il accuse l'abbé Georges Côté, aumônier général des syndicats catholiques, et l'abbé Lefrançois de Boischatel « d'avoir fait et fait faire de la cabale rouge » dans la circonscription de Mégantic contre le député unioniste Tancrède Labbé[46]. Quant au père Godbout, réduit au silence, il ne participe d'aucune façon à la campagne.

Maurice Duplessis et l'Union nationale l'emportent haut la main sur le Parti libéral, faisant élire 76 députés sur 90. Parmi les nouveaux venus, on remarque l'avocat René Chaloult, élu de l'Union nationale dans Kamouraska. Disciple de l'abbé Lionel Groulx, il est à son époque le député le plus intégralement nationaliste que l'on trouve à l'Assemblée législative. On lui reconnaît généralement le mérite d'avoir fait adopter le fleurdelisé comme drapeau national du Québec[47]. Tout comme Ernest Grégoire et Philippe Hamel, il connaîtra une popularité remarquable auprès du clergé.

Encore une fois, les chefs de l'Union nationale sont inondés de lettres de félicitations de religieux. Alors que Duplessis laissait le clergé passablement indifférent en 1935, il est devenu considérablement populaire en tant que commandant en chef de la nouvelle opposition. Quatre-vingt-deux prêtres, religieux et religieuses lui adressent leurs félicitations, un progrès remarquable comparativement à la dizaine lettres de 1935.

Ce n'est pas la personnalité de Duplessis qui a gagné le clergé, mais le programme de l'Action libérale nationale et l'équipe qui le défend. Le frère Stanislas de l'Académie de La Salle de Trois-Rivières félicite Duplessis pour son « effort surhumain » à faire accepter le programme par la province. Il compare Duplessis et Hamel aux patriotes de 1837. Le père oblat Roméo Cloutier souhaite bon succès au nouveau premier ministre dans l'accomplissement de son programme qui assurera le « relèvement économique » et le « relèvement moral » de la province. L'abbé Arthur Lacasse mentionne non seulement le programme, mais aussi « la brillante escorte d'honnêtes citoyens[48] » qui en garantit l'exécution. Le clergé se réjouit que le nouveau premier ministre ait appuyé le programme de l'ALN et qu'il ait parmi ses lieutenants ses principaux promoteurs.

L'hostilité au gouvernement libéral motive également la sympathie à l'Union nationale. Sur ce point, le discours des prêtres est tout à fait véhément. Le curé Thomas Richard de Villeroy félicite Ernest Grégoire d'avoir débarrassé la province des « vampires qui l'exploitaient odieusement[49] ». L'abbé Stanislas Cantin se réjouit de la mort du régime « qui faisait souffrir toute une population depuis de nombreuses années[50] ». L'abbé Armand Duchesneau invite Grégoire et Duplessis à être sans pitié pour les « apaches [sic] en redingotes » qui ont dilapidé « nos biens les plus sacrés[51] ».

Grégoire et Hamel semblent désormais moins populaires que Duplessis, mais ont toujours de nombreux partisans enthousiastes. Le chanoine Cyrille Labrecque, qui a soutenu le Dr Hamel lors des élections de 1935, dit avoir bon espoir qu'il donnera à la province un gouvernement chrétien et honnête. L'abbé Achille Demers de Notre-Dame de Lévis et l'abbé Arthur Sideleau de Coaticook considèrent Ernest Grégoire comme le principal artisan de la victoire de l'Union nationale. Le curé Émile Robitaille de Fort Kent place toujours ses espoirs dans le maire de Québec : « Avec des hommes comme vous, à l'idéal si profondément chrétien, à la parole si pénétrante, aux convictions si fortes, au respect si profond de l'Église, les peuples ne peuvent périr[52]. » La confiance envers Duplessis n'est d'ailleurs pas générale. Le père jésuite Omer Genest demande à René Chaloult et à Philippe Hamel d'assurer l'intégrité du régime : « Car il ne faudrait pas que les pronostics sombres de M. Gouin se réalisent[53] ! » Toujours peu confiant envers Duplessis, l'abbé Lionel Groulx n'en est pas moins optimiste. C'est ce qu'il laisse entendre au Dr Hamel :

> Notre peuple a donc prouvé qu'il est capable d'esprit public pourvu que des hommes de cœur se chargent de l'éclairer. Je me réjouis de votre victoire, de celle de M. Grégoire, de celle de notre ami Chaloult. Je prierai le bon Dieu maintenant qu'il vous accorde l'audace d'accomplir votre tâche géante. Il me semble que ma vie ne s'achèvera sur une nouvelle déception. Nous n'avons plus le temps d'attendre. Dieu nous accordera d'avoir enfin un grand gouvernement qui insufflera une grande claque[54].

La popularité de Duplessis a grandi, mais elle est due en bonne partie aux hommes qui l'entourent. D'ailleurs, Duplessis, Grégoire, Hamel et Chaloult ne sont pas les seuls à connaître une certaine popularité auprès du clergé. Les noms des candidats Bona Dussault, Albert Rioux, Jonathan Robinson, Onésime Gagnon et Oscar Drouin sont également mentionnés et encensés par les prêtres auteurs des lettres[55].

Paul Gouin semble pratiquement oublié. Le curé Alcide Lemaire de Manseau, un des militants les plus actifs de l'Action libérale nationale, s'est rallié à l'Union nationale. Désormais gagné à la cause d'Ernest Grégoire, il lui demande pardon d'avoir jugé sévèrement ses attaques contre Gouin au lendemain de sa « trahison » : « De plus amples renseignements et des faits nouveaux vous justifient pleinement[56]. » Même le libéral curé Léonce Boivin de Notre-Dame des Éboulements félicite Grégoire pour sa victoire. Il dit tout de même conserver toute sa confiance en Adélard Godbout[57].

La victoire explique en partie le nombre plus grand de lettres reçues par Duplessis. Certaines félicitations sont clairement intéressées. Le père oblat Jean Cabana demande à Duplessis de bien vouloir venir en aide à son père infirme qui a toujours soutenu le Parti conservateur. L'abbé Hector Joyal de Saint-Célestin demande également au premier ministre d'accorder sa bienveillance à une supplique de sa famille qu'il doit recevoir bientôt. Mgr Olivier Maurault, recteur de l'Université de Montréal, écrit à Duplessis pour le féliciter de sa victoire, mais en profite pour lui demander de bien vouloir venir en aide à l'université, toujours aux prises avec des difficultés financières[58].

Maurice Duplessis reçoit pour la première fois des félicitations des évêques, mais celles-ci ne sont pas désintéressées. Mgr Gauthier adresse un mot sobre au nouveau premier ministre avant de lui exprimer le désir de l'entretenir au plus tôt du problème de l'université et de la faillite du Saint-Sulpice[59]. Quant au cardinal Villeneuve, il félicite Duplessis deux semaines après l'élection. Ses paroles sont beaucoup plus éloquentes que celles de Mgr Gauthier : « Je suis heureux de vous offrir d'abord mes plus vifs compliments. Votre passé et vos nettes affirmations pendant la campagne électorale nous sont une garantie du caractère chrétien que vous voudrez garder au gouvernement de notre Province, et du respect que vous portez à l'Église[60]. » Notons que le cardinal parle de « garder » le caractère chrétien du gouvernement et non de le « restaurer ». Ces paroles ne sont guère plus élogieuses que celles adressées à Louis-Alexandre Taschereau par Mgr Ross dans sa lettre sur les écoles juives et sont probablement plus diplomatiques que sincères. L'objet premier de la lettre semble d'ailleurs être la nomination d'un membre de la Commission scolaire de Québec. Ce n'est pas à Maurice Duplessis que le cardinal et Mgr Gauthier adressent leurs vœux, mais au nouveau premier ministre de la province. Les félicitations les plus personnelles et les plus désintéressées sont celles de Mgr Joseph-Aldée Desmarais, évêque auxiliaire de Saint-Hyacinthe et futur évêque d'Amos. Il offre ses hommages au « vaillant » chef de l'Union nationale qui sera, il n'en doute pas, « un Premier [sic] de la qualité des plus grands[61] ». Mgr Desmarais sera toute sa vie un admirateur de Duplessis et un partisan de l'Union nationale.

Les religieuses ont également suivi la campagne, et plusieurs se réjouissent de la victoire de l'Union nationale. Les Sœurs de la Charité de Québec offrent leurs félicitations à Philippe Hamel et lui souhaitent le meilleur succès dans la réalisation de son programme « à base d'esprit chrétien et national qui replacera sur des assises solides notre vie économique, politique, sociale et canadienne-française[62] » ! Les Servantes de Jésus-Marie à Shawinigan remercient Duplessis d'avoir inclus le respect du dimanche à son programme[63]. Les adoratrices du Précieux-Sang de Trois-Rivières félicitent le nouveau premier ministre pour sa victoire et lui font cadeau d'un crucifix qu'il pourra apporter à l'Assemblée législative : « Les crucifix doivent être rares au Parlement de Québec. Le Bon Dieu vous attendait sans doute pour avoir une place[64] ! » Ces religieuses ne se doutent évidemment pas de toute l'encre que fera couler ce crucifix quelque 70 ans plus tard.

La victoire de l'Union nationale a toutefois ses lendemains, et le clergé, comme une bonne partie de l'électorat nationaliste, déchante rapidement. Alors que tous s'attendaient à ce que le Dr Hamel soit nommé ministre, Duplessis provoque la surprise générale en lui offrant la présidence de l'Assemblée législative, un poste honorifique qu'Hamel refuse en déclarant qu'on tente de le bâillonner. Par solidarité, Ernest Grégoire refuse aussi le ministère des Affaires municipales que lui offre Duplessis[65]. Les cautions morales de l'Union nationale se retrouvent donc exclues du nouveau cabinet. Les espoirs que plaçait Hamel en Duplessis s'évanouissent. Il le croit désormais vendu comme Taschereau à la haute finance. Lui, Grégoire et Chaloult se dissocient publiquement de Duplessis. Ils décident de cette attitude au cours d'une réunion à laquelle participe également le curé Lavergne[66]. La présence de Lavergne à la réunion devient publique, et le cardinal lui demande de nouveau des comptes. Le curé reconnaît avoir discuté de la chose avec Grégoire et Hamel, mais nie les avoir conseillés sur leur conduite. Il déplore qu'on lui reproche encore ses amitiés politiques : « Je croyais que les élections finies je pourrais continuer à fréquenter en paix ces deux citoyens avec lesquels je suis [sic] en relation bien avant qu'ils entrent dans la politique. Hélas ! ... il faudra encore éviter de leur parler[67]. »

Le curé Pierre Veilleux partage sa déception avec Duplessis. Il l'informe que « l'absence d'Hamel sera le nuage qui tamisera l'ardeur de bien des amis[68] ». L'abbé Arthur Robert, supérieur du Grand Séminaire de Québec, explique à Grégoire qu'il a encore grandi dans son estime en sacrifiant les honneurs pour les principes[69]. L'abbé Alphonse Tardif croit que l'exclusion du Dr Hamel marque l'échec de la restauration sociale : « Le peuple a été désappointé ! Il faut donc encore souffrir[70] ! » Le père Rudolphe Ayotte croit quant à lui que le temps donnera raison à Duplessis[71]. Pour l'abbé Gravel, l'exclusion de Grégoire et Hamel est la preuve que Gouin a eu raison de ne pas faire confiance à Duplessis. Il exprime à Gouin sa volonté de le voir revenir bientôt dans la vie publique afin de relancer le mouvement. Gouin lui répond qu'il aurait été beaucoup plus facile d'offrir une véritable solution de rechange au peuple si *Le Devoir*, *L'Action catholique* et « une bonne partie du clergé[72] » ne s'étaient pas faits les partisans de Duplessis.

Lionel Groulx, si enthousiaste au lendemain de la victoire, est consterné par l'absence d'Hamel, Grégoire et Chaloult du cabinet. Il dit n'avoir jamais fait confiance à Duplessis, qui lui semble un autre adepte de la « bonne entente ». Il faut, croit Groulx, faire le deuil des réformes tant attendues. Le prêtre-historien n'accorde plus grande confiance à Paul Gouin, qui selon lui est sorti fortement diminué de son aventure politique. Refusant de céder au désespoir, il dit garder confiance en Hamel, Grégoire et Chaloult pour continuer à travailler à la construction de l'État français en Amérique. Au Dr Hamel reviendra le devoir de diriger le mouvement :

> Que vous le vouliez ou non, vous prenez figure de chef. Il faut donc vous préparer à jouer un rôle plus élevé que celui auquel vous avez jusqu'ici poussé. Il faut vous y préparer dans la prière, l'étude et la réflexion. Vous allez forcément incarner la réaction canadienne-française contre les fossiles politiciens. Il ne tiendra qu'à vous de grandir dans l'opinion publique et de fournir une splendide carrière[73].

Encore incertain sur son avenir politique, Hamel confie ses inquiétudes au chanoine Cyrille Labrecque : « Je crains fort que l'ordre nouveau ne s'établisse avec les idées qui dominent Monsieur Duplessis. Celui-ci flattera le clergé en adoptant certaines mesures importantes au point de vue religieux, mais le capitalisme abusif gardera, je l'appréhende, toute son emprise sur notre régime social[74]. » Le politicien-dentiste ne croit pas si bien dire.

***

La diversité des réactions aux événements politiques de 1936 illustre les divergences d'opinions et surtout la distance qui sépare le clergé et les politiciens. Prêtres et évêques ne savent pas quoi penser de cette pièce de théâtre qu'ils ont suivie par l'entremise des journaux et du bouche-à-oreille. Chacun y va de sa propre opinion. Maurice Duplessis, en particulier, paraît un mystère pour les observateurs. Personne ne semble s'entendre sur ses motivations ni sur ses véritables intentions. De toute évidence, ce n'est pas avec un enthousiasme unanime que le clergé voit l'Union nationale prendre les rênes du pouvoir. La diversité des opinions ne fera que s'accentuer tout au long du court premier mandat de Maurice Duplessis.

6

La « douce révolution » de l'Union nationale

C'est dans le contexte difficile de la grande crise que Maurice Duplessis exerce son premier mandat. Le premier gouvernement de l'Union nationale coïncide avec les dernières années précédant la Seconde Guerre mondiale. Plus que jamais, les nationalistes canadiens-français sont préoccupés par la question de la guerre et de l'autonomie provinciale. L'année 1936 marque également le début de la guerre d'Espagne. Pour l'Église catholique, ce conflit civil symbolise l'urgence de combattre le communisme avec encore plus d'ardeur qu'autrefois. Comment concilier les préoccupations nationales, sociales et religieuses sur le plan politique ?

À l'exception de Mgr Brunault, de Nicolet, les évêques en poste au moment de l'arrivée de Duplessis au pouvoir n'ont connu que le gouvernement de Louis-Alexandre Taschereau au cours de leur épiscopat. En 16 ans de carrière, le premier ministre a habitué les prélats à une certaine vision des rapports entre l'Église et l'État, que son successeur vient considérablement bouleverser. En apparence, l'arrivée au pouvoir de l'Union nationale représente un nouveau départ pour les relations entre l'Église et l'État. Bien que, dans les faits, les deux pouvoirs sont toujours en harmonie à la fin du règne libéral, pour l'opinion publique, la fin du régime Taschereau est marquée par la campagne anticléricale du *Soleil* et du *Canada* contre les prêtres qu'on croit s'être levés massivement pour dénoncer le gouvernement. Le public reçoit donc l'image d'un vaste conflit entre l'Église et l'État, qui est réglé par l'arrivée au pouvoir de l'Union nationale. Duplessis, qui n'entend pas donner aux évêques un rôle aussi grand dans son administration que celui qu'ils avaient sous Taschereau, n'en multiplie pas moins les gestes symboliques afin de donner l'impression que son gouvernement est le serviteur fidèle de l'Église.

Selon l'historien Jacques Rouillard, l'Église voit dans l'arrivée au pouvoir de Maurice Duplessis l'occasion de retrouver l'influence sociale qui avait supposément été entamée par le long règne libéral[1]. Le politologue Gérard Boismenu considère que Maurice Duplessis suscite l'admiration de l'Église par sa réaffirmation de la tradition catholique ainsi que sa lutte contre l'élément progressiste et communiste, ce qui conduit les prêtres à l'appuyer publiquement[2]. Le politologue Léon Dion affirme que le clergé est obnubilé par le catholicisme exubérant du nouveau premier ministre au point de fermer les yeux sur la corruption du régime[3]. Les réactions des évêques comme celles des prêtres au premier mandat de l'Union nationale présentent une interprétation beaucoup plus nuancée des événements et des acteurs en place.

L'ÉGLISE ET L'ÉTAT SE DONNENT LA MAIN

Le 7 octobre 1936 s'ouvre la première session parlementaire du nouveau gouvernement de l'Union nationale. Si Philippe Hamel et Ernest Grégoire sont absents du cabinet, Duplessis compense en nommant l'ultramontain Thomas Chapais ministre sans portefeuille. Entre autres nouveautés, on remarque le crucifix apposé au-dessus du siège du président de l'Assemblée législative. Ce n'est pas un geste de rupture. On se souvient que Louis-Alexandre Taschereau avait fait installer des crucifix dans les salles d'audience judiciaire de toute la province et les avait défendus contre les récalcitrants. Cette décision fait suite à l'intervention au cours de la session précédente du député actionniste Nil-Élie Larivière, qui s'était étonné qu'on ne trouve pas de crucifix dans le seul parlement catholique d'Amérique du Nord[4]. L'instruction aurait été donnée par le nouveau secrétaire de la province, le Dr Albiny Paquette, qui affirme dans ses mémoires avoir voulu par ce geste « donner aux valeurs spirituels [sic] et religieuses l'importance qui leur revient dans notre société chrétienne[5] ». Que Duplessis ait pris lui-même la décision ou l'ait simplement entérinée, il est indéniable que celui-ci a voulu démontrer une entente nouvelle entre l'Église catholique et l'État québécois.

On accorde aujourd'hui beaucoup d'importance à ce geste. L'historien Jacques Rouillard affirme que Duplessis a ainsi voulu se montrer « davantage à l'écoute de l'enseignement catholique que les gouvernements libéraux antérieurs[6] ». Le crucifix de l'Assemblée nationale occupe d'ailleurs une grande place dans les débats sur la laïcité dans la société québécoise depuis que le ancien chef de l'opposition André Boisclair a proposé de le retirer en 2006[7]. Bien qu'on puisse penser le contraire aujourd'hui, le crucifix n'a pas été vu à l'époque comme le symbole d'une alliance entre l'Église et l'État.

Les journaux en parlent comme d'un simple élément du décor. *Le Devoir* y consacre cet « article » d'une seule phrase : « Pour la première fois, on a placé un crucifix dans la Chambre des députés au-dessus du trône de l'orateur[8]. » *L'Événement, La Presse, Le Canada* et *Le Quotidien* n'en font également qu'une brève mention[9]. *Le Soleil* de Québec ne le remarque même pas. Louis-Philippe Roy de *L'Action catholique* semble être le seul journaliste à y avoir prêté une attention particulière. Il félicite Duplessis pour cet « acte de foi[10] ». Même T.-D. Bouchard, l'anticlérical chef parlementaire de l'opposition libérale, ne formule aucun commentaire. Au contraire, les libéraux paraissent également gagnés à l'idée. Le député libéral Charles-Auguste Bertrand félicite le gouvernement d'avoir eu « l'excellente idée de faire accrocher au-dessus du fauteuil du président l'image sacrée pour nous de Celui dont nous adorons la divinité[11] ». Trois semaines plus tard, c'est au tour du Conseil législatif d'apposer un crucifix au-dessus du siège de son président. La suggestion est formulée par le libéral Médéric Martin et appuyée à l'unanimité, bien que le conseil soit alors entièrement libéral à l'exception du seul conservateur Thomas Chapais[12]. Les deux partis semblent donc s'accorder sur la présence du crucifix pour présider leurs délibérations. Personne ne paraît y voir le symbole d'une nouvelle alliance entre l'Église et l'État. Un autre symbole matériel tient ce rôle.

Les journaux de la province sont moins frappés par le crucifix que par le fauteuil d'honneur installé pour le cardinal Villeneuve, venu assister à l'ouverture de la session à l'invitation du premier ministre. Ce geste symbolique donne lieu à quantité d'interprétations. Le journal *La Patrie* affirme que le cardinal a exigé d'être placé sur un trône égal à celui du lieutenant-gouverneur « afin de montrer plus efficacement la puissance de l'autorité spirituelle en cette province[13] ». *La Presse* y voit un « précédant [sic] historique qui scelle au Parlement de notre province l'entente parfaite entre l'autorité religieuse et l'autorité civile[14] ». *Le Canada* observe que le lord bishop anglican de Québec occupait quant à lui un fauteuil ordinaire, ce qui laisse entendre une confirmation de la suprématie de la religion catholique[15]. La confusion autour de ce geste est d'autant plus grande que *Le Quotidien* de Lévis et *Le Devoir* affirment que le trône était placé à la droite de celui du lieutenant-gouverneur, bien que la photo de *La Presse* montre clairement que le cardinal est assis à la tribune avec les autres spectateurs[16]. Le cardinal Villeneuve blâme pour toute cette confusion Ralph Benoît, greffier du Conseil législatif, qui aurait déclaré aux correspondants de presse qu'il avait exigé ce fauteuil[17]. Le cardinal reproche aux photographes de l'avoir photographié isolément pour suggérer qu'il était assis juste à côté de celui du lieutenant-gouverneur. Cet incident protocolaire et la confusion qui l'a suivi amènent le prélat à davantage de prudence. Il refusera les invitations subséquentes de Maurice Duplessis à assister aux ouvertures de session parlementaire et y sera représenté par son vicaire général[18].

Le cardinal Villeneuve et Maurice Duplessis échangent leurs premières courtoisies officielles lors d'une réunion du Conseil de l'instruction publique[19]. Le cardinal commence son allocution en félicitant le premier ministre pour son accession à la tête de la province. Espérant profiter du changement de gouvernement, il demande au nouveau premier ministre de rendre au Conseil de l'instruction publique toutes les nominations qui sont du ressort de l'éducation, dont celles des inspecteurs d'écoles et des commissaires scolaires non éligibles. Duplessis ne répond pas directement à la demande, mais promet de donner un plus grand rôle au Conseil et d'accepter chacune de ses suggestions. Dans les faits, le patronage se consolide et les nominations politiques augmentent sous l'Union nationale. Ces faits ne sont toutefois pas connus du public, qui garde à l'esprit l'image officielle d'une nouvelle entente.

Duplessis n'a pas l'intention de partager la gouverne de la province avec l'épiscopat, mais multiplie les gestes de courtoisie qui ne l'engagent en rien. Tous les évêques reçoivent les vœux du premier ministre à l'occasion de leur anniversaire de naissance ou d'ordination épiscopale. Le gouvernement offre au cardinal Villeneuve de faire peindre son portrait par l'artiste Alphonse Jongers, une flatterie à laquelle le prélat renonce, possiblement en souvenir de l'incident du fauteuil. Alors qu'approche le congrès eucharistique de 1938, le gouvernement y va de la contribution d'une somme « substantielle » à l'organisation par l'intermédiaire du ministre Thomas Chapais[20]. C'est au cours du congrès que se déroule la plus flamboyante démonstration de soumission de la part du premier ministre. Lors de son allocution, Maurice Duplessis effectue une profession de foi et remet au cardinal, en gage de sa « soumission filiale » et au nom de la province, un

Figure 4 Maurice Duplessis baisant l'anneau du cardinal Villeneuve lors du congrès eucharistique de 1938.

anneau d'améthyste gravé des armoiries du prélat et de l'écusson du congrès. Le cardinal se dit très touché par le geste : « Je l'apprécie d'une façon particulière parce qu'il vient de vous et du gouvernement, parce qu'il symbolise l'union chez nous de l'autorité civile et de l'autorité religieuse[21]. » Au lendemain du congrès, le cardinal assure Duplessis que tout l'épiscopat a été « vivement édifié » par son geste au congrès eucharistique[22]. L'abbé Henri Garceau félicite son ami Maurice pour son geste, qui est celui d'un homme d'État catholique[23]. Le congrès eucharistique de 1938 sera utilisé par la propagande de l'Union nationale lors des prochaines campagnes électorales[24]. Comment s'étonner que le public ait conservé l'idée d'une entente particulière entre Duplessis et Villeneuve ?

Les gestes symboliques de Duplessis portent leurs fruits. Mgr Cassulo est heureux de voir « tout le bien qu'on fait à Québec » : « Le crucifix mis au Parlement va bénir, éclairer, soutenir, guider la chère

Province et tout le Canada. [...] Quel exemple de foi[25] ! » *L'Osservatore Romano*, organe officieux du Vatican, croit également qu'il s'agit d'une décision « heureuse et édifiante » mais qu'elle serait mieux comprise si le crucifix était surmonté de cette inscription tirée du livre des Proverbes : « Par moi les législateurs décrètent ce qui est juste[26]. » Mgr William Mark Duke, archevêque de Vancouver, confie au cardinal Villeneuve voir d'un bon œil la « douce révolution » politique de Québec. Il dit espérer que le nouveau gouvernement sera un modèle de justice sociale chrétienne et de charité pour tout le pays[27]. Joseph Bégin de *La Croix* se réjouit de voir l'Église et l'État « se donner la main[28] ». Pour les observateurs extérieurs, le nouveau gouvernement est considérablement plus chrétien que le précédent. Mgr Paul Bruchési, archevêque de Montréal inactif depuis 1921, sort de son mutisme pour féliciter Duplessis de sa première année comme premier ministre. Reprenant un projet de loi d'abord élaboré par le gouvernement Taschereau, Duplessis a entre autres renfloué le Séminaire de Saint-Sulpice, menacé de faillite[29], une décision saluée par l'archevêque. Mgr Bruchési remercie également Duplessis d'avoir nommé son neveu Jean Bruchési sous-secrétaire de la province et est reconnaissant de la nomination de Thomas Chapais au cabinet ministériel. L'archevêque recommande au premier ministre de ne pas s'en faire avec ses « anciens compagnons d'armes » qui lui ont tourné le dos, puisque ce sont des ambitieux, des jaloux et des hargneux[30]. En apparence, le nouveau gouvernement est celui d'un renouveau catholique. Dans les faits, le politique prime le religieux.

LES NOUVELLES RELATIONS ENTRE L'ÉGLISE ET L'ÉTAT

Louis-Alexandre Taschereau et Athanase David avaient l'habitude de consulter les évêques lorsque des projets de loi concernaient la morale et la religion. Avec Maurice Duplessis et Albiny Paquette, nouveau secrétaire de la province, l'épiscopat est laissé à l'extérieur du processus décisionnel. Les décisions du cabinet ministériel ne parviennent souvent aux évêques que sous l'état de rumeurs et ils doivent alors intervenir auprès du gouvernement afin de s'assurer que les projets de loi sont conformes à la doctrine sociale de l'Église.

Peu de temps après les élections, le cardinal Villeneuve demande au premier ministre de démentir une rumeur comme quoi la Loi de l'assistance publique serait modifiée. Il lui demande de d'abord consulter les évêques de la province avant de prendre une telle décision. Trois semaines plus tard, c'est le régime légal de la vente des liqueurs que le cardinal craint de voir modifié à la demande de l'Association des Hôteliers[31]. Le prélat intervient alors, à la demande de Mgr Deschamps qui ne semble pas douter de son influence sur le premier ministre : « Il suffirait peut-être que Votre Éminence fasse savoir son sentiment au Premier Ministre pour que ce danger soit évité[32]. » Mgr Gauthier et Mgr Plante prient Duplessis de ne pas considérer les demandes voulant qu'on modifie la loi sur l'admission des enfants au cinéma, peu importe les raisons évoquées[33]. Malgré tout, les évêques ne souhaitent pas être impliqués directement en politique. Apprenant que le gouvernement projette la mise sur pied d'un conseil de colonisation et qu'il compte inviter un ecclésiastique à y siéger, Mgr Courchesne fait savoir au cardinal Villeneuve que ce serait préférable que ce conseil ne soit composé que de laïques afin d'éviter au clergé de se mêler de trop près à une question politique. Le cardinal explique au ministre Henry Lemaître Auger que les évêques ont déjà refusé par le passé de faire siéger un des leurs à un conseil semblable et ne croient guère souhaitable de modifier leur ligne de conduite[34].

Le principal tracas de Mgr Gauthier demeure la question de l'Université de Montréal. Le 1er février 1937, tous les évêques de la province ecclésiastique de Montréal, appuyés par le cardinal Villeneuve, présentent une requête formelle au premier ministre afin de lui demander de venir en aide à l'établissement[35]. Le gouvernement ne paraît pas réceptif à la requête. Une déclaration du Dr Paquette rapportée par les journaux met Mgr Gauthier dans tous ses états. Le secrétaire de la province recommande publiquement à l'Université de Montréal de déclarer faillite, qualifie l'immeuble universitaire de « monument à la sottise » et exprime le souhait que la construction s'arrête. Interrogé en Chambre par T.-D. Bouchard, Paquette dit regretter que ses paroles se soient retrouvées dans le public, mais qu'elles traduisent tout de même son opinion. Duplessis ramène son ministre à l'ordre en déclarant que le gouvernement n'a pas encore pleinement étudié la question ni pris de décision[36]. Le Dr Paquette ne parviendra jamais à nouer une relation cordiale avec l'archevêque de Montréal. Alors que Mgr Gauthier s'adressait avec plaisir à son « cher Monsieur David », Paquette ne sera jamais pour lui que « Monsieur le Ministre[37] ».

En octobre, le gouvernement annonce une nouvelle aide financière à l'université, ce dont Mgr Gauthier se dit reconnaissant. En 1938, pour mettre fin à ses difficultés financières récurrentes, le gouvernement envisage de mettre sur pied un « organisme d'État » pour encadrer l'université. Mgr Gauthier demande une fois de plus au cardinal d'intervenir auprès du premier ministre. Le prélat prévient Duplessis que le fonctionnement de l'Université de Montréal ne pourrait être modifié « sans détruire le caractère de cette institution ni compromettre l'objet pour lequel elle fut créée ». Le cardinal dit tout de même ne pas être inquiet, sachant le premier ministre suffisamment influencé par la doctrine de Mgr Laflèche pour ne pas s'aventurer sur un chemin aussi dangereux[38]. L'université est renflouée une fois de plus par le gouvernement, mais celui-ci caresse la possibilité de prendre part à son administration.

Mgr Gauthier en a assez de devoir quémander auprès du gouvernement chaque année et préférerait qu'un octroi annuel soit attribué à l'université[39]. Le 19 avril 1939, le Dr Paquette annonce que le gouvernement accordera une subvention annuelle de 500 000 $ pour une période de 10 ans[40]. En retour de cette aide et pour assurer la santé financière de l'établissement, un nouveau conseil d'administration sera mis sur pied et le gouvernement nommera cinq de ses sept membres. Officiellement, l'épiscopat est satisfait. Mgr Gauthier, Mgr Bruchési et Mgr Maurault, recteur de l'université, remercient le premier ministre pour l'heureux dénouement de la question[41]. Le cardinal Villeneuve adresse à Duplessis les remerciements collectifs des évêques de la province. Il aura tout de même fallu près de trois ans de négociations avant d'en arriver à une solution. Le premier ministre se fait un devoir de rendre publiques les lettres de remerciements que les évêques lui ont adressées et les utilise pour prouver que l'épiscopat n'a aucune objection à ce que le gouvernement nomme la majorité des administrateurs. Robert Rumilly a recours à la même stratégie dans sa biographie de Maurice Duplessis[42]. René Chaloult répondra plus tard qu'un octroi de cinq millions de dollars à un établissement menacé de banqueroute suffit forcément à faire disparaître toutes les objections[43]. Mgr Gauthier se plaint effectivement à Alphonse Raymond, président du Conseil législatif, des constantes ingérences du gouvernement dans la gestion de l'Université de Montréal. Il craint de ne pas avoir d'autre choix que de désavouer la solution, qu'il juge « humiliante[44] ». Le gouvernement Duplessis, qu'on a volontiers qualifié d'ultramontain, a davantage politisé l'université que voulait le faire le gouvernement Taschereau, qualifié d'anticlérical.

La politisation excessive du nouveau gouvernement est le principal reproche que lui adressent les évêques. Le cardinal Villeneuve et Mgr

Gauthier doivent constamment intervenir auprès du gouvernement pour défendre la position des hauts fonctionnaires qui ont été nommés par le gouvernement précédent. La première lettre du cardinal au gouvernement n'est pas adressée à Duplessis, mais au ministre de la Voirie François Leduc. Craignant qu'un de ses protégés ne soit démis de ses fonctions sous prétexte qu'il est d'allégeance libérale, le prélat demande au ministre de le rassurer. Le cardinal s'inquiète plus tard que deux prêtres soient remplacés à la Commission scolaire de Québec par des amis de l'Union nationale. Encouragé par Mgr Gauthier, il demande au premier ministre d'éviter les nominations purement politiques. Même la situation du directeur du Dépôt du vin de messe est menacée. Mgr Gauthier multiplie les démarches pour conserver à Victor Doré le poste de surintendant du Conseil de l'instruction publique, mais ne croit guère à ses chances de réussite. Les deux archevêques interviennent conjointement auprès de Duplessis et de William Tremblay, ministre du Travail, pour sauvegarder le poste du sous-ministre Gérard Tremblay. Le sous-ministre est finalement gardé en poste et attribue sa bonne fortune à l'intervention du cardinal[45].

Les deux prélats désespèrent de voir de bons catholiques être continuellement menacés de perdre leur poste pour des raisons politiques. Fin 1937, Mgr Gauthier doit intervenir auprès du premier ministre pour empêcher le directeur des Hautes Études commerciales d'être remercié. En juin 1938, il est de nouveau question de le remplacer. Le coadjuteur critique sévèrement la manœuvre : « Il ne s'agit pas de compétence professionnelle et de son honnêteté, il s'agit d'amis politiques à placer[46]. » Mgr Gauthier demande au cardinal d'intervenir, mais celui-ci ne semble pas aussi confiant que ses collègues en son influence auprès du premier ministre. Au marquis de Roussy de Sales, président du Bureau de censure des Vues animées sous le gouvernement Taschereau, qui a perdu sa pension avec l'arrivée du gouvernement Duplessis et qui demande au cardinal d'intervenir en sa faveur pour lui trouver une nouvelle situation, le cardinal répond que le gouvernement « ne s'occupe guère de [s]on sentiment, pour changer personnes et choses[47] ».

Heureusement pour les évêques, tous les ministres ne politisent pas autant les divers postes qui relèvent du gouvernement. Le Dr Paquette consulte les évêques avant de procéder aux nominations relatives au milieu de l'éducation[48]. Il arrive toutefois que le premier ministre s'immisce dans le processus. En 1937 vient le temps de nommer un visiteur des écoles régionales. Questionné par le Dr Paquette, le cardinal recommande l'abbé Bois de Sainte-Anne-de-la-Pocatière. Bien que le ministre ait accepté et annoncé publiquement la nomination de l'abbé Bois, le conseil des ministres s'oppose ensuite à ce choix pour lui préférer l'abbé Albert Tessier, ami personnel du premier ministre. Le cardinal fait alors savoir au sous-ministre Jean Bruchési qu'il se trouve déçu de ce qu'il perçoit comme un désaveu public, d'autant plus que l'abbé Tessier n'a à son avis aucune qualification particulière pour occuper cette fonction[49]. L'amitié personnelle qui unit l'abbé Bois et le chef libéral Adélard Godbout a possiblement influencé cette décision du gouvernement, comme l'amitié personnelle du premier ministre pour l'abbé Tessier a sans doute favorisé sa nomination[50].

Alors que le cardinal Villeneuve avait offert son approbation publique aux lois du travail du ministre libéral Charles-Joseph Arcand, il n'en fait pas autant à l'égard des lois antisyndicales de Duplessis, bien que celles-ci aient pour but de combattre le communisme. Au père Desnoyers qui lui fait part de ses inquiétudes sur les lois ouvrières de l'Union nationale, dans lesquelles il voit une victoire des patrons, le cardinal se contente de répondre que ces lois ne sont intrinsèquement pas mauvaises. En bon défenseur de la doctrine corporatiste et de la mise au pas de l'économie libérale, il entretient des réserves à l'égard de Duplessis et de sa législation du travail : « En pratique, les lois 19 et 20 peuvent être mal ou bien appliquées. Au reste, ni Duplessis ni les autres n'aiment guère les syndicats, l'UCC, etc. Ça ne sert pas assez la politique[51]. » Visiblement, le cardinal n'aime pas que tout soit subordonné aux intérêts du gouvernement. Mgr Gauthier partage les réserves du cardinal sur la politique du travail de l'Union nationale. Il tente de convaincre Duplessis que sa Loi des salaires raisonnables est insuffisante pour régler les problèmes de l'ouvrier et que seules les conventions collectives peuvent obtenir une situation pleinement satisfaisante[52]. S'il est un point sur lequel Duplessis se distingue favorablement de ses adversaires, c'est celui de la lutte au communisme.

LA LUTTE AU COMMUNISME

Au printemps 1936, Mgr Cassulo tente de nouveau d'intéresser le cardinal Villeneuve à la question du communisme. Le délégué apostolique demande au prélat de l'informer « constamment » de la propagande communiste dans son diocèse et des tentatives de fondation de cellules communistes. Las de répéter qu'il n'y a pas de mouvement communiste à Québec, le cardinal ne prend pas même la peine de lui adresser une réponse. Mgr Cassulo revient à la charge un mois plus tard[53]. Il faudra le début de la guerre civile espagnole, déclenchée au cours de l'été 1936, pour que le cardinal se décide enfin à partager les inquiétudes du délégué. La victoire du Front populaire bouleverse le monde catholique, désemparé de voir l'Espagne tomber sous le joug d'un gouvernement soupçonné de préparer une révolution communiste. L'Église catholique est notamment frappée par l'anticléricalisme extrême du mouvement républicain, qui conduit au massacre d'environ 7000 prêtres, religieux et religieuses[54]. La presse catholique du monde entier appuie sans réserve le général Francisco Franco et le Front national, qui rassemble les mouvements opposés au Front populaire[55]. La guerre civile espagnole oblige l'Église catholique québécoise à accorder une attention particulière à la question communiste. Si même la très catholique Espagne peut basculer dans le giron bolchéviste, le Canada français est-il réellement à l'abri ? Le cardinal Villeneuve recommande alors à ses fidèles de se méfier des divers groupements qui tentent de les embrigader[56]. Il demande au maire Grégoire de sévir contre un certain M. Denis qui organise un Parti ouvrier et lui promet le concours de l'Église dans son action anticommuniste. Il fournit également au maire des renseignements sur le « Front populaire » de Québec[57]. Le cardinal Villeneuve maintient tout de même, auprès de Mgr Cassulo que, à l'exception de deux ou trois familles russes, il n'y a pas de mouvement communiste organisé dans le diocèse de Québec. Ceux qui professent des sentiments marxistes sont des naïfs qui le font sans le savoir[58]. Il réitère sa confiance au gouvernement provincial, alors toujours aux mains du Parti libéral. De son côté, Mgr Gauthier vante les efforts de son diocèse à Mgr Cassulo et croit que ses prêtres ne peuvent guère faire plus. Lui ne paraît nullement compter sur les libéraux pour endiguer la menace : « Si les pouvoirs publics étaient moins candides et moins tolérants, nous aurions tôt fait de débarrasser notre pays[59]. »

L'abolition par le gouvernement fédéral libéral de l'article 98 du Code criminel, qui interdit les organisations séditieuses, est perçue par plusieurs comme l'ouverture d'une porte aux communistes. L'abbé G. Lindsay de Saint-Janvier, en Abitibi, croit que le ministre de la Justice, Ernest Lapointe, a trahi les Canadiens français en abolissant l'article. L'abbé Laurent Lacoursière demande personnellement au ministre de le réappliquer. Mgr Élias Roy du Collège de Lévis reproche à Lapointe d'avoir laissé le champ libre aux communistes. Le député libéral Oscar Boulanger se plaint au cardinal Villeneuve du curé de sa paroisse (Saint-Camille) qui aurait publiquement reproché au gouvernement fédéral d'avoir aboli l'article 98 du Code criminel[60].

Le 25 octobre 1936, Maurice Duplessis et Ernest Grégoire oublient un moment leurs différends politiques pour présider conjointement avec le cardinal Villeneuve une grande manifestation anticommuniste au Colisée de Québec, qui réunit 15 000 citoyens[61]. Une résolution est adoptée par l'assemblée pour protester contre l'admission des communistes au Canada. Le cardinal transmet lui-même le texte de la résolution à Ernest Lapointe. Aux yeux d'Oscar Boulanger, cette résolution publique est une attaque dissimulée contre le Parti libéral et le cardinal qui l'appuie est aussi « bleu » que peut l'être Duplessis. Il explique au ministre que la menace communiste est un « écran de fumée » dont se sert le clergé pour faire oublier la richesse opulente de l'Église canadienne qui ne songerait pas à la partager avec l'Église attaquée par les communistes en Espagne[62]. Lapointe se contente d'expliquer au cardinal que toutes les mesures sont déjà prises pour empêcher l'immigration communiste et maintenir l'ordre au Canada.

Devant l'inaction du gouvernement fédéral, le cardinal place ses espoirs dans le gouvernement provincial. Il se met en relation avec le colonel Léon Lambert, chef de la Sûreté provinciale. Celui-ci partage avec l'archevêché les informations recueillies par son service sur l'activité communiste dans Québec[63]. Le cardinal charge l'abbé Raoul Cloutier d'être son représentant auprès du colonel et l'autorise à lui communiquer certains renseignements de sa part et à en recevoir en son nom. Quelques semaines plus tard, Villeneuve ordonne la formation d'un comité secret chargé d'enquêter sur le communisme et les autres mouvements subversifs. Le comité reçoit la collaboration de la Sûreté provinciale et du maire Grégoire. Le 19 janvier 1937, vraisemblablement pour se mettre en règle avec le gouvernement, le cardinal présente son comité à Duplessis et demande l'autorisation formelle que des renseignements soient échangés entre le chef Lambert et l'abbé Cloutier[64].

Le 17 mars 1937, le gouvernement de l'Union nationale fait adopter la Loi du cadenas, votée à l'unanimité par l'Assemblée législative. La loi permet au procureur général (poste que Duplessis cumule alors avec celui de premier ministre) d'ordonner arbitrairement la fermeture d'une propriété utilisée pour diffuser la propagande communiste. Maurice Duplessis affirme en présentant son projet de loi vouloir soutenir les efforts patriotiques du cardinal Villeneuve pour combattre le communisme[65]. Cette déclaration a donné naissance à la rumeur voulant que le cardinal ait dicté ou inspiré la Loi du cadenas à Duplessis. Le premier à l'affirmer semble avoir été l'avocat Robert Louis Calder, président de la Montreal Civil Liberties League. Lors d'une conférence à Oshawa, il fait la déclaration suivante : « À la suite d'une conférence du cardinal Villeneuve et du premier ministre, M. Duplessis, et de quelques autres personnages, le gouvernement provincial a présenté à la Chambre et fait adopter par elle la Loi du Cadenas[66]. » Au nom du cardinal, le père Joseph-Papin Archambault réfute cette affirmation : « Son Éminence apprécie la loi, mais jamais de près ou de loin elle ne l'a réclamée ou inspirée. Même Son Éminence n'avait jamais entendu parler de cette loi avant d'apprendre qu'elle était présentée à l'Assemblée législative[67]. » La mise au point est peut-être entendue, mais ne suffit pas à faire taire l'idée que le cardinal a été à l'origine de cette loi controversée. Le député Oscar Drouin accuse Duplessis de n'avoir adopté la Loi du cadenas que parce que le cardinal l'y a obligé[68]. De nombreux historiens répéteront cette idée, dont Robert Rumilly, Yvan Lamonde, Michael Behiels et Andrée Lévesque[69].

S'ils ne l'ont pas commandée ou inspirée, les évêques sont favorables à la nouvelle législation et souhaitent que toutes les provinces adoptent une législation semblable. Mgr Humbert Mozzoni, secrétaire de la délégation apostolique et délégué intérimaire, désire que la presse catholique canadienne-française se porte à la défense de la loi, violemment dénoncée par la presse anglophone, et recommande au cardinal Villeneuve de faire des efforts en ce sens[70]. Mgr Gauthier défend quant à lui la Loi du cadenas auprès de Liguori Lacombe et Wilfrid Gariépy, députés libéraux fédéraux : « Cela vient de ce que le pouvoir fédéral ne prenant aucune mesure de protection, le pouvoir provincial juge nécessaire d'empêcher autant qu'il le peut une poignée de communistes de faire chez nous tout le mal qu'ils désirent[71]. » Mgr Gauthier demande aux députés de ne pas se laisser aveugler par les guerres de partis. Gariépy se fait le porte-parole du coadjuteur à la Chambre des communes pour demander que le gouvernement ne désavoue pas la Loi du cadenas[72].

Le 30 octobre 1937, une nouvelle assemblée anticommuniste se tient au Colisée de Québec et réunit 6 000 personnes. Le maire Grégoire y participe de nouveau, mais Duplessis est absent. Le discours du cardinal montre qu'il ne s'appuie visiblement pas sur la seule Loi du cadenas pour enrayer la menace communiste. Après avoir fustigé les « doctrines subversives » avec véhémence et condamné une fois de plus la Russie soviétique, l'Espagne communiste et l'Allemagne nazie, il met en demeure les gouvernements d'agir : « Si ce n'est pas dans la loi, qu'on la fasse, cette loi, sinon nous en exercerons le droit de nature[73]. » Adélard Godbout, qui reconnaît que le communisme est une menace, déclare que les « prédications » contre le communisme favorisent le développement du fascisme, une menace beaucoup plus dangereuse[74]. Le cardinal se désole des réactions des libéraux à son discours et s'en confie au père Desnoyers : « Vous avez vu que Lapointe et ses hauts-parleurs [sic], Godbout, Bouchard, etc. ont mal pris ce discours. Ils reviennent toutefois de leur hantise du fascisme. Mais que peu de doctrine chez ces messieurs[75] ! » La méfiance du prélat à l'endroit du gouvernement fédéral semble se transposer sur le Parti libéral de Godbout, qui n'est selon lui que le porte-parole provincial du gouvernement fédéral.

Le cardinal Villeneuve n'est pas le seul à reprocher aux libéraux de ne pas s'inquiéter suffisamment du communisme. Le père Joseph Jean, un ancien professeur d'Adélard Godbout qui se décrit comme un « archirouge libéral », est consterné lorsque « son plus honorable élève » affirme que le fascisme est une menace plus importante que le communisme et qu'il y associe la Loi du cadenas : « De grâce, ne souillez pas le beau nom fasciste en appelant ainsi les méfaits de M. Maurice Duplessis[76] ! » Le libéral Léonce Cliche accuse le curé Houde de Saint-Joseph d'avoir attaqué publiquement Adélard Godbout sur la question du communisme. Oscar Boulanger informe Ernest Lapointe que le curé de Saint-Jean-Chrysostome aurait exigé le rappel de l'article 98 pendant la messe. Lapointe lui recommande de ne pas s'inquiéter : « La voix du curé de St-Jean-Chrysostome paraît une voix isolée dans le moment, et l'accusation portée contre tous ceux qui ne pensent pas comme certains messieurs d'être des communistes a perdu beaucoup de sa valeur[77]. » Malgré tout, le ministre choisit finalement de ne pas désavouer la Loi du cadenas. Mgr Mozzoni, qui en a discuté avec lui, croit que les efforts de Mgr Gauthier ne sont pas étrangers à ce résultat[78].

La législation anticommuniste de la province de Québec et la rumeur qu'elle a été imposée par le cardinal Villeneuve renforcent l'idée que se font les anglophones d'une *priest-ridden province* (province dirigée par les prêtres), une idée contre laquelle proteste l'Union nationale. Thomas Coonan, ministre sans portefeuille dans le cabinet Duplessis, croit de son devoir de défendre la province de Québec. Devant le Club Kiwanis St-Laurent, il déclare que « le cardinal

Villeneuve n'a rien à faire dans l'administration provinciale, pas plus que l'homme dans [sic] la lune[79] ».

Cette déclaration, pour laquelle le ministre s'excuse publiquement dès le lendemain[80], soulève un tollé de protestations. Philippe Hamel proteste contre la déclaration de Coonan et réitère sa fidélité personnelle au prélat : « Si nous n'avions pas le Cardinal et la hiérarchie ecclésiastique pour aider le peuple à endurer ce qu'il endure, il y a longtemps que tout aurait sauté. […] M. Coonan et ses collègues devraient apprécier ce travail qui se fait pour les sauver eux-mêmes du désastre[81]. » Le Dr Félix Roy, député unioniste de Montmorency, affirme que « le Chef de l'Église est le conseiller logique et sûr des gouvernements[82] ». Le député unioniste de Beauce Émile Perron dénonce également la déclaration de Coonan et assure le cardinal de sa plus entière soumission[83]. Ernest Grégoire proteste par l'intermédiaire d'une résolution du conseil de ville de Québec[84]. *Le Journal* de Québec accuse Grégoire d'avoir déclenché la polémique afin de mousser sa popularité à l'approche des élections municipales[85]. Le chanoine Cyrille Labrecque, qui craint un froid entre l'Église et le gouvernement, tente de défendre Coonan auprès du cardinal en expliquant qu'il n'a jamais prononcé ces paroles en public, mais en privé, et qu'un rédacteur du journal *Le Jour* a entendu et rapporté cette phrase[86]. Cette explication est peu vraisemblable puisque tous les journaux rapportent les paroles du ministre le 17 novembre, alors que *Le Jour* ne paraît que le 18. Qu'à cela ne tienne, puisque le cardinal n'a pas l'habitude de protester contre tout ce qui est dit sur son compte.

La réputation du cardinal Villeneuve est fortement mise à l'épreuve par le contexte politique. Un évêque aurait entendu « un organisateur libéral éméché » déclarer qu'il avait l'intention de « couler le petit maudit cardinal[87] ». Au printemps 1937, le père Desnoyers demande au prélat s'il est content de « son » Duplessis[88]. Villeneuve informe son correspondant qu'on l'accuse d'être « vendu à Duplessis et traître aux nationaux », comme on l'accusait autrefois d'être vendu à Taschereau. Il dit recevoir des « épîtres injurieuses » chaque semaine. Il avoue que cela le rend sauvage à l'égard des siens, tant il craint de les « scandaliser à tout propos ». Il affirme toutefois ne pas s'inquiéter de tout ce qui est dit de lui : « Qu'ais-je [sic] à faire, sinon porter ma croix d'Évêque, à m'humilier devant Dieu, et prier, et à juger ensuite selon ma tête à moi, n'ayant pas le loisir de consulter d'abord le reste de l'humanité[89]. »

***

Les relations entre l'Église et l'État se sont-elles améliorées au cours de ce premier mandat de Duplessis ? Le cardinal et Mgr Gauthier ne seraient probablement pas de cet avis. L'époque où les ministres tenaient compte de l'opinion des évêques dans l'élaboration de leurs projets de loi et où un refus de l'épiscopat pouvait annuler une mesure du gouvernement semble révolue. Les évêques se révèlent bien impuissants à empêcher Duplessis de remplacer leurs protégés par ses amis. Le nouveau gouvernement paraît plus motivé que l'ancien à combattre le communisme, mais ses efforts ne sont pas encore suffisants. Par ailleurs, il ne suffit pas d'affirmer que des lois sont anticommunistes pour recevoir l'approbation de l'épiscopat, comme le démontre le jugement du cardinal et de Mgr Gauthier sur les lois ouvrières de l'Union nationale. Il faudra plus qu'un crucifix, un ministre ultramontain, un anneau épiscopal et une subvention à l'Université de Montréal pour contenter les évêques.

7

Le clergé dans la tourmente politique

Le nouveau gouvernement Duplessis crée bien de la déception, et les insatisfaits sont à la recherche d'une solution de rechange. En 1937, les députés Philippe Hamel, Ernest Grégoire, René Chaloult, Oscar Drouin et Adolphe Marcoux se dissocient définitivement de l'Union nationale pour former leur propre parti, le Parti national. Les députés du Parti national résument leur programme en affirmant qu'il est celui que Duplessis a renié en 1936, après son élection[1]. À Montréal, Paul Gouin cherche à relancer l'Action libérale nationale. Il publie toujours son journal *La Province* auquel de nombreux prêtres sont abonnés et dans lequel il défend les mêmes idées qu'en 1935. Pendant ce temps, l'Union nationale maintient ses appuis grâce aux octrois gouvernementaux. Aucun des trois groupes n'est enclin à collaborer avec les deux autres, et tous ces partis se disputent l'appui de l'Église. Quant au clergé, il est plus que jamais divisé politiquement. Chaque prêtre a sa propre idée des problèmes de l'heure et de la meilleure façon de les régler. De toute évidence, beaucoup ont été déçus de voir Duplessis renier le programme qui les a conduits à l'appuyer. La plupart des appuis cléricaux de l'Union nationale se tournent vers les politiciens qui ont quitté le parti, espérant que ceux-ci se montreront à la hauteur de la tâche qui leur a été confiée. Refroidis toutefois par le scandale des élections de 1935, les prêtres se font discrets. Le curé Lavergne et l'abbé Gravel semblent les seuls à oser encore prendre publiquement la parole. Leur affiliation partisane est cependant moins évidente qu'en 1935. Bien qu'alors les prêtres se soient rangés en grande majorité derrière l'Action libérale nationale, il ne paraît plus y avoir de véhicule capable de rallier le clergé dans son ensemble. Entre le Parti libéral de Godbout, l'Union nationale de Duplessis, l'Action libérale nationale de Gouin et le Parti national d'Hamel, les religieux sont fortement divisés.

Les alliés de Maurice Duplessis dans le clergé paraissent moins nombreux que ceux du Parti national et de l'Action libérale nationale. Ses amis personnels ne semblent pas prêts à pousser l'amitié jusqu'à le soutenir ouvertement. L'abbé Albert Tessier, ancien collègue de classe de Duplessis, profite bien du soutien du nouveau premier ministre, mais n'est pas lui-même un allié du gouvernement. Bien qu'il se fasse une fierté de ne pas intervenir auprès des pouvoirs politiques, l'abbé Tessier multiplie les recommandations auprès de son ami[2]. Au cours des six premiers mois du gouvernement Duplessis, il ne s'écoule généralement que quelques semaines avant que Tessier présente au premier ministre un nouveau nom à placer dans un ministère ou un des différents services de la province. Duplessis n'est pas toujours réceptif aux demandes de son ami et souvent ne prend pas la peine d'y répondre. Une des lettres de l'abbé Tessier commence ainsi : « Cette fois j'aurai une réponse[3] ! » Tessier ne paraît pas particulièrement unioniste. En janvier 1938, il offre tout de même ses félicitations à Duplessis pour tout ce que celui-ci a réalisé au cours de ses 18 premiers mois au pouvoir[4]. L'abbé Tessier avait exprimé le souhait que le nouveau gouvernement éradique de manière définitive la corruption électorale sévissant alors dans la province de Québec, un souhait qui, comme on sait, n'a pas été exaucé par l'Union nationale[5].

L'abbé Georges Panneton de Trois-Rivières est plus clairement sympathique à l'Union nationale et sera fidèle à Duplessis jusqu'à la fin. Il s'improvise conseiller politique du nouveau premier ministre et partage avec lui des passages des encycliques papales qui justifient sa politique sur le travail et les grèves. Il encourage Duplessis à ne pas tomber « dans les erreurs révolutionnaires où risquent de nous entraîner certains doctrinaires comme MM. Eugène L'Heureux et le Dr Hamel[6] ». L'abbé Panneton est toutefois beaucoup plus discret qu'un curé Lavergne ou qu'un abbé Gravel et n'offre pas à Duplessis d'appui public.

L'abbé Lionel Groulx apprécie les professions de foi autonomistes de Duplessis, mais les attribue au « mouvement de ces dernières années[7] » qui l'y ont encouragé. C'est bien malgré lui que le prêtre-historien voit son nom mêlé à la politique. Le ministre de la Voirie François Leduc affirme en Chambre que la revue communiste *Le Réveil* cite des paroles du Dr Hamel, d'Ernest Grégoire et de Lionel Groulx, « des hommes qui, j'en suis sûr, ont parlé, ont fait de grands discours sans penser aux conséquences de ce qu'ils disaient[8] ». L'abbé Groulx fait savoir au ministre qu'il est indigne d'un gentilhomme de traîner ainsi son nom dans ce débat. Il l'assure que son archevêque se chargera de le rappeler à l'ordre si effectivement ses paroles sont susceptibles d'aider les communistes. Leduc répond qu'il n'a jamais eu l'intention d'accuser l'abbé de communisme, mais qu'il voulait simplement dénoncer l'utilisation déloyale que faisaient les communistes de ses paroles et de ses écrits[9].

Certains prêtres ont des mots des plus durs à l'endroit de Duplessis. L'abbé Florian Jolicœur le qualifie d'« assassin du mouvement national[10] ». L'abbé Paul-Émile Paquet qualifie la politique de Duplessis d'« anti-nationale ». Il lui reproche d'avoir nommé trois anglophones dans son cabinet, de favoriser injustement les compagnies anglaises dans l'octroi des contrats publics sans jamais procéder à une soumission publique, ses attaques contre la campagne d'« achat chez nous » et les accusations de François Leduc contre Lionel Groulx[11]. L'abbé Paquet reproche à Omer Héroux l'attitude partiale du *Devoir* à l'endroit du nouveau gouvernement et l'accuse de « tuer par le ridicule » le Dr Hamel à qui il avait toujours été favorable jusqu'à son exclusion du cabinet par Duplessis. Le nouveau gouvernement a encore beaucoup à faire pour séduire les prêtres.

Duplessis peut compter sur l'abbé Panneton comme Taschereau pouvait compter sur Mgr Gignac et l'abbé Perrier, mais ce prêtre est de toute évidence un cas isolé et non pas le représentant d'une tendance générale. Le mouvement est beaucoup plus fort du côté du Parti national et de l'Action libérale nationale.

LE CLERGÉ FACE AU PARTI NATIONAL

Parmi les principaux appuis et conseillers du Parti national, on trouve l'abbé Lionel Groulx. Celui-ci encourage Philippe Hamel à élaborer une « politique synthétique » afin de se défaire du préjugé voulant qu'il n'ait d'opinion que sur la seule question de l'électricité. Il demande à René Chaloult de l'encourager dans cette voie. Il l'incite également à venir conquérir la population montréalaise et à s'adresser à toute la province: « Vous ne pouvez plus rester une simple célébrité québécoise, quels que soient le charme et le prestige de la capitale[12]. » Il dit travailler à étendre sa popularité et répondre à ses détracteurs à chaque occasion. Groulx croit que Hamel, contrairement à Godbout et à Duplessis, peut offrir au Canada français un gouvernement digne de celui de Salazar, son « dictateur favori[13] ». Lorsque le ministre Oscar Drouin quitte l'Union nationale pour rejoindre Hamel dans l'opposition, il reçoit aussi les encouragements de Groulx, qui le félicite de ses efforts pour insuffler « une âme nationale, une culture, une éducation pour permettre de développer le plan économique canadien-français à la lueur de nos traditions et de nos meilleurs intérêts nationaux[14] ». L'abbé Groulx place de grands espoirs dans le Parti national qui apprécie profondément son appui. Drouin et Chaloult souhaitent que le discours de Groulx au Congrès de la langue française de 1937 devienne la charte de leur parti[15].

Le Parti national occupe cinq circonscriptions, dont trois situées dans la ville de Québec (Québec-Centre, Québec-Est et Québec-Comté). Les deux autres circonscriptions (Montmagny et Kamouraska) sont aux abords de la capitale. Ajoutons à cela qu'un des cinq députés est également maire de Québec. Il n'est donc pas étonnant que le nouveau parti soit particulièrement populaire dans la capitale. L'abbé Léonidas Castonguay informe René Chaloult que, à l'exception d'« un rouge et deux ou trois bleus », tous les prêtres du Séminaire de Québec sont fidèles aux « vrais défenseurs de la nation[16] ». Pour construire sa popularité, le Parti national peut compter sur l'abbé Pierre Gravel, conférencier particulièrement populaire à Québec et dans les environs, qui partage souvent avec les députés nationaux la tribune de ses conférences[17].

La popularité du Parti national dépasse largement la seule ville de Québec. Mgr Eugène Lapointe de Chicoutimi félicite le Dr Hamel pour son discours inaugural à l'Assemblée législative. Il l'invite à venir visiter la population du Saguenay, chez laquelle il est apparemment très populaire. Il l'encourage tout de même à élargir son discours afin de voir plus loin que la seule question de l'électricité. L'abbé S. Bourque de l'Hospice du Sacré-Cœur de Sherbrooke félicite Ernest Grégoire pour son attitude à l'endroit du gouvernement Duplessis. Le père J.-Alphonse Richard des Clercs de Saint-Viateur de Joliette assure Hamel qu'il fait de nombreuses conversions parmi ses confrères. Le curé Médéric Gravel de Port-Alfred compare les députés du Parti national aux patriotes de 1837. L'abbé Jos. Labrecque de Plessisville (Mégantic) considère les cinq députés du Parti national comme les « champions de nos libertés » et les « défenseurs de notre patrimoine national ». Le curé Paradis de Saint-Georges de Gaspé dit souhaiter que les admirateurs du Dr Hamel cessent de se contenter de l'applaudir et passent aux actes. La plupart des prêtres sympathiques au Parti national se limitent effectivement à des témoignages de sympathie. La discipline ne permet plus un soutien plus actif. Certains ajoutent tout de même des contributions financières. L'abbé Ernest Lemieux de l'Université Laval aide Hamel à recruter ses organisateurs[18].

Le Parti national subit son premier test électoral en mars 1937, lors d'une élection partielle en Beauce. Les députés du parti sont particulièrement bien reçus au Séminaire du Sacré-Cœur à Saint-Victor[19]. Selon l'abbé Laurent Lacoursière, tous les prêtres du Séminaire appuient le Parti national. L'abbé Omer Labbé, supérieur du séminaire, offre une contribution de 45 $ à la caisse du Parti national pour l'élection partielle. L'abbé J.-Adrien Gagné récolte également du financement auprès de ses confrères. L'abbé Louis-Joseph Ferland recommande à Ernest Grégoire des hommes qui pourraient aider à l'organisation du parti dans la circonscription. Malgré le soutien du clergé de la région, le candidat du Parti national Wilfrid Doyon ne récolte que 875 voix et termine troisième, loin derrière Émile Perron de l'Union nationale et Vital Cliche de l'Action libérale nationale[20]. L'abbé Laurent Lacoursière déplore la défaite du Parti national, mais considère que le résultat est une défaite pour l'Union nationale puisque son candidat n'a pas obtenu la majorité absolue[21].

Les élections ne se gagnent évidemment pas qu'avec des discours et des programmes. À la tête du gouvernement, l'Union nationale dirige la distribution de l'argent de la province et entend utiliser cet avantage. Le révérend frère Palasis, directeur de l'École de commerce de l'Université Laval qui aimerait faire de celle-ci un établissement supérieur dont le diplôme serait reconnu comme un baccalauréat, compte sur l'appui du gouvernement. L'Union nationale est toutefois peu encline à accorder cette faveur à une école qui compte Ernest Grégoire parmi ses professeurs. Le frère Palasis demande donc à ce dernier de démissionner[22]. Lorsque le gouvernement accorde la subvention, le frère organise une réception en l'honneur de Maurice Duplessis pour le remercier et invite le Dr Hamel à y assister. Celui-ci refuse et accuse le frère d'avoir sacrifié Grégoire pour obtenir sa subvention. Le frère Palasis confirme que conserver le maire dans son établissement aurait risqué de priver l'école de son octroi gouvernemental, d'autant plus que tous les frères enseignants sont sympathiques au Parti national. Les accusations d'Hamel sont rendues publiques et « l'affaire Palasis » devient polémique[23]. Hamel et Grégoire sont accusés de manquer de respect aux Frères des Écoles chrétiennes.

Bien que Grégoire administre la ville de Québec à titre de maire, il ne peut évidemment pas rivaliser avec les moyens de la province. Certains prêtres n'acceptent pas de ne pas recevoir de financement de la ville, et leur sympathie au Parti national s'en ressent. Insatisfait de l'octroi qu'il reçoit de la province, l'abbé Odilon Gauthier, directeur de la Maison Don Bosco et sympathisant de la première heure de Grégoire, demande au maire de compenser le manque à gagner. Grégoire lui répond que les institutions d'assistance publique relèvent du gouvernement provincial et qu'il n'est pas de son ressort de favoriser l'une ou l'autre de ces institutions, d'autant plus que la situation financière de la ville de Québec n'est guère enviable[24]. La réponse n'est pas jugée satisfaisante. Le maire Grégoire et son parti devront se passer des prières des frères et des orphelins de Don Bosco lors de leurs prochains affrontements électoraux.

Le Parti national subit un nouveau revers en février 1938 lorsque Ernest Grégoire est défait aux élections municipales par Lucien Borne. Encore une fois, les élections de Québec sont considérées comme le reflet de la politique provinciale et comme une défaite pour le parti du maire vaincu. Pour plusieurs prêtres sympathiques au Parti national, la victoire de Borne est celle des trusts, et la lutte semble perdue. L'abbé Raoul Cloutier est particulièrement sévère : « Notre peuple mérite la servitude qui est sienne. » L'abbé Guillaume Miville-Deschênes estime que Grégoire a été « victime de la puissance des ténèbres et de la canaille ». Un dominicain parle de la « déchéance » de la ville de Québec. Sœur Marie Claire de Jésus d'Outremont se dit « étonnée du manque de perspicacité, de l'étroitesse d'esprit des adversaires et des électeurs en général ». L'abbé Charles-Omer Rouleau de l'Université d'Ottawa est plus éloquent encore : « Notre pauvre race de gueux qu'une main invisible maudite vient de lancer encore les uns contre les autres comme de misérables détraqués, mérite plus de pitié que de mépris. » On demande tout de même à Grégoire et à ses collègues de ne pas abandonner la lutte. L'abbé Florian Jolicœur, également navré de la défaite, assure Grégoire que tous les prêtres du Séminaire du Sacré-Cœur sont toujours derrière lui. Mgr Élias Roy constate la même unanimité chez les professeurs du Collège de Lévis. Les sympathisants du parti ne s'entendent pas sur la cause de la défaite. L'abbé Arthur Giguère croit que la victoire de Borne est celle de la compagnie d'électricité Quebec Power. L'abbé Gérard Jacques croit au contraire qu'il s'agit de la « première victoire des communistes dans Québec[25] ».

Très populaire, comme nous l'avons vu, auprès des maisons d'enseignement, Philippe Hamel ne s'explique pas de ne pas recevoir l'appui officiel des évêques étant donné que son programme est directement tiré de la doctrine sociale de l'Église. En privé, le cardinal Villeneuve reconnaît que le programme social du Parti national est celui de l'Église. Il explique à Hamel pourquoi il ne prend pas ouvertement son parti :

> L'Église vise aux âmes avant tout, et n'est pas chargée formellement de sauver ni l'ordre économique ni l'ordre politique du monde. Elle n'est chargée que d'enseigner la doctrine et de sauver les âmes. Or, pour ce ministère, il lui faut tenir compte des faits, des aveuglements, des ignorances, des faiblesses, du moindre mal. Jamais vous ne la verrez rompre avec l'autorité établie, lui manquer de respect, lui retirer sa collaboration, sous le motif que ceux qui sont en autorité n'ont pas toute la lumière ou toute la droiture qui seraient à souhaiter. L'Église agit dans l'humanité qu'elle a[26].

Ainsi, bien que Duplessis n'ait pas « toute la lumière ou toute la droiture » voulues, le cardinal ne peut publiquement le condamner ou appuyer officiellement ses adversaires. Il peut souhaiter dans l'intimité la victoire du Dr Hamel, mais laisse les journalistes et les mécontents le présenter comme l'allié fidèle de l'Union nationale.

LE CLERGÉ FACE À L'ACTION LIBÉRALE NATIONALE

Après les élections de 1936, l'Action libérale nationale est réduite à son organe, le journal *La Province*, qui maintient une popularité considérable auprès du clergé. Nous avons relevé les noms de 60 prêtres et religieux abonnés à *La Province*. L'abbé Meunier de Saint-Hyacinthe dit apprécier « l'allure libre » du journal. Le curé Médéric Gravel encourage Paul Gouin à continuer à offrir au peuple « sa seule planche de salut national ». Le père dominicain Richard Tremblay compte sur *La Province* pour réaliser la coalition des forces nationales. Certains vont jusqu'à collaborer au journal. C'est le cas de l'abbé Auguste Lapalme de Montréal et du père franciscain Carmel Brouillard, qui tente en plus de recruter des rédacteurs chez les religieux. Loin de recommander à Paul Gouin la charité chrétienne, il l'encourage au contraire à continuer à « taper sur les têtes-de-boules qui actuellement ont l'audience populaire ». Le frère Marie-Victorin, président de la Société canadienne d'histoire naturelle, aide également Gouin à recruter des collaborateurs pour son journal[27].

Les abonnés de *La Province* n'apprécient pas tous l'attitude du journal à l'endroit du nouveau gouvernement. Le curé Jos.-D. Michaud de Val-Brillant annule son abonnement en raison des critiques contre Duplessis :

> Autant j'ai aimé votre œuvre lorsque vous livriez le bon combat, autant je suis dégoûté de la campagne que vous menez aujourd'hui contre un chef de gouvernement dont nous avons toutes les raisons d'être fiers. À moins d'être de mauvaise foi, il est impossible de ne pas admettre qu'il s'est fait un travail gigantesque, depuis l'ouverture de la session, par l'Honorable Maurice Duplessis et son gouvernement d'Union Nationale[28].

L'abbé Vital Labrie du Collège de Lévis annule également son abonnement. Le curé Omer Carrier de Saint-Anselme (Dorchester) est particulièrement critique à l'endroit du contenu du journal : « C'est plus que vulgaire, c'est malpropre ! Et vous avez la prétention de travailler au relèvement de la race ! » *La Province* ne semble pas appelée à durer. À Léopold Richer qui envisage de quitter *Le Droit* pour devenir le directeur du journal de l'ALN, Lionel Groulx conseille de fonder un nouveau journal plutôt que de tenter d'en ressusciter un « moribond ». Groulx confie à Richer être déçu de *La Province* et encore plus de Paul Gouin : « L'homme me paraît bien impuissant à ressaisir son destin. Tout fait penser à un écroulement tragique. » Il semble que Gouin et son équipe fassent malgré tout du bon travail puisque l'abbé Groulx s'abonne au journal un an plus tard. L'abbé J.-A. Langlais de Barraute (Abitibi), abonné à *La Province*, tente d'expliquer à Paul Gouin pourquoi on l'abandonne peu à peu. Son attitude « injuste » envers Duplessis vient au premier rang. Il ajoute qu'Adélard Godbout et le député libéral Édouard Lacroix sont aussi de bons hommes et ne méritent pas l'acharnement du journal[29].

Le principal allié de l'Action libérale nationale dans le clergé est l'abbé Pierre Gravel, vicaire à Saint-Roch de Québec. Il fait ainsi l'éloge de Paul Gouin auprès de son curé : « L'éveilleur politique, le seul clairvoyant, que nous ne fumes [*sic*] pas nombreux à juger tel l'été dernier, mais dont les honnêtes gens ont le devoir de se rapprocher, aujourd'hui. » L'abbé Gravel assure Gouin que tous les prêtres avec qui il s'entretient comprennent « l'opportunité et l'importance » de son discours. Avec un groupe de collaborateurs, il tient des « assemblées de propagande » en faveur du journal *La Province* et amasse des souscriptions pour le journal. Il met Gouin en contact avec Alphonse Lucchési, organisateur politique très apprécié par le parti. Paul Gouin estime fortement sa collaboration : « Si nous avions pour nous aider dix Pierre Gravel[30] ! » Malgré la polémique de 1935 et les avertissements répétés de ses supérieurs, l'abbé ne craint pas d'être vu publiquement en compagnie de politiciens. Sa présence à une fête organisée en l'honneur de Paul Gouin est signalée par les journaux[31].

L'abbé Gravel n'est cependant pas un homme de parti. Nous avons vu qu'il sympathise également avec le Parti national. Même le député libéral Wilfrid Lacroix reçoit son appui en raison de son nationalisme personnel[32]. L'objectif de Gravel est de réunir tous les nationalistes en un seul parti. Lui et son cousin, le curé Médéric Gravel de Port-Alfred, encouragent les dirigeants de *La Province* et ceux de *La Nation*, hebdomadaire séparatiste de Québec, à fusionner afin de donner à la province un seul journal résolument nationaliste. Malgré les rapprochements entre Paul Gouin et Paul Bouchard, directeur de *La Nation*, le projet tombe à l'eau lorsque *La Province* déclare que le Parti conservateur finance les activités politiques de Bouchard. Toute possibilité de fusion entre les deux mouvements s'envole. L'abbé Gravel est furieux et fait savoir qu'il n'est plus un ami de *La Province*. En public, il affirme toujours n'avoir confiance qu'en Paul Gouin[33].

L'idée d'une alliance des forces nationalistes fait son chemin et est fortement encouragée par certains membres du clergé. Le curé Adélard Piché, de Portneuf, souhaite une grande coalition contre Duplessis, dans laquelle s'uniraient Paul Gouin, les députés du Parti national et Adélard Godbout. Il espère néanmoins que le programme appliqué une fois au pouvoir sera celui de l'Action libérale nationale. Le curé Pierre Veilleux encourage Paul Gouin à chercher le soutien des libéraux « les plus irréprochables », tels que son frère Léon-Mercier Gouin. L'abbé Léon Beaulieu de l'École d'agriculture de Sainte-Anne-de-la-Pocatière exprime à Gouin son souhait de voir son groupe s'unir à celui d'Hamel. L'abbé Pierre Gravel sert d'intermédiaire entre Gouin et Oscar Drouin, et tente de favoriser le rapprochement entre les deux partis[34].

De nombreux prêtres contribuent chacun à leur façon au mouvement de l'Action libérale nationale. Certains se permettent des recommandations quant au programme du parti. L'abbé Robert Chevalier de la paroisse Christ-Roi de Montréal suggère à Paul Gouin d'inclure au programme le rapatriement de la compétence de l'immigration au gouvernement provincial. Cela empêcherait les hommes d'État de « britisher » et « d'enjuiver » le Québec. L'abbé Étienne Blanchard de Notre-Dame de Montréal encourage Gouin à inclure dans son programme une modification de la Commission des liqueurs pour en faire un instrument de tempérance. L'abbé Omer Labbé, qui a généreusement contribué à la campagne du Parti national en Beauce, finance également *La Province*. Le curé Jean Duval d'Inverness (Mégantic) et le curé J.-A. Lambert de Sainte-Clotilde de Beauce distribuent des exemplaires du programme. Le frère Marc-André des Écoles chrétiennes fait étudier le discours de Gouin à l'Assemblée législative par ses étudiants normaliens. Le curé Lambert dit travailler à détruire l'esprit de parti et à amener les gens à s'intéresser au programme, le tout en ne manquant pas de respecter les directives de ses supérieurs sur l'implication politique des prêtres[35].

Aucun des partis en présence ne peut prétendre faire l'unanimité dans le clergé. Le Parti national et l'Action libérale nationale semblent tout de même mobiliser davantage de forces que le Parti libéral et l'Union nationale, qui ont aussi leurs sympathisants. L'enthousiasme des prêtres a évidemment ses limites, d'autant plus qu'une mobilisation de grande envergure paraît désormais impossible.

POLITIQUE ET DISCIPLINE ECCLÉSIASTIQUE

Sans empêcher ses prêtres de se mêler de politique, le cardinal Villeneuve souhaite éviter un nouveau scandale comparable à celui de 1935. L'abbé Gravel est plus bruyant et visible depuis qu'il est à Québec, et le curé Lavergne n'a pas l'intention de se taire malgré toutes les remontrances de ses supérieurs. Les deux prêtres doivent composer avec la surveillance du chanoine Cyrille Labrecque. Ce dernier, autrefois un partisan de Philippe Hamel, est de plus en plus gagné à l'Union nationale et voit d'un mauvais œil ces deux abbés un peu trop sympathiques à l'opposition. Il informe le cardinal que les abbés Gravel et Lavergne « contribuent à affaiblir l'autorité diocésaine au milieu de la jeunesse » tant leur discours est évidemment à l'opposé de celui de leur évêque. Le chanoine propose au cardinal de censurer leurs discours[36]. La sympathie du chanoine pour l'Union nationale ne semble pas un secret, et l'abbé Eustache Santerre, libéral et ami personnel de Louis-Alexandre Taschereau[37], informe le prélat que son activité politique crée un malaise dans le clergé[38]. On l'accuse notamment de collaborer au *Journal*, organe de l'Union nationale à Québec en guerre contre *L'Action catholique*. Labrecque avoue être l'ami personnel du ministre Onésime Gagnon, mais nie avoir quelque implication politique[39].

Comme à l'époque de Taschereau, *L'Action catholique* en général et le rédacteur Eugène L'Heureux en particulier sont considérés comme hostiles au gouvernement et sympathiques à l'opposition. Le cardinal doit de nouveau rappeler à l'ordre L'Heureux, qu'il accuse de travailler à renverser le gouvernement. Il rappelle que *L'Action catholique* n'est pas un journal politique et doit juger les hommes sans favoritisme, mais avec équité et avec prudence[40]. Il explique que la dictature vaut mieux que la révolution, et que des catholiques ne doivent pas travailler à la désorganisation sociale. Voilà une autre déclaration du cardinal qui a pu contribuer à en faire un allié de Duplessis dans l'opinion publique. Les efforts qu'il consacre à tempérer les ardeurs de l'abbé Gravel et du curé Lavergne vont fortement renforcer cette image.

Le curé Lavergne est toujours mêlé à la politique du maire Grégoire. À l'automne 1937, celui-ci se trouve opposé au chanoine Cyrille Deslauriers, membre de la Commission scolaire de Québec, qui se fait le porte-parole des Irlandais catholiques. Aux yeux du curé et du maire, son attitude en est une d'abandon des droits des francophones. Lavergne adresse une lettre injurieuse au chanoine Deslauriers pour lui reprocher son attitude : « Non, quoique [sic] vous disiez, la tache restera sur votre nom. Votre attitude que rien ne légitime, vous marque dans l'opinion publique d'un stigmate ignominieuse [sic] dont le nom est sur toutes les lèvres des vrais patriotes mais que j'aime mieux ne pas écrire[41]. » Le cardinal est furieux de constater que des copies de cette lettre se sont retrouvées dans le public. Le curé affirme que c'est le chanoine Deslauriers lui-même qui a reproduit la lettre et assuré sa distribution. Le cardinal n'est guère satisfait de ses explications : « Vous n'êtes pas chargé du gouvernement du clergé dans le diocèse, et je ne le laisserai pas croire non plus[42]. » Il ordonne une enquête diocésaine sur la question, dirigée par Mgr Joseph Gignac et le chanoine Edgar Chouinard. L'enquête conclut que le curé Lavergne n'est pour rien dans la diffusion de sa lettre au chanoine Deslauriers. Le cardinal invite tout de même le curé à exprimer son regret pour le détriment causé au chanoine.

Le 12 novembre 1937, les journaux annoncent une conférence du curé Lavergne intitulée « Gouvernement de criminels[43] ». D'après *Le Soleil*, la conférence est organisée par la Jeunesse nationale de Québec-Est[44]. Le chanoine Labrecque informe le cardinal que ce groupe « est une association purement politique, un club de Drouin » et qu'il n'est guère opportun pour un prêtre d'y prendre la parole[45]. Le cardinal écrit au curé pour lui interdire de donner sa conférence. Le ton de la lettre laisse entendre que le cardinal n'a plus de patience : « En tout cas, si l'annonce des journaux est fondée, je vous défends formellement sous peine de censure publique d'aller parler sous les auspices de la jeunesse nat. de Québec-Est. C'est ce que vous voulez peut-être, vous l'avez. Vous pouvez le dire au public si cela vous convient[46]. » Le curé se défend d'avoir voulu attaquer l'Union nationale par son titre « Gouvernement de criminels », qu'il aurait emprunté à Pie XI lorsque celui-ci parle de l'Union soviétique. Il n'avait pas l'intention de dénoncer « le gouvernement de la trahison nationale et son chef Maurice Duplessis[47] ». Au printemps suivant, le curé récidive avec sa conférence sans se lier d'aucune façon à un parti politique. Le cardinal contremande une nouvelle fois l'assemblée. Cette fois, il ne se donne pas même la peine d'écrire au curé. Il interdit la conférence par voie de communiqué dans *L'Action catholique*. Le journal *La Nation* affirme que c'est à la demande de politiciens que la conférence est annulée[48].

Aux yeux du curé Lavergne, c'est le Parti national qu'on cherche à atteindre à travers lui. Il n'hésite pas à qualifier cette interdiction d'« abus d'autorité » de la part du cardinal et d'« extension ecclésiastique » de la Loi du cadenas. Il y voit une rancune personnelle du cardinal à son endroit : « Votre Éminence désire m'abattre même me briser si possible, c'est évident[49]. » Le curé croit que le cardinal souhaite de cette façon « prendre sa revanche » après avoir subi un échec dans le cas de l'abbé Deslauriers. Sans le nommer, il accuse « certain chanoine bleu ou prélat maladif dont l'influence paraît prédominer à l'évêché depuis l'avènement de Duplessis » d'être à la source de ses ennuis, référence au chanoine Labrecque.

Quant à l'abbé Gravel, le cardinal s'inquiète de ses accointances avec le journal *La Nation*, auquel le vicaire collabore sous le pseudonyme Charles Lemoyne. Un certain Jean-Marc Blanchet écrit au cardinal Villeneuve pour se plaindre que Gravel néglige le confessionnal au profit de ses conférences et de sa collaboration avec le groupe de Paul Bouchard. Le cardinal craint qu'on en vienne à croire que *La Nation* est le journal de l'abbé Gravel, d'autant plus que le périodique affiche une attitude irrévérencieuse à l'égard de certains membres du clergé. Le prélat recommande donc la discrétion et la prudence. Il donne ces directives sans acrimonie : « Je sais d'ailleurs votre zèle, votre bon cœur, votre obéissance sacerdotale. Je vous conserve toute mon affection et mon estime[50]. » Quelques mois plus tard, le cardinal rappelle à ses prêtres qu'il leur est interdit d'écrire dans les journaux, même sous pseudonyme, sans avoir soumis leur texte à leur ordinaire[51].

Cléophas Adams, ami personnel de l'abbé Gravel et directeur du journal régional *Le Mégantic*, publie dans ses pages un article louangeant Ernest Lapointe. Gravel le prévient que son article arrive « au moment où celui-ci endosse une politique d'impérialisme à outrance, se prépare à désavouer la Loi du Cadenas, favorise le communisme et l'invasion juive, se déclare en faveur de la centralisation, donc contre l'autonomie provinciale[52] ». Le ministre Lapointe regrette l'opinion qu'a de lui le vicaire de la paroisse la plus importante de sa circonscription et s'en plaint au cardinal[53]. Villeneuve en fait reproche à Gravel :

> Il va de soi que je n'ai pas à intervenir dans vos sentiments à l'égard de la politique de tel ou tel homme public. Mais je puis bien regretter que, comme prêtre, vous écriviez des choses aussi peu nuancées et même aussi peu mesurées. Ceci n'est pas de nature à faire du bien, même à vos correspondants, ainsi que vous pouvez le voir. Si, un bon jour, vous vous remettiez à vous occuper exclusivement du règne du Christ, votre apostolat, croyez-le, aboutirait à vos autres objectifs par surcroît[54].

Exaspéré des plaintes qui se multiplient, le cardinal interdit à Gravel « toute activité politique, ouverte ou dissimulée, directe ou indirecte[55] ». Il fait parvenir une copie de sa lettre à Ernest Lapointe et au délégué apostolique. Le ministre remercie le cardinal pour son intervention[56]. L'abbé Gravel nie avoir des liens avec le Parti national et même avec Paul Gouin[57]. Il reconnaît être l'ami personnel du député unioniste Tancrède Labbé, mais nie discuter politique avec lui. Mgr Omer Plante porte sur lui un jugement sévère : « M. l'abbé Gravel s'illusionne, s'il est de bonne foi. Il se croit un chef. Il s'attribue une mission. J'espère que l'avertissement de Son Éminence aura un bon effet au moins pour un temps[58]. » En septembre 1939, l'abbé Gravel est fier d'annoncer au cardinal qu'il a refusé de participer aux assemblées du député Wilfrid Lacroix pour éviter de mettre les autorités religieuses dans l'embarras[59]. Les élections précipitées de l'automne 1939, tenues trois ans à peine après la victoire de l'Union nationale, vont mettre fin à ces rapports difficiles entre le pouvoir religieux et le pouvoir civil.

LES ÉLECTIONS DE 1939

Aidé par son grand frère d'Ottawa, le Parti libéral du Québec est fin prêt pour de nouvelles élections. Le Canada étant maintenant en guerre avec l'Allemagne, les Canadiens français revoient surgir le spectre de la conscription. Ernest Lapointe et les autres vedettes de l'aile québécoise du Parti libéral fédéral vont prêter main-forte à Adélard Godbout en se présentant comme la garantie que le gouvernement du Canada n'imposera pas l'enrôlement obligatoire. Les ministres iront jusqu'à promettre de démissionner en bloc si les Québécois devaient réélire Maurice Duplessis, ce qui ferait pencher entièrement le pouvoir du côté du bloc anglophone et permettrait donc au gouvernement de faire voter la conscription[60]. Les promesses de l'Union nationale d'employer tous les moyens légaux à sa disposition pour faire respecter le choix des Canadiens français de ne pas participer à la guerre auront bien peu de poids devant ce chantage politique.

Adélard Godbout et son équipe se présentent quant à eux comme les candidats du changement grâce à un nouveau programme élaboré lors d'un congrès organisé à Québec en 1938. Le droit de vote des femmes, un régime de retraite étatique, un programme d'assurance-maladie et la fin du favoritisme dans la fonction publique sont à l'ordre du jour. Le congrès, qui confirme Godbout comme chef du parti, est noyauté par l'aile fédérale du Parti libéral et inaugure le début d'une solide mainmise de cette dernière sur l'aile provinciale[61]. Jacques Rouillard, qui considère que le Québec doit la Révolution tranquille principalement au Parti libéral, présente le programme issu du congrès de 1938 comme un précurseur de celui de Jean Lesage aux élections de 1960[62]. Prudent dans le domaine de l'éducation, le nouveau programme se limite à défendre la gratuité des manuels scolaires. Les mesures proposées ne sont pas révolutionnaires en soi et ne font guère réagir le clergé. Même la promesse d'accorder le droit de vote aux femmes n'entraîne pas de réactions des évêques. Fort de son nouveau programme, dont la plupart des propositions ne seront pas accomplies au cours du mandat de cinq ans de Godbout, le Parti libéral est prêt à affronter ses adversaires conservateurs et nationalistes.

Malgré une organisation réduite, Paul Gouin arrive à recruter une soixantaine de candidats pour l'Action libérale nationale et mène la lutte contre les deux principaux partis. Ses tentatives de rapprochement avec le Parti national se sont soldées par un échec. Le Parti national se saborde d'ailleurs peu de temps avant les élections. Ernest Grégoire quitte la politique active pour se consacrer avec le curé Lavergne à répandre la doctrine du crédit social à laquelle il adhère désormais. Oscar Drouin et René Chaloult se présentent plutôt sous la bannière du Parti libéral. Parmi ceux qui leur ont conseillé cette décision, on trouve le curé Lavergne et le dominicain Georges-Henri Lévesque de l'Université Laval[63]. Philippe Hamel, profondément désabusé, quitte la politique active, mais appuie ses deux amis candidats.

L'abbé Gravel déplore que Paul Gouin n'ait pas pu attirer les députés du Parti national: « Par haine de M. Duplessis, des sincères sont en train d'aider à M. Godbout et d'approuver Ottawa[64]. » Il reproche à Hamel d'avoir abandonné Gouin en 1936 et de refuser de s'allier à lui en 1939[65]. Le curé Lavergne explique les raisons pour lesquelles il n'appuie pas Gouin cette fois: « Il faut dans une bataille électorale autre chose que de beaux discours et des appels enflammés qui tombent dans le vide[66]. » Lionel Groulx croit que Gouin ne s'est pas donné les moyens de la victoire. Il est particulièrement contrarié d'apprendre que Chaloult se présente comme candidat libéral et qu'il a l'appui d'Hamel. Il fait savoir à ce dernier son désarroi:

> M. René Chaloult, en qui la jeunesse s'habituait à voir le chef de l'avenir, devenir l'associé du fils de prédilection de M. Lapointe : il se jette dans les bras de l'héritier en ligne droite de M. Alexandre Taschereau ; il accepte pour chef l'incarnation la plus parfaite du sectarisme politicien. Après avoir tant combattu pour mettre à la tête du Québec des hommes qui pensent province et qui pensent national, nos amis s'en vont vers des politiciens incurables qui pensent parti et qui pensent neutre et qui penseront toujours de cette façon, parce que hommes-liges [sic] de la dictature financière[67].

Il tente de faire comprendre à Hamel et Chaloult que l'essentiel n'est pas de vaincre Duplessis, mais d'affirmer l'autonomie provinciale. Choisir entre Duplessis et Godbout revient selon lui à « choisir entre la typhoïde et la picote[68] ». Hamel essaie d'expliquer sa décision à Groulx, mais rejette les reproches de ceux qui l'ont encouragé pendant trois ans sans jamais l'appuyer autrement que par des paroles[69]. Ce commentaire s'adresse non seulement à Groulx et Gravel, mais pourrait s'appliquer à de nombreux membres du clergé. Le politicien-dentiste ne s'explique pas de ne pas avoir eu le même soutien avec le Parti national qu'avec l'ALN en 1935.

Comme en 1936, les interventions du clergé sont rares et discrètes. L'abbé A. Meunier, de La Tuque, se contente de contribuer à la caisse de l'Action libérale nationale. L'abbé Gravel se fait discret, mais il demande tout de même à Alphonse Lucchési, qu'il avait autrefois recommandé à Paul Gouin, d'aller participer à la campagne de Tancrède Labbé dans la circonscription de Mégantic. L'abbé Adélard Piché, de Portneuf, tente de convaincre Philippe Hamel de se présenter dans sa circonscription, puisque son clergé « brûle » de l'appuyer et de faire battre le ministre unioniste Bona Dussault. L'invitation est ironique puisque, si on en croit les dénonciations du Parti libéral, le clergé de Portneuf avait massivement appuyé Dussault en 1935. Désormais évêque d'Amos, Mgr Joseph-Aldée Desmarais encourage Duplessis et prononce une messe à ses intentions la veille du scrutin[70]. Ces gestes isolés sont bien peu de chose si on les compare à la campagne de 1935. La seule intervention remarquable d'un membre du clergé est celle de Lionel Groulx, pourtant normalement discret sur le plan politique.

Atterré par le choix politique de René Chaloult, l'abbé Groulx confie le fond de sa pensée par courrier à l'abbé Gravel :

> L'attitude de M. Chaloult a créé ici de la consternation et du dégoût. On n'arrive pas à comprendre que ces messieurs qui trouvaient tant d'objections à s'allier à Paul Gouin, de qui ne les séparaient, de leur propre aveu, que des questions de tactique, se soient alliés si facilement à M. Godbout, de qui les séparent toute une histoire politique et toute une doctrine[71].

À deux jours du scrutin, la lettre est rendue publique. Lors d'un rassemblement de l'Union nationale, l'organisateur Jean Mercier lit cette lettre de Lionel Groulx à « un prêtre de Québec » devant une centaine de personnes[72]. Par la suite, la lettre est distribuée de porte en porte dans la circonscription de Lotbinière, dans laquelle se présente Chaloult. Groulx écrit aussitôt à ce dernier et à Hamel qu'il n'a jamais autorisé la mise en public de sa lettre[73]. Mercier aurait déclaré à ses intimes que l'abbé Gravel était venu lui-même lui donner une copie de la lettre de l'abbé Groulx[74]. Celui-ci recommande la charité à Gravel et lui conseille de ne pas traiter « des amis qui ont rendu d'éminents services comme les vulgaires trompeurs de la politique[75] ». Refusant de croire à sa culpabilité, il est navré qu'il se soit laissé dérober si facilement sa correspondance. Chaloult ne s'explique pas les commentaires de Groulx ni la manœuvre de Gravel et dit avoir été « frappé par quelques-uns de [s]es meilleurs amis[76] ». Le cardinal Villeneuve reçoit une dénonciation anonyme contre l'abbé Gravel[77]. L'auteur compare la lettre de l'abbé Groulx au maintenant célèbre sermon du curé Lavergne. Gravel nie être l'auteur de l'indiscrétion et offre à Groulx de le défendre auprès de son archevêque si celui-ci lui fait des problèmes[78]. L'incident est sans conséquence puisque Chaloult est élu député libéral de Lotbinière.

Le Parti libéral d'Adélard Godbout balaie la province et fait élire 70 députés sur 86. La défaite de Maurice Duplessis témoigne de la déception causée par son gouvernement chez les nationalistes. Cette déception se fait également ressentir dans le clergé. Duplessis ne reçoit cette fois que 21 lettres de membres du clergé, un nombre extrêmement limité si on le compare aux 82 lettres de 1936. René Chaloult, simple député, en reçoit autant. Paul Gouin, qui a subi un cuisant échec en ne récoltant que 4 % du suffrage populaire et en ne faisant élire aucun député, reçoit 10 lettres d'encouragement de membres du clergé.

Les lettres de 1939 illustrent bien l'éclatement politique du clergé. L'abbé Georges-Marie Bilodeau, gagné à l'ALN en 1935 par Paul Gouin et son intérêt pour la colonisation, se réjouit de la victoire de René Chaloult, bien qu'il regrette que Philippe Hamel ne demeure pas à l'Assemblée législative[79]. Le curé Pierre Veilleux, qui se réjouissait de la victoire de Duplessis en 1936 et encourageait Paul Gouin quelques mois plus tôt, garde cette fois ses bons mots pour le nouveau député libéral Chaloult. L'abbé Arthur Bastien encourage aussi bien Paul Gouin que Maurice Duplessis. Les allégeances politiques des prêtres ne sont pas ancrées profondément et, surtout, ne sont pas dictées par la politique partisane.

Les sympathisants de l'Action libérale nationale sont évidemment consternés par le résultat. L'abbé Gravel félicite son ami Paul pour sa campagne et déplore l'incompréhension de ses compatriotes. Le père jésuite Jean-d'Auteuil Richard s'attendait à la défaite de l'ALN, mais l'espérait moins complète : « Il n'y avait guère de place pour un tiers

parti uniquement dévoué aux intérêts supérieurs de notre nationalité. »
L'abbé Jean Riberdy du Grand Séminaire de Montréal croit que la
Providence punira les Canadiens français de leur ingratitude envers
Gouin. Le programme de l'ALN, explique-t-il, est le seul qui soit
complètement inspiré de la doctrine sociale de l'Église. L'abbé Riberdy
regrette que sa soutane l'ait empêché de faire la lutte aux côtés de
Gouin. Plusieurs prêtres encouragent Gouin à continuer la lutte malgré
la défaite[80].

Contrairement à son collègue Oscar Drouin, René Chaloult n'est
pas invité à se joindre au cabinet d'Adélard Godbout. Il suscite tout
de même de grands espoirs. Le père Joseph-Papin Archambault compte
sur la proximité de Chaloult avec le gouvernement pour faire adopter
quelques articles du Programme de restauration sociale. L'abbé
Léonidas Castonguay apprécie l'indépendance d'esprit du député
puisque « l'étiquette libérale ou conservatrice » ne lui a « jamais rien
dit de bon ». Les partisans de Chaloult dans la circonscription de
Lotbinière apprécient sa victoire, mais également la défaite de son
adversaire. L'abbé Castonguay dit avoir été fort déçu par l'attitude
de Maurice Pelletier, député de l'Union nationale. L'abbé Jacques
Gervais se réjouit aussi de la défaite de Pelletier, « cet homme qui a
cru bon d'applaudir un saltimbanque ». Même l'abbé J. A. Lambert,
ancien confrère de classe de Pelletier, applaudit son échec. Les témoignages à Chaloult nous montrent également que l'attitude du clergé
à l'endroit du Parti libéral a beaucoup changé. Alors que le Parti
libéral était, trois ans plus tôt, le parti des trusts, l'abbé Gingras, de
Sainte-Françoise, voit dans sa victoire de 1939 la défaite de ceux-ci :
« Le peuple a témoigné son estime et son admiration à ceux qui sont
restés debout devant le dictateur et devant les trusts. Les traîtres ont
reçu le juste châtiment de leur trahison nationale. Les Québécois ont
donné là une belle preuve de fierté et d'intelligence en congédiant cette
bande de moutons au service de la dictature économique. » Quelques
prêtres déplorent le fait qu'Ernest Grégoire et Philippe Hamel ne
soient plus présents[81].

Vaincu, Maurice Duplessis reçoit lui aussi bien des témoignages de
sympathie. Le père jésuite Joseph Paré déplore le manque de reconnaissance de la province envers son bienfaiteur. L'abbé Arthur Bastien
considère la défaite de l'Union nationale comme un « châtiment »
pour le « pauvre peuple » canadien-français. Sœur Marie Philippe de
Bethsaïde des Saints Noms de Jésus et de Marie (Outremont) demande
à Duplessis de ne pas perdre espoir : « La divine Providence vous

ramènera pour présider encore aux destinées de notre Province, comme Elle a ramené Salazar au Portugal, comme Elle a donné Franco à l'Espagne.» Les considérations financières motivent en partie l'adhésion des religieux à l'Union nationale. Le frère Palasis de l'École supérieure de commerce de Québec assure Duplessis qu'il demeure son obligé. Sœur Marie du Bon Pasteur, supérieure de l'Hospice Saint-Bernard de Saint-Damien, assure Duplessis qu'elle et ses religieuses n'oublieront pas la générosité dont il a fait preuve à leur égard. Frère Hippolyte de l'Académie de La Salle de Trois-Rivières craint que le changement d'administration signifie l'annulation de sa subvention gouvernementale. Frère Placide des franciscains de Trois-Rivières, qui se fait le défenseur de Duplessis contre ses détracteurs et ses calomniateurs, assure l'ancien premier ministre que sa fidélité à son endroit n'est pas motivée par les largesses dont l'Union nationale a couvert sa communauté. Mgr Desmarais assure également Duplessis qu'il lui reste fidèle, d'autant plus qu'il apprécie beaucoup ses collègues ministres. Il prévient toutefois Duplessis qu'il ne pourra jamais exprimer sa sympathie publiquement, ayant trop à attendre du gouvernement Godbout. L'évêque d'Amos félicite d'ailleurs le nouveau premier ministre pour sa victoire, mais lui fait savoir qu'il ne tourne pas le dos à son bienfaiteur, Maurice Duplessis[82].

Une partie du clergé nationaliste voit poindre des heures sombres. L'abbé Groulx, qui voit dans l'Union nationale le régime le plus «antinational» que la province ait connu, croit que le gouvernement Godbout pourrait être pire[83]. Le père Gustave Lamarche des Clercs de Saint-Viateur considère la victoire du Parti libéral comme la « démission » du peuple canadien-français : « Je ne vois pas sans effroi se reformer la dictature d'un parti élastique dans ses principes et peu scrupuleux dans ses méthodes, surtout lorsque je songe à la connivence de ce parti avec celui qui règne présentement à Ottawa[84].» Le père Lamarche compte encore sur Ernest Grégoire pour rallier les nationaux et nomme parmi eux Paul Gouin, Philippe Hamel et Paul Bouchard, mais se refuse à inclure Oscar Drouin et René Chaloult, dont « il ne faut plus parler, jamais[85] ». L'abbé Gravel confie au curé Lavergne pourquoi il n'a pas partagé son opinion sur l'alliance de Chaloult avec les libéraux : « Dans quatre ans, il eut [sic] été facile de battre l'Union nationale, et Lapointe n'eut [sic] pas reçu cette approbation totale du Québec. Dans quatre ans, il sera impossible de battre le Parti libéral, dont la machine est toujours mieux organisée, et dont les lieutenants ont toujours été plus perfides et moins scrupuleux[86]. » Le curé Lavergne partage son opinion à certains égards. « Dans ce qui arrive, il n'y a qu'un fait consolant : c'est la pendaison de traîtres, de ceux qui nous ont menti, trahi [sic] et sont responsables du désarroi national actuel. Le malheur, c'est que les exécuteurs de hautes œuvres de justice ne valent guère mieux que les condamnés et qu'ils en prennent la place[87]. »

À l'exception de Mgr Desmarais, la plupart des évêques ne semblent pas avoir témoigné leur sympathie politique et il est difficile de savoir où se rangent ceux-ci. Pour Mgr Gauthier, le changement de régime signifie surtout que commencera bientôt une nouvelle ronde de nominations partisanes pour remplacer de bons catholiques coupables d'être dans le mauvais camp. Il craint particulièrement pour la situation de Jean Bruchési, sous-secrétaire de la province, à qui il promet de le soutenir auprès du successeur du Dr Paquette[88].

L'attitude du cardinal Villeneuve est plus difficile à cerner. Au lendemain du scrutin, il fait parvenir à Duplessis un témoignage de sympathie que les historiens ont beaucoup utilisé pour prouver la prétendue alliance unissant le prélat au chef de l'Union nationale :

> La balance du succès a renversé ses plateaux. Ça ne change rien à ce que vous étiez hier, un homme avec des défauts et de remarquables qualités d'esprit et de cœur, un fonds d'idées saines, des aptitudes au gouvernement, un homme d'état [sic]. [...] Malgré les apparences et malgré les déboires qui peuvent s'ajouter encore, qui sait si l'avenir ne vous réserve point de nouveau le pouvoir. Et vous y reviendriez avec la sagesse que donne l'épreuve. [...] En tout cas, je vous réitère l'assurance de mon souvenir devant Dieu et de mon amitié personnelle, n'oubliant point les égards que vous avez eus pour moi[89].

Son attitude publique est bien différente. En pleine campagne, il aurait affirmé à Joseph E. Atkinson, éditeur du *Toronto Star*, qu'il souhaitait la défaite de Duplessis[90]. Un mois après le scrutin, le cardinal déclare aux journaux américains que les Canadiens français ont voté pour « l'unité canadienne » en élisant Godbout[91]. Le chanoine Labrecque informe le cardinal que sa déclaration a chagriné ses amis de l'Union nationale. Elle a créé de la satisfaction dans les milieux libéraux, mais on accuse le cardinal de frapper Duplessis pour faire oublier au nouveau gouvernement libéral qu'il a été son allié[92]. S'agit-il d'opportunisme de la part du cardinal ? De diplomatie ? La correspondance personnelle du prélat nous pousse à penser le contraire. Le père Desnoyers lui écrit de Rome pour lui exprimer sa déception de la « victoire Godbout-Lapointe » : « Il semble que le peuple ait été encore une fois berné et dupé[93]. » Le cardinal lui répond :

> Le nouveau régime Godbout ne paraît pas aussi dangereux qu'on l'eût craint. Vous avez été renseigné par *Le Devoir*, qui a été depuis trois ans, vraiment bleu, au point de vue politique, et malgré ses mérites d'ailleurs. En tout cas le premier ministre jusqu'à date [sic] a agi bien prudemment. Il a, c'est vrai, à côté de lui, Bouchard, mais qui fait patte blanche. Et Duplessis a été si sot, si désagréable et grisé pendant son terme qu'il laisse peu[94].

L'insatisfaction du cardinal à l'endroit de Duplessis est telle qu'elle lui fait oublier l'anticléricalisme de T.-D. Bouchard et l'attitude ambivalente de Godbout à l'égard du communisme. D'où l'importance pour l'historien de contrevérifier la correspondance.

***

Contrairement à ce qu'ont dit de lui certains historiens, le cardinal Villeneuve n'a pas été le « mécène[95] » de Duplessis. Son soulagement au lendemain de la défaite de l'Union nationale pourrait bien sûr être attribué à l'attitude de Duplessis sur la Seconde Guerre mondiale. Le cardinal et Mgr Gauthier avaient toutefois de nombreuses raisons d'être insatisfaits du premier ministre. Les gestes symboliques qui publiquement ont associé l'Église au gouvernement, le refus de donner aux évêques le rôle qui leur revenait autrefois dans la législation sociale, les lois antisyndicales et la préséance du politique sont autant de causes de mécontentement pour les évêques. La plume des adversaires de Duplessis, qu'ils soient libéraux ou nationalistes, véhicule pourtant l'idée d'une alliance entre l'épiscopat et l'Union nationale. Les unionistes étaient quant à eux fiers de se présenter comme les fidèles serviteurs de l'Église. Les observateurs étaient donc unanimes sur la question.

Léon Dion exprime une idée fort répandue lorsqu'il affirme que l'Église a soutenu unanimement Maurice Duplessis pendant toute sa carrière parce qu'il s'est fait le défenseur de ses intérêts[96]. Ce postulat est faux pour trois raisons. D'abord, l'Église catholique québécoise n'a jamais connu d'unanimité politique et encore moins dans les années 1930. Ensuite, la popularité de Duplessis auprès de l'Église dans cette décennie n'a été qu'éphémère. Le clergé s'est beaucoup plus enthousiasmé pour Paul Gouin, Philippe Hamel, Ernest Grégoire et René Chaloult. Le cardinal Villeneuve lui-même a reconnu que le programme du Parti national était le plus près de la doctrine sociale de l'Église. Finalement, la défense des « intérêts » de l'Église n'est pas une préoccupation du clergé des années 1930. Le Parti libéral de Louis-Alexandre Taschereau, loin d'être anticlérical comme nous l'avons démontré, n'a rien du parti qui va laïciser l'éducation et les services sociaux dans les années 1960. Il n'est pas une menace aux yeux de l'Église. Dans les années 1930, les aspirations des prêtres sont moins religieuses que nationales. Il s'agit d'affranchir les Canadiens français de la domination des trusts et des compagnies étrangères, d'épurer les mœurs politiques et d'améliorer la situation des travailleurs et des cultivateurs. Il s'agit de former un gouvernement qui sera aussi apte à combattre le capitalisme sauvage que le communisme révolutionnaire et athée.

La popularité de René Chaloult est particulièrement révélatrice. Loin d'être un pur conservateur, ce jeune député défend au contraire des idées presque révolutionnaires pour son époque. Chaloult se fait notamment le porte-parole de la Ligue des droits des femmes à l'Assemblée législative et déclare que le Code civil québécois, qui interdit à la femme d'administrer ses propres biens, date des « époques barbares » et doit absolument être modernisé[97]. Ces positions n'ont pas empêché un grand nombre de prêtres de lui demeurer sympathiques, jusqu'à le considérer comme une caution morale du nouveau gouvernement Godbout. Ne faudrait-il pas repenser notre idée d'un clergé unanimement rangé derrière Duplessis en raison de son conservatisme social ?

Les prêtres les plus hostiles au Parti libéral ont plus facilement donné sa chance à l'Union nationale. Ceux-ci font toujours confiance à Duplessis et reconnaissent qu'il n'aurait pu mettre en action le Programme de restauration sociale en trois courtes années. Ceux qui sont plus ambitieux ou plus idéalistes se sont tournés vers les partis de Philippe Hamel et de Paul Gouin. Le Parti national semble avoir été particulièrement populaire auprès des prêtres enseignants. L'unanimité en sa faveur a été constatée au Séminaire de Québec, au Séminaire du Sacré-Cœur à Saint-Victor, au Collège de Lévis et à l'École supérieure de commerce de Québec. L'Action libérale nationale, dont le prestige a été entamé par les événements de 1936, a tout de même conservé une popularité considérable par sa défense du programme de 1935. Il est toutefois difficile d'évaluer les allégeances partisanes du clergé puisque les prêtres préfèrent juger les hommes, les idées et les engagements. Nous avons pu constater que la sympathie pour Duplessis, Hamel et Gouin ne s'accompagne pas nécessairement d'une aversion pour Godbout, qui a également ses partisans dans le clergé. Cette diversité électorale démontre une tendance très forte chez les prêtres, qui est le refus de la partisannerie. On le constate avec un homme dogmatique tel que l'abbé Gravel qui, bien qu'implacable dans ses critiques de Godbout et de Duplessis, soutient tout de même des députés libéraux et unionistes.

Le mouvement de restauration sociale se solde par un échec. Bien que plusieurs prêtres placent toujours leurs espoirs en René Chaloult, qui semble désormais le seul défenseur du Programme de restauration sociale à l'Assemblée législative, on ne trouve plus de chef capable d'enthousiasmer le clergé comme l'ont fait Gouin, Hamel et Grégoire. Plusieurs prêtres sortent profondément dégoûtés des échecs de 1936 et de 1939. Des militants forcenés de l'ALN, tels que le curé Lemaire de Manseau, l'abbé Grimard de Chicoutimi et l'abbé Parrot de Lachine, paraissent avoir perdu tout intérêt pour la politique ou du moins pour la politique active. Les prêtres qui appuieront Duplessis, de plus en plus nombreux après 1944, le feront moins par enthousiasme pour l'Union nationale que par aversion pour le Parti libéral et ses tendances centralisatrices. La Seconde Guerre mondiale jouera un rôle déterminant dans ce positionnement politique du clergé.

8

Les libéraux de retour au pouvoir

Au Québec, la Seconde Guerre mondiale coïncide avec le mandat du gouvernement libéral d'Adélard Godbout, un intermède entre le premier mandat de l'Union nationale et son long règne qui s'étendra de 1944 à 1960. Si Maurice Duplessis est encore aujourd'hui souvent présenté comme l'homme du passé, Godbout est considéré par certains historiens comme un précurseur de la Révolution tranquille, un homme « avant son temps » qui aurait accéléré la modernisation du Québec de 15 années si les électeurs lui en avaient donné la chance[1]. Contrairement à Duplessis, « l'homme du clergé », Godbout n'a pas hésité à mettre en place des mesures condamnées par l'Église, soit le suffrage féminin et l'instruction obligatoire, quitte à se faire taxer d'anticlérical. Cela aurait contribué à souder l'alliance entre l'Église et l'Union nationale. La réalité est-elle si simple ?

Plus que jamais, le cardinal Villeneuve est la figure dominante de l'Église québécoise. Le prélat était déjà fort connu et apprécié à l'extérieur du Québec et du Canada, mais son implication dans l'effort de guerre contribue à en faire une personnalité internationale. Comme Mgr Bruchési avant lui, il entraîne ses collègues récalcitrants dans un appui mitigé à la politique guerrière du gouvernement canadien. L'épiscopat québécois vit un certain renouveau au début du conflit. Au vénéré Mgr Gauthier de Montréal succède en 1940 le controversé Mgr Charbonneau, accusé de semer la division dans son diocèse. Au candide Mgr Decelles de Saint-Hyacinthe succède en 1942 le rusé Mgr Douville, qui se donne le mandat difficile d'assurer l'entente cordiale avec le pouvoir civil sans jamais compromettre la doctrine ou les intérêts de son diocèse. Au discret Mgr Gagnon de Sherbrooke succède en 1941 le tonitruant Mgr Desranleau, ami des ouvriers et électron libre en ce qui concerne les relations avec le gouvernement, qu'il soit libéral ou unioniste. Celui-ci va particulièrement mettre à l'épreuve la bonne entente entre l'Église et l'État.

Adélard Godbout semble généralement apprécié des évêques. Maurice Duplessis essaie tant bien que mal d'attacher au premier ministre une réputation d'anticlérical semblable à celle de Louis-Alexandre Taschereau et fait feu de tout bois. Dans toutes les mesures sociales de Godbout, le chef de l'Union nationale arrive à déceler un affront contre l'Église, contre le clergé, contre la tradition et contre la religion. L'amalgame est d'autant plus facile que l'anticlérical T.-D. Bouchard, qui jouait un rôle de second plan à l'époque de Taschereau, est désormais le ministre le plus important du cabinet provincial. Le maire de Saint-Hyacinthe dénonce publiquement l'influence des ultramontains, qui ont teinté le système d'éducation canadien-français d'un nationalisme « moyenâgeux » et d'un conservatisme opposé à tout progrès[2]. Limitées à la voirie et aux travaux publics, les responsabilités du ministre ne l'amènent pas à affronter directement l'Église. Malgré tous les efforts de Duplessis, le gouvernement d'Adélard Godbout ne connaît pas de controverse semblable à celle des écoles juives ou des élections de 1935. La seule controverse opposant le gouvernement à l'épiscopat se déroule dès le début du mandat et concerne l'octroi du droit de vote aux femmes.

LE DROIT DE VOTE DES FEMMES

Un épisode maintes fois raconté illustre non seulement l'opposition de l'Église au suffrage féminin, mais aussi la résistance du gouvernement Godbout aux pressions des évêques, résistance qui distinguerait le nouveau premier ministre de Duplessis. Devant l'opposition du clergé, Godbout aurait menacé le cardinal Villeneuve de démissionner et de recommander au lieutenant-gouverneur d'appeler T.-D. Bouchard à former le prochain gouvernement. Le prélat de Québec aurait alors convenu que d'accorder le droit de vote aux femmes était une éventualité moins catastrophique que l'avènement d'un premier ministre anticlérical. Selon Thérèse Casgrain, cette manœuvre de Godbout aurait eu un effet remarquable : « Comme par enchantement, les objections violentes soulevées contre le projet de loi disparurent des pages de nos journaux[3]. » De nombreux historiens, dont Jean-Guy Genest, Jacques Rouillard, Micheline Dumont et Denyse Baillargeon, ont répété l'anecdote sans qu'elle soit jamais prouvée. Elle est même présentée dans certains manuels scolaires[4]. Il n'est donc pas inutile de refaire l'historique de la question.

Selon l'historien Jad Adams, l'octroi du droit de vote aux femmes dans les pays catholiques dépend en grande partie de la capacité des organisations féminines à convaincre les différents partis qu'elles représentent une force politique suffisante pour faire basculer la balance d'une élection[5]. En France, c'est pour rompre plus nettement avec la Troisième République et pour démontrer son respect de la démocratie aux Alliés que Charles de Gaulle a tenu à inscrire le vote des femmes dans la constitution de la Quatrième République[6]. Dans le même ordre d'idées, c'est probablement parce qu'il s'est laissé convaincre par Ernest Lapointe et Thérèse Casgrain[7] que les femmes voteraient majoritairement pour le Parti libéral qu'Adélard Godbout a modifié sa position. La question est donc beaucoup plus politique que religieuse. Nous aurions d'ailleurs tort d'attribuer le retard du Québec sur les autres provinces à la misogynie, au conservatisme ou à la religion. L'explication se trouve davantage dans le système politique, plus particulièrement dans la partisannerie et dans la possibilité d'avancement personnel. Les députés, qu'ils soient rouges ou bleus, ont souvent changé leur vote afin d'adopter la position de leur chef sur la question, peut-être dans l'espoir d'obtenir un jour un portefeuille ministériel ou de le conserver. Devenus ministres dans leur gouvernement respectif, les députés Edgar Rochette (libéral) et William Tremblay (conservateur) ont remarquablement voté contre le suffrage féminin après l'avoir eux-mêmes proposé et défendu quelques années plus tôt[8]. Le clergé n'a joué aucun rôle apparent dans ces spectaculaires voltefaces.

Rappelons d'abord qu'il n'existe pas dans l'Église de position unanime sur la question du droit de vote des femmes. Le pape Benoît XV admet le principe du suffrage féminin dès 1919. Voyant dans l'électorat féminin un puissant contingent conservateur capable de défendre les intérêts de l'Église, le souverain pontife exprime le souhait que le droit de vote soit universellement accordé aux femmes. Il laisse toutefois aux évêques de chaque pays le soin de décider si celui-ci est souhaitable ou non et maintient que la vocation naturelle de la femme est son foyer[9]. Après la Première Guerre mondiale, en France, en Italie et en Belgique, c'est la droite catholique qui revendique le vote féminin. La gauche s'y oppose, craignant de donner une voix à un électorat jugé plus conservateur[10]. La question n'est pas envisagée en regard du droit, du mérite ou de la capacité des femmes à détenir et à user de leur suffrage. Les politiciens approuvent ou non le vote féminin en considérant les probabilités que celui-ci joue en leur faveur. Les évêques l'approuvent quant à eux s'ils croient que le vote des femmes contribuera à tenir en échec les ennemis de l'Église. Au Québec, libéraux et conservateurs s'unissent dans leur refus d'accorder le droit de vote aux femmes. Contrairement à l'épiscopat français, les évêques québécois ne font pas face à une gauche anticléricale organisée. Les partis ouvriers du début du siècle sont une force tout à fait marginale[11]. Voilà qui explique que l'épiscopat canadien-français n'ait guère vu d'intérêt à utiliser les femmes catholiques comme auxiliaires politiques sur la scène provinciale.

Devenu premier ministre, Maurice Duplessis s'est opposé au suffrage féminin lors des votes, mais s'est abstenu de tout discours sur la question. En 1939, il renvoie le projet de loi au Comité des bills publics en affirmant souhaiter que les suffragettes aient l'occasion de s'exprimer[12]. La commission parlementaire n'est toutefois qu'un écran de fumée puisque Duplessis y propose d'ajourner le débat indéfiniment, malgré les objections de Thérèse Casgrain[13]. Il faut attendre l'arrivée au pouvoir d'Adélard Godbout pour que reprenne la discussion.

Bien que plusieurs députés aient toujours voté selon leurs convictions, c'est la discipline de parti qui semble avoir le plus souvent décidé de l'issue du vote. Plusieurs députés, qui ont appuyé, voire parrainé, les projets de loi sur le suffrage féminin, ont finalement voté contre afin de démontrer leur union de pensée avec leur chef respectif, lui-même opposé à la mesure. Huit députés libéraux s'opposant en 1936 et six députés unionistes s'opposant en 1938 ont appuyé le suffrage féminin auparavant[14]. On trouve la même incohérence du côté d'Adélard Godbout, qui après avoir voté à sept reprises contre le suffrage féminin, parraine lui-même le projet de loi en 1940. Plusieurs de ses collègues effectuent la même volte-face. Le député libéral Alexis Caron offre cette explication: « En 1936 [...], alors que j'étais député à Québec, j'ai voté contre le suffrage féminin, croyant que la majorité des femmes n'en voulait pas. Il m'apparaît depuis que leur sentiment a changé et si j'ai fait une erreur à leur endroit, soyez sûrs que je la réparerai[15]. » Il s'agit d'un argument classique de politicien changeant d'attitude d'un vote à l'autre. Des 65 députés libéraux en faveur du suffrage féminin en 1940, 26 ont déjà voté contre, dont 19 à maintes reprises.

Le 20 février 1940, le discours du trône annonce que le gouvernement Godbout accordera le droit de vote aux femmes lors de la prochaine session. La réaction la plus remarquée est celle du cardinal Villeneuve, qui exprime ainsi son opinion par voie de communiqué :

> Nous ne sommes pas favorable au suffrage politique féminin :
> 1 – Parce qu'il va à l'encontre de l'unité et de la hiérarchie familiales ;
> 2 – parce que son exercice expose la femme à toutes les passions et à toutes les aventures de l'électoralisme ;
> 3 – parce que, en fait, il Nous apparaît que la très grande majorité des femmes de la province ne le désire pas ;
> 4 – parce que les réformes sociales, économiques, hygiéniques, etc., que l'on avance pour préconiser le droit de suffrage chez les femmes, peuvent être aussi bien obtenues grâce à l'influence des organisations féminines en marge de la politique[16].

Si ce communiqué a été maintes fois cité par les historiens, le préambule en a souvent été amputé. Ce préambule éclaire pourtant les intentions de son auteur : « Pour répondre à de nombreuses instances et mettre fin à diverses opinions qu'on Nous prête à propos du projet de loi accordant aux femmes le droit de vote aux élections provinciales, Nous croyons devoir dire Notre sentiment. » Il ne s'agit donc pas d'une mise en demeure ou d'un ordre du cardinal au gouvernement. Le prélat, qui a l'habitude de voir ses propos déformés par les journalistes et de se voir prêter des intentions par les politiciens, a choisi cette fois d'exprimer clairement sa position sur une question importante. Son opposition au suffrage féminin est catégorique et n'est absolument pas nuancée. Toutefois, il n'a aucunement l'espérance que le gouvernement pliera devant son autorité.

Le cardinal reçoit les félicitations et les remerciements de ses collègues pour son communiqué, qui semble bien exprimer leur sentiment. Mgr Joseph-Alfred Langlois, évêque de Valleyfield, doute que le communiqué du cardinal influence le gouvernement, mais se réjouit que la position des évêques soit exprimée clairement. De cette façon, explique-t-il, le Parti libéral ne pourra pas couvrir son projet de loi du manteau épiscopal[17]. Mgr Arthur Douville, évêque auxiliaire de Saint-Hyacinthe, croit au contraire que Godbout, « qui a le culte de la famille », se rendra aux arguments du cardinal. Le premier ministre sera sans doute heureux d'avoir trouvé une porte de sortie aux pressions qui doivent l'accabler, notamment de la part de T.-D. Bouchard[18]. Mgr Decelles, évêque de Saint-Hyacinthe, publie le communiqué du cardinal dans une circulaire qu'il adresse à son clergé et qu'il accompagne d'un appui non nuancé : « On a dit avec raison que l'octroi du vote aux femmes ne ferait qu'accentuer les anomalies du suffrage universel. Est-ce bien normal, en effet, qu'une humble cuisinière laisse un moment ses casseroles pour annuler le vote de son maître placé au faîte de la société[19] ? »

Mgr Lafortune informe le cardinal dans sa lettre qu'un vaste mouvement de protestation contre le suffrage féminin « est parti » de Nicolet et qu'il n'y est pas étranger[20]. L'évêque fait allusion aux Cercles de Fermières qui sont nombreux à prendre publiquement position contre le vote des femmes. Notre revue de la presse nous a permis de relever 22 résolutions de protestation émises par les cercles des différents diocèses. De ce nombre, sept proviennent du diocèse de Nicolet. *Le Nouvelliste* de Trois-Rivières remarque que la campagne d'opposition est particulièrement forte dans la région de Nicolet[21]. C'est d'ailleurs des Fermières de Bécancour, dans le diocèse de Nicolet, que vient la première protestation[22]. La plupart des résolutions sont publiées dans les semaines suivant le discours du trône, mais d'autres sont enregistrées en avril, soit un mois après l'intervention présumée de Godbout auprès du cardinal[23]. Nous pouvons supposer que Mgr Lafortune a encouragé les Fermières de son diocèse à prendre position sur le débat et qu'elles ont ensuite été imitées par celles des autres diocèses. Il serait toutefois injuste de tenir l'évêque de Nicolet seul responsable de cette campagne de protestation. Les Cercles de Fermières de la province s'opposent publiquement au suffrage féminin depuis 1922[24]. Mgr Lafortune a possiblement invité les Fermières à conjuguer leurs efforts, mais ne leur a certainement pas dicté leur position. Avec le cardinal Villeneuve, l'évêque de Nicolet est probablement le prélat dont l'influence a été la plus marquante dans le débat. Nous n'avons pas relevé de geste semblable de la part des autres évêques.

À l'Assemblée législative, Maurice Duplessis brandit le communiqué du cardinal Villeneuve sous le nez du premier ministre Adélard Godbout. La surprise de ce dernier s'explique par le fait que l'épiscopat n'ait fait aucune intervention avant la présentation du discours du trône, bien que la promesse d'accorder le droit de vote aux femmes figure dans le programme du Parti libéral depuis 1938. Le lendemain de la séance, le cardinal écrit à Godbout pour justifier son attitude. Il explique qu'il devait dissiper l'équivoque à laquelle prêtait son silence. Il lui promet toutefois de ne pas exercer de pression sur lui : « Vous me dites que votre parole est maintenant engagée et qu'il vous est impossible de revenir sur la décision que vous avez prise de présenter un projet de loi donnant aux femmes de cette province le droit de vote. Je sais que de lourdes responsabilités pèsent sur vous et je sais aussi que vous en avez pleinement conscience. Je n'ai donc pas l'intention de vous susciter des embarras inutiles[25]. » Il assure également le premier ministre de sa pleine confiance en son « esprit chrétien ». Cette lettre est écrite le 6 mars, soit deux jours après la publication du communiqué[26]. Si Adélard Godbout a effectivement lancé un ultimatum au cardinal, cela s'est fait logiquement avant la lettre du 6 mars, qui promet qu'aucune pression ne viendra de l'archevêché. Peut-on croire que le premier ministre ait jugé nécessaire cet ultimatum moins de deux jours après la publication du communiqué ?

Thérèse Casgrain et les historiens à sa suite affirment que la menace de Godbout de démissionner en faveur de Bouchard a mis fin à la campagne d'opposition dans les journaux catholiques. Cela suppose que cette campagne ait eu lieu. De tous les journaux catholiques, *L'Action catholique* est la plus ouvertement opposée à la mesure. Trois éditoriaux d'Eugène L'Heureux s'attaquent au suffrage féminin sur une période de six semaines[27]. Un de ces articles est un commentaire sur le discours du trône et ne contient qu'un seul paragraphe consacré à la question. Dans la page féminine, « Renée » signe un texte contre le féminisme et les suffragettes[28]. *L'Action catholique* publie en outre des résolutions pour ou contre le suffrage féminin[29]. La protestation la plus éloquente est celle de Jeanne L'Archevêque-Duguay, secrétaire de la Fédération diocésaine des fermières de Nicolet[30]. *Le Droit* d'Ottawa, *Le Bien public* de Trois-Rivières et *Le Progrès du Saguenay* s'opposent également au suffrage féminin, mais les articles sont moins nombreux et moins fréquents. *Le Devoir* observe l'attitude la plus neutre parmi la « bonne presse ». La question du suffrage féminin est pratiquement absente de sa page éditoriale, si ce n'est ce commentaire satirique du « Grincheux » : « Ces dames auront désormais le droit de voter pour le gouvernement Godbout. C'est du moins ce que le premier ministre espère bien qu'elles ont compris[31]. »

Mis côte à côte, les articles et les protestations peuvent effectivement donner l'impression d'une « campagne » contre le suffrage féminin dans les journaux catholiques. C'est oublier que la grande majorité des lecteurs lisent un seul journal et non pas chacun d'entre eux. Comme l'explique Jean-Guy Genest, les journaux libéraux ne sont pas non plus exempts de critiques à l'endroit du suffrage féminin[32]. Peut-on considérer que deux ou trois éditoriaux sont une campagne d'opposition ? Ces quelques articles auraient-ils justifié une protestation du premier ministre ? Même si Godbout s'était effectivement plaint au cardinal et avait menacé de démissionner en faveur de Bouchard, nous ne saurions prouver l'efficacité de sa démarche. Il est vrai qu'on ne trouve pas d'éditorial contre le suffrage féminin passé le 7 mars. Cela s'explique par le fait que les articles sont rédigés en fonction de l'actualité. Les éditoriaux sont écrits en réaction au discours du trône et aux débats à l'Assemblée législative. Marteler le sujet après avoir déjà pris position aurait été le symptôme d'une obsession qui ne s'est évidemment pas manifestée. Maintenant, qu'en est-il de la « campagne virulente » du clergé ?

Les sources nous manquent pour faire état de la position du clergé dans son ensemble. Les journaux nous apprennent bien peu de chose sur l'attitude du clergé au cours du débat. La seule protestation publique est celle de l'abbé Pierre Gravel, qui est une exception et non un digne représentant du clergé dans son ensemble. L'abbé condamne le suffrage féminin dans des termes virulents : « Car si l'esprit de parti a réalisé le massacre de la race canadienne-française au point de vue politique, par les divergences d'opinions qu'il suscitera au sein des foyers il en démolira les assises[33]. » Il nous a été impossible de recenser davantage de déclarations publiques de la part de prêtres ou de religieux. Peut-on, à la suite de Jean-Guy Genest, déduire de cet exemple, le seul à avoir été rapporté par la presse, que le clergé dans son ensemble s'est prononcé contre le projet du gouvernement d'accorder le droit de vote aux femmes ?

L'abbé Pierre Gravel croit que plusieurs députés désapprouvent le suffrage féminin, mais qu'ils auront besoin de savoir que l'opinion publique est de leur côté, en particulier l'opinion féminine. Il entreprend donc de déclencher lui-même une campagne de protestation. Il demande à Françoise Trudel, qu'il croit à tort être la présidente de la Ligue catholique féminine de Saint-Roch, de faire signer une pétition par les femmes de la paroisse et de l'envoyer à leur député. Mis au courant de sa démarche, le cardinal Villeneuve l'informe que sa lettre à Françoise Trudel est écrite dans des termes « propres à [le] faire pendre » et lui ordonne de mettre immédiatement fin à sa campagne : « Les Évêques n'ont pas l'intention de mettre la Province sans [sic] dessus dessous à propos du suffragisme féminin. Et s'il y a des protestations à faire, ce n'est point aux vicaires à les déclencher, sans autre avis[34]. » Il est évident que le cardinal n'a pas encouragé ses prêtres à provoquer l'agitation dans son propre diocèse.

Thérèse Casgrain a écrit ses mémoires une trentaine d'années après les événements de 1940, ce qui peut expliquer que ses souvenirs aient été embrouillés[35]. Elle confond possiblement le débat sur le droit de vote des femmes en 1940 avec celui sur l'enseignement de l'anglais en 1941, que nous expliquerons plus loin. Excédé par les critiques de Mgr Philippe Desranleau, évêque de Sherbrooke, Adélard Godbout se tourne alors vers le cardinal Villeneuve :

> Notre tâche est trop lourde actuellement pour que je crois [sic] pouvoir porter beaucoup plus longtemps le poids et l'ennui des dénonciations constantes, mal intentionnées et très graves que colporte depuis quelque temps l'évêque de Sherbrooke. Si cet acharnement doit continuer, je dois assurer Votre Éminence que, sur un signe, je cesserai de faire tant de mal pour aller tout simplement cultiver ma terre[36].

Le cardinal réitère son soutien à Godbout et lui commande de résister. Le premier ministre n'aura plus à se plaindre de Mgr Desranleau après cet échange[37]. Godbout a donc réellement menacé de démissionner pour mettre fin à des protestations de la part de l'Église, mais cela ne concernait pas la question du droit de vote des femmes. Hector Laferté, président du Conseil législatif, affirme dans ses propres mémoires avoir convaincu Godbout de ne pas reculer devant l'opposition du cardinal au droit de vote des femmes. Il ne mentionne aucune tractation entre le premier ministre et l'archevêque de Québec. Selon lui, Godbout a simplement gardé le cap, et « aucune [sic] représentation ou reproche ne lui fut fait dans la suite par les autorités religieuses[38] ». Dans cette version de l'histoire, le débat sur le suffrage féminin n'a rien d'une lutte entre l'Église et l'État. C'est possiblement la raison pour laquelle on a préféré retenir la version de Thérèse Casgrain.

Si l'opposition de l'Église catholique québécoise au suffrage féminin est réelle et incontestable, elle n'a pas été outrancière. Les évêques ne démontrent pas dans les années 1930 et 1940 une volonté de maintenir à tout prix les femmes à l'extérieur de la politique. Le cardinal Villeneuve s'oppose au suffrage féminin, mais reconnaît aux femmes le droit de se grouper afin de réfléchir sur les problèmes politiques et sociaux de façon à voter judicieusement. Il félicite Mme Charles Frémont, qui forme l'Association des femmes conservatrices de Québec en 1933, et l'assure de sa bénédiction. Il croit justifié que les femmes s'associent pour réclamer de la part des législateurs « l'amélioration de telle ou telle loi, la protection de la femme, l'épuration des mœurs électorales, pour y protéger et favoriser la moralité individuelle et sociale, pour y amener le rayonnement de la doctrine sociale catholique »[39]. Un exemple encore plus révélateur se produit en 1942 lorsque Thérèse Casgrain se présente aux élections partielles dans la circonscription fédérale de Charlevoix-Saguenay pour remplacer son mari démissionnaire, Pierre Casgrain. Elle demande d'abord l'autorisation de son évêque, Mgr Georges Melançon, de Chicoutimi. L'évêque lui donne sa permission après lui avoir rappelé qu'il désapprouve l'implication politique des femmes. Il reconnaît tout de même que la présence à la Chambre des communes d'une « catholique canadienne-française de haute formation morale et intellectuelle » pourrait servir de contrepoids à l'influence des femmes anglaises et protestantes. Conscient que certains de ses prêtres pourraient être tentés de faire des difficultés à la candidature de Thérèse Casgrain, Mgr Melançon donne à son clergé la directive de ne rien faire pour la défavoriser[40]. Mme Casgrain est libre de se présenter puisqu'elle a eu l'approbation de son époux. Les origines de Thérèse Casgrain, fille du riche philanthrope Rodolphe Forget, ont certainement influencé la décision de l'évêque. Peu importe ses motifs, cette décision risque tout de même de créer un précédent.

Les évêques vont ensuite jusqu'à favoriser le vote des religieuses. À Montréal, Mgr Charbonneau demande à toutes les religieuses de son diocèse de s'inscrire et de voter aux élections provinciales de 1948[41]. À Trois-Rivières, Mgr Pelletier encourage également les religieuses à aller voter aux élections provinciales de 1952[42]. Bien que réfractaires au départ, les évêques semblent s'être progressivement accommodés du suffrage féminin.

De toute évidence, le suffrage féminin n'a pas constitué pour l'Église un enjeu politique majeur en 1940. Le soutien de Paul Gouin et René Chaloult à la mesure n'a pas empêché de nombreux prêtres de leur témoigner continuellement leur appui. Le fait qu'Adélard Godbout ait accordé le droit de vote aux femmes n'a pas affecté le regard que portait sur lui l'Église. D'autres actions sont bien plus prises en considération.

LA BONNE ENTENTE ENTRE L'ÉGLISE ET L'ÉTAT

C'est sous le gouvernement Godbout que se règle enfin l'épineuse question du financement de l'Université de Montréal. Contrairement à son prédécesseur, Albiny Paquette, le nouveau secrétaire de la province, Henri Groulx, arrive en terrain connu, étant déjà en bons termes avec Mgr Gauthier. Dès son entrée en poste, il assure Mgr Gauthier de son entière collaboration dans le futur. L'archevêque de Montréal doit tout de même se défendre du choix de l'entrepreneur responsable du chantier de l'université. Il s'agit d'un certain Damien Boileau que Groulx soupçonne d'être un « bleu ». Mgr Gauthier lui explique que le contrat a été signé à l'époque du gouvernement Taschereau et que le Parti libéral avait alors accepté son choix. La question en restera donc là. Henri Groulx décide de rendre à l'Université de Montréal son autonomie perdue sous le gouvernement Duplessis. Les cinq membres du conseil d'administration nommés par le gouvernement le seront désormais par le chancelier de l'université, *de facto* l'archevêque de Montréal. Groulx demande à Mgr Gauthier de le prévenir en cas d'ennui financier, ce qu'il fait dès mars 1940 lorsque l'université se trouve incapable de payer les salaires du mois[43].

Adélard Godbout annonce l'intention du gouvernement d'assurer la survie financière de l'université en compagnie de l'archevêque et du recteur, Mgr Olivier Maurault[44]. Comme son prédécesseur, le nouveau premier ministre ne dédaigne pas les grandes annonces faites en compagnie de membres du haut clergé. La question de l'établissement d'enseignement est définitivement réglée lorsque le gouvernement rachète l'ancien immeuble universitaire pour la somme de 800 000 $[45]. Le ministre T.-D. Bouchard accorde en plus 2,5 millions du budget du ministère des Travaux publics pour terminer la construction de l'université. Ces montants s'accompagnent d'une subvention annuelle de 375 000 $ pour assurer son fonctionnement. Le tout se fait sans entamer d'aucune façon l'autonomie de l'université et le contrôle de l'archevêché de Montréal sur l'établissement. Mgr Joseph Charbonneau, qui succède à Mgr Gauthier, remercie Godbout et Bouchard d'avoir mis fin à « la grande pitié » de l'université[46]. Contrairement à Duplessis, Godbout ne rend pas publique la lettre que lui adresse l'archevêque de Montréal.

Le gouvernement libéral met fin au *statu quo* qui règne dans le domaine de l'instruction publique au Québec. Adélard Godbout souhaite intensifier l'apprentissage de l'anglais, des mathématiques et développer l'enseignement technique. L'homme choisi pour cette délicate mission est l'avocat Hector Perrier, que nous avons déjà mentionné comme l'auteur du mémoire sur l'influence indue du clergé lors des élections de 1935. Ce mémoire a valu à Perrier des accusations d'anticléricalisme dans certains milieux[47]. C'est tout de même à lui que Godbout confie le dossier de la réforme de l'instruction publique en le nommant secrétaire de la province en 1940. Perrier déclare immédiatement n'avoir aucune intention d'attaquer le contrôle de l'Église sur l'enseignement. Maurice Duplessis accuse malgré tout le gouvernement d'anticléricalisme. C'est insulter les évêques que d'envisager des réformes qu'ils n'ont pas eux-mêmes mises en place, explique-t-il[48]. Godbout lui répond que son projet de réforme a été approuvé par « des évêques[49] ». Perrier affirme s'être inspiré des discours du cardinal Villeneuve sur l'éducation et promet que la réforme se fera en collaboration avec le clergé[50]. Godbout et Perrier disent tous deux ne pas souhaiter la création d'un ministère de l'Instruction publique, déclarations saluées par *L'Action catholique*[51]. René Chaloult réclame une réforme beaucoup plus musclée. Il reconnaît que la responsabilité de l'éducation revient de droit à l'Église, mais croit que tout évêque n'est pas « par définition, éducateur et pédagogue[52] ». La déclaration de Chaloult ne semble pas avoir fait de vagues. C'est ce qu'il confirme dans ses mémoires : « Cette intervention n'avait provoqué aucune réaction fâcheuse dans le clergé où je comptais de nombreux et fidèles amis. Damien Bouchard me souffla à l'oreille : "Et si c'était moi qui parlais ainsi..."[53] » Une autre mesure passant pour de l'anticléricalisme est l'institution par Hector Perrier du Conseil supérieur de l'enseignement technique, qui aura toute compétence sur les écoles techniques, les écoles commerciales, les écoles d'arts et de métiers, etc.[54] Encore une fois, cette mesure n'est guère dénoncée à l'extérieur de l'Assemblée législative.

Une autre mesure importante du gouvernement Godbout est la mise en place en 1943 de l'instruction gratuite et obligatoire pour tous les enfants de 6 à 14 ans. Cette loi est conforme aux directives du cardinal Villeneuve, qui ordonne dès 1941 aux parents de maintenir leurs enfants à l'école, quitte à faire des sacrifices importants : « Le devoir de procurer à leurs enfants une éducation complète est pour les parents une obligation très grave. Et ceux qui y manquent volontairement sans d'impérieuses excuses ne sauraient être admis aux Sacrements avant de réparer leur négligence coupable[55]. » Le cardinal ne s'attend pas toutefois à un changement dans la législation, changement qu'il ne juge pas nécessaire. La première lettre du prélat à Godbout est une demande collective des évêques de maintenir et de faire observer les lois actuelles en matière d'instruction publique[56]. Bien qu'il approuve le principe de l'instruction obligatoire, le cardinal souhaite que les évêques se chargent eux-mêmes de faire observer la fréquentation scolaire. Son sentiment n'est pas partagé par tous les évêques.

Mgr Comtois de Trois-Rivières s'oppose à l'instruction obligatoire de même qu'à l'apprentissage de l'anglais au primaire. Il croit que tous les parents comprennent déjà l'importance d'envoyer leurs enfants à l'école et que l'école bilingue est la première étape vers l'école neutre : « Nous ne sommes pas contre le progrès, nous voulons que nos enfants, et tous nos enfants, fréquentent nos écoles, mais nous voulons que nos écoles restent chrétiennes, que Dieu reste la base de l'enseignement : qu'il passe en premier[57]. »

Finalement, seuls quatre évêques (Mgr Comtois, Mgr Douville, Mgr Langlois et Mgr Belleau, de la Baie-James) se prononcent contre l'instruction obligatoire au Conseil de l'instruction publique[58]. Le cardinal Villeneuve affirme que rien dans la doctrine de l'Église ne s'oppose à une pareille législation et remercie publiquement le gouvernement de laisser aux parents le libre choix de l'école à laquelle ils souhaitent envoyer leur enfant[59]. Le Dr Albiny Paquette, ancien secrétaire de la province, déclare à l'Assemblée législative que le clergé « se défie des conséquences de cette loi[60] ». Hector Perrier répond qu'il croit l'épiscopat de la province plus qualifié que le Dr Paquette pour juger une loi sur le plan religieux. Il énumère les évêques qui se sont prononcés en faveur de la loi, puis cite l'opinion du cardinal Villeneuve et de Mgr Charbonneau. L'instruction obligatoire peut donc difficilement être vue comme une mesure anticléricale.

Une autre législation touchant davantage le clergé est l'interdiction des bingos paroissiaux en 1941, ordonnée par le cardinal Villeneuve à la demande du procureur général Wilfrid Girouard. Dans sa directive, le prélat salue la clémence observée par le gouvernement, qui a longtemps toléré les bingos paroissiaux pourtant légalement interdits comme toute autre forme de loterie[61]. Afin de ne pas mettre les œuvres religieuses dans l'embarras et de donner aux autorités ecclésiastiques le temps d'instaurer le changement, le ministre accepte d'attendre 1942 pour sévir de façon systématique contre les récalcitrants. En 1942, toutefois, le cardinal se plaint à Léon Casgrain, nouveau procureur général, que les officiels n'osent pas interdire les bingos paroissiaux et laissent cette responsabilité aux autorités religieuses. Il est lui-même tenu responsable par ses prêtres de l'interdiction. Le cardinal se plaint donc qu'on le laisse prendre la responsabilité et le blâme pour une loi qui relève de l'autorité civile. Casgrain l'assure qu'il fera respecter la loi et qu'il poursuivra tous les fautifs devant les tribunaux.

Comme la tolérance perdure, possiblement en raison du malaise des autorités civiles à sévir contre les églises, les évêques proposent au procureur général de permettre de nouveau les bingos après avoir établi une réglementation sévère que les organisateurs devront respecter. Casgrain se rend à l'avis de l'épiscopat, qui en est reconnaissant[62]. Il s'agit certes d'une question mineure, mais qui démontre la capacité des autorités civiles et religieuses à collaborer, même sous un gouvernement libéral.

Sur la question du communisme, il est difficile de savoir où se range le nouveau gouvernement. De toute évidence, Godbout et ses ministres ne partagent pas tous la même position sur le sujet. En 1940, Henri Groulx informe Mgr Gauthier que les syndicats internationaux de Montréal, « à tendances communistes très prononcées », multiplient les pressions auprès du premier ministre pour obtenir le rappel de la Loi du cadenas. Groulx recommande aux évêques de signer une contre-requête afin de faire pression sur le premier ministre[63]. Mgr Gauthier rédige le document qu'il soumet à l'approbation du cardinal Villeneuve. La lettre n'est finalement pas envoyée étant donné la polémique du suffrage féminin, qui éclate au même moment[64]. Qu'à cela ne tienne, puisque la Loi du cadenas ne sera pas rappelée par le gouvernement Godbout. Le changement de gouvernement n'a pas non plus affecté les bonnes relations entre le cardinal et le chef Lambert, qui maintient l'envoi de ses rapports sur les activités communistes à l'archevêché[65].

Finalement, comme sous Duplessis et Taschereau, des politesses ponctuent les relations entre l'Église et l'État. Sans afficher la bigoterie du chef de l'Union nationale, Adélard Godbout se présente lui aussi fièrement comme un chef d'État catholique. Comme Duplessis, il offre ses vœux au cardinal à l'occasion de son anniversaire de consécration épiscopale[66]. Invité à participer aux Semaines sociales en 1941, Adélard Godbout exprime son regret de ne pouvoir être présent avec une lettre où il assure le père Joseph-Papin Archambault que « les hommes politiques ont besoin, eux aussi, pour se guider, des lumières de l'Église », déclaration rendue publique[67]. Il défend ouvertement l'Église catholique québécoise contre le révérend Thomas Todhunter Shields qui l'accuse d'être une « cinquième colonne » et proteste contre les anglophones qui qualifient le Québec de « *priest-ridden province*[68] ». Mgr Douville félicite Adélard Godbout pour un discours prononcé à l'occasion des célébrations entourant le 25ᵉ anniversaire de l'accession de Télésphore-Damien Bouchard à la mairie de

Saint-Hyacinthe. Il dit apprécier l'importance que le premier ministre accorde à la famille et affirme partager sa position sur les causes des déficiences économiques des Canadiens français, soit leur paresse et leur manque de volonté[69]. Godbout contribue financièrement au congrès eucharistique diocésain de Saint-Hyacinthe[70]. Mgr Courchesne accepte de bénir la nouvelle École des arts et métiers de Rimouski en compagnie de Godbout, même si cela implique pour lui d'assister aux hommages rendus au nouveau conseiller législatif Jules Brillant, qu'il accusait en 1936 d'affamer la région[71].

Comme Taschereau et Duplessis, Godbout entretient de bonnes relations avec le cardinal Villeneuve en particulier. Il suffit d'une demande du prélat pour que l'École des sciences sociales du père Georges-Henri Lévesque reçoive une subvention gouvernementale de 15 000 $[72]. Dans le cadre de la Seconde Guerre mondiale, le premier ministre et le cardinal font des interventions conjointes pour encourager l'effort de guerre[73]. Godbout apprécie les efforts du cardinal Villeneuve pour tenir en échec le mouvement du crédit social, qui semble prendre de l'ampleur[74]. Au début de l'année 1942, tout le cabinet provincial se rend à l'archevêché de Québec présenter ses hommages au cardinal et discuter avec son entourage[75]. Ne pourrions-nous pas décrire le cardinal Villeneuve comme un allié de Godbout aussi facilement que certains historiens l'ont décrit comme un allié de Duplessis ? La déclaration de Godbout sur la nécessité pour les hommes d'État d'être guidés par les lumières de l'Église ne pourrait-elle pas passer pour une parole d'ultramontain, comme le discours de Duplessis au congrès eucharistique de 1938 ?

LA BONNE ENTENTE MISE À L'ÉPREUVE

Comme le gouvernement Taschereau et le gouvernement Duplessis, le gouvernement Godbout a connu des hauts et des bas dans ses relations avec les évêques. Les amendements apportés à la Commission des liqueurs ont été critiqués. Qualifiée de *priest-ridden province* par nombre d'observateurs canadiens-anglais, la province de Québec a pourtant toujours été plus modérée que les autres dans sa lutte à l'alcoolisme. Elle est d'ailleurs la seule à avoir voté majoritairement non au référendum de 1898 sur la prohibition. Refusant eux-mêmes d'encourager la prohibition, les évêques catholiques québécois ont de tout temps préféré la tempérance, donc la modération. Ils se fient longtemps au gouvernement provincial pour appuyer leurs campagnes populaires, mais exercent une surveillance accrue sur les pouvoirs municipaux. De nombreux prêtres ainsi que des sociétés laïques militent en faveur de la prohibition la plus complète[76]. La mise en place de la Commission des liqueurs par le gouvernement Taschereau est une occasion de frictions entre le gouvernement et l'épiscopat, bien que les évêques finissent par reconnaître le bien-fondé de la mesure[77]. Ils sont toutefois méfiants vis-à-vis de toute modification à la loi en vigueur.

Le cardinal Villeneuve sollicite à la fin de l'année 1940 une rencontre avec le premier ministre pour l'entretenir des lois sur la vente des liqueurs. Godbout l'informe que son gouvernement prépare des amendements aux lois en question de façon à favoriser la tempérance et à combattre la vente clandestine d'alcool. Il promet de soumettre le projet de loi aux évêques avant de le présenter. Le cardinal ne semble pas satisfait puisqu'il demande de nouveau à rencontrer le premier ministre afin de lui présenter une pétition signée par 200 000 personnes[78]. Le seul article controversé de la loi est la permission de vendre des boissons fortes au verre, ce qui était auparavant interdit. *L'Action catholique* se dit autorisée à déclarer que les évêques « regretteraient profondément[79] » l'adoption de cette clause. Les évêques ne poussent pourtant pas plus loin leur opposition à la loi. Curieusement, à l'Assemblée législative, Maurice Duplessis ne critique pas le projet d'amendement. René Chaloult et le député libéral Fernand Choquette s'en chargent[80]. Soulignons que le chef de l'Union nationale est lui-même à cette époque un alcoolique notoire. Sur cette question, les évêques se sont conduits comme le fait tout corps intermédiaire en désaccord avec une loi dans un régime démocratique : ils ont exprimé leur divergence de vues. Dans le bas clergé, le père franciscain Norbert Bettez critique publiquement les amendements apportés à la Loi des liqueurs : « Jamais une aussi mauvaise loi des liqueurs n'a été adoptée dans la Province de Québec, et il aurait valu mille fois mieux conserver l'ancienne. Nos gouvernants, en édictant une telle loi, ont démontré qu'ils ne pouvaient se réclamer d'être les chefs d'une province catholique[81]. »

Mgr Philippe Desranleau, évêque de Sherbrooke, est insatisfait du gouvernement Godbout, qui refuse de subventionner une école d'agriculture dans son diocèse. Il est d'autant plus insatisfait que ce gouvernement consacre beaucoup d'argent à promouvoir l'apprentissage de l'anglais : « Qui croira que la province est pauvre à ce point ? On ne peut donner $20,000.00 [*sic*] par année pour une école d'agriculture en faveur des cultivateurs de huit comtés; on peut verser $50,000.00 [sic] pour essayer d'anglifier [sic] le peuple. On ne peut rien donner pour une école d'agriculture; on donne et de tant de manières, pour toutes les entreprises qui plaisent[82]. » Godbout lui répond avec un exposé détaillé des finances de la province et lui explique la nécessité pour les Canadiens français de maîtriser l'anglais dans le contexte nord-américain. Il prévient l'évêque qu'une telle attitude de sa part et de celle du reste de l'épiscopat pourrait entraîner au Québec « ce qu'a donné ailleurs ce défaut de compréhension et de respect mutuels »[83]. Il lui garantit qu'il n'hésiterait pas à démissionner si l'autorité religieuse devait lui démontrer qu'il est « hors la voie ». Le premier ministre transmet une copie de sa lettre au cardinal Villeneuve auquel il se plaint de l'acharnement de l'évêque de Sherbrooke à son endroit dans les termes que nous avons cités plus tôt. Le cardinal semble avoir pris les dispositions nécessaires pour mettre fin aux attaques de Mgr Desranleau.

En 1942, c'est T.-D. Bouchard qui subit la colère de l'évêque de Sherbrooke. En réponse à un mandement de Mgr Desranleau pour décourager les fidèles d'appartenir aux sociétés neutres sur le plan religieux, le ministre publie un article dans son journal *Le Clairon* de Saint-Hyacinthe, dans lequel il accuse l'évêque de chercher à isoler le Canada français du reste de l'Amérique du Nord[84]. Mgr Desranleau répond à Bouchard d'une lettre incisive:

Si vous n'étiez pas ministre, je vous répondrais publiquement et je vous prouverais que vous êtes ignorant, que vous ne savez pas ce que vous traitez, et que vous êtes menteur. Si je vous attaquais dans une lettre pastorale et si je disais que, dans la voirie, vous volez, vous empêchez l'effort de guerre, vous divisez le peuple, j'aurais plus raison que vous. Que diriez-vous du procédé[85] ?

La controverse en reste là. Bouchard répond à Mgr Desranleau qu'il nuit à l'effort de guerre en séparant les catholiques des non-catholiques. L'évêque répond avoir fait davantage pour l'effort de guerre que « beaucoup de tapageurs[86] ». Bouchard partage avec son ami le Dr Albéric Martin son intention de récidiver: « Il faut que les castors réalisent qu'il y a aujourd'hui des hommes politiques qui ne craignent pas de manifester publiquement leur désaveu de toute campagne menée par les cerveaux étroits qui ont été les seuls par le passé à vouloir manifester publiquement leurs opinions[87]. » Voilà au moins un ministre qui ne craint pas d'être pris au cœur d'une polémique avec un membre du clergé, voire un évêque.

Nous avons déjà mentionné à quelques reprises l'image négative qu'avait T.-D. Bouchard auprès de certains évêques. Il n'est donc pas surprenant de le voir au cœur d'une controverse publique avec le bruyant évêque de Sherbrooke. Le clergé n'est tout de même pas entièrement opposé à Bouchard. L'abbé Armand Perrier de Westmount, frère d'Hector, se dit sympathique à ses idées. L'abbé Arthur Maheux de l'Université Laval partage la plupart de ses positions, notamment sa crainte des ultranationalistes et sa peur maladive de l'Ordre de Jacques-Cartier, société secrète qui selon lui contrôle tout au Québec et au Canada français. Lorsque Bouchard célèbre le 25ᵉ anniversaire de son arrivée à la mairie, de nombreux religieux maskoutains lui adressent leurs bons sentiments[88]. Le cas du maire-député de Saint-Hyacinthe est encore une preuve qu'il n'existe pas d'unanimité dans le clergé sur les questions politiques.

L'ancien évêque de Saint-Hyacinthe, Mgr Fabien-Zoël Decelles, s'inquiétait surtout de l'âme du maire-député et tentait tant bien que mal de le convaincre de revenir à ses pratiques religieuses[89]. Mgr Arthur Douville, son successeur, doit quant à lui collaborer avec le maire-ministre malgré toutes ses remontrances. En 1941, il compte sur Bouchard pour « mettre la censure provinciale à la raison » et faire interdire le film *The Two-Faced Woman*, qu'il juge immoral[90]. Il demande également à la ville de Saint-Hyacinthe d'interdire le port des « shorts » pour les femmes, comme cela se fait à Ottawa[91]. L'évêque s'appuie donc sur un anticlérical pour faire respecter les principes de la morale chrétienne. En coulisses, toutefois, Mgr Douville n'hésite pas à mettre des bâtons dans les roues de son vis-à-vis politique. C'est ce qu'il fait lorsque Bouchard, qui prépare l'ouverture d'une école technique à Saint-Hyacinthe, exprime le désir que l'abbé Arthur Maheux en devienne le directeur. Puisque l'abbé appartient au diocèse de Québec, le maire doit d'abord obtenir l'approbation du cardinal Villeneuve. Mgr Douville s'adresse directement au cardinal pour court-circuiter ces démarches en expliquant que Bouchard veut utiliser l'abbé Maheux pour véhiculer dans la nouvelle école ses « principes libertaires » : « Le fait est que la présence de M. M[aheux] serait pour moi, pour le clergé et pour les gens bien pensants, une source d'ennuis considérables ; et je demande à Dieu et à Votre Éminence de m'en délivrer[92]... » Il demande au cardinal de garder la plus absolue discrétion sur son intervention puisqu'il doit vivre en bons termes avec l'homme le plus important de son diocèse. À Bouchard, Mgr Douville se contente de dire que la décision revient au cardinal[93]. Celui-ci donne finalement satisfaction à l'évêque, et l'abbé Maheux demeure à Québec[94]. Cet exemple démontre bien toute la complexité des relations entre évêques et politiciens. Les lettres de Mgr Douville à Bouchard, comme celles du cardinal Villeneuve à Duplessis, pourraient être utilisées pour démontrer que l'harmonie régnait dans leurs rapports et que l'évêque se fiait à l'esprit chrétien du ministre. Il faudrait pour cela ignorer tout ce qui s'est déroulé en coulisses.

Si le gouvernement Godbout a pratiqué le patronage de façon moins systématique que le gouvernement Duplessis, il n'en est pas non plus exempt. Alors que s'achève le mandat libéral, Mgr Langlois de Valleyfield demande au gouvernement de financer la construction d'un pont à Salaberry-de-Valleyfield de façon à réunir son diocèse, alors séparé en deux par le fleuve. Godbout se contente de transmettre la demande à Georges-Étienne Dansereau, ministre des Travaux publics, qui adresse à l'évêque une réponse toute politique : « J'ai été très honoré et content de constater l'intérêt que vous portez aux problèmes de la Province et soyez assuré que je ne manquerai pas de soumettre votre lettre à mes collègues[95]. » Le fait que la circonscription de Beauharnois (dans laquelle se trouve Valleyfield) soit représentée à la législature par Delpha Sauvé, député unioniste, explique possiblement cette réponse. Valleyfield devra attendre le retour au pouvoir de l'Union nationale pour avoir son pont.

Maurice Duplessis se fait le défenseur de l'Église contre toutes les mesures du gouvernement qu'il peut présenter comme anticléricales. En 1941, la demande d'incorporation du Collège d'Amos provoque un débat à l'Assemblée législative. Duplessis proteste contre la clause du projet de loi, exigeant que le collège partage ses états financiers avec le gouvernement, puisque cela signifie une ingérence de l'État dans l'éducation. T.-D. Bouchard lui répond qu'il n'y a rien d'anormal dans cette clause puisque le collège est financé par le gouvernement et que cette pratique est déjà répandue[96].

Le gouvernement Godbout a moins à se plaindre des prêtres turbulents que les gouvernements Taschereau et Duplessis. Le curé Lavergne est muet et s'abstient de toute critique à l'égard du gouvernement, pour des raisons que nous évoquerons plus loin. L'abbé Gravel prend sa relève, mais ses attaques sont moins constantes. Rappelons sa tentative de soulever l'opinion contre le vote des femmes. Il critique également la réforme de l'enseignement proposée par Hector Perrier.

Le bilinguisme ne peut selon lui que mener à l'anglicisation des Canadiens français. Comme Duplessis, Gravel voit dans toute réforme de l'éducation une attaque contre l'Église : « Celui qui voudrait réformer l'éducation devra prouver la solidité de ses principes religieux, la solidité de son passé patriotique, d'une façon constante et loyale[97]. » Même en ajoutant aux critiques de l'abbé Gravel des attaques éparses comme celles du père Bettez sur les amendements à la Loi des liqueurs, nous ne faisons pas face à une opposition constante du clergé au gouvernement Godbout. Il semblerait d'ailleurs que les attaques de ces prêtres aient laissé le gouvernement indifférent. Godbout ne se plaint pas au cardinal Villeneuve des interventions publiques de l'abbé Gravel comme Taschereau se plaignait de celles du curé Lavergne.

LA SECONDE GUERRE MONDIALE

Le contexte international difficile n'empêche pas de s'intéresser aux affaires locales, mais la guerre demeure la préoccupation principale des citoyens, et le clergé n'y fait pas exception. Bien plus que le conservatisme social, c'est le conservatisme national qui va dicter l'attitude des prêtres à l'endroit du gouvernement libéral. Le Parti libéral de William Lyon Mackenzie King, élu et réélu en promettant depuis la Première Guerre mondiale aux Canadiens français de ne jamais imposer de conscription, demande en 1942 à être libéré de sa promesse au moyen d'un plébiscite pancanadien. Adélard Godbout et les libéraux provinciaux, qui doivent leur élection à l'appui de leurs homologues fédéraux, offrent à leur tour leur soutien. Sans jamais se prononcer en faveur de la conscription, le gouvernement provincial encourage la population à souscrire pleinement à l'effort de guerre et à libérer le gouvernement fédéral des contraintes relatives à l'enrôlement. Maurice Duplessis et l'Union nationale se placent dans une position mitoyenne, critiquant le refus du gouvernement de s'en tenir à sa promesse sur la non-participation du Canada aux guerres européennes, mais se tenant loin des envolées nationalistes[98].

Comme en 1917, l'opinion publique canadienne-française semble s'opposer unanimement à tout ce qui s'apparente à l'enrôlement obligatoire[99]. Les éléments nationalistes se coalisent autour du journal *Le Devoir* et d'un groupe de 11 députés libéraux fédéraux pour former la Ligue pour la défense du Canada. Le seul objectif du mouvement est d'amener la population à offrir un non catégorique au plébiscite. Parmi les cautions morales de la ligue, on trouve les champions de l'Action libérale nationale : Paul Gouin, Philippe Hamel et René Chaloult. La ligue suscite un engagement considérable de la part du clergé, semblable à celui de la campagne électorale de 1935. Comparativement à la conscription, les mesures « progressistes » d'Adélard Godbout laissent les prêtres passablement indifférents.

L'appui du cardinal Villeneuve à l'effort de guerre éclipse celui de tous ses collègues. Il explique à ses fidèles que de leur participation à l'effort de guerre dépendent le « prestige national de[s] Canadiens français » et les « intérêts mêmes de la religion en notre pays[100] ». En 1941, il préside une messe votive en faveur de la victoire en compagnie du ministre de la Justice Ernest Lapointe[101]. Ses visites aux camps militaires sont très prisées par la propagande[102]. L'entourage de Lionel Groulx lui demande d'intervenir auprès du cardinal Villeneuve afin de limiter son appui à la guerre, tant on craint que cet appui n'entraîne une vague d'anticléricalisme[103]. Au cours de l'été 1941, le prélat est photographié conduisant un char d'assaut, image dont l'utilisation est dénoncée par Mgr Desranleau. « On en fait un symbole impérialiste : le Cardinal livrant l'Église canadienne à l'impérialisme anglais[104]. » L'archevêque de Québec étant la tête d'affiche de l'Église québécoise, son zèle peut effectivement donner l'impression que l'Église entière appuie l'effort de guerre. Elle est pourtant très divisée sur la question, et ce, dès les débuts du conflit armé.

Les évêques sont fortement divisés sur la question de la guerre. À l'instar du cardinal Villeneuve, Mgr Comtois de Trois-Rivières, Mgr Anastase Forget de Saint-Jean, Mgr Napoléon-Alexandre Labrie de Hauterive (Baie-Comeau) et Mgr Georges Melançon de Chicoutimi soutiennent l'effort de guerre et appuient les campagnes d'emprunt à la victoire[105]. Mgr Melançon va jusqu'à passer les troupes en revue en compagnie du général Léo Laflèche et se fait fièrement photographier en compagnie des officiels de l'armée[106]. À l'opposé, on trouve Mgr Charbonneau, Mgr Desranleau, Mgr Ross, Mgr Courchesne et Mgr Langlois, plus modérés, voire réfractaires. Mgr Ross refuse toute forme d'appui public à l'effort de guerre. Au ministre des Finances, il explique que les Gaspésiens ont déjà bien contribué et qu'il ne saurait leur en demander davantage[107]. Sans encourager lui-même l'opposition, Mgr Charbonneau souhaite que les Canadiens français résistent ardemment à la conscription, car autrement celle-ci pourrait s'effectuer automatiquement et naturellement lors de la prochaine guerre[108]. Il encourage ses fidèles à souscrire aux emprunts de la victoire, mais le fait de façon sobre, sans l'enthousiasme qui caractérise les mandements du cardinal Villeneuve[109].

En janvier 1941, les évêques de la province de Québec signent une lettre collective recommandant aux fidèles de prier pour la victoire des forces alliées[110]. Le cardinal souhaite que les évêques aillent plus loin et qu'ils appellent leurs fidèles à soutenir pleinement l'effort de guerre. En 1942, alors que le gouvernement fédéral se prépare à demander à la population de le libérer de sa promesse de ne pas imposer l'enrôlement obligatoire pour le service outre-mer, le cardinal soumet à ses collègues de l'épiscopat un nouveau projet de lettre collective moins timide que le précédent. Mgr Ross est le premier et apparemment le seul évêque à oser signaler ouvertement son refus[111]. Le cardinal lui explique être guidé par sa conviction qu'il faut combattre Hitler et le nazisme par tous les moyens possibles. S'il admet que tous peuvent ne pas penser comme lui, il croit que l'isolement des Canadiens français catholiques pourrait leur coûter cher dans l'après-guerre, autre raison de participer à l'effort collectif[112]. Mgr Ross répond que la responsabilité de vaincre Hitler n'est pas celle des Canadiens : « Je m'obstine à ne pas croire qu'un petit pauvre peuple comme le nôtre, une goutte d'eau dans l'océan du monde, ait le devoir de s'arroger la tâche d'aller sur tous les continents se mesurer contre les nations les plus puissantes pour faire respecter les lois divines[113]. » Il croit que la question de la guerre est avant tout politique et que ce n'est pas le rôle des évêques de forcer les fidèles à prendre parti. La lettre proposée par le cardinal ne ferait que « préparer les voies aux excès politiques qui se préparent ». L'évêque de Gaspé confie au père Georges-Henri Lévesque qu'il ne serait pas étonné que le cardinal le livre à la censure et qu'il soit envoyé au même camp de détention que le maire de Montréal Camillien Houde, interné en 1940 pour avoir encouragé la population à défier la loi sur l'enregistrement obligatoire[114]. Selon Mgr Langlois de Valleyfield, les évêques de la province ecclésiastique de Montréal (lui-même, Mgr Papineau de Joliette, Mgr Douville de Saint-Hyacinthe et Mgr Limoges de Mont-Laurier) partagent la position de Mgr Ross[115]. Mgr Desranleau croit quant à lui que les évêques devraient véhiculer le message du pape, qui appelle à la paix, et non encourager la guerre. Il craint qu'on en vienne à penser que les évêques s'appuient sur le gouvernement de leur pays respectif et non sur la « vérité objective[116] ».

Les divergences d'opinions de l'épiscopat amènent le cardinal à renoncer à son premier projet de lettre collective[117]. Une nouvelle version est acceptée par les évêques et lue le 14 juin 1942, soit après le plébiscite[118]. La lettre condamne le nazisme et félicite les catholiques canadiens qui n'ont pas hésité à faire des sacrifices[119]. La lettre est également un rappel de la morale chrétienne, une condamnation de l'alcoolisme et une mise en garde contre la tentation d'appeler les femmes à aller travailler dans les usines de guerre. Les évêques encouragent collectivement les catholiques canadiens à participer aux emprunts de guerre et à accepter le rationnement, mais ne disent rien de l'enrôlement.

LE CLERGÉ DEVANT LA GUERRE

Une autre façon pour les évêques d'encourager indirectement l'effort de guerre est de réduire au silence certains de leurs prêtres qui, eux, s'opposent à la participation du Canada. Il ne s'agit pas nécessairement d'un appui au gouvernement. Au curé J.-M. Surprenant de Saint-Hyacinthe, accusé d'avoir attaqué la politique de guerre canadienne, Mgr Decelles explique que, si le clergé canadien-français critique publiquement le gouvernement, les évêques n'arriveront peut-être pas à obtenir que les étudiants soient exemptés d'aller à la guerre[120]. Discipliner le clergé est surtout le devoir du cardinal Villeneuve, car c'est dans son diocèse surtout qu'on trouve les prêtres réfractaires.

Le premier prêtre contre lequel le prélat est appelé à sévir est un certain père Meunier, oblat qui selon Ernest Lapointe aurait déclaré à Sherbrooke que le gouvernement fédéral est contrôlé par les francs-maçons et que le conflit contre l'Allemagne est suscité par les « profiteurs de guerre[121] ». Le cardinal prévient le provincial des oblats qu'il ne veut pas que le père Meunier adresse la parole en public dans le diocèse de Québec : « J'ai assez d'embarras avec quelques-uns des miens, sans avoir à en emprunter[122]. » En fin de compte, il semblerait que Lapointe ait été mal informé et que le père n'ait jamais prononcé les paroles qu'on lui a prêtées. Il demande au cardinal d'oublier toute cette histoire[123]. Cette bévue explique possiblement la prudence du cardinal à punir les récalcitrants de son propre diocèse.

Le curé Lavergne est pour la dernière fois source de polémique. La veille de la Saint-Jean-Baptiste en 1940, il consacre son sermon à dénoncer la conscription qui, selon lui, ne tardera pas à venir : « Je vous avoue, mes frères, que pour ma part, si le patriotisme consiste à ruiner notre pays, à sacrifier notre jeunesse au service de l'Angleterre pour le maintien d'une finance internationale judéo-maçonnique, j'en manque totalement et je consens qu'on m'inscrive dans la 5ième colonne[124]. » Le curé refuse de louer sa salle paroissiale aux officiers recruteurs. Il est également accusé d'encourager ses paroissiens à résister aux autorités. À Ernest Lapointe qui lui présente le dossier du curé, le cardinal répond en souriant que discipliner le curé Lavergne est une dure besogne et qu'il ne croit pas que ses paroles aient la malice ou la portée que ceux qui les rapportent leur attribuent : « On les écoute en se disant : c'est l'abbé Lavergne[125] ! » Ces nouvelles dénonciations amènent le cardinal à s'ouvrir le cœur sur son turbulent curé qui lui fait tant de misères depuis son arrivée à Québec :

> L'abbé Lavergne n'est pas un mauvais prêtre, au contraire ; son zèle, son amour des pauvres, sa prédication sont en substance admirables. Mais par un esprit inné de contradiction et son emballement pour les luttes oratoires, le jugement est faussé et il fait sans trop s'en apercevoir la croix de ses supérieurs. Ceci ne saurait se corriger par des avertissements. D'autre part des procédés de force en feront le personnage qu'il veut être[126].

Le cardinal n'ose donc pas intervenir, de peur de transformer le curé en martyr et d'ainsi gonfler sa popularité. Lapointe dit accepter le point de vue du prélat et n'insiste pas davantage[127].

L'abbé Gravel se trouve également au premier rang des prêtres protestataires. Dès la première semaine de la guerre, un commandant de l'armée informe la Royale Gendarmerie à cheval du Canada que le vicaire de Saint-Roch distribue de la littérature « antiparticipationniste » aux ouvriers de Thetford Mines. Le commandant propose de ne pas intervenir directement, mais de plutôt demander au cardinal de gérer son cas[128]. Les autorités fédérales surveillent de près l'abbé Gravel, qui « arrache » des confidences aux soldats en permission ou encore à leurs épouses pour les rendre publiques afin de dénoncer l'effort de guerre[129].

Un prêtre turbulent s'ajoute au bruyant duo Lavergne-Gravel. Le père Simon Arsenault des religieux de Saint-Vincent-de-Paul, directeur de *La Droite : revue d'éducation nationale*, publie et prononce des propos condamnant la guerre et paraissant favoriser les ennemis du Canada. Ernest Lapointe reçoit de nombreuses plaintes, dont celles du ministre Oscar Drouin et du censeur de la presse Fulgence Charpentier. Ces dénonciations amènent le ministre de la Justice à interdire la revue *La Droite*, pour motif qu'elle « nuit à la sécurité de l'État et à la poursuite efficace de la guerre[130] ». L'avis officiel ne mentionne pas le nom du père Arsenault, possiblement pour éviter de mêler le nom d'un religieux à cette histoire. Le gouvernement envisage les mesures les plus sévères contre le père Arsenault, mais le cardinal demande à ce qu'on le laisse gérer son cas.

Au printemps 1941, les dénonciations pleuvent contre les trois religieux. Le juge Oscar Boulanger accuse le père Arsenault, le curé Lavergne et l'abbé Gravel de faire une « mauvaise réputation » aux Canadiens français. Le ministre Oscar Drouin les accuse de « crétiniser » le district de Québec et de « créer un sentiment contre l'Angleterre ». Louis-Alexandre Taschereau, qui n'a jamais pardonné au curé Lavergne le rôle qu'il a joué lors des élections de 1935, fait sténographier une de ses conférences et fait parvenir le texte à Ernest Lapointe[131]. Le ministre ne peut bientôt plus ignorer toutes ces plaintes. Il informe le cardinal Villeneuve que la Royale Gendarmerie recommande d'envoyer les trois prêtres au camp de concentration et lui demande d'intervenir. Le cardinal ordonne au curé Lavergne de se retirer à La Trappe jusqu'à nouvel ordre, défend au père Arsenault de prendre la parole en public et se contente d'avertir l'abbé Gravel. Il leur fait connaître la « générosité » d'Ernest Lapointe à leur endroit et les assure qu'il ne pourra rien pour eux s'ils devaient désobéir à ses directives[132]. Tous les prêtres ne bénéficient pas de cette clémence des autorités fédérales. À Montréal, le père Benedetto Maltempi, curé de Notre-Dame-du-Mont-Carmel, est envoyé au camp d'internement en 1940 pour avoir recommandé Mussolini aux prières de ses ouailles[133]. Ses origines italiennes ont évidemment contribué à justifier son traitement plus sévère.

Étonnamment, Adélard Godbout intervient auprès du cardinal Villeneuve en faveur du curé Lavergne. Le premier ministre démontre ainsi sa reconnaissance au curé qui a encouragé René Chaloult et Philippe Hamel à le soutenir lors de la campagne de 1939, des appuis qui lui ont été très profitables. Le curé se dit touché par le geste du premier ministre et lui promet de garder le silence sur son gouvernement lorsqu'il ne lui sera pas possible de le défendre[134]. Il tiendra parole. Adélard Godbout est le seul premier ministre qui ne sera jamais critiqué publiquement par le curé de Notre-Dame-de-Grâce. Son intervention n'a cependant aucun effet sur la décision du cardinal qui ne peut plus tolérer les incartades de l'abbé Lavergne et réclame officiellement sa démission en août 1941.

Cette demande n'est pas ouvertement justifiée par l'attitude du curé par rapport à la guerre, mais par un amoncellement de reproches dans tous les domaines. Le cardinal croit préférable de confier la paroisse à un nouveau curé plus jeune et plus à même de régler les nombreuses difficultés qu'elle traverse. Le prélat n'en démontre pas moins de la sollicitude pour l'abbé Lavergne : « C'est par charité pour vous-même autant que par prudence d'administration que j'incline à la détermination de vous retirer de votre paroisse. Je sais quelle peine je vous fais, mais devant Dieu je crois ne point agir pour d'autre motif que celui du bien, et non sans affection pour vous[135]. » Le curé refuse de quitter sa paroisse, et le cardinal ordonne la tenue d'un procès d'« amotion » le 22 septembre 1941.

En plus des paroles de l'abbé Lavergne contre la guerre, on lui reproche son intervention lors des élections provinciales de 1935, sa lettre injurieuse au chanoine Deslauriers distribuée dans le public et les lacunes générales de son administration. La sympathie du curé pour le crédit social l'a même poussé à expulser un de ses vicaires de ses appartements au presbytère pour offrir un bureau au chef créditiste Louis Even. Le cardinal fait remarquer au tribunal que des paroissiens amassent des signatures pour obtenir le retour de leur curé et que la clémence donnerait l'impression d'une victoire pour l'abbé Lavergne. L'amotion du curé est ordonnée[136]. L'abbé Lavergne adresse de nombreuses récriminations au cardinal Villeneuve, mais elles resteront sans effet. En raison de ces plaintes, le cardinal soumet au curé un document exposant les raisons canoniques qu'il avait d'exiger sa démission[137]. On l'accuse notamment de négliger le confessionnal et les visites aux malades, d'inciter à la haine des juifs et des patrons, de tourner en ridicule l'autorité civile et d'être « mené » par son bedeau, qui se serait fait construire une maison de campagne avec des matériaux achetés par la fabrique. L'amotion du curé Lavergne n'est donc pas un geste politique du cardinal visant à « prêter son concours aux autorités fédérales », comme l'affirme Éric Amyot[138]. L'attitude du curé à l'endroit de la guerre et de la conscription n'aurait été que la goutte faisant déborder le vase, une tache de trop sur le dossier d'un prêtre que le cardinal peinait de plus en plus pour défendre. Les prêtres sauront désormais qu'une implication politique trop importante peut avoir de lourdes conséquences.

N'allons pas déduire que les prêtres sont unanimement opposés à la guerre. Les recteurs Mgr Camille Roy de l'Université Laval et Mgr Olivier Maurault de l'Université de Montréal appuient publiquement les emprunts de la victoire[139]. C'est aussi le cas du père Arthur Dubois et de nombreux autres jésuites[140]. L'abbé Arthur Maheux de l'Université Laval, rival de Lionel Groulx dans le milieu des historiens, est accusé par les nationalistes de réécrire l'histoire pour favoriser la centralisation et encourager l'effort de guerre[141]. La palme revient au major-abbé Armand Sabourin, aumônier militaire, qui réclame un effort de guerre sans limites. De retour de Dieppe en 1942, il fait une tournée nationale pour encourager la population à participer aux emprunts de guerre. À Trois-Rivières, il reçoit le soutien de l'évêque Mgr Comtois. Lionel Groulx informe Mgr Charbonneau que le discours du major-abbé est susceptible de susciter une vague d'anticléricalisme. L'archevêque ordonne à Sabourin de s'en tenir désormais à son rôle d'aumônier et de ne plus toucher à la politique. Le major-abbé s'en plaint au cardinal Villeneuve et attribue le silence qu'on lui impose à la « dénonciation de certains milieux[142] ».

Plus discret que le curé Lavergne et le père Arsenault, l'abbé Lionel Groulx rédige un manifeste antiparticipationniste et demande à ses contacts de recueillir des signatures. Les anciens députés du Parti national, à l'exception d'Oscar Drouin, se mettent à la tâche dans la région de Québec. Le journaliste Léopold Richer et le député libéral fédéral Maxime Raymond y participent dans leur région respective[143]. Les signataires du manifeste forment en janvier 1942 la Ligue pour la défense du Canada. À l'occasion du plébiscite du gouvernement fédéral demandant aux Canadiens de le libérer de sa promesse de ne pas imposer l'enrôlement obligatoire au cours de la guerre, la ligue fait campagne pour le non. Plusieurs membres du clergé s'impliquent directement dans la campagne, qui n'est pas sans rappeler la campagne provinciale de 1935.

DE LA LIGUE POUR LA DÉFENSE DU CANADA AU BLOC POPULAIRE CANADIEN

Plusieurs dizaines de prêtres sont membres de la Ligue pour la défense du Canada. Si certains se contentent de souscrire à la ligue, d'autres militent activement. Au Séminaire de Nicolet, l'abbé Edgar Foucault collecte des fonds auprès de ses confrères, l'abbé Lionel Désilets encourage ses élèves à devenir membres et l'abbé Walter Roux distribue la documentation du groupe dans les paroisses environnantes. Le père Lévi Côté aide André Laurendeau à recruter des organisateurs dans la région de Hull. L'abbé Ovila Campeau est lui-même organisateur et collecteur de fonds pour la ligue dans la région de Sherbrooke. L'abbé B.-E. Pleau du Collège de l'Assomption et le frère Emmanuel du Collège du Sacré-Cœur collectent tous deux des fonds auprès de leurs élèves. L'abbé Willie Brulotte de Notre-Dame-du-Chemin et le frère Edouard

Vallières des religieux de Saint-Vincent-de-Paul distribuent la documentation de la ligue. Le curé J. Bertrand de Saint-Lazare et le curé Fafard de Saint-Cléophas recrutent des membres dans leur région. Le père Édouard Martineau du collège Bourget à Rigaud offre une salle du collège à la ligue pour tenir une assemblée. Le père Jean-d'Auteuil Richard informe André Laurendeau que les organisateurs de la ligue sont discrédités dans la circonscription de Bagot et qu'il serait nécessaire de les remplacer[144]. Les prêtres membres de la ligue ne vont pas aussi loin que certains sympathisants de l'Action libérale nationale en 1935. Même les plus engagés et les plus éloquents d'entre eux, tels que l'abbé Lavergne ou l'abbé Gravel, ne prennent pas la parole dans les assemblées anticonscriptionnistes. La discipline ne le leur permet plus.

Conscient que le plébiscite échauffe les opinions, y compris à l'intérieur du clergé, le cardinal prend les mesures nécessaires pour éviter un autre 1935. *L'Action catholique* et *La Semaine religieuse de Québec* rappellent qu'il est interdit aux curés de prêter leur salle paroissiale pour des assemblées politiques, une pratique dont avait largement profité l'Action libérale nationale. La directive n'est pas suivie par tous. La salle paroissiale de Limoilou accueille les assemblées anticonscriptionnistes de la Société Saint-Jean-Baptiste et de la Ligue pour la défense du Canada, bien que le curé n'y participe pas. Mgr Charbonneau ne semble pas avoir imité son homologue de Québec, puisque de nombreuses assemblées anticonscriptionnistes sont tenues dans les salles paroissiales de Montréal[145]. Le cardinal rappelle également à ses prêtres que les directives concernant les élections sont les mêmes pour le plébiscite.

L'attitude du cardinal Villeneuve est fortement critiquée. René Chaloult confie à Lionel Groulx que bien des gens à Québec désespèrent de leur « cardinal politicien[146] ». Philippe Hamel, qui défendait le rôle politique des évêques pendant l'affaire Coonan, prévient le prélat que les catholiques finiront par « se lasser de tant d'appels à une soumission béate[147] ». L'écrivain André Giroux affirme que l'intervention de l'Église en faveur de l'effort de guerre ébranle la confiance des fidèles dans la parole de leurs évêques[148]. Anatole Carignan, ancien député de l'Union nationale, prévient le cardinal qu'il affaiblit le prestige de l'Église en se plaçant au service de politiciens qui brisent impunément leurs promesses[149]. Tous souhaitent voir les évêques guider les fidèles, mais leurs directives doivent être conformes aux attentes de ceux-ci. Le jour du plébiscite, le cardinal Villeneuve sent le besoin de justifier publiquement son attitude :

L'histoire est là pour démontrer que vos évêques ne vous ont jamais trahis ni vendus. Dans toutes les directives que j'ai données, je n'ai eu en vue que mon devoir et votre bien. Il y a lieu de se demander quelquefois si on parle en connaissance de cause, si on n'est pas injuste en critiquant l'Autorité religieuse. Vos chefs spirituels ne parlent jamais sans réflexion et sans le sens de leur responsabilité[150].

Le prélat semble bien conscient que le prestige de l'épiscopat est en jeu.

Bien que le oui l'emporte sur le plan national, le non obtient une majorité écrasante au Québec et en particulier dans le Québec francophone. Encouragée par le résultat, la Ligue pour la défense du Canada poursuit ses activités après le plébiscite et certains envisagent de transformer la ligue en un parti politique. L'idée trouve ses adhérents dans le clergé. L'abbé S. Veilleux souhaite que la Ligue pour la défense du Canada forme un nouveau groupe de jeunes députés qui pourrait faire disparaître les « moutons-députés[151] » de Québec et d'Ottawa. L'abbé Charles Martel de Sainte-Marguerite croit que la Ligue pour la défense du Canada pourrait produire l'union des Canadiens français. Il croit que l'imposition de la conscription par le Canada anglais mènera à la séparation du Québec[152]. Le curé Médéric Gravel de Port-Alfred encourage la formation d'un parti politique provincial qui serait un « front national » et assure qu'il le soutiendra « quand sonnera l'heure de bataille[153] ».

À l'Assemblée législative du Québec, René Chaloult est le critique le plus ardent de la politique de guerre et n'hésite pas à commenter publiquement l'attitude de l'épiscopat. Il déclare que « ceux-là même [sic] dont la mission est une mission de paix, semblent oublier la grande voix du pape dans le fracas des batailles », une allusion évidente à l'attitude « militariste » du cardinal Villeneuve[154]. L'abbé Paul Bernier, chancelier de l'archidiocèse de Québec, félicite Chaloult pour son discours, mais lui reproche cette allusion et croit qu'il la regrettera bientôt. Le député lui répond avoir été un disciple si ardent du nationaliste père Villeneuve qu'il est difficile pour lui d'obéir aujourd'hui au cardinal[155]. L'attitude de Chaloult lui vaut de nombreux témoignages d'encouragement de la part du clergé. Citons celui-ci de l'abbé Robert Lacroix : « Continuez de combattre fièrement, et de dire sous passion, à tous ces politiciens serviles, d'esprit rétrograde, qui considèrent toujours le Canada comme une colonie de l'Angleterre, que le peuple dans son solide bon sens les réprouve, les désavoue et les méprise[156]. » Lionel Groulx déplore la servilité d'Adélard Godbout, qui refuse de soutenir les motions autonomistes et anticonscriptionnistes de Chaloult : « Aussi longtemps que les Canadiens français seront envoûtés par la bêtise partisane et que nous aurons la malchance de voir régner le même parti à Québec et à Ottawa, Québec ne sera jamais que la succursale d'Ottawa[157]. » Au printemps 1942, Chaloult est poursuivi pour propos séditieux. Encore une fois, de nombreux prêtres le soutiennent moralement et parfois même financièrement[158]. Maurice Duplessis appuie les efforts de René Chaloult à l'Assemblée législative, mais se révèle un opposant à la guerre très discret en comparaison[159]. Pour encore plusieurs années, René Chaloult sera le champion du clergé nationaliste.

Lionel Groulx croit que l'acquittement de Chaloult doit être le point de départ du nouveau mouvement. Il convainc le député libéral fédéral Maxime Raymond d'en assurer la direction. Le parti prend le nom de Bloc populaire canadien. En plus de s'opposer à la guerre et de défendre l'autonomie provinciale, le parti présente une plate-forme sociale semblable à celle de l'Action libérale nationale. Lionel Groulx est probablement plus impliqué que tout autre prêtre dans l'aventure du Bloc. Il essaie sans succès de jouer le rôle de médiateur entre les différentes factions qui s'opposent à l'intérieur du jeune parti[160]. Philippe Hamel, René Chaloult et Paul Gouin en sont des membres de la première heure, mais leur implication est refroidie par la présence d'Édouard Lacroix, magnat de l'industrie forestière, qui leur paraît trop influent auprès du chef Maxime Raymond. Groulx tente de convaincre Hamel de demeurer au Bloc malgré tout, mais le politicien-dentiste est incapable de s'entendre avec l'homme d'affaires qu'il considère comme un trustard. Groulx voit dans ce parti le dernier espoir des Canadiens français : « J'ai vu [...] la chance unique qui s'offrait à une petite race malheureuse d'échapper enfin aux griffes des politiciens malfaisants. J'ai vu le rebondissement de votre mouvement jusque dans l'ordre moral et jusque dans l'ordre religieux[161]. » Le chanoine est chargé d'une mission. Gouin, Hamel et Chaloult comptent sur lui pour convaincre Raymond d'écarter Lacroix, tandis que Raymond et le père Joseph-Papin Archambault lui demandent de convaincre le trio de s'en accommoder[162]. Les efforts de Groulx sont vains. Les deux camps refusent de s'entendre. Paul Gouin et Philippe Hamel tournent définitivement le dos à la politique, profondément écœurés. René Chaloult reste député indépendant.

Malgré l'échec des négociations, Groulx tente de sauver les meubles. Il décourage Chaloult de dénoncer publiquement l'influence d'Édouard Lacroix dans le Bloc populaire. Il encourage Maxime Raymond à tenter de convaincre Chaloult, plus souple que Gouin et Hamel, de demeurer dans le giron du Bloc. Il recrute également des organisateurs pour le parti alors que celui-ci s'apprête à disputer une élection partielle dans la circonscription de Stanstead. La direction du journal hebdomadaire *Le Bloc*, organe du parti, est confiée au journaliste Léopold Richer à la demande de Groulx. Le prêtre-historien compte sur *Le Bloc* pour être le journal indépendant qui jouera le rôle auquel *Le Devoir* a, selon lui, renoncé. Il souhaite que le journal survive au parti, dont il ne croit pas à la survivance à long terme[163].

Dans *Le Devoir*, Léopold Richer critique *L'Action catholique*, qui refuse d'appuyer le Bloc par souci de neutralité politique, mais appuie la candidature libérale du général Léo Richer LaFlèche aux élections partielles d'Outremont en 1942. Il ajoute que *L'Action catholique* a souvent pris position sur le plan politique, donc qu'elle pourrait parfaitement jouer son rôle en soutenant le seul parti dévoué aux intérêts canadiens-français. Le cardinal Villeneuve qualifie cette déclaration d'impertinence et répond publiquement qu'il n'appartient qu'aux évêques de dicter les orientations de *L'Action catholique*[164].

D'autres prêtres participent à l'organisation du nouveau parti. Mgr Philippe Perrier, vicaire général de Montréal, encourage Maxime Raymond à affirmer sa volonté d'instaurer un ordre chrétien dans la province de Québec. Le curé Louis-Émile Girard, de Rochebaucourt, aide le Bloc à recruter des candidats pour la région de l'Abitibi. Le curé Médéric Gravel de Port-Alfred forme un cercle d'études qui se met à la disposition du parti pour travailler à son organisation dans la région. Il encourage toutefois Maxime Raymond à tenter de récupérer Chaloult, Hamel et Gouin, dont la sécession risque de causer du tort au parti puisqu'ils jouissent toujours d'une popularité considérable dans la région du Saguenay–Lac-Saint-Jean. L'abbé Lavergne, que son amotion n'a pas convaincu de se retirer complètement, paraît également impliqué dans l'organisation du parti[165]. Il est cette fois fort discret et s'abstient de toute apparition publique.

La guerre a décidément guidé l'activité politique du clergé catholique québécois. Bien que peu de prêtres aient été aussi actifs que le curé Lavergne, l'abbé Groulx et le major-abbé Sabourin, la Ligue pour la défense du Canada semble avoir déclenché un mouvement comparable à celui de l'Action libérale nationale. La popularité de

Figure 5 Le cardinal Villeneuve chante un Te Deum pour célébrer la victoire des Alliés sur l'Allemagne le 7 mai 1945 en compagnie du maire de Québec, Lucien Borne.

René Chaloult, un des plus éloquents adversaires de l'appui à l'effort de guerre, atteint dans le clergé un sommet sans précédent. Sur le plan politique, le clergé nationaliste se trouve toutefois divisé entre l'Union nationale et le Bloc populaire canadien. Entre le choix « raisonnable » et le choix idéaliste, les cœurs balancent.

LES ÉLECTIONS DE 1944

Aucun parti ne profite d'un fort soutien de la part du clergé ni n'en subit les foudres. Les prêtres s'étaient déjà faits discrets en 1936 et en 1939 comparativement à 1935. En 1944, ils sont invisibles. Même l'abbé Lavergne se contente de faire un don de 15 $ à la campagne de René Chaoult[166]. Les prêtres-tribuns semblent avoir complètement disparu. Cela ne signifie pas que l'implication politique du clergé est chose du passé, mais elle est beaucoup moins importante et surtout moins visible qu'autrefois.

Peu de temps avant l'élection, T.-D. Bouchard quitte la politique provinciale pour assumer la présidence d'Hydro-Québec. Le maire de Saint-Hyacinthe est également nommé sénateur par le premier ministre William Lyon Mackenzie King. Son premier discours au sénat fait scandale. Son invitation à réformer l'enseignement de l'histoire au Canada en adoptant un manuel scolaire unique le mène à une violente dénonciation de l'Ordre de Jacques-Cartier. Cette société secrète, explique-t-il, qui préconise la fondation d'un État français en Amérique, contrôle l'Union nationale, le Bloc populaire canadien, les syndicats catholiques, les sociétés nationalistes, les commissions scolaires, les conseils municipaux et les chambres de commerce. Même la délégation apostolique est sous son influence. Le clergé porte d'ailleurs une large part de responsabilité pour l'éducation déficiente qu'ont reçue les Canadiens français et qui empêche l'unité canadienne[167]. Le cardinal Villeneuve dénonce publiquement les propos « injustes et injurieux » du nouveau sénateur : « On ne peut vraiment pas se les expliquer chez un homme qui prône droiture et équité, et que pour ma part j'ai toujours essayé de comprendre et d'interpréter avec bonne volonté. Je laisse à d'autres de réfuter ses accusations d'ordre politique et racial. Mais je dénonce hautement ses insinuations contre l'Église et le clergé[168]. » Il condamne le journal *Le Clairon*, ce qui fait chuter sa circulation de moitié[169]. Bien qu'Adélard Godbout qualifie publiquement les attaques du sénateur d'« injustifiées et [de] dommageables » et affirme qu'elles ne représentent pas l'opinion du gouvernement[170], les partis d'opposition font leurs choux gras du discours de Bouchard et de cette dénonciation par le cardinal.

Maurice Duplessis dénonce les « tendances anticanadiennes et anticléricales » du sénateur et réclame sa démission[171]. Loin de se défendre, Bouchard se déclare ouvertement anticlérical, si on considère que « le cléricalisme c'est la corruption de la religion, comme le nationalisme c'est la pourriture du patriotisme[172] ». Bien qu'Adélard Godbout ait forcé Bouchard à quitter son poste de président d'Hydro-Québec en raison de son discours, André Laurendeau, chef de l'aile provinciale du Bloc populaire canadien, croit que les deux hommes demeurent liés. Voter pour le Parti libéral, explique-t-il, c'est voter pour le discours Bouchard[173]. Quelques membres du clergé dénoncent les attaques du sénateur. Le père Joseph-Papin Archambault juge son discours « indigne d'un Canadien français, contraire aux meilleurs intérêts de notre nationalité », et que cela révèle la nature du sénateur et de ceux qui se déclarent ses disciples[174]. L'abbé Pierre Gravel dénonce lui aussi le discours de Bouchard lors des fêtes de la Saint-Jean-Baptiste à Shawinigan[175]. Notons que ceux qui attaquent le discours de Bouchard ne dénoncent pas tant son anticléricalisme que son antinationalisme.

Un autre « scandale » se déroule quelques jours avant le scrutin, lorsque Henri Bourassa donne son appui public à André Laurendeau et au Bloc populaire canadien. Dans un discours prophétique, le fondateur du *Devoir* prévient les évêques que les jours de leur grande influence tirent à leur fin en raison de leur collusion avec le pouvoir politique :

> Le jour n'est pas loin, malheureusement, où l'on se moquera de ces évêques qui ont fait de la politique, et ces hommes qui se servent d'eux aujourd'hui leur tourneront le dos en disant qu'ils ont fait leur temps. [...] Oui, nous vous respectons, mais gardez votre prestige sur le peuple et ne vous faites pas les instruments de politiciens sans conscience qui vous exploitent[176].

Les attaques de Bourassa contre les évêques sont critiquées entre autres par Edmond Turcotte du journal libéral *Le Canada*[177]. Les propos de Bourassa lui valent une condamnation de la part du cardinal Villeneuve :

> L'histoire lui reconnaîtra d'incontestables qualités et d'heureux services publics. Mais, sans juger pour le moment ses thèses doctrinales ou historiques, elle ne confirmera point sa prétention de théologien laïc [*sic*]. Elle ne le posera pas en fils respectueux et docile de l'épiscopat. Il est temps qu'on fasse cesser là-dessus toute équivoque. La jeunesse vraiment catholique doit le savoir[178].

Prudent, le cardinal publie sa mise au point après le scrutin, de façon à ne pas être accusé d'avoir pris position dans l'élection en attaquant un important appui de l'un des partis. Sa déclaration est saluée par Mgr Desranleau, Mgr Douville, et Mgr Lafortune[179]. Les trois évêques ne font aucune mention de l'élection ou des partis en cause. Il s'agit simplement pour eux de répondre aux attaques contre l'autorité religieuse.

Maurice Duplessis peut toujours compter sur ses amis du clergé. L'abbé Georges Panneton maintient les envois de documentation au chef de l'Union nationale[180]. Le chanoine Cyrille Labrecque est quant à lui devenu un de ses partisans les plus enthousiastes parmi les prêtres. Il rédige un article intitulé « Où est la déception ? » qu'il signe sous le pseudonyme Henri Dumoulin[181]. Le texte vise à la fois à défendre Duplessis contre ses détracteurs nationalistes et à attaquer le Bloc populaire canadien. Le chanoine Labrecque croit que Duplessis a rempli la plupart de ses promesses pendant son mandat. S'il n'a pas fait davantage, c'est en grande partie la responsabilité de Philippe Hamel et de tous ceux qui lui ont mis des bâtons dans les roues. Le chanoine, qui autrefois louait les efforts d'Hamel pour nationaliser l'électricité, qualifie désormais cette mesure d'autocratique. Il affirme que Duplessis aurait fait une grave erreur en donnant un ministère au Dr Hamel, à Ernest Grégoire ou à René Chaloult. Il est particulièrement dur à l'égard de Chaloult, cet « esprit révolutionnaire et sans gouvernail, qui pose à l'enfant honnête et gavroche, multipliant les erreurs de jugement ». Il ne croit pas Duplessis parfait, mais le déclare le chef le mieux qualifié à l'heure actuelle. Il loue son honnêteté, son incorruptibilité, son combat pour l'autonomie provinciale et sa lutte contre les anticléricaux, les francs-maçons et les communistes.

Comment expliquer cet appui limité du clergé au Bloc, considérant l'enthousiasme derrière la Ligue pour la défense du Canada ? Certains ont affirmé que c'est la plate-forme progressiste du Bloc qui expliquerait que les prêtres s'en soient détournés[182]. L'argument ne nous semble pas convaincant, puisque le programme du Bloc est semblable à celui de l'ALN, que le clergé avait beaucoup apprécié. Nous pouvons avancer plusieurs explications. D'abord, la Ligue pour la défense du Canada avait l'avantage d'être une organisation non partisane, un point de rassemblement pour tous les nationalistes canadiens-français. Ensuite, le gouvernement Godbout n'est pas jugé aussi corrompu et trustard que le gouvernement Taschereau. En 1944, l'ennemi premier est le gouvernement fédéral et non le gouvernement provincial. Par ailleurs, Maurice Duplessis semble s'être racheté aux yeux d'une partie du clergé. Les prêtres ne sont plus aussi enthousiastes qu'en 1939 à lui faire la lutte. Finalement, l'absence du trio de Québec a certainement tamisé l'enthousiasme. Maxime Raymond, député fédéral de second plan, et le jeune André Laurendeau n'ont jamais eu dans le clergé la popularité d'un Philippe Hamel ou d'un Ernest Grégoire. Laurendeau a été choisi précisément parce qu'il n'était pas associé à l'Action libérale nationale ou au Parti national. Le Bloc était pourtant vu au départ comme la suite logique de ces deux partis. Raymond, de son côté discret, malade et absent, n'avait pas non plus de quoi soulever l'enthousiasme[183]. Aux yeux du clergé, le Bloc populaire canadien semble en 1944 un parti politique comme les autres.

Bien que l'Union nationale reçoive une minorité de votes, elle forme le nouveau gouvernement en faisant élire 48 députés sur 91. Maurice Duplessis reçoit 36 lettres de félicitations de membres du clergé pour le féliciter de sa victoire. Il s'agit d'une nette amélioration par rapport aux 21 de 1939, mais le nombre est encore faible comparé aux 82 de 1936. Cela s'explique par le fait qu'en 1944 l'élection de l'Union nationale ne signifie pas l'arrivée d'un temps nouveau. Il ne s'agit que d'un changement de régime. Des 36 lettres reçues par Duplessis, 5 se limitent à une seule phrase. Une autre contient le seul mot « félicitations[184] ». Rien à voir avec les lettres dithyrambiques reçues en 1936 où on applaudissait la fin du régime Taschereau et où on encensait le programme du nouveau gouvernement. Des 30 lettres restantes, 7 viennent d'amis personnels. La correspondance reçue en 1944 ne contient pas l'enthousiasme que l'on percevait en 1936 ni même celui qu'on verra de nouveau en 1948 et en 1952.

Des lettres plus complètes qui ne proviennent pas d'amis personnels, plusieurs contiennent des félicitations intéressées. Frère Gaudence, provincial des Frères de Notre-Dame de la Miséricorde, salue la victoire de celui qui a été si généreux pour sa communauté dans le passé. Les Augustines de l'Hôtel-Dieu de Québec sont ravies de voir leur bienfaiteur revenir au pouvoir. L'abbé Cyrille Gagnon, recteur de l'Université Laval, compte sur l'appui du nouveau gouvernement à l'établissement d'enseignement. Le père Jules Poitras dit apprécier l'attitude ferme de Duplessis sur la question de l'autonomie de la province, mais également sa générosité passée. L'attention accordée par Duplessis aux régions du Québec pèse aussi dans la balance. Le chanoine Elzéar de Carufel, curé de Yamachiche, se réjouit du retour au pouvoir du premier chef de gouvernement à avoir accordé une réelle attention à sa région. Le curé Lionel Boisseau de New Carlisle, qui autrefois critiquait l'abandon dans lequel le gouvernement Taschereau avait laissé la Gaspésie, dit avoir bon espoir que sa région ne sera pas oubliée avec Duplessis au pouvoir[185].

Duplessis compte toujours dans son cabinet des hommes appréciés du clergé. Le père Émile Deguise de la Congrégation de Sainte-Croix se réjouit du retour du Dr Albiny Paquette au gouvernement. L'abbé Dominique Grenier de Saint-Jovite salue quant à lui la nomination de Laurent Barré comme ministre de l'Agriculture, qui selon lui va rallier toute la classe agricole à l'Union nationale. L'abbé Roland Leroux félicite le nouveau premier ministre d'avoir nommé Onésime Gagnon trésorier provincial, une nomination particulièrement importante puisqu'il s'agit du premier francophone à occuper le poste. L'abbé Joseph Alexandre déplore la défaite de son ami, l'ancien ministre Joseph Bilodeau, d'autant plus que celle-ci s'est faite aux mains d'Adélard Godbout. Le curé J.-Amédée Rioux des Îles-de-la-Madeleine se réjouit de la victoire de Hormisdas Langlais dans sa circonscription et demande à Duplessis d'en faire son ministre des Pêcheries, sans succès[186].

Mgr Arthur Douville félicite Maurice Duplessis pour sa victoire. Il dit se réjouir de l'élection du nouveau député de Saint-Hyacinthe, Ernest Chartier. De toute évidence, Mgr Douville se réjouit moins de la victoire de Duplessis et de Chartier que du départ de T.-D. Bouchard, qui contrôlait son diocèse à titre de ministre et de maire-député de Saint-Hyacinthe. Il demande d'ailleurs à Duplessis d'arracher l'École technique de Saint-Hyacinthe au contrôle de Bouchard et de la confier aux Frères des écoles chrétiennes[187]. Mgr Douville considérait probablement, comme André Laurendeau, que Bouchard demeurait un homme très influent auprès d'Adélard Godbout, raison pour laquelle il souhaitait voir ce dernier quitter la tête du gouvernement.

Dans le cas des évêques, les félicitations au parti victorieux peuvent évidemment être plus diplomatiques que sincères, car, contrairement aux simples prêtres, ils ont beaucoup à attendre du gouvernement. Mgr Melançon, évêque de Chicoutimi, félicite Antonio Talbot pour la victoire de son parti et sa victoire personnelle dans la circonscription de Chicoutimi[188]. Maintenir de bonnes relations avec le député est d'autant plus important qu'il sera désormais ministre.

Les félicitations les plus élogieuses et les plus désintéressées sont encore celles de Mgr Desmarais, seul évêque avec Mgr Douville à congratuler le nouveau premier ministre. Le Bloc populaire canadien n'aura été à ses yeux qu'un obstacle que Duplessis aura surmonté avec brio. Il déplore la défaite du candidat Eugène Poirier aux mains d'André Laurendeau dans Montréal-Laurier. Mgr Desmarais explique à Duplessis que l'arrivée au pouvoir des libéraux en 1939 a été une mauvaise nouvelle pour la région de l'Abitibi :

> À partir de là, finies les faveurs du gouvernement. Il a fallu tout sacrifier à la dictature de Bouchard et à la tyrannie de Perrier, se contenter des beaux sourires et des promesses trompeuses de l'honnête Henri Groulx, se montrer satisfait de la faveur du Premier ministre et de « la haute considération » qu'il accordait à nos problèmes, mais dans le trésor public il n'y avait rien de spécial pour les besoins spéciaux de notre région[189].

Il affirme que Godbout, en tant que ministre de la Colonisation, a été généreux à l'endroit de son diocèse, mais avoue lui avoir dit à plusieurs reprises que ses efforts étaient insuffisants. Il lui aurait déclaré catégoriquement que ses méthodes n'étaient pas les bonnes : « Monsieur le Premier Ministre, si vous ne changez pas de formule, du moins sur certains points, vous n'avez pas le droit de faire de la colonisation. Cessez de faire de la colonisation[190] ! » Encore une fois, remarquons qu'il n'est nulle part question d'anticléricalisme. Les reproches adressés à Godbout sont son manque de considération pour les régions éloignées et l'attitude de certains membres de son entourage. Mgr Desmarais dit se réjouir de la nomination de Joseph-Damase Bégin comme ministre de la Colonisation et d'Omer Côté comme secrétaire de la province. Il regrette qu'Onésime Gagnon ne soit plus ministre des Mines, mais salue sa nomination comme trésorier provincial.

Le Bloc populaire canadien récolte 14 % des votes et fait élire 4 députés, dont son chef André Laurendeau. Celui-ci semble étonnamment peu populaire auprès du clergé. Les appuis du Bloc populaire ont été fort peu nombreux comparativement à la Ligue pour la défense du Canada. Le curé J. A. Couture regrette la débâcle du Bloc, mais croit qu'il est bien servi pour avoir chassé Gouin, Hamel et Chaloult. Bien qu'il se réjouisse de la victoire personnelle de Chaloult, il regrette le résultat d'ensemble : « Quel désastre de voir Maurice au pouvoir ! Heureusement qu'il y aura forte opposition ! Et pauvre Adélard la girouette, il en a pour ses volte-face le cher lui [191] ! » Le travail d'André Laurendeau à l'Assemblée législative sera tout de même apprécié par quelques membres du clergé[192]. Certains religieux demeurent impliqués dans l'organisation du parti. C'est notamment le cas du père Gustave Lamarche, ami proche d'André Laurendeau et organisateur du Bloc dans la circonscription de Vaudreuil-Soulanges[193]. Le curé de Saint-Jean-Baptiste de Montréal aurait également appuyé publiquement un candidat du Bloc lors des élections fédérales de 1945, expliquant qu'il était le seul candidat « capable de nous procurer l'indépendance[194] ».

Quant à Adélard Godbout, nous ne saurions dire quelle est la position du clergé à son endroit. La seule lettre que contient son fonds d'archives relativement aux élections de 1944 est celle de l'abbé Albert Tessier, qui lui témoigne sa sympathie : « Je vous dis tous [sic] simplement, avec candeur, que vous avez parlé ce soir de façon admirable. Ce mot d'hommage vient du cœur. Nous sommes si peu habitués à pareil ton, en politique. Je vous remercie et je vous prie de croire à ma vive gratitude[195]. » Ce seul témoignage est bien insuffisant pour porter un jugement et comparer les appuis de Godbout à ceux de Duplessis. Au cours de son mandat, il avait reçu les hommages du curé Lavergne, qui l'avait félicité des éloges prononcés par le Dr Hamel à son endroit, du chanoine Cyrille Gagnon, vice-recteur de l'Université Laval, qui le remerciait de défendre les droits égaux des deux « races » canadiennes, et du père Georges-Henri Lévesque, qui le remerciait pour l'octroi accordé à la faculté des sciences sociales[196]. De ces trois lettres, seule celle du chanoine Gagnon est contenue dans le fonds Godbout. Comme son prédécesseur Louis-Alexandre Taschereau, Godbout n'a conservé qu'une infime partie de sa correspondance avec le clergé.

Maurice Duplessis semble consolider ses appuis dans le clergé. Le curé Alcide Lemaire, autrefois un des militants les plus actifs de l'Action libérale nationale, salue la victoire de l'Union nationale[197]. L'abbé Pierre Gravel, si ardemment opposé à Duplessis en 1939, le félicite dans les pages du journal *Le Mégantic* sous le pseudonyme Jean Tavernier. Il se réjouit de la nomination du premier trésorier provincial canadien-français[198]. Lui qui espérait la défaite de Duplessis en 1939 souhaite désormais voir l'Union nationale, le Bloc populaire canadien et René Chaloult s'unir dans une vaste coalition nationaliste[199]. Le clergé ne nie pas la valeur des têtes d'affiche du Bloc, mais l'Union nationale incarne de plus en plus la résistance devant Ottawa.

***

Interrogés en 2000 par Jacques Godbout, l'historienne Micheline Dumont et le journaliste Jean-Louis Gagnon expliquent la défaite d'Adélard Godbout par « l'influence de la religion », « l'influence cléricale[200] ». Le documentariste la résume par la célèbre maxime « le ciel est bleu, l'enfer est rouge ». Munies de leur droit de vote nouvellement acquis, les femmes auraient consulté leurs confesseurs, qui leur auraient tous commandé de voter pour l'Union nationale. Aucune source ne pourrait confirmer ou infirmer cette idée. Nous avons cependant démontré que le clergé de 1944 n'entretenait pas d'animosité particulière avec le gouvernement libéral ni de grande sympathie pour l'Union nationale. Il y a fort à parier qu'une pareille manœuvre de la part des prêtres aurait eu ses échos dans la presse et dans les milieux politiques, comme ce fut le cas en 1935. Or, les journaux libéraux ont surtout perçu un appui massif des religieux de Montréal au Bloc populaire[201]. Si Godbout est également convaincu que les femmes sont responsables de sa défaite, il ne semble pas en avoir jeté le blâme au clergé, même en privé[202]. Comme Taschereau avant lui, il se serait probablement plaint au cardinal Villeneuve et aux autres évêques si les prêtres avaient massivement abusé de leur influence en faveur de l'Union nationale. On ne trouve pourtant aucune trace d'une telle démarche dans les archives des évêchés. D'ailleurs, les prêtres libéraux et les prêtres bloquistes n'auraient-ils pas eux aussi utilisé le confessionnal pour influencer leurs paroissiennes ? Pourquoi les prêtres unionistes auraient-ils été les seuls à abuser de leur influence ? Et si les prêtres avaient une si grande influence politique, comment expliquer que l'Union nationale n'ait pas balayé la province en 1935, au moment où le soutien du clergé était à son plus fort ?

La campagne de 1944 démontre que le rapport du clergé à la politique a changé. À l'exception des réponses du cardinal Villeneuve aux discours de Bouchard et Bourassa, L'Église dans son ensemble est absente du débat. Les journaux ne relèvent aucune intervention de la part de membres du clergé. Les partis politiques n'ont pas exploité de document comparable au sermon du curé Lavergne de 1935 ou à la lettre de Lionel Groulx de 1939. Les textes de l'abbé Gravel et du chanoine Labrecque, signés « Jean Massé » et « Henri Dumoulin », n'ont de portée que par leur contenu et non par le caractère sacerdotal de leurs auteurs puisque celui-ci est inconnu des lecteurs. Les quelques prêtres qui ont participé à la campagne de 1944 l'ont fait à titre de citoyens et non à celui de prêtres. Il n'est plus question désormais de causer politique en chaire, une habitude déjà pratiquement disparue, ou de risquer d'associer ouvertement son sacerdoce à l'un ou l'autre des partis politiques.

Comment le gouvernement Godbout se distingue-t-il sur le plan des relations entre l'Église et l'État ? Sous plusieurs aspects, Godbout s'inscrit en continuité avec Taschereau et Duplessis. Sa politique sociale est établie de concert avec les évêques, et les prérogatives du Conseil de l'instruction publique sont respectées. Godbout et ses ministres ont d'ailleurs affirmé à plusieurs reprises ne pas souhaiter la création d'un ministère de l'Instruction publique, promesse tenue. Ses réformes de l'éducation n'étaient pas un signe d'anticléricalisme, mais de sa volonté de moderniser l'instruction publique afin de mieux préparer les Canadiens français à jouer un rôle dans l'économie nord-américaine. Jamais lui ou Hector Perrier n'ont remis en doute la capacité du clergé à assurer la formation de la future élite. Si ses politiques sur le suffrage féminin, l'instruction obligatoire et la vente d'alcool ont été peu prisées par certains évêques, ses politiques sur l'effort de guerre canadien, l'Université de Montréal et le patronage le distinguaient favorablement de l'Union nationale. Comme Taschereau et Duplessis, il appréciait les déclarations faites conjointement avec les hauts dignitaires de l'Église. Tout comme ses prédécesseurs, Adélard Godbout était un chef d'État catholique et était fier de se présenter comme tel. L'impopularité de T.-D. Bouchard auprès d'un Mgr Douville ou d'un Mgr Desranleau n'a pas empêché l'Église de collaborer avec le gouvernement libéral. Les accusations d'anticléricalisme étaient des attaques politiques gratuites de la part de Duplessis et de ses lieutenants qui ne reflétaient pas l'opinion des évêques ou la réalité du gouvernement. Malheureusement, Duplessis semble avoir convaincu contemporains et historiens qu'il était le porte-parole attitré de l'Église. Ses accusations devenaient donc la preuve d'une mésentente entre l'Église et l'État.

La relation unissant l'épiscopat au gouvernement Godbout n'est en soi pas très différente de celle l'unissant au gouvernement Taschereau. Sans doute, Adélard Godbout et Hector Perrier sont moins prompts à aller chercher l'approbation des évêques que ne l'ont été Louis-Alexandre Taschereau et Athanase David. Ils sont tout de même respectueux des prérogatives du clergé, et leur législation sociale est dans l'ensemble conforme aux valeurs catholiques. Sans tenter avec autant d'insistance que Duplessis de s'afficher publiquement avec les évêques, Godbout se présente lui aussi comme un homme d'État catholique. Si le suffrage féminin, l'instruction obligatoire et la libéralisation de la vente d'alcool ont pu froisser certains évêques, ces mesures n'ont pas empêché la bonne entente entre l'Église et l'État. Cette bonne entente se manifeste avec beaucoup de force dans le contexte de la Seconde Guerre mondiale, où le cardinal Villeneuve et Adélard Godbout se trouvent totalement sur la même longueur d'onde.

Quant au bas clergé, il paraît s'être beaucoup moins opposé à Adélard Godbout qu'à Louis-Alexandre Taschereau. Moins « patroneux » que Duplessis, Godbout ne pouvait pas non plus être qualifié de « trustard » après avoir nationalisé la Beauharnois et la Montreal Light Heat and Power, décision saluée par les pourfendeurs des trusts[203]. Si les attaques des adversaires de Taschereau avaient fini par convaincre certains prêtres qu'il était bien anticlérical, les adversaires de Godbout ne semblent pas être parvenus à lui accoler la même réputation, sauf peut-être auprès de certains ultras tels que le père Bettez et l'abbé Gravel. Si les prêtres ont un reproche à faire au gouvernement libéral, ce n'est pas un quelconque anticléricalisme, mais son « antinationalisme ». Dirigé par Adélard Godbout, le Parti libéral a rompu avec la tradition autonomiste d'Honoré Mercier, de Lomer Gouin et de Louis-Alexandre Taschereau. Il donne au public l'image d'un chef prêt à sacrifier toutes les prérogatives de la province au profit de l'unité canadienne[204]. Le clergé, qui demeure foncièrement nationaliste, ne pouvait que refuser cette politique. C'est ce même nationalisme qui conduit de nombreux prêtres à soutenir la Ligue pour la défense du Canada, puis à investir brièvement le Bloc populaire canadien. Contrairement à l'Action libérale nationale toutefois, le Bloc ne parviendra pas à s'imposer comme le « parti national » des Canadiens français. Il disparaîtra d'ailleurs de la scène provinciale dès 1947. Face à Adélard Godbout et à son successeur Georges-Émile Lapalme, tout aussi partisan de la centralisation des pouvoirs à Ottawa, Maurice Duplessis sera le champion de l'autonomie provinciale.

9

« Les évêques mangent dans ma main »

Réélu en 1944, Maurice Duplessis demeure premier ministre de la province de Québec jusqu'à sa mort en 1959. Son long mandat coïncide avec le début de la guerre froide ainsi qu'avec le pontificat du pape Pie XII (1939-1958), dont la lutte contre le communisme sera l'une des principales caractéristiques. Pour combattre le bolchévisme, Rome privilégie l'entente avec les gouvernements sans considération idéologique dans le but d'atteindre un accord mutuellement profitable entre l'Église et l'État. Sur le plan politique, Pie XII affirme que l'Église ne favorise aucun type de régime. Elle respecte le désir naturel d'un peuple d'adopter une forme de gouvernement conforme à ses valeurs et à ses traditions. Sur le plan doctrinal, par contre, il n'y a aucune nuance possible. On est « avec le Christ » ou « contre le Christ[1] ». Pie XII encourage l'union des catholiques, qui doivent éviter de se fractionner entre catholiques de gauche et catholiques de droite. C'est dans ce contexte que Mgr Joseph Charbonneau, archevêque de Montréal, est poussé à démissionner en 1950, accusé précisément de diviser les catholiques de son diocèse et de prendre ouvertement le parti des catholiques de gauche[2].

L'Union nationale profite pleinement du climat de la guerre froide en dépeignant constamment ses adversaires comme des communistes et en se drapant du manteau de la religion[3]. Les candidats de l'Union nationale font appel à des slogans tapageurs tels que : « Un vote pour Ducharme écrasera le communisme[4] ! » Cette stratégie n'est pas exclusive à ce parti. Le Parti libéral d'Adélard Godbout utilise lui aussi cet argument électoral, déclarant que Maurice Duplessis est « le plus grand propagateur du communisme[5] » dans la province. Pendant la campagne de 1948, il publie un manifeste accusant Maurice Duplessis de nuire à la lutte du gouvernement fédéral contre le communisme par sa constante obstruction. Le document contient une photo du pape et un extrait de ses déclarations, dont cet extrait assassin : « Qui n'est pas avec moi est contre moi[6]. » Sans avoir connu les excès du maccarthysme, le Québec a lui aussi vu ses politiciens s'accuser mutuellement de sympathie communiste. Le catholicisme exubérant de Maurice Duplessis est semblable à celui de Louis-Alexandre Taschereau. Gérard Filion le rappelle dans *Le Devoir* : « [Taschereau] ne ratait jamais une bénédiction, fût-ce du plus petit pont dans la lointaine Gaspésie. L'occasion était propice de faire comprendre à nos bonnes gens des campagnes qu'un parti qui faisait ainsi bénir des ponts ne pouvait être à son tour que béni de Dieu[7]. » Jusqu'aux années 1950, le catholicisme et l'anticommunisme sont perçus comme des traits électoralement profitables. Les deux partis ont tenté d'en tirer profit.

Le règne de Duplessis coïncide également avec l'offensive centralisatrice du gouvernement fédéral libéral dirigé par William Lyon Mackenzie King et Louis Saint-Laurent, qui réclame le monopole des impôts directs pour mettre en place les programmes nécessaires à la reconstruction du Canada d'après-guerre[8]. Avec George Drew, premier ministre de l'Ontario (1943-1948), Maurice Duplessis est le principal défenseur de l'autonomie des provinces canadiennes. On se souvient surtout de son refus des subventions fédérales aux universités et de l'instauration en 1954 de l'impôt provincial. L'autonomie provinciale contribue grandement à distinguer favorablement l'Union nationale du Parti libéral d'Adélard Godbout et de Georges-Émile Lapalme, qui semblent au contraire prêts à faire toutes les concessions au profit de la centralisation fédérale.

On a volontiers qualifié le régime duplessiste d'ultramontain et d'ultraconservateur[9], bien qu'il n'ait fait que poursuivre la politique de ses prédécesseurs. Comme Louis-Alexandre Taschereau et Adélard Godbout, Maurice Duplessis n'a jamais envisagé la création d'un ministère de l'Éducation. Comme eux, il légifère dans le domaine social au risque d'être accusé d'ingérence de l'État. Taschereau a créé la Loi de l'assistance publique, Godbout a instauré l'instruction gratuite et obligatoire, Duplessis a créé le ministère de la Jeunesse et du Bien-Être social. Le règne de l'Union nationale est également synonyme de Loi du cadenas et de censure, une censure qui n'avait pourtant rien d'exceptionnel dans une Amérique du Nord en pleine guerre froide[10]. La répression du communisme n'est exclusive ni au Québec,

Figure 6 Mgr Maurice Roy, évêque de Trois-Rivières, assiste à l'exposition d'artisanat des Dames Fermières à Trois-Rivières en compagnie de Maurice Duplessis le 26 juin 1946.

ni à l'Union nationale. Les communistes ont été filés, espionnés, arrêtés arbitrairement et déportés par les autorités provinciales et fédérales bien avant la Loi du cadenas[11]. Après la guerre, la Gendarmerie royale du Canada surveille de près les immigrants en provenance des pays de l'Union soviétique, qu'elle soupçonne d'être des agents à la solde de l'ennemi[12]. Les excès du gouvernement canadien ont pourtant été dénoncés moins vertement que ceux du gouvernement québécois. Comme la politique « répressive » de l'Union nationale se disait inspirée par la doctrine catholique, on associe la Grande Noirceur au règne de l'Église.

On considère pourtant que Duplessis a mis les évêques à sa botte. Ses contemporains estiment qu'il a été « souvent méprisant[13] » envers l'épiscopat. Il se moquait avec ses ministres des évêques puritains qui lui demandaient de faire la guerre à l'alcoolisme, à la pornographie et aux modes légères. D'après le personnel du bureau du premier ministre, il aimait les faire patienter avant de les rencontrer[14]. Cette attitude irrespectueuse de Duplessis à l'endroit de l'épiscopat est passée à l'histoire sous la forme d'une citation célèbre : « Les évêques mangent dans ma main. » Le député libéral Émilien Lafrance affirme l'avoir personnellement entendu prononcer cette phrase à de nombreuses reprises[15].

Dans les années 1930, les relations entre l'Église et l'État étaient principalement assumées par le cardinal Villeneuve et Mgr Gauthier. Les deux prélats se faisaient généralement les intermédiaires de leurs suffragants. Mgr Gauthier demandait parfois au cardinal de parler pour lui. Les évêques ont fait leurs les directives de l'archevêque de Québec sur les élections. Le cardinal Villeneuve est le seul à avoir pris publiquement position sur le suffrage féminin, bien que plusieurs de ses collègues aient partagé son opinion. C'est à lui que les évêques demandaient d'intervenir auprès de Louis-Alexandre Taschereau et de Maurice Duplessis lorsqu'un projet de loi suscitait de l'inquiétude. C'est également sur le cardinal que les évêques se sont appuyés pour protester contre le régime de patronage de l'Union nationale. Même s'il n'a pu aller aussi loin qu'il aurait souhaité dans son soutien à la guerre, il a convaincu ses collègues les plus récalcitrants de démontrer un appui à l'effort de guerre. Le cardinal Villeneuve assurait la force et la cohésion de l'épiscopat.

À la fin des années 1940, les choses se complexifient. Le cardinal meurt en 1947. Son successeur, Mgr Maurice Roy, n'a pas une influence comparable sur ses collègues. Le cardinal Paul-Émile Léger, s'il a été un personnage flamboyant, ne semble pas avoir été la figure dominante de l'Église québécoise. L'autorité des deux archevêques est également diluée par la multiplication des sièges archiépiscopaux. Mgr Georges Courchesne et Mgr Philippe Desranleau sont élevés au rang d'archevêques respectivement en 1946 et en 1951. Tous deux n'occupent cette haute fonction que peu de temps, l'un mourant en 1950, et l'autre en 1952. Les diocèses de Rimouski et de Sherbrooke gardent tout de même leur rang d'archidiocèses, bien que les nouveaux archevêques, Mgr Charles-Eugène Parent et Mgr Georges Cabana, n'aient ni la prestance ni l'ascendant de leurs prédécesseurs. La multiplication des provinces ecclésiastiques vient complexifier les relations entre l'Église et l'État. Le gouvernement de l'Union nationale traite avec chaque prélat individuellement, et les évêques s'adressent en général eux-mêmes aux ministres et au premier ministre plutôt que de s'en remettre à leur supérieur.

C'est en 1946 qu'est créé le ministère de la Jeunesse dont Paul Sauvé est le premier titulaire. Il est notamment prévu d'y attacher les écoles spécialisées. Le projet est annoncé par l'Union nationale au cours de la campagne électorale de 1944[16]. L'annonce de la création du ministère de la Jeunesse entraîne la dernière intervention du cardinal Villeneuve auprès des pouvoirs publics. Il recommande à Duplessis de laisser la compétence de tous les niveaux de l'éducation au Conseil de l'instruction publique. Il explique que déjà plusieurs ministères s'occupent d'éducation et qu'en ajouter un autre ne ferait que créer des complications. Il dit craindre l'utilisation que les successeurs de Duplessis et Sauvé pourraient faire d'un tel ministère. Mgr Albini Lafortune de Nicolet informe le premier ministre que les évêques de la province partagent le sentiment du cardinal sur la question. Duplessis se contente de répondre que son gouvernement respectera toujours les droits des parents et les prérogatives du Conseil de l'instruction publique. Mgr Lafortune explique que la loi telle que présentée est inacceptable et sollicite une entrevue avec le premier ministre pour lui, Mgr Douville et Mgr Roy de Trois-Rivières[17]. Au cours du débat à l'Assemblée législative sur la création du ministère, Duplessis affirme avoir consulté les trois évêques et que ceux-ci se sont déclarés satisfaits du projet[18]. Mgr Lafortune est vexé que son nom ait été mêlé au débat et le signale à Duplessis : « J'imagine qu'en ce faisant votre but était de laisser croire à la députation et au public que nous avions approuvé d'emblée le nouveau ministère que vous désirez créer. J'ai beau relire ma correspondance, je ne trouve rien qui puisse légitimer une telle interprétation[19]. » Mgr Lafortune reproche à Duplessis d'avoir prétendu avoir l'appui des évêques sur un projet de loi qu'ils n'avaient pas eu l'occasion de lire. Duplessis lui répond qu'il croyait de bonne foi pouvoir citer les évêques sur une question sur laquelle le gouvernement et l'Église s'accordaient. Il vante son gouvernement, qui a été le premier à affirmer les prérogatives du Conseil de l'instruction publique dans un discours du trône. Il propose une mise au point. Mgr Lafortune croit qu'il est préférable d'oublier l'incident. Duplessis tente de convaincre les évêques qu'il vaut mieux affirmer la prérogative provinciale en créant un ministère qu'attendre que le gouvernement fédéral crée le sien[20]. Le ministère de la Jeunesse est créé malgré toutes les objections des évêques.

Cet incident diplomatique, qui a lieu au cours de la deuxième des 15 années de règne de Duplessis, donne le ton. Contrairement à Taschereau, le nouveau premier ministre n'a pas l'intention de laisser sa politique être influencée par les évêques, pas même par le cardinal-archevêque de Québec. Par contre, il a bien l'intention d'utiliser au maximum la publicité que peut lui fournir l'appui des évêques, que celui-ci soit réel ou imaginé par la propagande. Duplessis joue le jeu politique selon ses propres règles, et l'épiscopat doit s'y soumettre.

Les prêtres sont nombreux à se montrer sympathiques à l'Union nationale. Certains vont jusqu'à rendre leur sympathie publique. On trouve toujours des prêtres libéraux et des nationalistes insatisfaits du gouvernement Duplessis. Maintenant que l'Action libérale nationale, le Parti national et le Bloc populaire canadien ont été démantelés, les prêtres nationalistes se tournent vers le député indépendant René Chaloult. Comme à toutes les périodes étudiées jusqu'ici, le clergé se montre divisé dans sa sympathie politique.

LES RÈGLES DU JEU

Maurice Duplessis tente de nouer une relation cordiale et très personnelle avec chaque évêque. Indépendamment de la relation qui les unit au premier ministre, tous les évêques reçoivent chaque année une lettre de sa part pour souligner leur anniversaire de naissance et de consécration épiscopale. Si, comme Mgr Roy ou Mgr Pelletier, ils ont occupé plus d'un siège, cela permet au premier ministre de leur adresser ses vœux encore plus régulièrement. Les évêques les plus près de Duplessis, comme Mgr Roy et Mgr Melançon, lui rendent ses politesses[21]. Le cardinal Léger, qui n'est pas un intime de Duplessis, ne peut que lui retourner ses souhaits tant leurs anniversaires de naissance sont près l'un de l'autre. À ces gestes personnels s'ajoutent des témoignages plus spectaculaires. En 1952, pour souligner l'élévation de Mgr Léger au titre de cardinal, l'Assemblée législative adopte unanimement une motion de félicitations. Des anneaux sont remis au cardinal Léger, à Mgr Roy et à Mgr Pelletier, geste qui n'est pas sans rappeler la remise de l'anneau au cardinal Villeneuve en 1938. En 1957, Duplessis et ses amis offrent à Mgr Maurice Roy une croix processionnelle d'une valeur de 3 885 $ et dont l'archevêque de Québec se dit très reconnaissant[22]. À la mort de Mgr Courchesne en 1950, Duplessis paie cinq grands-messes pour le repos de son âme, délègue quatre ministres à ses funérailles et fait flotter les drapeaux du Parlement à mi-mât en guise de deuil national[23].

Duplessis donne à chaque octroi et à chaque collaboration avec les évêques l'apparence d'une faveur personnelle. Peu importe l'œuvre concernée, le chèque est toujours adressé à l'évêque directement de la part du premier ministre lui-même. Promettant à Mgr Papineau de mettre fin aux abus sur la vente d'alcool dans son diocèse, Duplessis explique qu'il se fait un devoir de « collaborer avec le très distingué évêque de Joliette[24] ». Un octroi de 50 000 $ à la Société de Réhabilitation de Sherbrooke « manifeste, une fois de plus, le désir du gouvernement de la province de coopérer avec le très dévoué et très distingué Archevêque de Sherbrooke[25] ». Une subvention à l'École normale d'Amos, décidée avant même que Mgr Desmarais projette la construction de cette école, est ainsi expliquée par Duplessis : « Je suis tellement anxieux d'être utile et agréable à l'éminent et premier évêque d'Amos que des fois j'anticipe même ses désirs[26]. » La stratégie fonctionne au moins dans certains cas. Mgr Albertus Martin de Nicolet semble particulièrement convaincu que les octrois du gouvernement sont attribuables aux bons sentiments du premier ministre à son endroit[27].

Ne laissant rien au hasard, Duplessis encense lui-même ses octrois afin de mettre en évidence la reconnaissance dont doivent témoigner les bénéficiaires à son égard : « généreux octroi », « octroi exceptionnel », « octroi particulièrement généreux », etc. Faisant parvenir à Mgr Gérard Couturier, évêque de Hauterive, un chèque de 200 000 $ pour la construction d'un collège classique, Duplessis rappelle que l'Union nationale est le premier gouvernement à subventionner la construction et l'agrandissement des collèges classiques[28]. Les réponses de Duplessis aux demandes d'octrois, qu'elles soient positives ou négatives, sont toujours l'occasion pour lui de faire le bilan de son administration et de rappeler aux évêques tout ce que l'Union nationale a fait pour leur diocèse ou pour les domaines plus généraux de la santé, de l'éducation et de l'aide sociale, qui sont leurs prérogatives. Par exemple, avant de répondre à une demande de Mgr Desranleau, qui réclame une aide pour construire un nouveau séminaire à Sherbrooke, Duplessis énumère les accomplissements de l'Union nationale dans le milieu de l'éducation et plus particulièrement dans le diocèse de Sherbrooke. Il termine sur cette note éditoriale : « Bref, Excellence, nous éprouvons la légitime satisfaction d'avoir, dans trois ou quatre ans seulement, réalisé d'immenses et fécondes réformes et remédié à une situation désastreuse, aggravée pendant au moins trente ans d'imprévision et de négligence de la part des gouvernements provinciaux que nous avons combattus[29]. » Les réponses aux évêques prennent constamment la forme de propagande partisane.

Duplessis peut également utiliser ses octrois pour discréditer ses adversaires libéraux, qu'ils soient provinciaux ou fédéraux. À Mgr

Langlois qui réclame un octroi annuel au Séminaire de Valleyfield, Duplessis répond que cela est impossible en raison de l'attitude du gouvernement fédéral, qui met la province dans un état d'insécurité financière[30]. À partir de 1953, il rappelle continuellement aux évêques que les octrois qu'il leur verse proviennent de l'impôt provincial instauré par l'Union nationale et combattu par le Parti libéral. À Mgr Bruno Desrochers de Sainte-Anne-de-la-Pocatière, qui le remercie pour des octrois en 1959, Duplessis répond que cette aide « particulièrement remarquable » est permise par l'impôt provincial adopté « en dépit de la lutte inopportune et antipatriotique des membres de l'opposition »[31]. Mgr Desmarais et Mgr Melançon, qui souhaiteraient que le gouvernement investisse davantage dans la colonisation, se font répondre que cela est impossible en raison de l'état déplorable des finances publiques causé par la mauvaise gestion du précédent gouvernement. En 1955, Duplessis blâme encore Adélard Godbout et Louis-Alexandre Taschereau pour les retards de son gouvernement à régler les problèmes du diocèse de Hauterive[32].

Les évêques partagent au moins partiellement le point de vue de Duplessis sur l'autonomie provinciale. L'offensive centralisatrice du gouvernement fédéral et plus précisément ses ingérences dans le domaine de l'éducation apparaissent aux yeux des évêques comme une menace de transformer la province de Québec en état anglo-protestant. Le nationalisme comme la religion commandent donc d'y résister. Mgr Langlois de Valleyfield se réjouit de voir à la tête de la province « une âme grande et forte » capable d'empêcher les Canadiens français d'être « absorbés dans le redoutable *melting pot* à Ottawa[33] ». Mgr Roy, qui n'est pourtant pas le membre le plus nationaliste de l'épiscopat, félicite tout de même Duplessis pour sa défense de l'autonomie provinciale : « Indépendamment de toute considération de parti, je crois que tout le monde s'accorde à dire que votre lucidité et votre courage ont sauvegardé des droits incontestables[34]. » Mgr Gérard-Marie Coderre, qui n'est pas le plus flagorneur des évêques, fait savoir à Duplessis son appréciation de la lutte de l'Union nationale pour préserver les droits de la province : « Je considère l'autonomie comme indispensable à notre plein épanouissement ethnique et religieux. D'ailleurs plus nous agirons en majeurs plus nous vivrons en "hommes"[35] ! » Le plus éloquent sur le sujet est Mgr Desranleau. Le gouvernement fédéral travaille selon lui à achever l'œuvre d'assimilation de Lord Durham[36]. S'il n'apprécie guère la politique sociale de Duplessis, l'évêque de Sherbrooke croit que sa lutte contre la centralisation est essentielle[37]. C'est pourquoi il salue la réélection de l'Union nationale en 1948 :

> La victoire d'hier est votre victoire et celle de la Province. Québec a montré ce qu'il pense de la centralisation fédérale et comme il tient à l'autonomie de la province. Le peuple a vu en vous le défenseur de ses droits et il vous a choisi ; il met sa confiance en vous, donnez-lui la législation qu'il désire, dont il a besoin et qui barrera la route aux empiètements fédéraux[38].

À l'image du clergé, l'épiscopat canadien-français demeure foncièrement nationaliste.

Les rencontres avec l'épiscopat sont l'occasion pour Duplessis d'affirmer sa domination dans leurs rapports. Lorsque l'une d'elles a lieu, ce sont généralement les évêques qui se déplacent pour rejoindre le premier ministre. Mgr Cabana doit faire le voyage de Sherbrooke à Québec pour l'entretenir des problèmes de son diocèse[39]. Mgr Coderre va plutôt le retrouver directement à son domicile à Trois-Rivières[40]. Le cardinal Léger seul peut se vanter de faire déplacer le premier ministre jusqu'à son « palais cardinalice » à Montréal. Afin de toujours conserver un certain ascendant dans leurs relations, Duplessis se garde tout de même de donner l'heure précise de son arrivée[41]. Le premier ministre tient à bien affirmer les rapports de force.

LES ÉVÊQUES JOUENT LE JEU

Mgr Joseph-Aldée Desmarais est qualifié par Conrad Black d'« agent officiel de l'Union nationale en Abitibi[42] ». L'expression est un peu forte, mais il est vrai que l'évêque d'Amos est le plus chaud partisan de Duplessis dans tout l'épiscopat. C'est en 1948 qu'on le surprend pour la première fois à faire l'éloge public du gouvernement. À quelques jours du déclenchement des élections, Mgr Desmarais profite de la cérémonie de bénédiction d'un sanatorium, à laquelle le premier ministre assiste, pour lui rendre hommage : « Il ne m'appartient pas de faire l'éloge de votre gouvernement, mais le crédit dont vous jouissez auprès des électeurs de nos deux comtés d'Abitibi-Est et d'Abitibi-Ouest ne manquera pas de grandir, si vous continuez à réaliser un programme qui, pour nous, représente des avantages si précieux et qui comble des lacunes dont nous avions tant à souffrir[43]. » Le journal

L'Autorité demande si nous allons revenir à l'époque où le ciel était bleu et où l'enfer était rouge[44]. Le discours de Mgr Desmarais est récupéré par le *Montréal-Matin*, organe de l'Union nationale, sous la plume de Roger Duhamel : « La gratitude de l'évêque correspond donc à celle de ses fidèles[45]. » Même si tous les journaux rapportent les paroles de l'évêque dans des termes semblables, Mgr Desmarais nie les avoir prononcées et affirme que les journalistes les ont inventées de toutes pièces[46]. Il explique avoir voulu être aimable et prétend qu'il aurait prononcé le même discours à l'égard de n'importe quel chef de gouvernement. L'évêque se vante pourtant à Duplessis de ne jamais laisser passer une occasion de lui rendre hommage, en public ou en particulier[47].

Au moment de son allocution jubilaire à Amos en 1956, à deux semaines du scrutin provincial, Mgr Desmarais mentionne la générosité de l'Union nationale en des termes plus éloquents encore : « Voilà pourquoi je tiens à rendre en ce jour un public hommage de gratitude à ceux qui furent les plus insignes bienfaiteurs de notre cher séminaire, et j'ai nommé l'honorable M. Duplessis et ses collègues du Conseil exécutif de Québec[48]. » Selon Pierre Laporte du *Devoir*, le discours de l'évêque aurait été reproduit et distribué en Abitibi par les organisateurs de l'Union nationale. Loin de se défendre cette fois, Mgr Desmarais se vante à Duplessis d'avoir prononcé son nom et d'avoir fait rougir les libéraux présents à la cérémonie[49]. Il semblerait toutefois que les critiques aient eu raison du zèle de l'évêque d'Amos. En août 1959, Mgr Desmarais remercie Duplessis pour son soutien à l'école d'Upton et explique qu'il ne le remerciera pas publiquement puisque « certaines gens[50] » lui refusent ce droit.

La fidélité de l'évêque d'Amos profite à son diocèse. Le Séminaire d'Amos reçoit en 1950 un octroi de un million de dollars. Il n'est pas précisé à quelle échéance le montant est versé. Toutefois, même s'il s'agit d'un octroi échelonné sur 10 ans, cela représente 100 000 $ par année. À titre comparatif, le Séminaire de Nicolet reçoit 350 000 $ sur une période de 7 ans (50 000 $ par année), celui de Saint-Hyacinthe reçoit 25 000 $ par année et celui de Mont-Laurier ne recevra jamais plus de 35 000 $ de la part du gouvernement[51].

Mgr Desmarais est conscient qu'il s'agit d'une générosité extraordinaire de la part du gouvernement : « À un curé qui me demandait tout à l'heure quel saint nous avions invoqué pour trouver les fonds nécessaires pour entreprendre la construction, j'ai répondu : Saint Maurice[52] ! » L'évêque d'Amos s'empresse d'écrire la bonne nouvelle au pape et lui chante les louanges de Duplessis. La « générosité » du premier ministre lui vaut des félicitations « paternelles » du souverain pontife[53]. L'évêque d'Amos est le seul à qui Duplessis ne rappelle pas constamment les faveurs de l'Union nationale à son diocèse. De tels rappels seraient superflus puisque Mgr Desmarais est convaincu plus que tout autre de sa dette de reconnaissance à l'endroit du gouvernement. Il pousse la flagornerie jusqu'à comparer Duplessis à Jésus, « car mes yeux se lèvent vers vous, Seigneur, chaque fois que je suis mal pris, parce que vous seul pouvez me tirer d'embarras[54] ».

C'est en construisant un pont que Duplessis gagne la sympathie d'un autre évêque, Mgr Langlois de Valleyfield. Rappelons que les tentatives de ce dernier pour obtenir un pont à Valleyfield ne lui avaient apporté que la « haute considération » d'Adélard Godbout et de son ministre Georges-Étienne Dansereau. Comme solution temporaire, le nouveau ministre Bona Dussault permet aux prêtres de traverser le fleuve en utilisant les installations d'un barrage d'Hydro-Québec, privilège dont Mgr Langlois se dit reconnaissant. En 1946, toutefois, l'évêque réclame la construction d'un pont véritable. Il accompagne sa requête de félicitations pour le travail accompli au cours de la session parlementaire et demande pardon à Duplessis de l'accabler avec ses sollicitations. L'abbé Adrien Patenaude de l'évêché intime à tous les curés de son diocèse d'écrire au député de la circonscription ou au premier ministre pour demander la construction d'un pont[55]. Les prêtres suivent la consigne et inondent le bureau du premier ministre de leurs lettres. Bien que Duplessis soit d'accord avec le principe du projet, celui-ci doit tout de même se montrer rentable politiquement. C'est à la veille des élections de 1948 que l'Union nationale annonce la construction du pont.

Mgr Langlois se réjouit que le gouvernement accepte de financer le projet, mais ne va pas jusqu'à le remercier publiquement. Il s'en excuse à Duplessis : « J'ai plusieurs raisons de ne pas trop manifester publiquement mes impressions et sentiments, mais je sais que vous comprenez tout et je vous réitère tout simplement l'assurance de mon sincère et entier dévouement[56]. » Alors que les travaux sont sur le point de commencer, Mgr Langlois promet à Duplessis que les gens de Valleyfield n'oublieront pas son geste. Il se réjouit que les deux rives de son diocèse puissent « vivre désormais dans une... Union... parfaite[57] » ! La référence au parti au pouvoir n'est certainement pas passée inaperçue. Duplessis assure Mgr Langlois que, parmi les raisons qui l'ont poussé à accepter de construire le pont, il y a la volonté de se montrer utile et agréable « au très distingué et dévoué Évêque de Valleyfield[58] ». La structure est baptisée « Pont Monseigneur-Langlois », nom qu'elle porte encore aujourd'hui. Hors de question d'attendre le décès de l'évêque pour lui rendre hommage, puisque Duplessis compte bien profiter de sa reconnaissance de son vivant. La pudeur de l'évêque de 78 ans à remercier publiquement le gouvernement s'envole. Lors de la bénédiction du pont, il salue le premier ministre et ses collègues et rappelle toutes les œuvres du diocèse qui ont été rendues possibles grâce au gouvernement. Il demande à plusieurs reprises à ses diocésains de « vivre dans l'union[59] », allusion encore une fois bien évidente au parti. Mgr Langlois assure Duplessis qu'il n'oubliera jamais sa générosité envers lui et les gens de sa région[60]. Il se présente en 1959 comme son « dévoué serviteur[61] ».

Mgr Desmarais et Mgr Langlois sont charmés par la personnalité de Duplessis, ses égards à leur endroit et surtout la générosité de son gouvernement pour leur région respective. D'autres le considèrent comme un rempart contre l'invasion « gauchiste ». C'est le cas notamment de Mgr Georges Cabana de Sherbrooke et de Mgr Albertus Martin de Nicolet. Mgr Martin informe Duplessis de son « travail secret » pour lutter contre « l'élément de gauche » à Rome et dans les organisations catholiques. Il partage avec Duplessis son désir de créer un institut dans la province pour combattre les idées de gauche. Il ne demande pas d'aide financière puisqu'il souhaite son institut indépendant de la politique. Il demande tout de même à Duplessis de soulager la dette de son diocèse de façon à lui permettre d'entreprendre ce projet « secret[62] ». Mgr Cabana assure le premier ministre que l'aide financière apportée à son diocèse et surtout à la nouvelle Université de Sherbrooke est particulièrement appréciée au moment où les communistes corrompent la jeunesse :

> Je sais combien les communistes ont entravé votre travail et ce n'est pas la Cour suprême qui vous a soutenu à Ottawa. Les communistes, comme vous le savez, cherchent à corrompre notre population et surtout notre jeunesse. Je suis porté à croire qu'ils encouragent, ici comme en Amérique du Sud, la propagande de certaines sectes protestantes et des témoins de Jéhovah[63].

Mgr Cabana et Mgr Martin semblent être les deux seuls évêques à entretenir cette crainte maladive de l'invasion bolchéviste ou du moins à la partager avec Duplessis. La correspondance des autres évêques ne témoigne pas de cette inquiétude. Notons que la peur du communisme semble beaucoup plus aiguë chez les évêques nommés dans les années 1950, alors que le pape lance l'Église dans une offensive tous azimuts contre le bolchevisme. Lorsque s'écroule le pont Duplessis en 1951 et que l'Union nationale hurle à l'attaque communiste, Mgr Roy confie au premier ministre qu'il croit que l'effondrement est plutôt dû à un accident[64].

Certains évêques entretiennent avec Duplessis des rapports amicaux qui ne s'accompagnent pas nécessairement d'un appui politique. C'est le cas de Mgr Roy de Québec, de Mgr Courchesne de Rimouski et de Mgr Melançon de Chicoutimi. Le premier ministre et l'archevêque de Québec se rencontrent « pour le seul plaisir d'échanger des idées[65] ». Mgr Melançon invite Duplessis à venir se reposer dans son royaume du Saguenay lorsque se termine la session parlementaire et se qualifie lui-même de « bon ami[66] » du premier ministre. Il félicite Duplessis pour le travail accompli au cours de la session, encouragé par Mgr Courchesne qui lui aurait fait la suggestion suivante : « Il faudrait pourtant que nous venions l'encourager de nos félicitations, autrement il n'aurait à lire que des reproches et des sottises, ce qui est bien déprimant[67]. » L'évêque de Chicoutimi paraît tout de même conscient des règles qui entourent la distribution des octrois et ne compte pas sur sa seule amitié avec le chef. Réclamant un nouvel octroi au Séminaire de Chicoutimi, il rappelle à Duplessis que les quatre circonscriptions desservies par le Séminaire ont toujours manifesté à l'Union nationale « une confiance sincère et coutumière – à bon droit sûrement[68] ». Mgr Albini Leblanc, de Gaspé, figure également sur la liste des évêques amis de Duplessis[69].

Les bonnes relations avec le pouvoir fournissent aux évêques, comme aux sympathisants de l'Union nationale, des faveurs personnelles. Mgr Melançon, grand amateur de pêche, obtient du ministre Camille Pouliot le droit pour l'évêché de Chicoutimi de constituer son propre club de pêche au lac Tourangeau et d'y construire un chalet. Gérald Martineau, trésorier de l'Union nationale et vendeur de fournitures de bureau, donne des machines à écrire à l'évêché d'Amos. Maurice Duplessis obtient pour la filleule de Mgr Roy, employée comme sténographe au ministère de la Voirie, une permanence et une augmentation de salaire[70].

LES DIFFICULTÉS

La sympathie ouverte à Duplessis et à l'Union nationale n'est pas une garantie d'obtenir tout ce qu'on demande. Mgr Paul Bernier, archevêque-évêque de Gaspé, ne se gêne jamais, selon un de ses curés, pour laisser voir son admiration pour Duplessis. Malgré tout, lorsqu'il demande au gouvernement de venir en aide aux cultivateurs-producteurs de bois de la Gaspésie, exploités par les compagnies américaines, le premier ministre refuse d'intervenir. Il explique à l'évêque qu'exiger des augmentations de salaire et des améliorations des conditions de travail des bûcherons mènerait les compagnies américaines à s'approvisionner ailleurs, ce qui ferait perdre un revenu important aux cultivateurs[71]. Il arrive d'ailleurs à Duplessis de perdre patience avec les quémandeurs, même lorsqu'ils lui sont sympathiques. Le gouvernement verse plusieurs centaines de milliers de dollars au diocèse de Nicolet, victime en 1955 de deux incendies majeurs et d'un glissement de terrain. Lorsque Mgr Martin demande en plus, par l'intermédiaire du député Camille Roy, de financer la reconstruction de la librairie diocésaine, Duplessis répond qu'il n'est pas question de donner un sou et que l'évêque en exige trop. Apparemment peu diplomate, le député transmet telle quelle la réponse du premier ministre. Mgr Martin avoue à Duplessis être « passablement surpris[72] » par le ton de sa réponse. Un appel du premier ministre à l'évêque vient régler le « malentendu ».

Tous les évêques ne bénéficient pas des faveurs du gouvernement au même titre que Mgr Desmarais. Nous avons vu que l'évêque d'Amos n'avait pas même besoin de demander pour recevoir. D'autres ont parfois besoin de supplier. C'est le cas de Mgr Douville de Saint-Hyacinthe. Celui-ci a d'abord apprécié le gouvernement Duplessis. L'arrivée au pouvoir de l'Union nationale a « libéré » Saint-Hyacinthe de l'emprise de T.-D. Bouchard, et l'évêque s'en est dit reconnaissant. Il aime également la collaboration du gouvernement pour combattre l'alcoolisme. De retour d'une visite au Vatican en 1946, Mgr Douville se vante d'avoir fait l'éloge du « sens chrétien remarquable » de Duplessis auprès du cardinal secrétaire d'État[73]. Mgr Douville est reconnaissant au ministre de l'Agriculture Laurent Barré, qui l'aide à diffuser son projet de centraliser les écoles afin de faire un jour disparaître les « écoles de rang » où se réunissent dans une même classe les enfants d'âges différents sous la direction d'une institutrice souvent non qualifiée. L'évêque entretient également de bonnes relations avec le ministre de la Colonisation Joseph-Damase Bégin, dont il apprécie le zèle[74].

Si l'évêque entretient personnellement de bons rapports avec le gouvernement, son vicaire général, Mgr Jean-Charles Leclaire, déplaît à Duplessis. Directeur de l'École d'action ouvrière de Saint-Hyacinthe, Mgr Leclaire est un des principaux défenseurs dans l'Église du droit des travailleurs à participer aux bénéfices de l'entreprise, idéologie qui a grandement inspiré les organisateurs de la grève d'Asbestos[75]. Il est en plus président de la Commission sacerdotale d'action sociale, qui se fait notamment remarquer en 1949 en organisant des collectes à travers la province en faveur des grévistes, initiative approuvée et encouragée par les évêques. Selon Robert Rumilly, Duplessis « ne prend pas au tragique » le mouvement dont Mgr Leclaire est un des principaux défenseurs[76]. La grève d'Asbestos coïncide pourtant avec un refroidissement des relations entre Duplessis et l'évêque.

À l'été 1949, le premier ministre se dit favorable à l'octroi d'une licence d'alcool à un tenancier d'Acton Vale, bien que Mgr Douville lui ait formellement demandé de la refuser. Duplessis donne au secrétaire de l'évêque son numéro personnel afin de discuter de la question. Mgr Douville, furieux que son opinion ne soit pas prise en compte, refuse de contacter le premier ministre et le fait savoir à son secrétaire : « Appelez-le vous-même, et prenez la réponse, s'il veut vous la donner ; ou qu'il m'écrive comme je l'ai fait[77]. » Un froid semble s'être installé.

En 1950, Mgr Douville prie Duplessis de renflouer l'Hôtel-Dieu de Sorel, au bord de la faillite. L'évêque explique au premier ministre que l'hôpital aurait besoin d'un octroi exceptionnel de 500 000 $ pour survivre. Le Dr Albiny Paquette, ministre de la Santé, accorde 100 000 $. Mgr Douville revient à la charge auprès de Duplessis et affirme que ce montant est bien insuffisant. Il explique qu'il ne peut rien collecter auprès des Sorellois, fortement frappés par le chômage, et que les religieuses hospitalières responsables de l'Hôtel-Dieu sont elles-mêmes criblées de dettes. Il ajoute que le diocèse contribue déjà à renflouer l'hôpital et que lui-même pige dans ses revenus personnels pour contribuer à combler le déficit. Après cet exposé suivi d'une description des besoins de l'hôpital, Mgr Douville requiert cette fois 300 000 $, montant médian entre celui initialement demandé et celui offert par le gouvernement. La supérieure des hospitalières promet de présenter le Dr Paquette comme le réalisateur de l'institution s'il consent à subvenir à ses besoins. Duplessis promet alors à Mgr Douville qu'il soumettra à nouveau le cas de l'Hôtel-Dieu au conseil des ministres. Il en profite pour rappeler à l'évêque la générosité de l'Union nationale à l'endroit de l'hôpital, qu'aucun gouvernement n'en a fait autant pour la santé publique, et que les problèmes causés par les administrations précédentes doivent encore être résolus[78]. La lettre de Duplessis démontre clairement qu'il s'attend à de la reconnaissance.

Le conseil des ministres consent finalement à augmenter la subvention à 300 000 $. Duplessis explique à Mgr Douville qu'il doit cette augmentation à l'insistance de Bernard Gagné, député de Richelieu, et souligne que le gouvernement aura alors payé plus d'un million de dollars en faveur de l'Hôtel-Dieu de Sorel[79]. Exceptionnellement, Duplessis ne présente pas son octroi comme une faveur personnelle à l'évêque, qui ne chanterait probablement plus ses louanges au Vatican. Bien qu'il soit toujours reconnaissant du fait que Duplessis reçoive favorablement ses plaintes contre les demandeurs de permis d'alcool, il réalise que les protégés des députés violent impunément la loi et que la Police des liqueurs est impuissante à mettre fin aux abus. Il se plaint franchement à Duplessis de ce favoritisme[80].

À Saint-Jean (Longueuil), Mgr Gérard-Marie Coderre ne demande rien et ne supplie jamais. Il réclame. Il « ambitionne », terme qu'il affectionne dans sa correspondance avec le premier ministre[81]. Plutôt que de simplement solliciter au gouvernement une aide financière à son nouveau séminaire, il réclame « une contribution spéciale d'au moins 100 000 $ » et que le séminaire soit inscrit sur la liste des collèges classiques afin de lui permettre de recevoir l'octroi annuel de 15 000 $ auquel ceux-ci ont droit[82]. Mgr Coderre tient le même ton avec tous les membres du gouvernement. La réclamation d'un nouvel hôpital au ministre Paul Beaulieu prend également la forme d'une exigence : « Il faudrait un hôpital neuf, approprié à la cité de Saint-Jean et à la région qu'elle dessert. Je souhaite donc qu'on bâtisse à Saint-Jean un hôpital vaste, et j'ambitionne que tout sera organisé de façon à ce que les religieuses qui le dirigeront ne puissent pas devenir riches mais vivre et administrer la maison avec suffisamment de facilités[83]. » À Duplessis qui lui fait l'éloge de son gouvernement, Mgr Coderre vante à son tour les mérites de l'Église : « L'Église fait d'énormes sacrifices pour maintenir les collèges classiques afin de s'assurer des prêtres, mais aussi pour former des citoyens foncièrement chrétiens. L'État est donc intéressé au même titre à ce que ces maisons d'éducation puissent remplir adéquatement leurs fonctions[84]. » Il est hors de question pour lui de reconnaître les octrois gouvernementaux comme une faveur personnelle, puisque le gouvernement provincial ne fait que son devoir en finançant les œuvres de santé et d'éducation. Par ailleurs, la part de l'Église dans le social éclipse encore les millions offerts par le gouvernement : « L'État ne saurait jamais rendre en toute équité ce qu'il reçoit dans ce domaine[85]. » Voici un évêque que Duplessis n'aura jamais réussi à faire plier. Le nom de Mgr Coderre est pourtant curieusement absent de toutes les biographies de Duplessis.

Inconscient des règles du jeu ou refusant de les reconnaître, Mgr Limoges de Mont-Laurier recommande à Duplessis d'adopter une politique d'octrois aux collèges classiques basée uniquement sur les besoins des établissements d'enseignement et en particulier sur le nombre d'étudiants[86]. Cette suggestion n'a évidemment pas été retenue. En 1955, l'évêque sollicite un octroi spécial pour le Séminaire de Mont-Laurier, qui n'a jamais bénéficié de la générosité du gouvernement. Duplessis se contente de répondre que lui et le Dr Paquette feront tout ce qui est « raisonnablement possible » pour venir en aide à « l'éminent évêque de Mont-Laurier[87] ». Cela signifie un refus. Pendant plus d'un an, Mgr Limoges multiplie sans succès les démarches auprès du Dr Paquette, député de Mont-Laurier, qui le redirige vers le premier ministre. L'évêque avoue franchement à Duplessis ne pas comprendre pourquoi le Séminaire de Mont-Laurier, qui n'a rien reçu du gouvernement depuis sa fondation, n'a pas droit à la même générosité que celui d'Amos, d'autant plus que la population de Mont-Laurier a toujours été fidèle au Dr Paquette, réélu continuellement depuis 1935. Il explique que la construction et l'agrandissement du gymnase, des laboratoires de science et des bibliothèques nécessitent beaucoup d'argent que le diocèse ne possède pas. Il réclame en janvier 1957 un octroi de 500 000 $. Duplessis répond à la fin de novembre par un « généreux » octroi de 25 000 $ auquel il ajoute 10 000 $ 3 mois plus tard. Mgr Limoges se dit reconnaissant de l'aide financière accordée au Séminaire de Mont-Laurier, mais avoue à Duplessis qu'il considère cela comme « un premier pas[88] ». Le fait que l'évêque ait mentionné la « fidélité » des diocésains pour le Dr Paquette démontre qu'il comprend bien le jeu politique qui se joue. Visiblement, toutefois, il refuse d'y prendre part. Comme Mgr Coderre, il estime que les octrois aux établissements d'enseignement sont un devoir de l'État envers les enfants et non un cadeau personnel à l'endroit des évêques.

Comme à l'époque de Taschereau, la presse catholique est parfois source de mésentente entre le pouvoir civil et le pouvoir religieux. Le ministre Antonio Talbot se plaint à plusieurs reprises de l'attitude du *Progrès du Saguenay* envers l'Union nationale. Il accuse le journal de mener contre le gouvernement provincial une « lutte sournoise et perfide », termes qui ne sont pas sans rappeler ceux employés par Louis-Alexandre Taschereau pour désigner *L'Action catholique*. Talbot explique à Mgr Melançon que le journal a la réputation d'être l'organe officieux de l'évêché de Chicoutimi puisque l'évêque en nomme le directeur, qui est un prêtre. En 1951, le ministre accuse *Le Progrès* d'avoir reproduit en page éditoriale « les caricatures méchantes, injustes, inspirées par le plus mesquin fanatisme » de Robert LaPalme[89]. Talbot croit qu'il s'agit d'un manque de reconnaissance de la part de la région de Chicoutimi sur laquelle le gouvernement a fait pleuvoir des millions. L'abbé Omer Genest, directeur du journal, se défend d'être partial. Il explique à son évêque qu'il reçoit également des plaintes de libéraux qui l'accusent d'être favorable à l'Union nationale et hostile au gouvernement libéral fédéral. *Le Progrès* reproduit aussi des caricatures de Louis Saint-Laurent. Néanmoins, pour mettre un terme aux plaintes, l'abbé Genest annonce à Mgr Melançon que *Le Progrès* mettra fin à son contrat avec Robert LaPalme[90].

Mgr Joseph Charbonneau est passé à l'histoire comme un « adversaire avoué[91] » de l'Union nationale. Sa plus récente biographie rédigée par l'historienne Denise Robillard nous présente toutefois un personnage dans l'ensemble peu préoccupé par la politique[92]. Comme son successeur, le cardinal Léger, Mgr Charbonneau ne paraît s'adresser au gouvernement que dans les cas d'extrême nécessité. Duplessis semble avoir assez peu de considération pour l'archevêque de Montréal. À ses demandes, le premier ministre se contente de promettre d'accorder toute son attention. C'est le cas d'une demande pour permettre à l'archevêché de Montréal d'installer les bureaux de ses œuvres diocésaines dans un ancien bâtiment de l'Université de Montréal et d'une plainte contre le ministre du Travail Antonio Barrette qui prend des mesures pour ostraciser le travail à domicile dont profitent beaucoup les femmes du diocèse de Montréal. Comme en 1936 se pose le problème du patronage et du népotisme. Mgr Charbonneau se plaint à Duplessis que plusieurs fonctionnaires du secrétariat de la province ont été limogés à la suite du changement d'administration. Omer Côté, le nouveau secrétaire, est vexé par l'attitude de l'archevêque. Puisque Mgr Charbonneau rencontrait Hector Perrier sur une base hebdomadaire, Côté ne s'explique pas que l'archevêque préfère s'adresser directement à Duplessis plutôt qu'à lui. Il assure l'archevêque que le renvoi des fonctionnaires n'a rien à voir avec leur allégeance politique. Côté se plaint également à l'archevêque que plusieurs membres du clergé de Montréal participent à une campagne de calomnie contre lui, martelant qu'il serait trop jeune pour occuper le poste de secrétaire de la province[93].

Le point culminant de cette tension se produit évidemment lors de la grève de l'amiante en 1949. Mgr Charbonneau dénonce alors la « conspiration » qui veut « l'écrasement » de la classe ouvrière. Il demande au gouvernement provincial de mettre au point un code du travail « qui soit une formule de paix, de justice et de charité qui respecte l'ouvrier[94] ». C'est une critique indirecte du Code du travail présenté en 1948 par l'Union nationale. Il s'agit toutefois de la seule « attaque » de l'archevêque de Montréal contre le gouvernement. Sa réputation d'adversaire de l'Union nationale est surfaite.

Ces conflits de personnalités n'empêchent pas Mgr Charbonneau de se montrer agréable au gouvernement. En août 1949, soit quelques mois à peine avant sa démission forcée, l'archevêque de Montréal bénit une école à Saint-Eustache-sur-le-Lac en compagnie de Paul Sauvé. Il remercie le ministre pour son apport personnel et affirme que l'attitude du gouvernement provincial est « d'un précieux concours pour les Commissions scolaires de la Province, dont un grand nombre sont aux prises avec des difficultés financières et que cette aide permet de continuer à faire progresser la cause de l'enseignement dans la province toute [sic] entière[95] ». Ces remerciements, brefs et formels, sont ceux que tous les évêques prononcent en pareille circonstance, sous le gouvernement Duplessis comme sous les gouvernements Taschereau et Godbout. Contrairement à Mgr Desmarais ou à Mgr Langlois, Mgr Charbonneau s'abstient de toute référence à Duplessis ou au parti au pouvoir.

Les rapports ne sont guère plus harmonieux avec Mgr Léger, le successeur de Mgr Charbonneau. Le cardinal Léger affiche une neutralité politique à toute épreuve, refusant même de se laisser photographier avec des politiciens[96]. Le cardinal a raconté à Conrad Black avoir préféré quitter une cérémonie de bénédiction d'école plutôt que d'assister à un discours partisan prononcé par Duplessis[97]. Mgr Léger apprécie la lutte que fait l'Union nationale à l'alcoolisme et à la littérature immorale, mais se contente de remercier le premier ministre dans l'intimité. Cette neutralité n'empêche pas les octrois à l'archidiocèse de Montréal. Mentionnons une subvention de 600 000 $ à l'Hôtel-Dieu de Montréal, dont le cardinal se dit très reconnaissant. Duplessis se permet tout de même parfois de refuser les requêtes de l'archevêque de Montréal. Lorsque le cardinal lui demande de verser un octroi de 150 000 $ au Collège Stanislas, le premier ministre se contente de rappeler tout ce que l'Union nationale a déjà fait dans le domaine de l'instruction publique[98]. Certaines frictions sont également créées par les campagnes moralisatrices du cardinal. En 1957, il demande au premier ministre d'accorder une attention particulière au traitement déplorable fait aux enfants à la Cour du bien-être social :

> Pour ne prendre que quelques exemples : des jeunes filles ont été frappées durement sur leur corps par des gardiens ; des enfants sont jugés alors qu'on présente aux juges des dossiers inventés ; les sacres et les blasphèmes de la part de certains gardiens ne servent guère à l'éducation des enfants, etc. etc. [*sic*] Également, les religieuses en charge de la rééducation m'ont fait part que la façon dont se pratiquait l'examen médical est souvent illicite et immorale[99].

Le cardinal ajoute que les personnes consultées déclarent n'avoir aucune compétence pour changer les choses, et que tout relève du procureur général. La lettre prend donc indirectement la forme d'un blâme envers le premier ministre. Duplessis se dit peiné par le ton de la lettre. Il se contente de répondre que ses renseignements ne correspondent pas à ceux du cardinal. Il rappelle pour la énième fois les accomplissements de son gouvernement. Duplessis entretient par devoir une relation avec le cardinal-archevêque de Montréal, mais la personnalité de Mgr Léger le laisse froid.

Mgr Desranleau, évêque de Sherbrooke, est un autre « adversaire » connu de Duplessis. Nous avons mentionné la haute appréciation de l'évêque de Sherbrooke pour la lutte de Duplessis en faveur de l'autonomie provinciale. Il salue également la décision de Duplessis d'adopter le fleurdelisé comme drapeau national en 1948[100]. Contrairement au Séminaire de Mont-Laurier, le Séminaire de Sherbrooke a bénéficié de la « générosité[101] » du gouvernement. L'évêque collabore facilement avec les ministres Omer Côté, Antonio Talbot et « Jos.-D. » Bégin[102]. Toutefois, Mgr Desranleau n'est pas diplomate, et ses relations avec le gouvernement en souffrent. Plus que Mgr Charbonneau, l'évêque de Sherbrooke prend le parti des ouvriers pendant la grève d'Asbestos. Furieux contre un pamphlet de la Sûreté provinciale calomniant les grévistes de l'amiante et le curé Camirand d'Asbestos, Mgr Desranleau affirme publiquement que la conduite des policiers au cours du conflit leur a enlevé « la confiance et le respect des citoyens[103] ».

Quelques semaines après sa déclaration, l'évêque demande au gouvernement provincial de céder au diocèse de Sherbrooke un ancien camp de concentration du gouvernement fédéral, alors détenu par le ministère de la Voirie qui l'utilise comme local. L'évêque souhaite en faire un collège classique. Duplessis lui répond qu'aucun gouvernement provincial n'en a fait davantage que le sien pour l'éducation et il énumère ses accomplissements dans le domaine. Il fait l'éloge du ministre Antonio Talbot et du député de Sherbrooke « Johnny » Bourque, avec qui il promet de discuter de la chose. Mgr Desranleau multiplie les démarches, mais ne parvient pas à recevoir une réponse. L'évêque comprend qu'il lui faut donner pour recevoir. Il offre à Duplessis de placer son portrait parmi les fondateurs du collège, de sorte que tous sauraient qu'ils doivent être reconnaissants au premier ministre. Rien à faire. Duplessis refuse de céder le camp à l'évêque. Furieux, Mgr Desranleau l'accuse de faire passer les intérêts du ministère de la Voirie avant ceux de tout un diocèse[104]. L'évêque de Sherbrooke n'est pas hostile à l'endroit du premier ministre ou de l'Union nationale, mais a l'habitude de dire les choses carrément, qu'elles soient agréables ou non. Duplessis n'a guère de patience pour un personnage incapable de lui montrer le respect qu'il croit mériter.

Mgr Napoléon-Alexandre Labrie, évêque de Hauterive, est le dernier évêque dont la relation avec l'Union nationale a été rocailleuse. Sa principale préoccupation est le développement industriel de son diocèse, qu'il aimerait voir plus encadré par le gouvernement dans l'intérêt des travailleurs. Dès le retour au pouvoir de l'Union nationale en 1944, il demande à Duplessis d'interdire la construction de « villes fermées[105] » dans sa région. Ces villes, aussi appelées « villes de compagnies » et que les entreprises dirigent avec une main de fer, favorisent selon l'évêque l'anglicisation et l'américanisation des Canadiens français. Le premier ministre n'a aucun intérêt pour les plaintes récurrentes de l'évêque de Hauterive et souvent ne prend pas la peine d'y répondre. Le zèle de Mgr Labrie à stimuler l'industrialisation de sa région selon ses propres règles irrite Duplessis, d'autant plus que son programme politique semble coïncider avec celui du chef libéral Georges-Émile Lapalme[106]. En apparence toutefois, Duplessis demeurait le dévoué serviteur de l'évêque. C'est en l'honneur de Mgr Labrie que le gouvernement a baptisé une municipalité de la Côte-Nord « Labrieville », hommage que le premier ministre était fier de rendre public[107]. Il n'était pas question de rendre public le différend qui l'opposait à l'évêque.

En 1955, Mgr Labrie se plaint à Yves Prévost, ministre des Affaires municipales, de l'« inertie » du gouvernement, qui refuse de mettre un terme au régime des villes fermées dans lesquelles « toutes les libertés civiles sont compromises » : « La tête enfouie dans le sable, on attend le pire[108]. » Prévost transmet la lettre à Duplessis qui fait savoir son mécontentement à l'évêque : « Vous avouerais-je que j'ai été douloureusement surpris et profondément peiné du ton que Vous avez donné à une partie de Votre lettre, surtout en pensant aux phénoménales réalisations de l'Union Nationale chez vous[109] ? » La lettre est encore une fois une occasion pour Duplessis d'énumérer les accomplissements de son gouvernement. Cet échange semble marquer une rupture entre l'évêque de la Côte-Nord et l'Union nationale. C'est du moins ce que Mgr Labrie laisse entendre dans sa dernière lettre au premier ministre :

> Je me suis donné beaucoup de peine pour vous écrire une longue lettre, afin de mettre au point certains faits et certaines attitudes, mais comme vous n'avez jamais trouvé le temps ni de me recevoir ni de répondre à mes autres lettres, j'ai peur que vous n'ayiez [sic] pas le temps de lire celle que je viens de composer et je ne vous l'envoie pas. Si j'avais pu vous parler quelquefois comme je vous l'ai demandé, les situations comme celles-ci ne se produiraient pas[110].

Il promet au premier ministre de ne plus l'importuner avec ses écrits ou avec ses visites. Il conclut tout de même sa lettre en l'assurant qu'il est conscient de tout ce que sa région doit au gouvernement. Mgr Labrie ayant quitté son siège en 1956, la dernière lettre qu'il adresse à Duplessis semble démontrer qu'il ne garde envers lui aucune rancune : « Nous avons pu parfois différer d'opinion mais je m'honore de croire que nos relations ont toujours été marquées d'estime mutuelle, de confiance, et inspirées d'un même idéal, l'amour de notre chère Province[111]. » Malgré tous ses reproches, Mgr Labrie, comme

Mgr Desranleau, appréciait hautement la lutte de Duplessis pour l'autonomie provinciale[112]. Duplessis s'entendra beaucoup mieux avec son successeur, Mgr Gérard Couturier, fils du député unioniste Alphonse Couturier.

Un singulier épisode au lendemain de la grève d'Asbestos montre bien les limites de la volonté de Duplessis à servir l'Église. En 1949, il délègue les ministres Albiny Paquette et Antonio Barrette à Rome pour assister à l'ouverture de l'année sainte. D'après la légende, les deux ministres auraient eu pour mission d'obtenir la démission de Mgr Charbonneau[113]. Les évêques de la province de Québec saluent « ce geste de piété filiale à l'endroit de l'Église catholique et de son chef[114] ». Le délégué apostolique, Mgr Ildebrando Antoniutti, transmet à Duplessis la satisfaction du pape pour le « noble geste » qu'a fait le gouvernement. Il en profite pour lui rappeler la tradition des gouvernements catholiques d'accorder une amnistie à une catégorie de prisonniers afin de marquer « le caractère de pardon et d'indulgence de l'Année sainte ». Mgr Antoniutti informe Duplessis qu'une amnistie générale des grévistes d'Asbestos traduits devant les tribunaux « causerait une joie très profonde[115] » au souverain pontife. Mi-figue mi-raisin, le premier ministre répond au délégué apostolique que son gouvernement a déjà été fort généreux avec « de nombreuses personnes coupables », mais que cette amnistie ne pourrait être générale puisque la grève d'Asbestos était « une révolution anarchique contre la loi, contre les tribunaux et contre l'autorité légitimement constituée[116] ». Il informe également Mgr Antoniutti que les fautifs qui ont bénéficié de la clémence du gouvernement ont perçu cette générosité comme « un encouragement à faire pire ». Le délégué insiste. Il souhaite voir le gouvernement traduire en actes les paroles de dévotion et de soumission prononcées par les ministres Paquette et Barrette à Rome. Duplessis se contente de lui répéter que son gouvernement a déjà été très généreux avec « de nombreuses personnes qui s'étaient rendues coupables[117] ». Le pape lui-même ne saurait convaincre le premier ministre de pardonner l'insolence des grévistes qui l'ont ouvertement défié. Il s'agit vraisemblablement de la première et de la dernière tentative du Vatican d'intervenir dans la politique québécoise. Duplessis n'est soumis qu'à sa version personnelle du catholicisme et non à celle que Rome pourrait tenter de lui imposer.

En 1948 et en 1952, Duplessis reçoit des lettres de félicitations des évêques plus nombreuses que lors de ses victoires précédentes. Les lettres représentent bien les rapports qui unissent le premier ministre à chaque auteur. Mgr Desmarais, comme toujours, éclipse tous ses collègues par sa déférence à l'endroit de Duplessis et de ses collègues. Les félicitations de Mgr Desranleau sont avant tout un encouragement à poursuivre la lutte autonomiste et ne concernent pas l'ensemble de l'œuvre du gouvernement. Celles de Mgr Limoges sont neutres et sobres : « Je vous prie d'agréer mes bien vives félicitations à l'occasion de votre éclatante victoire et vous exprime mes meilleurs vœux de santé et de succès[118]. » Ces mots sont plus une politesse qu'une marque d'amitié ou de communion d'idées. Mgr Roy, dans une franchise amicale, invite Duplessis à faire preuve de prudence, bien que les électeurs aient placé entre ses mains un pouvoir presque illimité[119]. Le ton différent de ces lettres démontre la diversité des sentiments qui animent les évêques à l'endroit du premier ministre.

LES PRÊTRES MILITANTS

Un petit groupe de prêtres est particulièrement actif et soutient l'Union nationale de plusieurs façons. Il s'agit d'un cercle restreint de prêtres réactionnaires unis par leur admiration pour le chef et par leur crainte maladive de la menace communiste ou gauchiste. On retiendra principalement l'abbé Pierre Gravel, le chanoine Georges Panneton, le père Émile Bouvier, le père Arthur Dubois et le chanoine Cyrille Labrecque.

L'abbé Pierre Gravel, nommé curé de Boischatel en 1946, subit après la Seconde Guerre mondiale une conversion remarquable. Militant de l'Action libérale nationale de 1935 à 1939, puis du Bloc populaire canadien en 1944, l'abbé devient progressivement un des plus fervents admirateurs de Maurice Duplessis. Après avoir salué sa victoire en 1944 dans *Le Mégantic*, il publie des articles où il félicite le nouveau premier ministre de renouer avec la tradition autonomiste de Lomer Gouin et de Louis-Alexandre Taschereau, qu'Adélard Godbout a selon lui rejetée[120]. C'est évident qu'il apprécie également le nouveau drapeau provincial, bien qu'il ne considère pas Duplessis comme un des principaux artisans de son adoption[121]. En 1948, l'abbé Gravel se réjouit de la victoire de l'Union nationale : « C'est le triomphe de l'autonomie provinciale, et de la lutte contre toutes les idées subversives et néfastes, contre les lâchetés aussi[122]. » Lui qui faisait l'éloge d'André Laurendeau en 1944 condamne désormais ses critiques du gouvernement dans *Le Devoir*[123]. Le revirement du curé Gravel est d'autant plus étonnant qu'il prend le parti du gouvernement contre le syndicat qu'il a lui-même fondé lors de la grève d'Asbestos en 1949. Il dénonce les « excès de démagogie » de ceux qui sympathisent avec les grévistes et attaquent le gouvernement provincial[124]. Gravel devient un ami proche du premier ministre. Duplessis rend régulièrement visite à celui-ci à son presbytère et assiste à la messe soulignant ses noces d'argent sacerdotales. En 1951, le curé organise une réception en l'honneur de Duplessis à Boischatel[125]. Le premier ministre croit que les victoires de l'Union nationale dans la circonscription de Mégantic sont en partie attribuables au curé Gravel puisque la région a pendant longtemps bénéficié de son « fécond et sage apostolat[126] ».

Duplessis peut toujours compter sur le soutien de son ami et allié le chanoine Georges Panneton de Trois-Rivières. En 1947, celui-ci adresse une plainte au *Devoir* de la part de « plusieurs prêtres de la région trifluvienne ». Il accuse le directeur Gérard Filion d'être injuste envers le gouvernement de l'Union nationale : « On dirait qu'il veut nous ramener au régime corrompu où T. D. Bouchard était roi, où l'influence maçonnique étendait son emprise sur le gouvernement de Québec[127]. » Le chanoine croit que, par son opposition à Duplessis, *Le Devoir* fait le jeu des communistes et des Témoins de Jéhovah. Il reproche à André Laurendeau d'attaquer constamment Duplessis alors que vaudrait mieux attaquer Mackenzie King et Godbout. Les plaintes du chanoine mènent à une longue correspondance avec *Le Devoir*, dont Filion et Laurendeau finissent par se lasser. Maurice Duplessis est reconnaissant à son ami Georges de prendre sa défense dans les journaux. Il le remercie pour un article paru en première page du *Bien public* de Trois-Rivières intitulé « Murdochville ou la révolution en germe[128] ». Le chanoine Panneton y affirme que la grève de Murdochville est attribuable « à un petit groupe de militants gauchistes et de politiciens déçus », référence évidente au Parti libéral[129]. Discret dans les premières années, Panneton s'est progressivement fait un des thuriféraires du régime duplessiste.

Le père jésuite Émile Bouvier est un autre important partisan de Duplessis. Au lendemain de la grève de l'amiante, un groupe de « catholiques militants » rédige à l'endroit de Rome le *Rapport Custos* dans lequel ils démontrent que certains membres du clergé canadien, à commencer par les aumôniers de syndicats catholiques, ont été manœuvrés par les communistes[130]. L'hebdomadaire syndicaliste *Le Travail* accuse le jésuite d'être l'auteur du rapport et établit les similitudes entre *Custos* et le volume *Patrons et ouvriers* récemment publié par le père Bouvier[131]. Sans aller jusqu'à lui attribuer la paternité du rapport en question, nous pouvons affirmer qu'il a bien tenté de justifier l'attitude du gouvernement pendant la grève d'Asbestos. On trouve dans ses archives un document de 44 pages intitulé *Mise au point sur la Grève de l'Amiante*. Il y relève tous les efforts du gouvernement de l'Union nationale depuis 1944 pour combattre les maladies industrielles. Il souligne le caractère illégal de la grève, déplore la mauvaise foi des chefs syndicaux et le « comportement anarchique » des grévistes qui privent les mineurs de leur droit au travail. C'est à Duplessis que le père Bouvier attribue le règlement « heureux » de la grève[132].

Un autre jésuite défend l'Union nationale et son rôle dans la grève d'Asbestos. Le père Arthur Dubois, autrefois un admirateur de Paul Gouin, monte un dossier pour réfuter les accusations dont est victime le gouvernement Duplessis : « Les faits qui ressortent de ces quelques documents suffiront, je crois, pour montrer que le gouvernement de Québec ne manque ni de sens catholique, ni de sens social, ni du sens de la justice et de la charité bien comprises[133]. » Le père Dubois s'inquiète de l'infiltration des idées gauchistes dans la province de Québec. Il croit que Mgr Léger, le nouvel archevêque de Montréal, suscite des idées « de gauche » qui se frayent un chemin jusqu'à l'Université de Montréal, où le poste du père Bouvier paraît menacé. Il encourage Duplessis à intervenir : « Vous êtes le gardien officiel dans cette province de l'ordre et de la paix ; l'enseignement universitaire n'en est-il pas un facteur primordial[134] ? » Contrairement au curé Gravel ou au chanoine Panneton, le père Dubois ne semble pas avoir démontré ouvertement son appui à l'Union nationale.

Le chanoine Cyrille Labrecque, qui n'a plus à s'inquiéter de l'abbé Gravel ou du curé Lavergne, intrigue toujours en coulisses. Comme le chanoine Panneton avant lui, il s'improvise conseiller politique. Après la grève de l'amiante, il ébauche un projet de loi visant à faire disparaître complètement les grèves ouvrières et le soumet à Duplessis[135]. Rien n'indique que le premier ministre en ait tenu compte. Le rôle le plus remarquable et le plus documenté du chanoine Labrecque est celui d'intermédiaire entre Duplessis et Paul-Évrard Richemont, collaborateur français en fuite au Canada qui sera l'envoyé spécial du gouvernement du Québec au Vatican. Richemont est d'abord envoyé à Rome à l'automne 1949. Il croit avoir obtenu la démission de Mgr Charbonneau, mérite qu'il dit partager avec le chanoine Labrecque, le curé Gravel, le père Dubois, Mgr Courchesne et Mgr Laurent Morin, vicaire général de Montréal[136]. Au printemps 1950, le chanoine Labrecque propose à Duplessis d'envoyer à nouveau Richemont à Rome pour « neutraliser la propagande ennemie[137] ». Il met en garde le premier ministre contre la revue jésuite *La Civiltà cattolica* qui pourrait leur faire du tort. Le chanoine Labrecque propose à Duplessis la mise sur pied à Rome d'un bureau permanent qui aurait pour mission de documenter les « hauts personnages ». Richemont se rend à Rome muni de la rectification rédigée par le père Arthur Dubois. Le chanoine Labrecque tient Duplessis au courant de l'évolution de la mission de Richemont. La « mission » semble toutefois désintéresser le premier ministre, qui y met un terme avant même la fin du contrat[138]. De toute évidence, Duplessis ne partage pas les fantasmes paranoïaques des antigauchistes.

Selon Conrad Black, la fin de l'aventure de Richemont marque également la fin de l'influence de ce petit groupe d'ultras, et du chanoine Labrecque en particulier[139]. Contrairement à Robert Rumilly, qui voit en Duplessis un Salazar québécois, Black voit plutôt en lui un chef d'État moderne digne du XXe siècle nord-américain. Le fait qu'il tourne le dos à cette frange d'ultraconservateurs améliorerait donc son image. Duplessis demeure pourtant un ami proche du curé Gravel jusqu'à sa mort. Il reçoit encore le chanoine Panneton et le chanoine Labrecque en 1958 et dit apprécier leur amitié « au-delà de toute expression[140] ». Il est toutefois évident que Duplessis ne voit pas en eux de dignes conseillers politiques. Leurs recommandations sont le plus souvent balayées du revers de la main. Les suggestions du curé Gravel, par exemple d'interner le syndicaliste Jean Marchand pour propagande communiste, d'appuyer la candidature de Paul Bouchard aux élections fédérales ou de nommer Robert Rumilly conseiller législatif, ne sont pas plus prises en considération que la réforme du Code du travail proposée par le chanoine Labrecque[141].

En dehors de ces quelques prêtres droitistes, la crainte du communisme et du gauchisme est virtuellement absente de la correspondance de Duplessis avec le clergé. Dans l'épiscopat, seuls Mgr Cabana et Mgr Martin semblent partager les angoisses du chanoine Labrecque et du père Dubois. Les prêtres se préoccupent quant à eux bien davantage de l'autonomie provinciale et de la moralité. Les communautés religieuses qui appuient l'Union nationale s'intéressent au trésor provincial bien plus qu'à la lutte au communisme. C'est ce que démontrent les lettres reçues par Duplessis à l'occasion des victoires électorales de 1948 et 1952.

LES PRÊTRES SYMPATHISANTS

En 1948, l'Union nationale connaît son plus éclatant triomphe, remportant 82 des 92 sièges à l'Assemblée législative. Alors qu'en 1935 et en 1936 le Programme de restauration sociale semble avoir dicté la sympathie politique du clergé, en 1948, c'est l'autonomie provinciale qui vient au premier rang des préoccupations. Pour l'abbé Arthur Fortier, la victoire écrasante de l'Union nationale est la preuve que « le peuple a saisi le danger qui le menace[142] ». Lui et le chanoine Jean Bergeron félicitent le premier ministre d'avoir fait comprendre aux Canadiens français l'importance de l'autonomie provinciale[143]. Les sœurs hospitalières de Chicoutimi félicitent Duplessis de son combat pour les « droits de Dieu et de la Patrie[144] ». Le père Roméo Bergeron croit que le peuple a donné « une retentissante leçon aux centralisateurs de la capitale fédérale[145] ». Le père Joseph Bélanger considère que le Parti libéral fédéral « a eu sa leçon[146] ». L'abbé Paul-Émile Ouellet, procureur de l'archevêché de Rimouski, croit que le résultat montre que « la Province entend rester maître chez elle » et que les « messieurs d'Ottawa[147] » devront en tenir compte. Le père franciscain Edmond Gendron croit qu'une victoire aussi complète est un signe que la bataille de l'autonomie sera gagnée[148]. « Dieu protège un peuple qui a compris la valeur de son autonomie[149] », ajoute le curé Gravel.

En 1952, à la défense de l'autonomie provinciale de l'Union nationale s'ajoute une aversion importante pour le Parti libéral et son chef. Un grand nombre de prêtres et de religieux soulignent la « malpropreté » de la campagne de Georges-Émile Lapalme. Le père Cléophas se réjouit de voir Duplessis sortir victorieux de « cette lutte où l'enfer semblait avoir sorti toutes ses ruses et tous ses mensonges[150] ». Le chanoine J.-Z. Tremblay, de Makamik, se réjouit que le peuple ne se soit pas laissé berner par les « tactiques déloyales[151] » employées par les libéraux. Le père Bernard Lemay déplore lui aussi la lutte qui a « été rude, menée comme elle l'a été par des gens sans conscience et, je dirai même, d'une malpropreté inouïe, chose que je n'ai pas encore vu [sic] dans mes 62 ans de vie[152] ». Le curé Beaulieu, de Saint-Yves de Rimouski, considère le succès de l'Union nationale comme une victoire sur les « éléments démagogiques[153] ». Le curé Léo Paquin de Saint-Charles-de-Mandeville déplore « la campagne malhonnête, malpropre et injurieuse » des adversaires du « plus grand Premier Ministre que la Province ait jamais eu[154] ». Le père dominicain Gilles-M. Lemire affirme que la campagne libérale en a dégoûté

Figure 7 Le premier ministre du Canada, Louis Saint-Laurent, présente ses vœux à l'archevêque de Québec, Mgr Maurice Roy, le 1ᵉʳ janvier 1954.

plusieurs et qu'il lui était pénible de voir Duplessis être insulté comme ses adversaires l'ont fait[155].

On trouve toujours dans la correspondance du vainqueur des félicitations intéressées. C'est particulièrement le cas du côté des communautés religieuses. Le père capucin Pascal de la Réparation (Pointe-aux-Trembles) félicite Duplessis et l'assure que tous les Capucins ont voté pour lui. Il ajoute que le collège classique de Saint-Augustin de Portneuf est dans un « puissant besoin[156] ». Bien que le chef libéral soit natif de Joliette, la congrégation Notre-Dame de Joliette salue la victoire de Duplessis, puisque le gouvernement l'a favorisée[157]. Sœur Boucher, supérieure des hospitalières de l'Hôtel-Dieu de Saint-Joseph d'Arthabaska, félicite Duplessis dans une lettre élogieuse où elle énumère tout ce que l'Union nationale a fait pour sa région. Elle lui fait ensuite part de la nécessité d'agrandir l'hôpital pour subvenir aux besoins de cette dernière[158]. Sœur Marie Paul du Saint-Esprit, supérieure des religieuses de Notre-Dame de Charité du Bon-Pasteur à Montréal, félicite Duplessis pour sa victoire aux élections et le remercie du même coup du chèque de 7 500 $ à l'ordre de son institution : « Nous en bénissons le bon Dieu, qui vous laissera parfaire davantage votre grande œuvre de dévouement dans l'UNION

NATIONALE[159]. » La première moitié de l'octroi a apparemment été envoyée la veille des élections, et la seconde le lendemain.

Certaines félicitations laissent entendre que les auteurs apprécient simplement l'œuvre de l'Union nationale dans les domaines de l'éducation, de la santé et du bien-être social. Les Frères des écoles chrétiennes du Mont-Saint-Louis croient que Duplessis a « favorisé l'éducation et le bien-être de la société d'une façon éclatante », comme en témoignent les écoles, universités et hôpitaux construits et entretenus par l'Union nationale[160]. Sœur Marie Rose, supérieure générale des Filles réparatrices du Divin-Cœur à Pointe-aux-Trembles, croit que les orphelins seront les premiers à profiter de la victoire de l'Union nationale. Le frère Honorat-Joseph, provincial des Frères de l'Instruction chrétienne, se réjouit de la victoire de Duplessis puisqu'il connaît son intérêt pour l'éducation[161].

De nombreux membres du clergé apprécient la lutte que fait l'Union nationale à l'alcoolisme et à l'immoralité. L'abbé Valmore Forget, autrefois un admirateur de Paul Gouin, remercie Duplessis de ses efforts pour faire respecter la Loi du dimanche. Le curé Léo Hudon de Price (Matane) félicite Duplessis pour avoir fait fermer le Gumbo, boîte de nuit de la région de Montréal. Le père Émile Deguire, supérieur de l'oratoire Saint-Joseph, remercie Duplessis de toujours ouvrir la session le mercredi sous le patronage de Saint-Joseph, malgré les railleries que cela lui attire. Les prêtres sont d'ailleurs des collaborateurs privilégiés pour les questions de moralité. En 1959, l'abbé Jean-Noël Trudel de Sainte-Angèle-de-Prémont (Maskinongé) informe Duplessis de l'alcoolisme dans sa paroisse et demande au gouvernement de n'accorder aucun permis de vente d'alcool. Deux semaines plus tard, après une enquête d'Antoine Rivard sur la question, Duplessis ordonne de n'accorder aucun permis dans la paroisse et assure l'abbé Trudel qu'il prendra toutes les mesures nécessaires pour faire respecter la Loi de tempérance dans sa paroisse[162].

Il en va des relations avec le clergé comme des relations avec l'épiscopat. Il faut donner pour recevoir. En 1946, l'abbé Fernand Larochelle, vicaire à l'Immaculée Conception de Sherbrooke, organise un « festival de la Bonne Chanson ». Au cours de l'événement, il rend un hommage public à Maurice Duplessis, « défenseur de nos droits ». Le premier ministre est suffisamment touché pour verser 300 $ à l'organisateur, un montant qui doit servir à répéter l'événement l'année suivante. L'abbé Larochelle promet à Duplessis qu'il trouvera toujours chez lui un défenseur hors pair : « Je n'ai pas peur de parler d'un homme qui n'a pas eu peur de faire son devoir et de tenir tête à l'orage des centralisateurs d'Ottawa. Vous seul aviez le cran et la vivacité d'esprit pour remplir cette mission délicate[163]. » À la demande du curé Pierre Gravel, le premier ministre finance et parraine la carrière de jeunes artistes, dont le ténor Lucien Ruelland[164]. Le curé Charles-Eugène Roy de Carleton, grand sympathisant de l'Union nationale, reçoit une contribution de 500 $ pour la publication d'un livre sur la Vierge de Guadeloupe[165]. Exceptionnellement, Duplessis exige la confidentialité. L'Union nationale est généreuse pour ses amis.

Le pouvoir de l'argent a tout de même ses limites. Nous avons mentionné plus tôt que l'aide à l'Union nationale n'était pas une garantie pour les évêques de recevoir tout ce qu'ils demandaient. Il en va de même pour le gouvernement. Mgr Ferdinand Vandry, recteur de l'Université Laval, refuse d'accorder un doctorat *honoris causa* à Gérald Martineau, trésorier de l'Union nationale, malgré toute sa reconnaissance pour le soutien du gouvernement à l'université :

> J'ai beaucoup d'estime pour M. Martineau, mais je ne pouvais accéder à la demande qu'on m'a faite sans soulever contre l'Université et contre l'Union nationale elle-même, dans un certain public surtout, de virulentes critiques qui n'eussent fait du bien à personne. Pour la même raison j'ai écarté la proposition que m'a faite le Frère Marc-André de donner un diplôme au Sénateur Dessureault, l'organisateur, à Québec, du parti libéral fédéral[166].

LES PRÊTRES OPPOSANTS

Comme à l'époque de Louis-Alexandre Taschereau et d'Adélard Godbout, on trouve dans le clergé quelques éléments hautement politisés qui n'hésitent pas à critiquer publiquement le gouvernement. Dans ses mémoires, le Dr Albiny Paquette se souvient de l'abbé Nazaire Lasalle, curé de l'Ascension, qui aurait déclaré à plusieurs reprises que la promesse de l'électrification rurale était un « bluff électoral ». Le Dr Paquette dit ne pas en avoir tenu rigueur au curé, mais se dit désolé qu'il n'ait pas osé s'excuser l'année suivante, lorsque son église a été illuminée pour la première fois. Il mentionne un autre prêtre, l'abbé Brodeur de Val-Barrette, qui aurait mobilisé ses paroissiens contre un projet de loi scolaire[167]. L'abbé Armand Perrier, auteur avec son frère Hector du mémoire sur l'influence indue du clergé, est accusé en 1946 d'avoir rédigé un mémoire injurieux à l'endroit de Maurice Duplessis, de l'avoir ridiculisé en chaire et de s'être notamment moqué de son nez. Le premier ministre, qui souhaite éviter une controverse avec un membre du clergé, assure l'abbé Perrier qu'il n'accorde aucune foi aux dénonciations faites à son endroit[168]. Aucun de ces prêtres n'arrive à la cheville du père Georges-Henri Lévesque, fondateur et directeur de la faculté des sciences sociales de l'Université Laval, bien connu pour blâmer le gouvernement de ne pas accompagner son anticommunisme répressif de mesures sociales progressistes pour améliorer le sort des ouvriers. Nous ne nous étendrons pas sur son cas, celui-ci ayant été récemment bien documenté par l'historien Jules Racine Saint-Jacques dans sa thèse de doctorat[169]. Le père Lévesque revendique une politique économique keynésienne à laquelle Duplessis s'oppose, la jugeant socialiste et antinationale. Alors que certains le soupçonnent d'être libéral, d'autres l'accusent de travailler à la mise en place d'un parti ouvrier dans la province. Il aurait proposé au ministre du Travail Antonio Barrette lui-même de quitter le gouvernement pour en assumer la direction[170]. Le père Lévesque est également un allié politique de Louis Saint-Laurent et encourage la centralisation des pouvoirs à Ottawa[171]. Selon le curé Gravel, le père Lévesque travaillerait de concert avec un certain abbé Jean-Paul Tremblay à « noircir » la réputation de Duplessis auprès des étudiants et des religieux[172]. Le père Lévesque est à Maurice Duplessis ce que le curé Lavergne était à Louis-Alexandre Taschereau.

En 1950, Adélard Godbout est remplacé par Georges-Émile Lapalme à la tête du Parti libéral. La popularité du nouveau chef dans le clergé semble se limiter à sa région de Lanaudière. Sa nomination lui vaut notamment les félicitations de Mgr Joseph-Arthur Papineau, évêque de Joliette, d'ailleurs soupçonné d'entretenir une sympathie libérale, et qui se réjouit de l'honneur accordé à l'un de ses diocésains[173]. Il reçoit également des lettres chaleureuses du chanoine Hervé Lussier du Collège de l'Assomption, des Clercs de Saint-Viateur de Joliette chez qui il a étudié, de son ancienne institutrice sœur Marie-Désiré et de l'abbé Paul-André Valois de Joliette. La seule lettre d'un non-Lanaudois est celle du curé Ephrem Thivierge de Lac-Sainte-Marie (Gatineau)[174].

Lorsque Lapalme se fait finalement élire aux élections partielles de Montréal-Outremont en 1953, les félicitations sont plus variées et plus éloquentes, bien que peu nombreuses. Le père Gustave Lamarche, qui était pourtant peu élogieux à l'endroit du chef libéral en 1952, le félicite pour sa victoire de 1953 : « Et ferme confiance dans une activité politique qui pourra corriger les situations extrêmes faites aux nôtres à l'heure présente. Il faut une restauration nationale à tout prix[175]. » Mgr Alphonse-Marie Parent, qui a congratulé Duplessis au nom de l'Université Laval en 1952[176], offre ses félicitations personnelles à Lapalme en 1953[177]. Le père Marcel de Grandpré des Clercs de Saint-Viateur de Montréal félicite Lapalme pour sa victoire et sa persévérance : « Votre esprit de travail, votre culture approfondie et votre acharnement à poursuivre les tâches entreprises seront sûrement un apport précieux à la vie publique de la province de Québec[178]. » Il nous est impossible de déterminer si Georges-Émile Lapalme a conservé l'intégralité de sa correspondance avec le clergé et si les six lettres de félicitations de membres du clergé contenues dans son fonds sont les seules reçues.

Bien plus que Lapalme, c'est le député indépendant René Chaloult qui s'attire la sympathie du clergé hostile à l'Union nationale. Il se fait parfois le porte-parole des préoccupations des prêtres et religieux. À la demande du chanoine Michel Couture, Chaloult soutient la cause du Séminaire de Sherbrooke à l'Assemblée législative. Le père Norbert Bettez, violent pourfendeur de l'alcoolisme, peut compter sur l'aide du député indépendant pour faire la promotion de la tempérance à l'Assemblée législative. Le père Bettez croit toutefois qu'il faudra un miracle pour amener Duplessis à s'intéresser à la question[179]. Il ne partage visiblement pas l'enthousiasme de ses collègues qui considèrent au contraire l'Union nationale comme un fer de lance contre l'alcoolisme. L'abbé Alfred Quirion, secrétaire de la Jeunesse agricole catholique de Québec, fournit à Chaloult des statistiques sur les jeunes filles qui travaillent dans les usines de guerre et lui demande d'intervenir[180]. L'intervention de Chaloult lui vaut des félicitations de membres du clergé, mais également des reproches. L'abbé Édouard-Valmore Lavergne l'informe que ses chiffres sont très exagérés et qu'il aurait dû nuancer ses propos. Chaloult demande à l'abbé Quirion de lui certifier ses données, ce que ce dernier refuse. Le député ne cache pas son désarroi : « Il est bien beau de lancer des laïques dans la bataille, mais il convient, me semble-t-il, de ne pas les lâcher lorsque la lutte s'annonce un peu rude. »

Le nationalisme de Chaloult est particulièrement apprécié. Le chanoine Lionel Groulx le considère comme le principal artisan de l'adoption du drapeau national en 1948[181]. Le député reçoit alors de nombreuses lettres de félicitations, dont celles du père Jean-d'Auteuil

Richard, qui croit que la nation a besoin de sa « parole indépendante[182] » à l'Assemblée législative. En 1948, les scolastiques de Saint-Vincent-de-Paul voient la victoire de Chaloult comme celle du « nationalisme intégral ». Ils apprécient également son épouse Jeannette, sa « partenaire de combat[183] ». Le curé François Casey partage son idéal séparatiste et le remercie d'en faire la promotion[184].

Chaloult est aussi apprécié pour son soutien à la colonisation, que l'Union nationale est accusée dans certains milieux de délaisser. Refusant de « poser au bon petit garçon », le père Alexandre Dugré critique ouvertement la politique de colonisation de l'Union nationale dans une causerie à laquelle assiste le ministre Joseph-Damase Bégin. Il s'appuie sur René Chaloult pour défendre ses vues à l'Assemblée législative[185]. Les propos du père Dugré à l'endroit de Bégin et de son ministère sont véhéments : « De grâce, faites honte aux sophistiqueux, aux menteurs, aux exploiteurs de la naïveté, aux tous [sic] petits stratèges qui crient victoire quand ils avancent d'une tranchée, alors qu'ils pourraient avancer de 50 milles et défoncer l'ennemi. »

Pratiquement chaque discours du député indépendant à l'Assemblée législative lui vaut des félicitations d'un ou de plusieurs membres du clergé. L'abbé Paul-Émile Bégin de Thetford Mines le remercie d'avoir pris la défense des mineurs de l'amiante en 1949. Il se dit déçu du ministre du Travail Antonio Barrette, qui a « perdu une belle occasion de passer pour un grand homme[186] ». Le curé Henri Cloutier, d'Hudson, l'abbé Camille Mercier du collège Sainte-Anne et l'abbé Antoine Savard remercient Chaloult d'être intervenu en faveur du comte de Bernonville, collaborateur français en fuite au Canada et menacé d'extradition, à la législature[187]. L'abbé Larouche, vice-chancelier de l'évêché de Sherbrooke, félicite René Chaloult pour sa dénonciation de la politique d'immigration du gouvernement canadien[188].

Certains prêtres apportent un soutien plus concret à la carrière de Chaloult. L'abbé Lavergne et l'abbé Gravel sont accusés par le journal *L'Autorité* d'avoir publiquement fait l'éloge du député indépendant à l'église Saint-Pierre de Sorel[189]. Toujours impliqué dans le mouvement créditiste, l'abbé Lavergne tente de convaincre le chef Louis Even de ne pas opposer de candidat à Chaloult aux élections provinciales de 1948[190]. Le curé Adélard Piché de Portneuf invite le député indépendant à venir s'adresser à ses paroissiens[191]. En 1948, Mgr Georges Courchesne insiste pour que René Chaloult vienne prendre la parole à Rimouski lors de l'élection, « une autre de ces courses de péripatéticiens[192] ». Après sa défaite en 1952, le curé J. N. Couture de Lotbinière l'invite à se présenter aux élections fédérales dans la circonscription de Portneuf et le conseille sur les démarches à entreprendre pour emporter la victoire[193].

Chaloult n'a évidemment pas que des alliés dans le clergé. Furieux de la réélection du député indépendant en 1948, le père oblat Léo Lafrenière, d'allégeance libérale, publie un article intitulé « Démagogie de M. Chaloult » dans le journal *La Liberté et le Patriote* de Winnipeg. L'article est publicisé au Québec par les journaux libéraux *Le Soleil* et *Le Canada*. Chaloult accuse le père Lafrenière d'être l'instrument du Parti libéral pour détruire sa réputation à travers le pays. Il se trouve alors impliqué dans une longue polémique qui le mène à porter des accusations auprès de l'évêque de Winnipeg, Mgr Gerald Murray, puis auprès du délégué apostolique, Mgr Ildebrando Antoniutti[194].

La défaite de René Chaloult aux élections de 1952 chagrine plus d'un membre du clergé. Le père Francis Goyer lui envoie ce message d'encouragement : « Votre victoire morale vous prive d'une tribune où vous étiez le seul à tenir certains propos auxquels notre peuple attache, avec raison, ses espoirs de survie. De grâce, que votre voix ne se taise pas[195] ! » Chaloult reçoit également la sympathie des Ursulines de Québec, qui prient pour lui et son épouse[196]. Le père Joseph-Papin Archambault déplore le choix des électeurs « ingrats et aveugles[197] ». Le père Gustave Lamarche, qui avait honni René Chaloult après que celui-ci s'est joint aux libéraux en 1939, regrette sa défaite de même que la victoire de Duplessis : « C'est bien toujours la même chose. La République envoie reposer ses meilleurs hommes et garde ceux qu'on aurait voulu mettre au repos[198]. » N'ayant aucune confiance en Georges-Émile Lapalme, le père Lamarche dit caresser l'espoir de voir Chaloult et Philippe Hamel revenir à l'Assemblée législative. Le chanoine Lionel Groulx est particulièrement déçu de la défaite de son disciple : « Encore un de ces coups de sonde qui nous révèlent le dénument [sic] effrayant de l'âme populaire en fait de sentiment national[199]. »

Cette sympathie de nombreux membres du clergé pour René Chaloult démontre une fois de plus la variété des allégeances politiques qui existe toujours après le retour au pouvoir de l'Union nationale. Cette diversité est beaucoup plus manifeste alors que progressent les années 1950 et que le régime Duplessis, comme le régime Taschereau avant lui, s'essouffle.

***

Les évêques ont-ils « mangé dans la main » de Maurice Duplessis ? Il est impossible de répondre simplement à cette question puisque l'épiscopat, comme le bas clergé, n'est pas monolithique. L'expression cruelle « les évêques mangent dans ma main » s'applique certainement à Mgr Desmarais et à Mgr Langlois, qui ont joué le jeu de l'Union nationale avec enthousiasme et ont été bien récompensés. Elle convient à plus forte raison à Mgr Cabana, à Mgr Martin et à Mgr Bernier, qui vouent à Duplessis une dévotion que celui-ci ne semble pas leur rendre. Elle s'applique aussi à Mgr Douville, qui s'est soumis aux règles du jeu par obligation envers son diocèse, mais qui aurait souhaité s'y soustraire. Mgr Coderre et Mgr Limoges ont refusé de jouer le jeu et ont accepté d'en subir les conséquences. Mgr Roy, Mgr Melançon et Mgr Courchesne sont suffisamment proches du premier ministre pour ne pas avoir à s'abaisser au niveau des autres évêques. Le titre plus élevé du cardinal Léger et l'importance considérable de son diocèse le placent aussi dans une catégorie à part. La franchise et le manque de tact de Mgr Charbonneau, de Mgr Desranleau et de Mgr Labrie les ont empêchés d'entretenir de bonnes relations avec l'État. Sans être des adversaires avoués du régime Duplessis, ils n'ont pas hésité à en dénoncer les abus. Ils n'ont pourtant pas été les « adversaires » de l'Union nationale et ont constitué une frange minoritaire de l'épiscopat. Dans l'ensemble, les évêques se sont accommodés de Duplessis, que cela leur ait plu ou non.

Les relations unissant Maurice Duplessis à l'épiscopat ont toujours été très personnelles. Le premier ministre s'imaginait faire une faveur aux évêques en acceptant de financer les écoles et les hôpitaux. Il s'attendait donc à une manifestation de reconnaissance, idéalement à un soutien électoral. À défaut de cela, les octrois devaient suffire à faire taire les critiques, celles-ci ne pouvant qu'être injustes, considérant toutes les réalisations de l'Union nationale. Les évêques n'ont pourtant pas tous accepté de se faire coudre la bouche de fil d'or et de placer leurs bonnes relations avec le pouvoir au sommet de leurs priorités. Certains ont pris le risque de paraître désagréables aux yeux du régime lorsque leur devoir l'exigeait.

Il n'est donc pas surprenant de retrouver une diversité semblable à l'intérieur du clergé. Alors que certains prêtres ont été très actifs dans leur soutien à l'Union nationale, quitte à défier les directives de leur évêque, d'autres se sont risqués à critiquer ouvertement le gouvernement. On trouve encore des membres du clergé à la recherche d'une troisième voie. Bien que celle-ci soit incarnée dans une moindre mesure par René Chaloult, on ne trouve plus de politicien capable de soulever les prêtres comme l'a fait l'Action libérale nationale en 1935. Alors que l'Union nationale s'essouffle et que le Parti libéral peine pour s'imposer comme solution de rechange, l'implication politique du clergé semble vouloir se confiner à son rôle traditionnel de guide moral.

10

Les mœurs électorales

Dans la seconde moitié des années 1950, l'enthousiasme pour la lutte autonomiste de l'Union nationale semble s'estomper. La corruption du régime est de plus en plus dénoncée. Pour l'Église, il ne s'agit pas d'un tort propre à l'Union nationale, mais commun à tout le système politique canadien. Dès 1945, Mgr Courchesne réclamait l'éradication du patronage: « Ce mal ne se peut guérir que par l'éducation sociale qui mettra de plus en plus nos gens devant les exigences du bien commun et devant celles du bien divin, auxquelles une société ne peut pas se dérober[1]. » Rappelons que Mgr Courchesne avait été le plus zélé des évêques pour faire respecter la morale électorale en 1935. À partir de 1953, l'épiscopat canadien tente de convaincre les fidèles de l'importance du civisme en régime démocratique. La morale, expliquent les évêques, ne se limite pas à la scène domestique[2]. Le civisme est la thématique retenue pour la Semaine sociale du Canada en 1955[3]. En 1956, les évêques canadiens signent une lettre collective dénonçant la corruption électorale et condamnant l'esprit de parti[4].

LES ÉLECTIONS DE 1956

L'élection provinciale de 1956 est un nouveau triomphe pour l'Union nationale, qui récolte 72 des 93 circonscriptions. Dans *Le Devoir*, Paul Sauriol accuse la corruption de l'Union nationale ainsi que l'incapacité de Georges-Émile Lapalme et des syndicats à mobiliser le vote[5]. André Laurendeau dénonce le règne de l'argent et l'indifférence de l'électorat. *Le Devoir* publie plusieurs lettres de lecteurs expliquant les raisons pour lesquelles, selon eux, l'Union nationale est restée au pouvoir et le clergé est mis en cause. Des politiciens s'en plaignent également. René Chaloult, qui tentait de se faire de nouveau élire, attribue sa défaite aux accusations de communisme proférées à son endroit. Il affirme que des communautés religieuses ont fait prier leurs élèves pour qu'il ne soit pas élu[6]. Georges-Émile Lapalme accuse lui aussi dans ses mémoires les communautés religieuses d'avoir fait prier pour sa défaite et sa « conversion[7] ». Ces rumeurs ne sont pas très différentes de celles qui circulaient au lendemain de 1935, où les communautés religieuses étaient accusées d'avoir qualifié Louis-Alexandre Taschereau de franc-maçon devant leurs élèves.

Encore une fois, le clergé est tenu partiellement responsable du résultat de l'élection. Alors que certains blâment les prêtres d'avoir publiquement appuyé l'Union nationale, d'autres les accusent au contraire d'avoir gardé le silence et d'avoir toléré l'immoralité de la campagne électorale. Comme l'abbé Aurèle Parrot en 1935, André Laurendeau relève les attentes paradoxales qu'ont les fidèles à l'endroit du clergé. Bien qu'on souhaite que les prêtres ne se mêlent pas de la chose politique, on souhaite les voir dénoncer la corruption[8]. Sous le couvert de l'anonymat, des prêtres participent au débat. « Un vieux curé » trace un parallèle entre les élections de 1935 et celles de 1956 : « Ce qui était mal et dénoncé par des prêtres en 1935 est-il donc devenu une vertu en 1956 ? On sait qu'on dénonça alors les méchants libéraux, et ma foi, je n'en veux aucunement aux dénonciateurs de ce temps-là. Faut-il maintenant se taire devant les tactiques semblables des vertueux nationaux[9] ? » « Un jeune prêtre de Sherbrooke » explique dans *Le Devoir* que le clergé ne peut se permettre de dénoncer les pratiques de l'Union nationale, puisque les premiers à souffrir de la perte des octrois ne seraient pas les religieux eux-mêmes, mais les enfants, les malades et les vieillards dont ils ont la charge[10].

De nombreux prêtres et religieux sont mis en cause, accusés d'avoir soutenu l'Union nationale ou d'avoir simplement mordu à la propagande du régime, mais *Le Devoir*, comme *Le Soleil* et *Le Canada* en 1935, ne mentionne généralement pas de noms. Un curé de Drummondville est par exemple accusé d'avoir encouragé ses paroissiens à faire preuve de reconnaissance au moment du vote, mais la rédaction s'abstient de le nommer[11]. Le seul nom mentionné est celui de l'abbé Odilon Gauthier, curé de Charlesbourg. Le dimanche précédant les élections, il aurait fait la déclaration suivante dans son prône : « Voilà assez longtemps que vous avez un député de l'opposition, un député assis entre deux chaises. Tâchez donc de voter pour un député qui sera assis sur la chaise[12]. » Un discours de Mgr Desmarais est également dénoncé. Comme en 1935, le Parti libéral envisage de faire appel à Rome pour mener une enquête sur le clergé[13].

La plupart des critiques et des déclarations publiées par *Le Devoir* sont anonymes ou alors publiées sous pseudonyme. De nombreux prêtres et religieux prennent part au débat sans révéler leur nom. « Un frère convers », « un jeune prêtre de Sherbrooke », « un prêtre de Québec » et « un vieux curé » dénoncent les mœurs électorales des Canadiens français[14]. Seuls deux prêtres font une sortie publique, et celle-ci est fortement remarquée. Il s'agit des abbés Gérard Dion et Louis O'Neill. Le premier est professeur à la faculté des sciences sociales de l'Université Laval tandis que le second est professeur de morale au Petit Séminaire de Québec. Ils dirigent ensemble la revue *Ad Usum Sacerdotum*, périodique dont la distribution est limitée au clergé. C'est dans les pages de cette revue qu'ils publient un article intitulé « Lendemain d'élections[15] ». *Le Devoir* publie l'article dans ses pages le 7 août 1956 sans mentionner le nom des auteurs[16]. Une semaine plus tard, l'article est de nouveau publié, et les auteurs sont identifiés[17].

Les deux prêtres dénoncent « le déferlement de bêtise et l'immoralité dont le Québec vient d'être témoin ». Ils accusent les politiciens canadiens-français de s'abaisser à une démagogie digne d'Hitler ou de Staline. Ils déplorent particulièrement l'anticommunisme exacerbé et l'abus du concept d'autonomie provinciale. Ils fustigent également la corruption électorale, qui leur paraît pire à chaque élection. Ils blâment pour cela les Canadiens français qui leur semblent de plus en plus enclins à vendre leur vote au plus offrant.

Le passage qui nous intéresse en particulier est celui où les abbés Dion et O'Neill accusent le clergé de contribuer à affaiblir les mœurs électorales. Ils dénoncent les prêtres pour qui « la moralité se réduit à peu près uniquement au problème des shorts, des robes-soleil ou de la loi du cadenas ». Ils accusent les communautés religieuses de se laisser acheter par les octrois discrétionnaires et de voter unanimement pour « la cause du bien ». Aucun parti n'est mentionné, mais puisque les partis d'opposition ne sont pas en mesure de distribuer des octrois, on déduit que le parti visé est celui qui forme le gouvernement. Les deux abbés dénoncent aussi leurs collègues qui ont directement participé à la campagne et citent quelques exemples, bien qu'aucun nom ne soit mentionné :

> Dans une paroisse de banlieue de Québec, un curé a poussé la bienveillance non seulement jusqu'à parler en chaire en faveur de

son candidat mais est même allé, paraît-il, jusqu'à solliciter des votes à domicile. Autre cas : dans le même comté, un curé a conseillé de voter pour le candidat dont le parti serait au pouvoir : « Sans cela on n'a rien », dit-il. Un autre : « Votez pour qui vous voudrez, mais quand on a un bon gouvernement, on le garde ». Un dernier cas : « Avant d'aller voter, n'oubliez pas de regarder notre belle école neuve[18]. »

Le curé de la banlieue de Québec est très probablement le curé Gravel de Boischatel, mentionné par Hector Laferté dans ses mémoires comme ayant « cabalé de porte en porte[19] ». Les abbés Dion et O'Neill concluent à la nécessité de procéder à une campagne de moralité sociale. Le clergé, expliquent-ils, doit cesser de limiter le péché à la luxure, à l'intempérance et au blasphème. Il doit également s'attaquer à la morale politique et civique.

Les députés de l'Union nationale s'abstiennent de tout commentaire. Le seul politicien dénonçant l'article est le sénateur libéral Jean-François Pouliot, qui réfute les accusations portées contre le clergé de la province. Celui-ci a toujours « fait preuve de dignité et d'impartialité[20] » dans les élections fédérales et provinciales. Les efforts des deux prêtres sont salués par le père Antonin Lamarche dans *La Revue dominicaine*[21]. Dans *La Patrie*, Roger Duhamel déplore la sévérité excessive des deux prêtres : « C'est généraliser abusivement que de laisser entendre que toute une population pratique la prostitution électorale comme un art d'agrément[22]. » Dans *Le Courrier de Saint-Hyacinthe*, Harry Bernard accuse les deux abbés de partialité et d'avoir oublié la corruption qu'ont connue les Canadiens français sous Louis-Alexandre Taschereau[23]. Un article non signé, peut-être de la plume du chanoine Georges Panneton, utilise sensiblement les mêmes arguments dans *Le Bien public* en ajoutant que la menace communiste n'est pas un mythe[24]. L'auteur dit ne pas douter de la sincérité catholique de Georges-Émile Lapalme, mais l'accuse d'être mal entouré. Eugène L'Heureux accueille la déclaration des abbés Dion et O'Neill comme « une salutaire explosion de vérité[25] ». On trouvera une liste plus complète des appuis et des réfutations dans le chapitre du livre de Suzanne Clavette consacré à ce sujet[26].

L'abbé Gérard Dion affirme avoir reçu l'autorisation de la censure ecclésiastique pour publier son article[27]. Aucun évêque ne commente publiquement la sortie des deux prêtres, mais plusieurs portent un jugement dans le privé. Mgr Pelletier interdit à l'abbé Dion de venir adresser la parole dans le diocèse de Trois-Rivières[28]. Mgr Martin, toujours un partisan de Duplessis, confie au père Émile Bouvier qu'il regrette que la revue *Relations* ait endossé l'article, preuve que la revue se dirige vers la gauche[29]. Le cardinal Léger se plaint lui aussi en privé de l'article à Anatole Vanier. Le seul aspect du texte qui semble l'affecter est la critique du clergé : « Comme toujours, le fallacieux prétexte de défendre l'Église devient une arme tournée vers elle. La manœuvre a été souvent exploitée par ses ennemis, même si ceux qui l'avaient forgée étaient sincères[30]. » Il ne se préoccupe guère des critiques à l'endroit de l'Union nationale ou des mœurs électorales. Selon le chanoine Labrecque, Mgr Leblanc, évêque de Gaspé, a fustigé l'article devant ses prêtres et les aurait invités à se désabonner du *Devoir*. Si les évêques ne publient rien pour commenter l'article, c'est qu'ils sont divisés et que certains d'entre eux approuvent[31]. Effectivement, Mgr Douville, qui aimerait bien débarrasser la province du patronage, félicite les deux abbés. Il dit admirer leur clairvoyance et leur courage. Il les encourage à poursuivre « la libération des esprits et des volontés des ténèbres de l'erreur et de l'impérialisme politique de Québec » : « Comment l'électeur peut-il être libre quand la partie n'est pas égale, surtout si le jeu de l'autre n'est ni loyal, ni juste[32] ? » Mgr Coderre, qui n'apprécie pas davantage la politique des octrois discrétionnaires, encourage les abbés Dion et O'Neill à poursuivre leur œuvre et à publier dans leur revue un numéro complet consacré au civisme[33].

Les abbés Dion et O'Neill, loin d'être des moutons noirs, reçoivent de nombreux encouragements de la part de membres du clergé. Le père Georges-Henri Lévesque écrit de Genève aux deux abbés pour les féliciter[34]. L'abbé Gérard Guité de Saint-Elzéar (Bonaventure) leur propose de publier à nouveau l'article sous forme de manifeste. Il informe l'abbé Dion que lui et « quelques confrères » de sa région seraient prêts à le signer. Il pose un jugement sévère sur la situation : « Il était grand temps que cette vérité sorte et que ce qui reste de conscience chrétienne dans le clergé proteste devant ce saccage, cette déprédation sauvage de toutes nos valeurs morales, car, comme vous l'avez souligné, le mal est grand dans notre population, même dans notre clergé et un vigoureux coup de barre s'impose[35]. » Le curé Ernest Lapierre de Saint-Bernard de Rouville informe les deux abbés que tous ses confrères et « la grande majorité des laïques[36] » sont d'accord avec eux. L'abbé Albert Lefebvre de Saint-Raymond de Hull affirme lui aussi que plusieurs de ses confrères approuvent l'article[37]. Le père

Georges-Albert Boissinot des religieux de Saint-Vincent-de-Paul recommande aux deux abbés d'envisager une republication de leur article tout juste avant les élections de 1960[38]. L'abbé Denis Duval confie à l'abbé O'Neill qu'il croit que ceux qui désapprouvent l'article sont « les esprits plutôt âgés, les esprits conservateurs, peut-être aussi certain nombre de timides[39] ». L'abbé Duval déplore les « tendances mccarthystes [sic] de l'Union nationale ». Il ne croit pas cependant que l'Union nationale ait le monopole de la « malhonnêteté des procédés » et ne croit pas que l'article soit antiduplessiste. L'abbé H. Bérubé de Saint-Edward croit que les évêques québécois vont se réjouir que les deux prêtres aient véhiculé pour eux un message qu'ils souhaitaient certainement diffuser[40]. Des prêtres travaillent ardemment à la diffusion du travail des abbés Dion et O'Neill. Selon Pierre Laporte, un curé de Montréal a acheté 3 000 exemplaires de la brochure pour les distribuer dans sa paroisse, et des communautés religieuses en commandent par centaines[41].

Les abbés Dion et O'Neill reçoivent également des critiques. Un prêtre de Québec-Ouest croit que l'appui des religieux à l'Union nationale ne vient pas de la peur du communisme, mais de la faiblesse du Parti libéral, dont le programme se limitait selon lui à réduire les impôts et à appuyer les centralisateurs[42]. C'est par crainte de voir le gouvernement provincial complaisant avec le gouvernement fédéral que les prêtres ont voté pour l'Union nationale. Le curé J.-Alphonse Beaulieu de Saint-Alexis-de-Matapédia rappelle aux deux abbés que de nombreux prêtres ont voté pour le Parti libéral, à qui il reproche de blâmer le clergé pour chacune de ses défaites : « Dès qu'il est en présence d'un prêtre qui ne semble pas du parti, il l'accuse de faire de la politique et essaie, par tous les moyens, de le diminuer. À chaque fois qu'il perd une élection, il fait une crise d'anticléricalisme[43]. » Il croit que signaler la corruption de l'Union nationale est tout à fait acceptable, à condition de ne pas généraliser et de ne pas omettre les abus commis par le Parti libéral. L'abbé Camille Lebel déplore en particulier le jugement sévère des deux abbés à l'endroit des religieuses, accusées de voter en bloc pour l'Union nationale à la demande de leur curé : « Une sœur, Monsieur O'Neil, c'est un être têtu, pas facile à manier, fort peu influençable. [...] Il suffirait que leur curé leur dise de voter d'un côté pour qu'elles votent de l'autre[44]. » Le père franciscain Adrien Gauvreau approuve publiquement les déclarations des deux prêtres, mais déplore l'utilisation partisane qui en est faite[45].

La critique la plus complète et la plus nuancée est celle de l'abbé Raymond Lavoie, qui reproche aux deux prêtres de laisser entendre que tous les prêtres, religieux et religieuses de la province ont voté bleu « parce qu'ils ont la conscience déformée ou bien que la propagande les a circonvenus[46] ». L'abbé Lavoie croit que ceux qui ont voté pour l'Union nationale l'ont fait surtout parce qu'ils n'ont pas trouvé de bonne raison de voter pour le Parti libéral. Il reconnaît tout de même que la corruption du gouvernement provincial est intolérable. Il reproche aux deux abbés leurs généralisations, qu'il juge injustes : « C'est fausser le problème que de conclure, comme vous le faites, que des procédés immoraux étant intervenus à plus forte dose du côté de l'Union nationale, leur succès prouve que nous sommes un peuple corrompu. Tirez les conclusions que vous voulez au sujet des organisations politiques, mais ne vilipendez pas toute la population[47]. » L'abbé Lavoie explique que les Canadiens français ont été trahis si souvent par les politiciens qu'ils ne croient plus aux promesses électorales et ont donc le réflexe d'aller au plus offrant : « Sans doute Baptiste ne pèche pas gravement, quand, placé devant deux candidats qui lui mentent à tour de rôle en lui affirmant que tout le mal possible lui surviendra s'il vote "contre", il vote pour celui qui ajoute une paire de souliers à ses duperies[48]. » Il dit aussi que la victoire de l'Union nationale aurait été la victoire de la corruption uniquement si tout le mal se trouvait chez les bleus et tout le bien chez les rouges, comme si le pape avait excommunié l'Union nationale.

Des critiques sont évidemment plus catégoriques. Le curé J. T. Tétreau de l'Immaculée-Conception de Drummondville traite les deux abbés de « calomniateurs du clergé canadien-français[49] ». L'abbé J. A. Melançon du Séminaire de Nicolet qualifie l'article de « coup de pied de vache[50] ». Les critiques les plus acharnés sont encore une fois ces ultras qui gravitent autour de Maurice Duplessis. Le chanoine Georges Panneton croit que l'article va faire la joie des francs-maçons, des orangistes et des communistes puisqu'il discrédite la province et le clergé devant tout le pays. Les centralisateurs seront heureux de cet article qui va retirer à Duplessis toute sa crédibilité au cours de la prochaine conférence fédérale-provinciale[51]. Le curé Gravel croit que les abbés Dion et O'Neill ont des accointances avec les milieux communistes, qui applaudissent leur article. Le curé croit à un vaste complot impliquant les deux abbés, *Le Devoir*, la revue *Cité libre*, les communistes, la faculté des sciences sociales de l'Université Laval, le tout appuyé par l'archevêché de Québec qui tente de faire de *L'Action catholique* un organe libéral.

Les réactions aux élections de 1956 et à l'article des abbés Dion et O'Neill démontrent encore une fois la diversité des positions politiques du clergé. Visiblement, de nombreux prêtres partagent les préoccupations des deux prêtres. Ceux qui les critiquent, pour la plupart, ne le font pas par sympathie pour l'Union nationale. La correspondance du curé Gravel, du chanoine Panneton et du chanoine Labrecque est à ce sujet révélatrice. Ces trois prêtres se sentent eux-mêmes de plus en plus isolés dans le clergé, qui semble s'impatienter devant la corruption électorale et réclame du changement.

LES ÉLECTIONS DE 1960

Maurice Duplessis meurt à Schefferville le 7 septembre 1959. Il est remplacé par Paul Sauvé, ministre de la Jeunesse et du Bien-Être social. Sans rompre avec l'héritage de Duplessis, le nouveau premier ministre se distingue par un programme qu'on juge autrement plus progressiste que celui de son prédécesseur, un programme symbolisé par le mythique « Désormais » qu'il n'a probablement jamais prononcé[52]. Il est difficile de déterminer les réactions du clergé à cette nomination, la correspondance de Paul Sauvé n'étant pas accessible. Bien qu'apprécié, Paul Sauvé meurt à son tour le 2 janvier 1960. C'est finalement Antonio Barrette, ministre du Travail, qui mène l'Union nationale au cours de la campagne électorale de 1960. Bien que le nouveau chef prétende incarner le changement, l'image de l'ancien reste intimement liée à celle du parti. À la veille des élections, la lettre amicale qu'adressait le cardinal Villeneuve à Maurice Duplessis au lendemain de sa défaite de 1939 est lancée dans le public. *Le Bien public* de Trois-Rivières est le premier journal à la publier. Même si le journal présente la lettre comme un « document historique », sa diffusion est l'occasion de rappeler que Duplessis « a fait progresser admirablement notre patrie québécoise[53] ». Selon le chanoine Labrecque, c'est Auréa Cloutier, secrétaire de Duplessis, qui a remis la lettre aux journaux[54].

Un autre appui du clergé est utilisé par la propagande du parti. Peu de temps avant les élections, Mgr Ira Bourassa, curé de Saint-Jean-Baptiste de Sherbrooke, participe à un hommage public au ministre Johnny Bourque et livre à son sujet un discours élogieux: « Il n'a pas dévié de sa religion, pas plus que de son honnêteté et de son intégrité dans sa vie politique[55]. » Répondant aux abbés Dion et O'Neill, Mgr Bourassa ajoute que les politiciens québécois « sont les plus honnêtes de tout le Canada ». Ce discours vaut au curé, selon son témoignage, une centaine de lettres injurieuses. On le blâme d'avoir fait l'éloge de Bourque, qui est un dictateur, un divorcé et un communiste[56]. Les libéraux ne sont pas les seuls à être accusés injustement d'être des bolchévistes immoraux.

En 1960, à l'approche des élections, les abbés Dion et O'Neill publient une version bonifiée de leur article de 1956 sous forme de livre intitulé *Le chrétien et les élections*[57]. Le livre contient des textes des deux abbés et de théologiens ainsi que des documents épiscopaux et pontificaux. On y trouve notamment une lettre pastorale de Mgr Coderre, publiée en 1959, qui réclame l'éradication de la corruption électorale et l'avènement d'une démocratie véritable au Canada français[58]. Le chanoine Armand Racicot, qui préface l'ouvrage, explique que les évêques sont allés aussi loin qu'ils le pouvaient dans l'énoncé des principes sur le civisme et que le livre des deux abbés vient traduire la pensée de l'épiscopat « dans la pratique quotidienne[59] ». Lors du lancement du livre, le chanoine Racicot précise que Mgr Roy et Mgr Coderre ont tous deux approuvé sa publication. Pendant la campagne électorale, le Parti libéral distribue *Le chrétien et les élections* aux communautés religieuses et aux curés de la province. « Un religieux » répond qu'il s'agit d'une tactique insultante et que le Parti libéral ferait bien de distribuer le livre à ses propres membres[60]. Le père jésuite Richard Arès emboîte le pas aux abbés Dion et O'Neill en dénonçant à son tour la corruption :

> Se parjurer, vendre son vote, se livrer à des violences ou au trafic des votes, que ce soit pour de l'argent, de l'alcool, une situation ou des honneurs, autant d'actes contraires à la morale du bien commun et en définitive à la vraie démocratie, autant d'actes qui tuent chez les citoyens le respect d'eux-mêmes et des autres, en même temps que le souci de l'intérêt général et le sens des devoirs qu'impose à chacun la vie politique[61].

Cette fois, un évêque prend la parole publiquement. Mgr Paul Bernier, archevêque-évêque de Gaspé, traite dans un discours du rapport du clergé à la politique. Il croit que c'est le devoir des prêtres d'encourager les fidèles à se détacher de la « fausse idole » du parti politique et d'apprendre à juger équitablement les candidats et les programmes.

Il déclare que le prêtre ne doit se faire ni « l'adulateur du pouvoir » ni « le censeur et le juge par-dessus la tête des évêques[62] ». L'évêque conclut en ordonnant à son clergé de ne pas assister aux assemblées politiques et de ne pas permettre leur tenue dans les salles paroissiales afin d'empêcher les accusations d'appui de l'un ou l'autre des partis politiques. Dans son ensemble, le discours de Mgr Bernier semble neutre et paraît viser autant les prêtres qui appuient l'Union nationale que ceux qui la critiquent. Cependant, l'évêque ne cite en exemple que le seul cas des abbés Gérard Dion et Louis O'Neill, qui sont sortis de leur rôle en critiquant l'Union nationale, un rôle qui revient à l'épiscopat. Le discours de Mgr Bernier prend donc l'allure d'une condamnation.

Le chanoine Cyrille Labrecque se réjouit de ce « bon coup de massue[63] ». L'abbé Paul-Émile Bolté, professeur à la faculté de théologie de l'Université de Montréal, recommande à l'abbé Dion un appel à Rome pour protester contre la déclaration de Mgr Bernier[64]. Dans *Le Messager* de Sherbrooke, l'abbé Gérard St-Pierre défend l'évêque de Gaspé et dénonce l'utilisation partisane que font les adversaires de l'Union nationale du volume des abbés Dion et O'Neill. L'article de l'abbé St-Pierre, comme le discours de Mgr Bernier et l'éloge de Mgr Bourassa, est repris et distribué par l'Union nationale. L'abbé St-Pierre déplore l'utilisation partisane qu'on fait de son article[65].

En 1935, le cardinal Villeneuve avait publié une lettre approuvée par tous ses collègues sur la moralité des élections. *L'Action catholique* la reproduit au cours de la campagne de 1960[66]. Le cardinal Léger répète l'exercice de son prédécesseur. Il rédige un texte accepté par ses collègues de l'épiscopat, que les prêtres doivent lire en chaire les deux dimanches avant les élections. La lettre, beaucoup plus courte que celle du cardinal Villeneuve, aborde directement le problème dénoncé par les abbés Dion et O'Neill :

> Le vote doit être libre et donné consciencieusement, c'est-à-dire, en vue du bien commun, et non pas par esprit de parti ou pour des intérêts particuliers. Le vendre, l'acheter, ou le forcer de quelque manière que ce soit, constitue une faute grave de sa nature. Même sans vendre son vote, on pourrait être imprudent, et souvent injuste, en offrant ou en acceptant des avantages, d'argent ou autres, disproportionnés avec des services légitimement rendus[67].

Figure 8 Caricature de Robert LaPalme illustrant les chefs de partis se disputant les appuis du clergé lors de la campagne électorale de 1960.

Comme en 1935, on constate un sentiment, partagé par le haut et le bas clergé, sur la nécessité de moraliser les élections.

Le clergé intervient davantage au cours des élections de 1960 qu'il ne l'a jamais fait depuis 1935. Dans la plupart des cas, nous l'avons vu, il s'agissait, comme en 1935, de réclamer des élections propres et honnêtes. Un débat public sur le rôle politique des prêtres a pris, comme en 1935, l'allure d'un débat partisan. Quant à l'implication électorale des prêtres, il nous semble qu'elle a été, comme en 1935 encore une fois, fortement exagérée. Le discours de Mgr Bourassa, qui n'était pas réellement partisan ni un éloge particulièrement éloquent, a pourtant été dénoncé par les lecteurs du *Devoir* et utilisé par la propagande de l'Union nationale comme la preuve que l'Église appuie l'Union nationale. On y a ajouté le discours de Mgr Bernier et l'article de l'abbé St-Pierre, qui étaient des attaques contre l'implication politique du prêtre. Nous en déduisons que l'Union nationale n'a pu utiliser d'autres interventions publiques du clergé en sa faveur.

Le curé Gravel et les quelques autres prêtres dénoncés par *Le Devoir* en 1956 ont probablement récidivé en 1960. Impossible toutefois de déduire que ces quelques exemples éparpillés à travers la province étaient représentatifs du clergé. Encore une fois, nous pouvons supposer que le Parti libéral a également eu ses appuis chez les curés, comme l'affirme le Dr Paquette dans ses mémoires[68]. Les deux partis dénoncent l'intervention politique du clergé uniquement lorsque celle-ci leur est défavorable.

***

Le 22 juin 1960, le Parti libéral de Jean Lesage est porté au pouvoir avec 51 % des votes et 51 des 95 sièges. Les sources nous manquent pour déterminer la réaction du clergé. Présentons tout de même la réaction du chanoine Cyrille Labrecque, qui confie son désarroi au chanoine Panneton :

> Nous voici donc sous le joug des libéraux. Le changement est pénible, mais il faut nous en accommoder. Je ne me laisse pas abattre, je souffre. Comme vous dites, l'horizon est sombre. Comment nos nouveaux maîtres vont-ils traiter la question de l'autonomie ? Si l'on juge d'après les antécédents, nous avons raison de craindre, de craindre beaucoup. Antiautonomistes et centralisateurs ils ont été, le seront-ils dans l'exercice du pouvoir provincial, comme le gouvernement Godbout ? Il aurait été sage de ne pas se fier à eux... Nous n'avons pas mérité mieux peut-être[69].

Le chanoine Labrecque est, avec le chanoine Panneton et le curé Gravel, le plus ardent partisan de l'Union nationale dans le clergé. Il est donc fortement intéressant de constater que sa principale crainte à l'aube du changement de garde est de voir le gouvernement abandonner la cause de l'autonomie provinciale. L'Église n'est-elle pas au contraire en panique à l'idée de voir son pouvoir et ses prérogatives lui échapper au profit d'un gouvernement laïcisant ? Cette crainte serait absurde puisque la laïcisation ne figure pas au programme du Parti libéral. Même une fois à la tête d'un gouvernement majoritaire, Jean Lesage maintient qu'il entend respecter la souveraineté de l'Église catholique dans ses champs de compétence et qu'il entend faire perdurer « l'harmonie confessionnelle », malgré ce qu'en disent « certains intellectuels »[70]. Comme Adélard Godbout avant lui, il s'engage à ne jamais créer un ministère de l'Instruction publique. Paul Gérin-Lajoie, qui sera le premier titulaire du futur ministère de l'Éducation, fait la même promesse devant le Conseil de l'instruction publique après son entrée au cabinet[71]. Le clergé n'est-il pas affolé de voir des bolchevistes au pouvoir ? Il semblerait en fin de compte que même un ultraconservateur comme le chanoine Labrecque n'ait jamais cru que le Parti libéral du Québec était mené par des communistes.

L'Église québécoise de 1960 est bien différente de celle de 1930. Les évêques ont accepté l'urbanité du Québec et abandonné leur idéal de colonisation et de corporatisme. Tandis qu'en Italie et en France la séparation de l'Église et de l'État fut violente, elle se fit au Québec dans la bonne entente, malgré des oppositions franchement affirmées. Les réformateurs de la Révolution tranquille ont trouvé de nombreux alliés à l'intérieur du clergé, Mgr Alphonse-Marie Parent, recteur de l'Université Laval et président de la commission d'enquête sur l'instruction publique, étant le plus connu d'entre eux. L'Église québécoise post-Révolution tranquille s'est montrée ouverte à la démocratie participative, à la citoyenneté responsable et à l'affirmation des libertés individuelles, une évolution remarquable considérant sa longue opposition à ces traits de la société moderne[72]. Jean-Philippe Warren, E.-Martin Meunier et Michael Gauvreau ont démontré que la Révolution tranquille n'était pas un mouvement fondamentalement anticlérical et laïciste, mais « une sortie religieuse de la religion[73] ». Loin d'être dirigé contre l'Église, le programme du Parti libéral est tout à fait conforme aux valeurs catholiques. Prêtres et évêques n'auraient eu aucune raison de se sentir menacés. À leurs yeux, les élections de 1944 à 1960 ne se font pas entre cléricaux et anticléricaux, encore moins entre communistes et anticommunistes. S'il a bien existé une dualité entre le Parti libéral et l'Union nationale, elle opposait plutôt les nationalistes aux fédéralistes, les autonomistes aux centralisateurs. Adélard Godbout et Georges-Émile Lapalme ne sont pas perçus comme des anticléricaux, mais comme des politiciens dont la naïveté et la servilité les pousseraient à accepter un compromis inacceptable. Maurice Duplessis est par rapport à eux le gardien des prérogatives provinciales. Les évêques qui apprécient l'Union nationale pour sa lutte au communisme sont, nous l'avons vu, peu nombreux. Les évêques apprécient Duplessis pour son autonomisme, son intérêt pour les régions et sa générosité à l'endroit des institutions charitables. Cela n'empêche pas certains d'entre eux de porter sur lui un jugement sévère.

En 1960, les plus grands alliés de Duplessis dans le clergé sont plus isolés que jamais. Le chanoine Labrecque ne s'explique pas que le cardinal Léger n'appuie pas Duplessis comme le faisait selon lui le cardinal Villeneuve[74]. Il souhaiterait le voir museler les abbés Dion et O'Neill, qui semblent inspirer leurs confrères. Les alliés de Duplessis se trouvent surtout parmi les plus conservateurs des membres du clergé. Lorsque Jean-Paul Desbiens publie ses critiques du système d'éducation québécois sous le pseudonyme Frère Untel, il subit les attaques de Mgr Bernier, Mgr Martin et Mgr Cabana, trois évêques qui considéraient à tort ou à raison Duplessis comme le défenseur d'un catholicisme politique rigoureux[75]. Ces religieux ultraconservateurs seront au premier rang des critiques des réformes de Vatican II. Le curé Pierre Gravel se fait remarquer comme l'un des derniers prêtres québécois à conserver le port de la soutane au moment où tous les autres l'abandonnent[76]. Les chanoines Cyrille Labrecque et Georges Panneton s'opposent à la modernisation de l'Église catholique, qui leur apparaît comme un rejet de la tradition[77]. Le clergé dans l'ensemble semble s'être bien accommodé du changement de gouvernement, et ce, pour de multiples raisons.

Indépendamment de leurs préférences partisanes, ils sont nombreux à réclamer du changement à la fin des années 1950. Sur ce plan, le clergé joue, comme en 1935, le rôle de gardien de la morale que tous souhaitent encore le voir occuper, bien que, ce faisant, il heurte certaines sensibilités. Les dénonciations de la corruption de l'Union nationale sont beaucoup moins nombreuses et bruyantes que celles de la corruption du Parti libéral en 1935. Cela est d'ailleurs reproché par les contemporains. Cela s'explique toutefois par le fait que les dénonciations venant des prêtres sont assimilées à une critique partisane, à une intervention politique du clergé. Lorsque les prêtres ont dénoncé la corruption en 1935, on les a accusés d'attaquer le Parti libéral. Lorsqu'ils ont dénoncé la corruption en 1956 et en 1960, on les a accusés d'attaquer l'Union nationale. C'est la raison pour laquelle le cardinal Villeneuve et ses collègues ont resserré la discipline au lendemain des élections de 1935. Fort de ce précédent, le clergé ne peut évidemment pas intervenir de manière aussi forte en 1956 ou en 1960. La démission forcée du curé Lavergne en 1941 a dû faire réfléchir bien des imprudents sur les conséquences d'une implication politique trop importante. L'acharnement des libéraux à blâmer les prêtres pour les résultats électoraux de 1935 a empêché l'intervention du clergé qu'ils ont réclamée en 1956 et en 1960.

Nous ne saurions comprendre le rapport unissant l'Église et l'État dans cette période complexe en nous basant uniquement sur les préférences partisanes alléguées des évêques et du clergé, comme ont eu tendance à le faire de nombreux auteurs et historiens. Nous avons démontré que la politique de l'Église canadienne était régie par des règles bien particulières et suivait un ordre du jour qui ne se limitait pas au jeu des partis politiques. Nous ne sommes plus au XXe siècle où la position de l'Église pouvait parfois se résumer par la célèbre maxime « le ciel est bleu, l'enfer est rouge ». Comme le dira un jour Mgr Desmarais à Maurice Duplessis : « Le rouge est pourtant, ne vous en déplaise, la couleur liturgique de l'Esprit-Saint [*sic*][78]. »

Conclusion

> Tous les souvenirs, ou presque tous, sont embués par le temps et ceux qui paraissent les plus clairs sont souvent déformés par les phantasmes de l'imagination[1].
>
> Georges-Émile Lapalme

La Révolution tranquille ne marque pas la fin de l'influence politique du clergé. C'est en 1976 que les deux premiers prêtres-députés, Jacques Couture et Louis O'Neill, sont élus à l'Assemblée législative. Leur influence est d'autant plus grande qu'ils sont tous deux ministres dans le premier cabinet Lévesque[2]. En 2008, l'abbé Raymond Gravel est élu député fédéral du Bloc québécois dans Repentigny. Au-delà de l'implication politique des prêtres, le Parti libéral maintient longtemps sa tradition de tenir le clergé responsable de ses échecs. En 1966, René Lévesque lui-même accuse des curés de Montréal d'avoir fait de la publicité à l'Union nationale et d'avoir causé la défaite du Parti libéral, accusations qu'il reconnaîtra plus tard être non fondées[3]. En 1973, la publication d'un manifeste signé par 31 prêtres de la région de Québec provoque un nouveau scandale. Le document condamne les attaques des adversaires du Parti québécois qui accusent le séparatisme d'être contraire à l'évangile. Les auteurs sont accusés de partisannerie, d'autant plus que l'un des principaux rédacteurs, l'abbé Armand Therrien, est président du Parti québécois dans la circonscription de Portneuf. Libéraux et créditistes accusent ces prêtres « marxistes » de « provoquer une scission au sein des chrétiens en s'engageant politiquement[4] ». Ceux qui applaudissaient les écrits des abbés Gérard Dion et Louis O'Neill lorsque ceux-ci paraissaient encourager le Parti libéral condamnent les prises de parole des prêtres maintenant que ces derniers semblent favoriser le Parti québécois.

Conclusion

Au cours du XXe siècle, l'Église catholique du Québec a été accusée tour à tour de privilégier le Parti libéral, l'Union nationale, le Bloc populaire canadien et le Parti québécois, comme elle a été tantôt accusée d'appuyer le patronat, tantôt de soutenir les syndicats. L'Église était si présente dans la vie des Canadiens français et ceux-ci étaient si fiers d'y appartenir qu'ils auraient souhaité que leur curé et leur évêque partagent chacune de leurs positions et les aident à les défendre. Prêtres et évêques ne pouvaient évidemment pas appuyer tout le monde et ils se sont parfois trouvés sans le vouloir à favoriser l'une ou l'autre des parties. Les libéraux de Louis-Alexandre Taschereau étaient ravis de bénéficier de l'appui du clergé et de présider à des bénédictions de ponts et d'écoles en compagnie des évêques, mais se sont mis à dénoncer l'ingérence des prêtres lorsque ceux-ci ont attaqué la corruption électorale et appuyé l'Action libérale nationale. Dans le même ordre d'idées, l'Union nationale se faisait une fierté de recevoir l'appui des évêques sur tel ou tel projet de loi, mais déplorait l'incursion du clergé en politique en 1956 et en 1960 lorsque celle-ci semblait favoriser le Parti libéral.

L'influence de l'Église, qu'on a cru voir atteindre son apogée sous Duplessis, a en réalité constamment diminué. Sous Louis-Alexandre Taschereau, la voix des évêques avait un réel impact sur la législation. Les seules oppositions du cardinal Villeneuve et de Mgr Gauthier suffisaient à faire reculer le premier ministre et son secrétaire provincial sur des projets de législation. Taschereau et David ne laissaient pas forcément le dernier mot aux évêques, mais leur accordaient un rôle plus grand que ne le fera Duplessis. Ce dernier n'a jamais accepté de renoncer à sa politique pour satisfaire un évêque, fût-il cardinal. N'a-t-il pas créé le ministère de la Jeunesse et du Bien-Être social, malgré l'opposition du cardinal Villeneuve et une résolution commune de l'épiscopat québécois ? N'a-t-il pas refusé d'amnistier les organisateurs de la grève d'Asbestos en dépit d'une demande du pape lui-même ? Les efforts des adversaires de Taschereau pour lui accoler une réputation d'anticlérical ont pourtant porté leurs fruits. La création de la Loi de l'assistance publique, la controverse sur les écoles juives, la présence de T.-D. Bouchard au cabinet et surtout les articles anticléricaux du *Soleil* et du *Canada* au lendemain de 1935 sont autant d'éléments qui ont été récupérés par les conservateurs pour mettre le gouvernement libéral en opposition avec l'Église, une opposition qui, nous l'avons démontré, n'existait que dans l'imaginaire des témoins.

Malgré certaines remontrances exprimées par le très conservateur Mgr Comtois, les évêques dans leur ensemble s'étaient fort bien accommodés du régime Taschereau. Le cardinal Villeneuve et Mgr Gauthier en particulier appréciaient le chef libéral et l'ont apprécié encore davantage après son départ, lorsque Duplessis a bouleversé les règles du jeu et apporté sa politisation excessive au gouvernement.

Plus que Louis-Alexandre Taschereau, c'est Adélard Godbout qui incarne à nos yeux l'opposition à Duplessis sur les rapports entre l'Église et l'État. Le suffrage féminin et les réformes de l'éducation ont suffi à nous représenter Godbout comme un adversaire du clergé. Le chef libéral s'est pourtant présenté au cardinal Villeneuve comme son fils soumis. À la différence de Duplessis, cette soumission s'est exprimée dans une lettre privée et non dans une déclaration publique prononcée devant des dizaines de milliers de personnes et rapportée par tous les grands journaux. Duplessis faisait étalage de toutes les lettres de remerciements qui lui étaient adressées par les évêques, alors que Godbout conservait pudiquement les siennes. Pensons au cas de l'Université de Montréal. Rappelons finalement que Duplessis accusait constamment son adversaire d'attaquer l'Église et de manquer de respect au clergé, des accusations dont ont fait grand cas journalistes et historiens comme si le chef de l'opposition était le porte-parole attitré des évêques. C'est ainsi que Duplessis passe pour un ultramontain apprécié de l'épiscopat, tandis que Godbout est plutôt perçu comme un anticlérical.

La correspondance du cardinal Villeneuve et de Mgr Gauthier rend compte des sévères remontrances de l'épiscopat envers Duplessis au cours de son premier mandat. Le patronage et la guerre aux syndicats ne sont guère prisés par les évêques. Les relations s'adoucissent après la Seconde Guerre mondiale. La mort du cardinal Villeneuve fait perdre à l'épiscopat un chef fort et capable de l'unir dans un refus de se soumettre à l'État. Un à un, les évêques succombent aux pressions financières et acceptent de plier devant la machine de l'Union nationale. Certains résistent passivement, d'autres plus activement, mais l'histoire ne les a guère retenus, à l'exception de la figure mythique de Mgr Charbonneau. Lorsqu'on les cite, c'est pour mieux minimiser leur opposition et les présenter comme les exceptions qui confirment la règle. C'est ainsi que nous avons accepté des généralisations abusives résumées par des maximes telles que « les évêques mangent dans ma main ».

Qu'en est-il du clergé, qui aurait unanimement soutenu l'Union nationale du début à la fin et fait sa publicité jusqu'au confessionnal ?

Cette idée est évidemment erronée puisqu'il ne s'est jamais trouvé d'unanimité dans le clergé sur le plan politique. Il s'est toujours trouvé des prêtres libéraux qui sont parfois allés jusqu'à appuyer publiquement leur parti ou encore à attaquer ses adversaires. Le père Georges-Henri Lévesque n'était pas, au sein du clergé, une voix prêchant dans le désert. Les prêtres nationalistes, surtout, ont mis beaucoup de temps à rallier l'Union nationale. Rappelons aussi que la sympathie politique des prêtres a grandement évolué au cours de la période étudiée. Pensons à tous ces prêtres et religieux qui ont appuyé l'Union nationale après avoir milité pour l'Action libérale nationale, le Parti national et le Bloc populaire canadien. Pensons également aux prêtres libéraux qui ont intégré l'Action libérale nationale en raison du refus de Louis-Alexandre Taschereau de renouveler sa politique.

Ces importantes variations dans la sympathie politique du clergé s'expliquent par le refus traditionnel du système politique partisan par l'Église. C'est une constante que nous avons relevée tout au long de nos recherches. Depuis le *Programme catholique* de 1871, clercs et évêques se sont plus volontiers appuyés sur des hommes que sur des partis. C'est une des raisons pour lesquelles le Bloc populaire canadien, malgré sa plate-forme inspirée de celle de l'ALN, n'a pu conserver ses appuis après le départ de Philippe Hamel, Paul Gouin et René Chaloult. Le parti avait perdu ses cautions morales. L'indépendance de Chaloult vis-à-vis des partis politiques est une des raisons pour lesquelles de nombreux prêtres l'ont appuyé. Les prêtres étaient également, jusqu'à un certain point, indépendants de leur évêque dans leurs prises de position. Les envolées oratoires d'un abbé Gravel et d'un curé Lavergne ne reflétaient absolument pas les positions du cardinal Villeneuve et encore moins celles de l'Église. On a pourtant utilisé des cas aussi disparates pour prouver que l'Église tout entière appuyait Duplessis et abhorrait Taschereau.

Maurice Duplessis a lui aussi été jugé en tant qu'individu. Jusqu'en 1935, il n'était que le chef de l'opposition conservatrice et ne s'est guère distingué sur ce plan. Son alliance avec l'Action libérale nationale et son appui tacite du Programme de Restauration sociale l'a fait découvrir sous un jour favorable. Il s'est ensuite distingué comme génie politique et est donc devenu, aux yeux du clergé antilibéral et pro-ALN, le brillant tacticien qui saurait mener l'alliance au pouvoir et ainsi permettre l'accomplissement du programme. Sa « trahison » en 1936 lui a fait perdre de nombreux appuis, et les seuls qui lui sont demeurés fidèles sont ses amis proches, les prêtres conservateurs et ceux qui ont bénéficié du soutien financier de l'État sous sa gouverne. Duplessis s'est ensuite révélé comme le plus redoutable adversaire du gouvernement fédéral et de ses politiques centralisatrices. C'est de cette façon surtout qu'il s'est ménagé la sympathie politique d'une grande partie du clergé, toujours majoritairement nationaliste. L'appui à l'autonomisme de l'Union nationale ne signifie pas un enthousiasme aveugle. De nombreux prêtres qui ne sont pas moins autonomistes que Duplessis déploraient la corruption électorale de l'Union nationale, et certains sont allés jusqu'à la dénoncer publiquement.

Cette vision très personnelle de la politique est encore plus présente dans les rapports entre les évêques et le gouvernement. Nous avons démontré à quel point Duplessis avait personnalisé ses rapports avec chacun des évêques et de quelle façon les différences de relations entraînaient des différences de traitement. Tandis que le premier ministre se montrait très généreux pour ses amis, il s'amusait à faire ramper ceux qui lui déplaisaient. Ses «ennemis» ne pouvaient rien espérer de lui. Au Québec comme au Canada, il n'y avait encore aucune règle régissant les rapports entre l'Église et l'État. Chaque affaire était traitée individuellement et chaque évêque était traité différemment selon l'estime que lui portait le premier ministre. Il ne s'agit pas là d'un phénomène propre à l'Union nationale. Alors que Mgr Gauthier pouvait profiter de ses bonnes relations avec les ministres David et Perrault pour infléchir la politique du gouvernement Taschereau, un évêque hostile tel que Mgr Comtois ne pouvait guère espérer obtenir une oreille attentive de la part des libéraux. De la même façon, Mgr Desranleau, coupable à la fois d'être réfractaire à la politique de guerre et d'être hostile au Parti libéral, ne pouvait espérer l'aide du gouvernement Godbout dans ses projets. Dans le même ordre d'idées, le Dr Albiny Paquette et Omer Côté ont eu de la difficulté à se faire accepter des archevêques de Montréal, ce qui a nui considérablement aux relations entre l'archevêché et le gouvernement.

Toutes ces relations personnelles sont difficiles à cerner en raison des rapports diplomatiques unissant les ministres aux évêques. Nous avons vu comment certains prélats ont pu écrire de bons mots aux politiciens sans rien en croire. Les lettres de félicitations et d'encouragement des évêques à Duplessis ont été utilisées comme des gages de leur adhésion complète à la politique de l'Union nationale et de leur hostilité au Parti libéral. La figure du cardinal Villeneuve a été particulièrement malmenée. À chaque changement de régime, l'archevêque de Québec a été accusé de soutenir indûment le gouvernement contre l'opposition : vendu à Taschereau d'abord, à Duplessis ensuite, puis finalement à Godbout et au gouvernement libéral fédéral. C'est pourtant son prétendu soutien à Duplessis qui est passé à l'histoire, la propagande de l'Union nationale ayant été la plus efficace. Nous avons démontré que nous ne pouvions résumer la politique du cardinal à un simple appui à l'un ou à l'autre des partis politiques.

La sympathie politique des prêtres et des évêques n'a pas été dictée, comme on l'a trop souvent affirmé, uniquement par leur conservatisme social. Même la Loi du cadenas, qui devait être le fer de lance de la lutte au communisme en Amérique du Nord, n'a pas suffi à rallier le clergé à Duplessis en 1939 ou à faire oublier ses nombreux torts aux évêques. Ce conservatisme social s'applique d'ailleurs autant au Parti libéral qu'à l'Union nationale. Louis-Alexandre Taschereau et Adélard Godbout n'ont jamais eu l'intention de révolutionner l'État québécois et de laïciser l'éducation. Tout comme Duplessis, ils ont joué un rôle remarquable dans la modernisation du Québec, une modernisation qui s'est faite en collaboration avec l'Église, toujours considérée comme une partie intégrante de la société québécoise et avec laquelle il fallait compter. Taschereau et Godbout étaient tout aussi respectueux que Duplessis des prérogatives des évêques, voire davantage. Nous souhaitons souligner l'importance de baser notre vision de l'histoire sur des faits historiques et non sur des interprétations *a posteriori* basées sur des jugements idéologiques. En 1935 et en 1936, les prêtres qui ont appuyé l'Union nationale l'ont fait principalement par volonté de voir s'opérer une « restauration sociale » au Québec. Cette restauration sociale passait par l'assainissement des mœurs politiques, la mise au pas du capitalisme sauvage et la mise en place d'un programme nationaliste et chrétien. Par rapport à l'Union nationale, le Parti libéral de Taschereau et Godbout semblait être le défenseur du *statu quo*, de la corruption et des grandes compagnies. De 1939 à 1960, les prêtres qui ont appuyé l'Union nationale l'ont fait principalement par opposition à la centralisation fédérale. Par rapport à l'Union nationale, le Parti libéral de Godbout et Lapalme semblait être le larbin de son grand frère d'Ottawa, le complice du gouvernement de Mackenzie King et Saint-Laurent qui cherchait à dissoudre le Québec dans le grand tout canadien. S'il s'est bien trouvé quelques ultras pour redouter une laïcisation communiste de la province de Québec, ces prêtres étaient des voix isolées et non les représentants d'une tendance générale.

Comment expliquer qu'une perspective à ce point erronée ait été élevée au rang de réalité historique ? D'abord, les recherches historiques sur cette période ont été précipitées. Les premières monographies sur le duplessisme, dont celles qui sont encore le plus souvent utilisées, ont été écrites moins de 20 ans après la défaite de l'Union nationale en 1960. Les historiens qui se sont attelés à la tâche manquaient évidemment de recul. Envisagerait-on que des travaux historiques se penchent dès aujourd'hui sur les grèves étudiantes de 2012 ? On peut également indiquer l'absence de sources. Ajoutons à l'état parcellaire des archives politiques l'impossibilité pour les chercheurs de consulter les archives religieuses jusqu'à tout récemment. Les historiens ont longtemps été limités à baser leurs études sur des archives de presse forcément limitées, sur des archives politiques dont la conservation a été tout sauf méthodique et sur des témoignages faussés.

Encore en 1993, Lucia Ferretti déplorait le peu d'intérêt des étudiants aux études supérieures pour l'Église de la première moitié du XXe siècle et le fait que de nombreuses archives n'aient pas encore été utilisées[5]. En 2009, l'historien Xavier Gélinas reprochait aux historiens d'avoir négligé l'étude du duplessisme, laissant les sociologues, politologues et autres praticiens des sciences sociales multiplier les analyses basées sur des recherches qui mériteraient d'être renouvelées[6]. Bien qu'aucune biographie historique de Maurice Duplessis n'ait été publiée depuis 1983, nous avons eu droit en 2016 à un essai biographique rédigé par un diplômé en administration basant son interprétation presque exclusivement sur l'œuvre de Conrad Black[7]. Sur le duplessisme en général et sur les relations entre l'Église et l'État en particulier, donc, les recherches ont peu progressé, mais les jugements se sont multipliés.

Nous avons énuméré des mythes qui ont été élevés au rang de réalités historiques sans que les historiens remettent en doute leur véracité ou l'objectivité des témoins qui les ont créés. Antonin Dupont, Bernard Vigod et Jean-Guy Genest, dont les biographies de Taschereau et de Godbout sont encore aujourd'hui des références importantes, visaient principalement à réhabiliter leurs protagonistes et à en faire des héros incompris de leur vivant. Ces ouvrages qui donnaient le bon rôle au Parti libéral et le mauvais à l'Union nationale ont confirmé la vision « officielle » de l'histoire du Québec et ont été ainsi acceptés. Les travaux de Robert Rumilly ont été au contraire rejetés. Duplessiste notoire, l'historien de l'Union nationale ne pouvait être pris au sérieux. Cela n'a pas empêché de nombreux chercheurs de le citer et de prendre ses affirmations pour des réalités lorsque celles-ci confirmaient leurs préjugés. Rumilly n'a-t-il pas été le premier historien à affirmer qu'Adrien Arcand avait été mis au monde par Mgr Gauthier et que la Loi du cadenas avait été commandée à Duplessis par le cardinal Villeneuve, deux idées qui sont demeurées bien vivantes dans l'historiographie sans jamais être prouvées ?

On dit de l'histoire qu'elle est écrite par le vainqueur. Du long conflit opposant Maurice Duplessis au Parti libéral, c'est ce dernier qui est sorti victorieux par défaut. Une fois l'Union nationale rayée de la carte, les libéraux ont eu tout le loisir de réécrire l'histoire. Or, nombreux sont les libéraux qui ont accusé le clergé d'avoir soutenu l'Union nationale et facilité sa victoire. C'est notamment le cas de Georges-Émile Lapalme, un des grands acteurs de la Révolution tranquille. Faut-il alors s'étonner que l'idée que les prêtres aient unanimement appuyé Duplessis ait fait son chemin ?

Cette construction historique a été d'autant plus facile que les libéraux n'ont pas été les seuls à présumer d'un appui unanime de l'Église et du clergé à l'Union nationale. Des partisans de Duplessis l'ont également cru et affirmé, à commencer par Robert Rumilly qui, malgré lui, a fourni des munitions aux adversaires de l'Union nationale par son préjugé idéologique. La perception aurait pourtant pu être entièrement différente. N'aurait-on pas pu utiliser le soutien du cardinal Villeneuve à la politique de guerre canadienne, les attaques du père Georges-Henri Lévesque ainsi que les publications des abbés Dion et O'Neill pour démontrer que le clergé était massivement opposé à l'Union nationale, comme les seuls exemples de l'abbé Gravel et du curé Lavergne ont été utilisés pour démontrer que le clergé était hostile au Parti libéral de Taschereau ?

Que l'Église catholique ait été socialement conservatrice ne fait aucun doute. On ne peut pour autant l'accuser d'avoir imposé ce conservatisme à la société québécoise. Elle n'en avait pas le pouvoir. Le clergé a certes contribué aux succès partiels de l'Union nationale en 1935, mais ces prêtres qui ont publiquement appuyé l'Action libérale nationale appelaient précisément à rompre avec le conservatisme du gouvernement libéral. De 1936 à 1956, si certains prêtres et religieux ont appuyé l'Union nationale, leur rôle a été beaucoup moins visible et par le fait même beaucoup moins important. Le clergé n'a joué qu'un rôle mineur dans ces joutes électorales. En 1960, c'est plutôt le Parti libéral qui a bénéficié du soutien du clergé, la participation des abbés Dion et O'Neill ayant une portée autrement plus grande que les interventions du curé Gravel et de ses complices. Même l'appui du flamboyant Mgr Desmarais en Abitibi n'a pas empêché l'élection dans sa région des libéraux Félix Allard (1939), Henri Drouin (1944), Alcide Courcy (1956-1960) et Lucien Cliche (1960). Ne surestimons pas l'efficacité de l'appui du clergé. Si la société québécoise a élu et réélu l'Union nationale de 1944 à 1956, c'est qu'elle en a fait le choix. Le Parti libéral, au pouvoir sans interruption de 1897 à 1936, ne s'est pas non plus démarqué par un quelconque progressisme ou une adhésion à la philosophie des lumières. L'arrivée au pouvoir de Jean Lesage en 1960 et la Révolution tranquille marquent une volonté collective de changement de la part des Québécois et non pas une révolte contre l'alliance étouffante d'un gouvernement autoritaire et de l'Église catholique.

Rien n'illustre mieux cette perspective déformée de l'histoire que le célèbre slogan « Le ciel est bleu, l'enfer est rouge ». Cette phrase a connu son moment de gloire dans les églises, semble-t-il, aux élections suivant la Confédération[8]. Au XXe siècle, si elle est demeurée un slogan électoral rentable, elle n'est plus prononcée en chaire. Même en 1935, aucun des nombreux dénonciateurs libéraux ne s'est plaint d'avoir entendu cette maxime de la part de son curé. Si ce slogan a bel et bien perduré, nous le devons aux orateurs de l'Union nationale eux-mêmes et non aux prêtres[9]. L'organisation du parti était friande de cette thématique religieuse, comme le démontre l'emploi du *Petit catéchisme de l'électeur*[10]. Dans la mémoire populaire, toutefois, il semble aller de soi que ce slogan était répété chaque dimanche avant l'élection par l'ensemble du clergé. Prenons ce passage de la série documentaire *Épopée en Amérique*, narré par Jacques Lacoursière : « Il y avait certains curés qui montraient plus de zèle que bon nombre d'évêques. On le voyait d'ailleurs lors des campagnes électorales. Au sermon, on apprenait que le ciel était bleu et que l'enfer était rouge[11]. » La phrase s'est si bien incrustée dans la mémoire populaire qu'elle ressort à l'occasion au cours des campagnes électorales. Au cours de l'élection fédérale de 2011, le député conservateur Steven Blaney la répète telle quelle devant une foule d'aînés. Pour les incultes, la journaliste Stéphanie Martin du *Soleil* nous rappelle qu'il s'agit d'une formule autrefois utilisée par l'Église pour appuyer Duplessis[12]. La littérature scientifique ne présente toutefois aucun auteur affirmant qu'il s'agit d'une vérité historique. À la mémoire orale, une mémoire faussée, se sont unis vulgarisateurs et documentaristes pour faire de cet autre mythe une réalité historique. Cette simple phrase a pu jouer un rôle considérable dans la déformation de notre perception de l'histoire. Si nous sommes convaincus que les curés rappelaient la couleur du ciel et de l'enfer chaque dimanche avant les élections, comment ne pas être convaincus que l'Église appuyait l'Union nationale ?

La politique explique en partie ce détournement de notre histoire. Dans les années 1960 et 1970, la Révolution tranquille était encore contestée et il était nécessaire de la défendre. C'est ainsi que nous avons construit cette mémoire d'une Grande Noirceur, mémoire d'autant plus facile à construire qu'elle répondait aux griefs personnels de nombreux Québécois : des femmes victimes de la tyrannie de leur curé insistant pour qu'elles donnent rapidement naissance à leur 15e enfant, des artistes victimes de la censure, des membres d'organisations catholiques immobilisés par le conservatisme excessif d'un aumônier autocrate, des laïques freinés dans leur avancement parce que les hauts postes étaient réservés à des ecclésiastiques, et bien d'autres encore. Tous ces exemples sont suffisamment nombreux pour qu'une fois réunis on puisse tracer un sombre portrait de la société d'avant 1960. Ceux qui nous raconteraient des récits contraires ou simplement différents sont au mieux considérés comme les exceptions qui confirment la règle, au pire ignorés.

Aujourd'hui, la Révolution tranquille fait suffisamment l'objet d'un consensus pour qu'un politicien puisse espérer gagner des points en se réclamant de son héritage. Le sociologue Guy Rocher, bien connu pour avoir participé à la commission Parent sur l'enseignement dans la province de Québec, a affirmé à l'automne 2013 que le projet péquiste de charte des valeurs québécoises et plus particulièrement l'article proscrivant le port de signes religieux par les employés de l'État n'étaient que le prolongement de la Révolution tranquille. La laïcisation des employés du service public serait la suite logique des réformes de Jean Lesage, de Paul Gérin-Lajoie et de René Lévesque[13]. Reprenant cette explication, le ministre Bernard Drainville est allé plus loin en inventant de toutes pièces une directive du gouvernement Lesage interdisant le port de la soutane ou de la cornette aux religieux enseignants[14]. Cette interprétation de la Révolution tranquille nous montre d'une part à quel point cette période de notre histoire est mal comprise, d'autre part à quel point l'histoire peut être réécrite pour servir des fins partisanes.

Cinquante ans après les faits, la Révolution tranquille est donc présentée comme le début de la laïcisation de la société québécoise. C'est oublier encore une fois que cette laïcisation ne s'est effectuée qu'en réponse à la sécularisation déjà commencée de la société québécoise. Taschereau, Godbout et Duplessis ont, chacun à leur manière, travaillé à la séparation de l'État et de l'Église. Jean Lesage et Daniel Johnson ont certes fait dans ce domaine un plus grand pas que leurs prédécesseurs, mais n'ont pas opéré de rupture. Si Maurice Duplessis a pu faire manger certains évêques dans sa main, c'est que l'épiscopat avait déjà commencé à perdre son influence d'autrefois. On l'a constaté aux nombreuses critiques qui ciblaient le cardinal Villeneuve pour son prétendu soutien à Taschereau et à Duplessis, ou encore pour son appui à la politique de guerre que rejetaient une grande partie de ses fidèles.

La sécularisation du Québec doit être observée sur toute sa durée et non pas sur une dizaine d'années, comme si la Révolution tranquille s'expliquait en elle-même. Elle doit également être analysée au vu des archives documentaires plutôt que sur la seule base des témoignages. Finalement, elle devrait être étudiée à l'abri des préjugés idéologiques qui amènent les chercheurs à trier l'information en fonction de ce qui vient confirmer leurs propres opinions politiques.

Cet ouvrage se veut une contribution au travail qui a cours depuis quelques années pour dédramatiser la mémoire de l'époque précédant la Révolution tranquille. Comme toute autre nation, le Québec possède ses mythes auxquels on adhère parce qu'ils nourrissent une vision rassurante de notre histoire collective. Sans avoir la prétention de bouleverser complètement les perspectives, nous avons bon espoir que les faits rapportés par ce livre viendront contribuer à rationaliser les analyses de cette période. Si les Québécois d'aujourd'hui s'expliquent mal d'avoir été une société profondément catholique, d'avoir été la dernière province à avoir accordé le droit de vote aux femmes et d'avoir vécu des épisodes aussi troublants que celui des orphelins de Duplessis, ils auraient tort d'en laisser toute la responsabilité à l'Église et à sa toute-puissance. Le clergé n'a après tout jamais eu d'autre pouvoir que celui qu'on a bien voulu lui confier collectivement. L'alliance indéfectible entre l'Église et l'Union nationale n'est certes pas le seul mythe élevé au rang de réalité historique sans que les recherches soient parvenues à le prouver. Aux historiens d'aujourd'hui revient le rôle de poursuivre leurs remises en question du passé, quitte à parfois ébranler les certitudes et à heurter quelques sensibilités.

Notes

INTRODUCTION

1 Denis Vaugeois, « Préface », dans Gélinas et Ferretti, *Duplessis, son milieu, son époque*, 14.
2 Josée Legault, « Péril en la demeure », *Le Devoir*, 31 décembre 1997.
3 Marie Tison, « Souveraineté : Bernard Landry d'accord avec le cardinal Turcotte », *La Presse*, 30 décembre 1998.
4 Mario Fontaine, « Le cardinal Turcotte ne renie pas ses propos, mais convient avoir manqué de prudence », *La Presse*, 8 janvier 1998.
5 *Ibid.*
6 Arcand, *Duplessis*, 143.
7 Seljak, *The Catholic Church's Reaction*, 168.
8 Jacques Racine, « École québécoise, modernité et religion », dans Mager et Cantin, *Modernité et religion au Québec*, 277-84.
9 Gauvreau, *Les origines catholiques de la Révolution tranquille*, 8-9.
10 Thomson, *Jean Lesage et la Révolution tranquille*, 374 ; Lapalme, *Pour une politique*.
11 Xavier Gélinas, « Duplessis et ses historiens », dans Gélinas et Ferretti, *Duplessis, son milieu, son époque*, 21.
12 Jacques Godbout, *Traître ou patriote*, Office national du film du Canada, 2000 ; Jean-Claude Lord, *Lise Payette : un peu plus haut, un peu plus loin*, Productions J, 2014.
13 Comeau et Beaudry, dir., *André Laurendeau* ; Gagnon et Sarra-Bournet, *Duplessis, Entre la Grande Noirceur et la société libérale*.
14 Lévesque, *Madeleine Parent* ; Brunelle, *Les trois colombes* ; Lemay et Benyekhlef, dir., *Guy Rocher*.
15 Lucia Ferretti, « La Grande Noirceur, mère de la Révolution tranquille ? », dans Berthiaume et Corbo, *La Révolution tranquille en héritage*, 27.

16 Black, *Duplessis*, vol. 2, 598.
17 Trudeau, « Introduction », dans *La grève de l'amiante*, 20-1.
18 « La Révolution tranquille – 1960, 50 ans après : l'éveil du Québec », Société Radio-Canada, 2009.
19 Lemaire, *Psychologie cognitive*, 222-3.
20 Dupont, *Les relations entre l'Église et l'État*.
21 Rumilly, *Maurice Duplessis et son temps*; Genest, *Godbout*, 300-1.
22 Gélinas et Ferretti, *Duplessis, son milieu, son époque*.
23 Gagnon et Sarra-Bournet, *Duplessis, Entre la Grande Noirceur et la société libérale*.
24 Bourque, Duchastel et Beauchemin, *La société libérale duplessiste*.
25 Gauvreau, *Les origines catholiques de la Révolution tranquille*; Meunier et Warren, *Sortir de la grande noirceur*.
26 Ferretti, *Entre voisins*.
27 Perin, *Ignace de Montréal*.
28 Dupont, *Les relations entre l'Église et l'État*, VII; Genest, *Godbout*, 326.
29 Robert Rumilly, *op. cit.*; Conrad Black, *op. cit.*
30 Dion, *Québec 1945-2000*.
31 Martin, *A General Theory of Secularization*, 116.
32 Kevin J. Christiano, « Church and State in Institutional Flux : Canada and the United States », dans Lyon et Van Die, *Rethinking Church, State and Modernity*, 72-5.
33 Martin, « What I really said about secularisation », 140.
34 Taylor, *L'âge séculier*, 11-15.
35 Hamelin et Gagnon, *Histoire du catholicisme québécois*, 362.
36 Ferretti, *Brève histoire de l'Église catholique au Québec*, 153-8.
37 Hamelin, *Histoire du catholicisme québécois*, 158-60.
38 Monod, *Sécularisation et laïcité*, 7.
39 *Ibid.*, 8.
40 Étèvenaux, *L'Église et l'État*, 149-222.
41 *Ibid.*, 165-6.
42 Ferretti, *Brève histoire de l'Église catholique au Québec*, 121-3.

CHAPITRE UN

1 Fahmy-Eid, *Le clergé et le pouvoir politique au Québec*, 6.
2 *Ibid.*, 42-3.
3 Bernard, *Les Rouges, Libéralisme, nationalisme et anticléricalisme*.
4 Bellavance, *Le Québec et la Confédération*, 50.
5 Fahmy-Eid, *Le clergé et le pouvoir politique au Québec*, 257-71.

6 Sylvain et Voisine, *Histoire du catholicisme québécois*, vol. 2, tome 2, 161-2; 399.
7 Perin, *Ignace de Montréal*, 192.
8 *Ibid.*, 83; 89.
9 Fahmy-Eid, *Le clergé et le pouvoir politique au Québec*, 45.
10 Voisine, *Louis-François Laflèche, deuxième évêque de Trois-Rivières*, 158-60.
11 Thério, *Joseph Guibord, victime expiatoire de l'évêque Bourget*, 111.
12 Lemieux, *Histoire du catholicisme québécois*, vol. 2, tome 1, 375-6.
13 Bernard, *Les Rouges, Libéralisme, nationalisme et anticléricalisme*, 75.
14 Bellavance, *Le Québec et la Confédération*, 153.
15 Borgal, *Church and State Relations during the Holy Wars*, 37-8.
16 Ullmann, *The Holy War in Quebec*, 129-30.
17 Sylvain et Voisine, *Histoire du catholicisme québécois*, vol. 2, tome 2, 382.
18 Ullmann, *The Holy War in Quebec*, 144.
19 Perin, *Rome et le Canada*, 66.
20 *Ibid.*, 128; 150.
21 *Ibid.*, 9; 54; 89.
22 Sylvain et Voisine, *Histoire du catholicisme québécois*, vol. 2, tome 2, 391; 234.
23 Crunican, *Priests and politicians*, 49; 215.
24 *Ibid.*, 285-321.
25 Sylvain et Voisine, *Histoire du catholicisme québécois*, vol. 2, tome 2, 396.
26 Hamelin et Gagnon, *Histoire du catholicisme québécois*, 203-8.
27 Sylvain et Voisine, *Histoire du catholicisme québécois*, 405-6.
28 Hamelin et Gagnon, *Histoire du catholicisme québécois*, 238.
29 Savard, *Jules-Paul Tardivel*.
30 Dupont, *Les relations entre l'Église et l'État*.
31 Marquis, *Un quotidien pour l'Église*, 61-3.
32 Hamelin et Gagnon, *Histoire du catholicisme québécois*, 212.
33 *Ibid.*, 300-8.
34 Dupont, *Les relations entre l'Église et l'État*, 5-9.
35 Hamelin et Gagnon, *Histoire du catholicisme québécois*, 208.
36 Dupont, *Les relations entre l'Église et l'État*, 74-84; 110-15; 146-65; 176-87.
37 Corcos, *Montréal, les Juifs et l'école*, 77-81.
38 Vigod, *Taschereau*, 214.
39 « Discours de Mgr l'archevêque à l'oratoire Saint-Joseph », *La Semaine religieuse de Montréal*, 20 mars 1930.

40 AAQ, Diocèse de Trois-Rivières (désormais Trois-Rivières), lettre d'Alfred-Odilon Comtois à Louis-Alexandre Taschereau, 17 mars 1930.
41 AAQ, 20CP Diocèse de Gaspé (désormais Gaspé), lettre de François-Xavier Ross à Louis-Alexandre Taschereau, 19 mars 1930.
42 *Ibid.*
43 « Les écoles juives », *L'Action catholique*, 19 mars 1930.
44 « Au sujet des écoles juives », *L'Action catholique*, 21 mars 1930.
45 « Une entente est conclue au sujet des écoles juives », *L'Action catholique*, 21 mars 1930.
46 AAQ, Gaspé, lettre de François-Xavier Ross à Raymond-Marie Rouleau, 2 avril 1930.
47 AAQ, Trois-Rivières, lettre d'Alfred-Odilon Comtois à Raymond-Marie Rouleau, 3 mars 1930. La date de la lettre est probablement erronée puisque Mgr Comtois fait référence à la mise au point du cardinal Rouleau, publiée le 3 avril 1930.
48 AAM, Correspondance de Mgr Georges Gauthier (désormais Dossier Mgr Gauthier), vol. 2, lettre de Georges Gauthier à Louis-Athanase David, 19 avril 1930.
49 Raymond-Marie Rouleau, « Le bill des écoles juives », *L'Action catholique*, 3 avril 1930.
50 AAM, Dossier Mgr Gauthier, lettre de Georges Gauthier à Raymond-Marie Rouleau, 20 novembre 1930.
51 *Ibid.*
52 *Ibid.*, lettre de Georges Gauthier à J. E. Perrault, 5 décembre 1930.
53 *Ibid.*, lettre de Georges Gauthier à Athanase David, 14 janvier 1931.
54 *Ibid.*, lettre de Georges Gauthier à J. E. Perrault, 8 avril 1931.
55 Lettre d'Adrien Arcand à Maurice Roy, 14 mars 1965. Dans David Philipps, *Adrien Arcand ou… la vérité retrouvée*, éd. par l'auteur, 2002, p. 317.
56 Rumilly, *Histoire de Montréal*, tome IV, 138.
57 Anctil, *Le rendez-vous manqué*, 214 ; Lamonde, *Histoire sociale des idées au Québec*, 208 ; Ouimet, *L'affaire Tissot*, 70 ; Khouri, *Discours et mythes sur l'ethnicité*, 187 ; Robin, *Shades of Right*, 111 ; Langlais et Rome, *Juifs et Québécois français*, 79 ; Nadeau, *Adrien Arcand*, 68 ; 114.

CHAPITRE DEUX

1 Regehr, *The Beauharnois Scandal*.
2 Vigod, *Taschereau*, 256-7.
3 *Ibid.*, 227-31.

4 Hamelin et Gagnon, *Histoire du catholicisme québécois*, 364-5.
5 AD, Fonds Rodrigue Villeneuve (désormais Fonds Villeneuve), lettre de Lionel Groulx à Rodrigue Villeneuve, 27 novembre 1931.
6 BANQ-M, Fonds Lionel Groulx (désormais Fonds Groulx), lettre de Rodrigue Villeneuve à Lionel Groulx, 10 décembre 1931.
7 AD, Fonds Villeneuve, lettre de Rodrigue Villeneuve à Anthème Desnoyers, 22 juin 1933.
8 AAQ, 61CD Notre-Dame-de-Grâce (désormais NDG), lettre de Rodrigue Villeneuve à Édouard-Valmore Lavergne, 7 mars 1932.
9 AD, Fonds Villeneuve, lettre de Rodrigue Villeneuve à un père, 11 février 1933.
10 *Ibid.*, lettre de Rodrigue Villeneuve à Anthème Desnoyers, 11 août 1937.
11 *Ibid.*
12 *Ibid.*
13 AAM, Dossier Mgr Gauthier, lettre de Georges Gauthier à Louis-Athanase David, 18 septembre 1930; 26 septembre 1930.
14 AAM, Dossier 752.120: Secrétariat de la province (désormais Dossier secrétariat), lettre d'Athanase David à Georges Gauthier, 7 août 1931.
15 AAM, Dossier Mgr Gauthier, lettre de Georges Gauthier à Louis-Alexandre Taschereau, 13 août 1931.
16 AD, Fonds Villeneuve, lettre de Rodrigue Villeneuve à Anthème Desnoyers, 8 janvier 1938.
17 AAQ, Gouvernement du Québec, lettre de Louis-Alexandre Taschereau à Rodrigue Villeneuve, 6 mars 1934.
18 AAM, Dossier 751.514 Hon. Louis-Alexandre Taschereau (désormais Dossier Taschereau), lettre d'Alphonse-Emmanuel Deschamps à Louis-Alexandre Taschereau, 7 octobre 1932.
19 AAQ, Gouvernement du Québec, lettre de Georges Gauthier à William Lyon Mackenzie King, 19 avril 1939; AAM, 731.510 King T. H. William Lyon, lettre de Georges Gauthier à William Lyon Mackenzie King, 19 avril 1939.
20 AAM, Correspondance de Mgr Alphonse-Emmanuel Deschamps (désormais Dossier Mgr Deschamps), vol. 4, lettre d'Alphonse-Emmanuel Deschamps à Honoré Mercier, 27 février 1931.
21 « Le juge Duclos fait enlever le crucifix au palais de justice », *L'Action catholique*, 29 mars 1930.
22 Louis Audet, Christian Blais et Josée Levasseur, *Débats de l'Assemblée législative: 17ᵉ législature – 3ᵉ session*, vol. 2: séances du 26 février au 4 avril 1930, p. 978.
23 Morisset, *Les Églises du Québec*, 76-9.

24 AAM, Dossier Mgr Gauthier, lettre de Georges Gauthier à Louis-Athanase David, 11 décembre 1931.
25 AAR, Fonds Georges Courchesne (désormais Fonds Courchesne), lettre de Georges Courchesne à Rodrigue Villeneuve, 15 décembre 1931.
26 AAQ, 60CP Gouvernement du Québec (désormais Gouvernement du Québec), lettre de Louis-Alexandre Taschereau à Omer Plante, 4 janvier 1932 ; lettre d'Omer Plante à Louis-Alexandre Taschereau, 5 janvier 1932.
27 AETR, Fonds Mgr Comtois, lettre d'Alfred-Odilon Comtois à Eugène-C. Laflamme, 7 janvier 1932.
28 Ajax, « Mgr Comtois serait le seul opposant au bill », *L'Autorité*, 8 avril 1933 ; Dupont, *Les relations entre l'Église et l'État*, 337.
29 BANQ-Q, Fonds Louis-Alexandre Taschereau (désormais Fonds Taschereau), lettre de Rodrigue Villeneuve à Louis-Alexandre Taschereau, 30 juillet 1932.
30 Morisset, *Les Églises du Québec*, 201.
31 Gouvernement du Québec, lettre de Louis-Alexandre Taschereau à Rodrigue Villeneuve, 3 février 1933 ; lettre de Rodrigue Villeneuve, 4 février 1933 ; lettre de Louis-Alexandre Taschereau à Rodrigue Villeneuve, 7 février 1933.
32 AAQ, Gouvernement du Québec, lettre de Louis-Alexandre Taschereau à Rodrigue Villeneuve, 9 mars 1936 ; lettre de Rodrigue Villeneuve à Louis-Alexandre Taschereau, 19 mars 1936 ; lettre de Louis-Alexandre Taschereau à Rodirgue Villeneuve, 20 mars 1936.
33 *Ibid.*, lettre de Rodrigue Villeneuve à Louis-Alexandre Taschereau, 9 février 1932 ; lettre de Louis-Alexandre Taschereau à Rodrigue Villeneuve, 10 février 1933.
34 *Ibid.*, lettre de Rodrigue Villeneuve à Louis-Alexandre Taschereau, 23 août 1934 ; lettre de Louis-Alexandre Taschereau à Rodrigue Villeneuve, lettre de Louis-Alexandre Taschereau à Rodrigue Villeneuve, 12 septembre 1934.
35 Dupont, *Les relations entre l'Église et l'État*, 73-108.
36 Martin Petitclerc, « À propos de "ceux qui sont en dehors de la société". L'indigent et l'assistance publique au Québec dans la première moitié du XXe siècle », *Revue d'histoire de l'Amérique française*, 65, n° 2-3 (2011-2012), 227-56.
37 AAM, Dossier secrétariat, lettre d'Athanase David à Georges Gauthier, 17 février 1931.
38 *Ibid.*, 25 mars 1931.
39 AAM, Dossier Mgr Gauthier, lettre de Georges Gauthier à Louis-Alexandre Taschereau, 8 avril 1932 ; BANQ-Q, Fonds Taschereau, lettre de Louis-Alexandre Taschereau à Rodrigue Villeneuve, 30 juillet 1932.

40 AAM, Dossier Mgr Gauthier, lettre de Georges Gauthier à Louis-Alexandre Taschereau, 23 mars 1932.
41 *Ibid.*, lettre de Georges Gauthier à Louis-Alexandre Taschereau, 22 février 1933; lettre de Georges Gauthier à Fabien-Zoël Decelles, Alphonse-Osias Gagnon, Joseph-Alfred Langlois et Joseph-Arthur Papineau, 13 mars 1933; lettre de Georges Gauthier à Louis-Alexandre Taschereau, 21 mars 1933.
42 AETR, Fonds Comtois, lettre de Philippe Normand à J.-Omer Plante, 14 mars 1933; AAQ, Gaspé, lettre de François-Xavier Ross à J.-Omer Plante, 14 mars 1933; AAQ, Diocèse de Chicoutimi (désormais Chicoutimi), lettre de Charles Lamarche à J.-Omer Plante, 15 mars 1933; AAQ, Diocèse de Nicolet (désormais Nicolet), lettre d'Hermann Brunault à J.-Omer Plante, 19 mars 1933.
43 AAQ, Gouvernement du Québec, lettre de M.-T. Giroux à Louis-Alexandre Taschereau, 15 mars 1933.
44 *Ibid.*, lettre de Zéph. Lahaye à Louis-Alexandre Taschereau, 17 mars 1933.
45 AAM, Dossier Mgr Georges Gauthier, lettre de Georges Gauthier à Louis-Alexandre Taschereau, 21 mars 1933.
46 AAM, Dossier Taschereau, lettre de Georges Gauthier à Louis-Alexandre Taschereau, 9 avril 1933; lettre de Louis-Alexandre Taschereau à Georges Gauthier, 10 avril 1933.
47 V. Germain, « Des amendements », *La Semaine religieuse de Québec*, 24 août 1933.
48 « Les juifs et le dimanche », *La Semaine religieuse de Montréal*, 13 juin 1934.
49 AAM, Dossier Mgr Deschamps, Vvol. 4, lettre d'Alphonse-Emmanuel Deschamps à Louis-Alexandre Taschereau, 11 août 1932.
50 *Ibid.*, lettre d'Alphonse-Emmanuel Deschamps à Louis-Alexandre Taschereau, 23 août 1932.
51 AAQ, Trois-Rivières, lettre non datée d'Alfred-Odilon Comtois à Rodrigue Villeneuve.
52 « Mgr A.-O. Comtois dénonce le projet », *L'Action catholique*, 17 novembre 1932.
53 *Ibid.*
54 AAQ, Trois-Rivières, lettre d'Athanase David à Alfred-Odilon Comtois, 24 novembre 1932; lettre d'Alfred-Odilon Comtois à Athanase David, 3 décembre 1932.
55 AETR, Fonds Comtois, lettre d'Alfred-Odilon Comtois à Athanase David, 26 décembre 1932.

56 AAM, Dossier Mgr Gauthier, lettre de Georges Gauthier à Louis-Alexandre Taschereau, 25 juin 1932.
57 AAQ, Gouvernement du Québec, lettre de Louis-Alexandre Taschereau à J.-Omer Plante, 10 décembre 1932; lettre de Rodrigue Villeneuve à Louis-Alexandre Taschereau, 4 mars 1935; lettre de Louis-Alexandre Taschereau à Rodrigue Villeneuve, 12 mars 1935; lettre de Rodrigue Villeneuve à Louis-Alexandre Taschereau, 18 mars 1935; Nicolet, lettre de J.-Omer Plante à A. Camirand, 8 décembre 1932; AEC, Fonds Charles Lamarche (désormais Fonds Lamarche), lettre de Charles Lamarche à H. Desrosiers, 14 décembre 1932.
58 Eugène L'Heureux, « La Beauharnois », *L'Action catholique*, 21 avril 1932.
59 BANQ-Q, Fonds Taschereau, lettre de Louis-Alexandre Taschereau à Rodrigue Villeneuve, 22 avril 1932; lettre de Rodrigue Villeneuve à Louis-Alexandre Taschereau, 22 avril 1932; lettre de Louis-Alexandre Taschereau à Rodrigue Villeneuve, 24 septembre 1932; lettre de Rodrigue Villeneuve à Louis-Alexandre Taschereau, 26 septembre 1932.
60 AAQ, Gouvernement du Québec, lettre de Rodrigue Villeneuve à Eugène L'Heureux, 7 février 1933; lettre de Rodrigue Villeneuve à Louis-Alexandre Taschereau, 8 février 1933; lettre de Louis-Alexandre Taschereau à Rodrigue Villeneuve, 9 février 1933.
61 BANQ-Q, Fonds Taschereau, lettre de Rodrigue Villeneuve à Louis-Alexandre Taschereau, 16 mars 1935.
62 AD, Fonds Villeneuve, lettre de Rodrigue Villeneuve à un père, 11 février 1933.
63 AAQ, NDG, lettre d'Édouard-Valmore Lavergne à Rodrigue Villeneuve, 18 février 1933.
64 AD, Fonds Villeneuve, lettre de Rodrigue Villeneuve à un père, 11 février 1933.
65 Groulx, *Mes Mémoires, Tome 2*, 204.
66 AAQ, NDG, lettre d'Édouard-Valmore Lavergne à Rodrigue Villeneuve, 5 février 1932.
67 Édouard-Valmore Lavergne, « La Loi Taschereau », *La Bonne Nouvelle*, 4 juin 1927; « Au prône », *La Bonne Nouvelle*, 18 septembre 1926.
68 *Ibid.*, « Colère de premier ministre », *La Bonne Nouvelle*, 19 décembre 1931; « Les abus du capitalisme », *La Bonne Nouvelle*, 23 janvier 1932.
69 AAQ, Gouvernement du Québec, lettre de Louis-Alexandre Taschereau à Eugène Laflamme, 27 janvier 1932; BANQ-Q, Fonds Taschereau, lettre d'Eugène Laflamme à Louis-Alexandre Taschereau, 29 janvier 1932.
70 AAQ, NDG, lettre de Rodrigue Villeneuve à Édouard-Valmore Lavergne, 29 février 1932; lettre d'Édouard-Valmore Lavergne à Rodrigue Villeneuve, 1er mars 1932.

71 AAQ, NDG, lettre d'Édouard-Valmore Lavergne à Rodrigue Villeneuve, 3 mars 1932.
72 Jules Dorion, « Sur un incident de la semaine dernière », *L'Action catholique*, 30 avril 1932.
73 AAQ, NDG, lettre de Rodrigue Villeneuve à Édouard-Valmore Lavergne, 9 mai 1932.
74 *Ibid.*, lettre de Rodrigue Villeneuve à Édouard-Valmore Lavergne, 9 mai 1932; lettre d'Édouard-Valmore Lavergne à Rodrigue Villeneuve, 10 mai 1932.
75 *Ibid.*, lettre de Rodrigue Villeneuve à Édouard-Valmore Lavergne, 16 octobre 1933.
76 *Ibid.*, lettre d'Édouard-Valmore Lavergne à Rodrigue Villeneuve, 17 octobre 1933.
77 *Ibid.*, lettre de Rodrigue Villeneuve à Édouard-Valmore Lavergne, 23 décembre 1933.
78 Édouard-Valmore Lavergne, « Communiqué de S. E. le Cardinal », *La Bonne Nouvelle*, 24 janvier 1934.
79 BANQ-Q, Fonds Taschereau, lettre de Louis-Alexandre Taschereau à Rodrigue Villeneuve, 14 mars 1935; lettre de Rodrigue Villeneuve à Louis-Alexandre Taschereau, 16 mars 1935.
80 AAQ, NDG, lettre d'Édouard-Valmore Lavergne à Rodrigue Villeneuve, 26 janvier 1935.
81 Édouard-Valmore Lavergne, « Discours de l'Honorable M. Arcand à la Législature pour présenter sa loi sur l'extension juridique des conventions collectives du travail », *La Bonne Nouvelle*, 17 mars 1934.
82 AAQ, Gouvernement du Québec, lettre de J.-Adalbert Roy à Louis-Alexandre Taschereau, 14 octobre 1932; lettre de Louis-Alexandre Taschereau à J.-Adalbert Roy, 20 octobre 1932.
83 AAM, Dossier secrétariat, lettre d'Athanase David à Georges Gauthier, 9 février 1931.
84 AAM, Dossier Taschereau, lettre de Louis-Alexandre Taschereau à Alphonse-Emmanuel Deschamps, 14 décembre 1934; lettre d'Albert Valois à Alphonse-Emmanuel Deschamps, 15 décembre 1934; lettre d'Alphonse-Emmanuel Deschamps à Louis-Alexandre Taschereau, 19 décembre 1934; lettre de Louis-Alexandre Taschereau à Alphonse-Emmanuel Deschamps, 20 décembre 1934.
85 AAM, Dossier secrétariat, lettre d'Athanase David à Georges Gauthier, 3 octobre 1935.
86 AAQ, Gouvernement du Québec, lettre de Louis-Alexandre Taschereau à Rodrigue Villeneuve, 25 août 1932; lettre de Louis-Alexandre Taschereau à Rodrigue Villeneuve, 7 juin 1934.

87 *Ibid.*, lettre de Rodrigue Villeneuve à Louis-Alexandre Taschereau, 10 février 1934 ; lettre de Louis-Alexandre Taschereau à Rodrigue Villeneuve, 10 février 1934 ; lettre de Rodrigue Villeneuve à Louis-Alexandre Taschereau, 13 février 1934 ; lettre de Louis-Alexandre Taschereau à Rodrigue Villeneuve, 15 février 1934.
88 *Ibid.*, lettre de Rodrigue Villeneuve à Louis-Alexandre Taschereau, 19 janvier 1935.
89 BANQ-Q, Fonds Taschereau, lettre de Louis-Alexandre Taschereau à Rodrigue Villeneuve, 23 janvier 1935 ; lettre de Rodrigue Villeneuve à Louis-Alexandre Taschereau, 25 janvier 1935.
90 AAQ, Gouvernement du Québec, lettre de Rodrigue Villeneuve à Athanase David, 8 avril 1935 ; lettre de Louis-Alexandre Taschereau à Rodrigue Villeneuve, 12 avril 1935.
91 Guttman, *The Devil from Saint-Hyacinthe*.
92 AAQ, 26CP Archevêché de Montréal (désormais Montréal), lettre d'Alphonse-Emmanuel Deschamps à Rodrigue Villeneuve, 6 avril 1935.
93 AAQ, 30CP Diocèse de Saint-Hyacinthe (désormais Saint-Hyacinthe), lettre de Joseph-Aldée Desmarais à Rodrigue Villeneuve, 16 avril 1935.
94 AESH, III-B-2 – Gouvernement provincial (désormais Gouvernement provincial), lettre de Télésphore-Damien Bouchard à Fabien-Zoël Decelles, 12 avril 1935.
95 Dirks, *The Failure of l'Action libérale nationale*, 63.
96 Comeau et Dionne, *Le droit de se taire*, 27 ; 40.
97 Lévesque, *Madeleine Parent*, 88.
98 « Mise en garde de Mgr Gauthier contre la propagande communiste à Montréal », *L'Action catholique*, 26 janvier 1931.
99 AAM, Dossier Mgr Deschamps, lettre d'Alphonse-Emmanuel Deschamps à Honoré Mercier, 27 février 1931.
100 AAM, Dossier Taschereau, lettre de Georges Gauthier à Louis-Alexandre Taschereau, 21 janvier 1931 ; 7 novembre 1931 ; 27 novembre 1931.
101 AAQ, Montréal, lettre de Georges Jarry à Alphonse-Emmanuel Deschamps, 30 mai 1934.
102 AAM, Dossier Taschereau, lettre de Maurice C. Lalonde à Charles Lanctôt, 30 janvier 1934 ; lettre de Louis-Alexandre Taschereau à Georges Gauthier, 2 février 1934 ; lettre de Georges Gauthier à Louis-Alexandre Taschereau, 5 février 1934.
103 Spectator, « Le père Godbout et ses amis sont "stevenistes" », *L'Autorité*, 5 octobre 1935.

104 AAQ, ICN Délégation apostolique (désormais Délégation apostolique), lettre d'Andrea Cassulo à Rodrigue Villeneuve, 11 mai 1932; lettre de Rodrigue Villeneuve à Andrea Cassulo, 13 juin 1932.
105 Fulgence Charpentier, « Pourquoi le cardinal Villeneuve n'était pas à l'ouverture du Parlement », *Le Canada*, 26 janvier 1934; AAM, 732.110 Secrétaire d'État du Canada, lettre de C. H. Cahan à Georges Gauthier, 31 janvier 1934.
106 AAM, Dossier Mgr Deschamps, lettre d'Alphonse-Emmanuel Deschamps à Rodrigue Villeneuve, 8 juin 1932.
107 AAQ, Gouvernement du Québec, lettre d'Athanase David à Rodrigue Villeneuve, 24 novembre 1933; lettre de Rodrigue Villeneuve à Athanase David, 25 novembre 1933.
108 « Le communisme », *La Semaine religieuse de Québec*, 18 mai 1933.
109 « Déclaration de l'épiscopat canadien », *La Semaine religieuse de Québec*, 30 novembre 1933.
110 « Protestation contre la propagande communiste », *La Semaine religieuse de Québec*, 1er novembre 1934.
111 Laurier LaPierre, « Préface », dans Dupont, *Les relations entre l'Église et l'État*, VII.

CHAPITRE TROIS

1 Hamelin et Gagnon, *Histoire du catholicisme québécois*, 192-3.
2 *Ibid.*, 124-5.
3 Pie XI, *La Restauration de l'ordre social: Quadragesimo anno: Lettre encyclique du 15 mai 1931*, s. l. (Bonne Presse, 1962, 58 p.)
4 Conseil pontifical Justice et Paix, *Compendium de la doctrine sociale de l'Église* (Éditions Saint-Augustin, 2005), 51.
5 Hamelin et Gagnon, *Histoire du catholicisme québécois*, 432-8.
6 Rumilly, *Maurice Duplessis et son temps*, vol. 1, 9-12; Black, *Duplessis: l'ascension*, 9-15.
7 AETR, Fonds Comtois, lettre d'Alfred-Odilon Comtois à Alphida Crête, 24 mars 1933.
8 À ce sujet, il importe de préciser que les archives de Maurice Duplessis, déposées au séminaire Saint-Joseph de Trois-Rivières, contiennent plusieurs centaines de lettres échangées avec le clergé de toute la province. La période 1927-1935 fait exception sur ce plan.
9 ASSJ, Fonds Maurice Duplessis (désormais Fonds Duplessis), lettre de Joseph-Gers Turcotte à Maurice Duplessis, 19 avril 1934; lettre d'Hervé

Trudel à Maurice Duplessis, 27 janvier 1931; lettre de J. F. Bellemare à Maurice Duplessis, 26 novembre 1930; lettre d'Henri Garceau à Maurice Duplessis, 12 juillet 1934.
10 *Ibid.*, lettre de J. L. Paquin à Maurice Duplessis, 18 avril 1931.
11 BANQ-TR, Fonds Duplessis, lettre de Joseph C. Grenier à Maurice Duplessis, 7 janvier 1933.
12 ASSJ, Fonds Duplessis, lettre de J. H. Donat Picotte à Maurice Duplessis, 28 avril 1931; lettre du frère David à Maurice Duplessis, 29 septembre 1931; lettre de Bérard Nobert à Maurice Duplessis, 28 avril 1932; lettre de Joseph C. Grenier à Maurice Duplessis, 7 janvier 1933.
13 Madeleine Parent, « Madeleine Parent », dans Gagnon et Sarra-Bournet, *Duplessis, Entre la Grande Noirceur et la société libérale*, 17 ; Michel Sarra-Bournet, « Duplessis et la pensée économique de l'Église », dans *ibid.*, 177.
14 *Débats de l'Assemblée législative*, séance du 23 février 1928, 342.
15 *Ibid.*, séance du 20 janvier 1932, 402.
16 *Ibid.*, séance du 23 février 1928, 342; séance du 22 février 1933, 241; séance du 21 février 1934, 313-18; séance du 20 mars 1935, 563.
17 Dumas, « Le droit de vote des femmes ».
18 Lapointe, *La politique au service d'une conviction*.
19 « Le trust de l'électricité », *La Bonne Nouvelle*, 18 juin 1932; « Le trust de l'électricité », *La Bonne Nouvelle*, 31 octobre 1933.
20 DAUL, Fonds Philippe Hamel (désormais Fonds Hamel), lettre d'Henri Larouche à Philippe Hamel, 14 avril 1935; lettre du père Godbout à Philippe Hamel, 21 septembre 1935; lettre d'Arthur Proulx à Philippe Hamel, 15 octobre 1935.
21 Ferland, *Paul Gouin*.
22 BAC, Fonds Paul Gouin (désormais Fonds Gouin), lettre de Joseph-Papin Archambault à Paul Gouin, 28 septembre 1933.
23 BANQ-M, Fonds Groulx, lettre de Lionel Groulx à Paul Gouin, 21 juin 1935.
24 Provencher, *J.-Ernest Grégoire, 4 années de vie politique*.
25 « Conférence de M. J.-E. Grégoire », *L'Action catholique*, 14 décembre 1931.
26 Ernest Grégoire, « Le communisme et le droit de propriété », *L'Action catholique*, 7 décembre 1932.
27 J.-E. Grégoire, « Le programme de restauration sociale », *L'Action catholique*, 12 octobre 1933.
28 « M. Grégoire cède aux instances d'une imposante délégation et accepte d'entrer dans la lutte », *L'Action catholique*, 29 janvier 1934.

29 DAUL, Fonds Ernest Grégoire (désormais Fonds Grégoire), lettre non datée de Léon Létourneau à Ernest Grégoire.
30 « Les élections », *La Bonne Nouvelle*, 17 février 1934.
31 « En marge des élections municipales », *La Bonne Nouvelle*, 17 mars 1934.
32 AAQ, NDG, lettre d'Edgar Chouinard à Édouard-Valmore Lavergne, 23 mars 1934 ; lettre d'Édouard-Valmore Lavergne à Edgar Chouinard, 26 mars 1934.
33 DAUL, Fonds Grégoire, lettre des sœurs adoratrices du Précieux-Sang à Ernest Grégoire, 15 février 1934 ; lettre des Ursulines de Québec à Ernest Grégoire, 21 février 1934.
34 *Ibid.*, lettre de Camille Roy à Ernest Grégoire, 19 février 1934.
35 *Ibid.*, lettre d'Adélard Dugré à Ernest Grégoire, 20 février 1934.
36 *Ibid.*, lettre d'Arthur Robert à Ernest Grégoire, 20 février 1934.
37 *Ibid.*, lettre de Charles Michaud à Ernest Grégoire, 11 mars 1934.
38 Édouard-Valmore Lavergne, « Carnet social », *La Bonne Nouvelle*, 19 mai 1934.
39 « Taxes ! Taxes ! », *La Bonne Nouvelle*, 5 octobre 1935.
40 Édouard-Valmore Lavergne, « Eudore Parent », *La Bonne Nouvelle*, 5 octobre 1935.
41 AAQ, NDG, lettre de J.-Omer Plante à Édouard-Valmore Lavergne, 11 octobre 1935.
42 DAUL, Fonds Grégoire, lettre de Léonidas Castonguay à Ernest Grégoire, 1er octobre 1935.
43 Spectator, « Le père Godbout et ses amis sont "stevenistes" », *L'Autorité*, 5 octobre 1935.
44 BAC, Fonds Gouin, lettre de Doria Grimard à Paul Gouin, 20 octobre 1935.
45 Dirks, *The Failure of l'Action libérale nationale*, 48-51.
46 « L'A. L. N. tend un piège à Messieurs les Curés », *Le Canada*, 1er mai 1935.
47 BAC, Fonds Gouin, lettre d'Ant. B. Desrochers à Paul Gouin, 30 juillet 1934.
48 *Ibid.*, lettre de Doria Grimard à Paul Gouin, 26 novembre 1934.
49 *Ibid.*, lettre de Georges-M. Bilodeau à Paul Gouin, 14 novembre 1934 ; 31 décembre 1934.
50 Dumas, *L'abbé Pierre Gravel*.
51 BAC, Fonds Gouin, lettre de Pierre Gravel à Paul Gouin, 14 août 1934 ; 22 janvier 1935 ; 26 juin 1935 ; 28 juin 1935 ; 17 octobre 1935.
52 BANQ-M, Fonds Paul Gouin (désormais Fonds Gouin), lettre d'E.-A. Lemaire à Louis-Philippe Morin, 7 avril 1935 ; 14 mai 1934 ; 21 mai 1934 ; lettre de Paul Gouin à Louis-Philippe Morin, 1er octobre 1935 ; lettre de Roméo Langlois à E.-A. Lemaire, 27 juin 1935.
53 *Ibid.*, lettre de Paul Gouin à Oscar Drouin, 29 octobre 1935.

54 *Ibid.*, lettre d'Aurèle Parrot à Paul Gouin, 27 décembre 1934.
55 Ferland, *Paul Gouin*, 46.
56 BAC, Fonds Gouin, lettre de J. G. Desrosiers à Paul Gouin, 18 mai 1935; lettre de Paul Gouin à E. Whissel, 19 juin 1935; lettre de Doria Grimard à Paul Gouin, 8 mars 1935; 22 juillet 1935; 14 octobre 1935; lettre de Georges Boileau à Paul Gouin, 6 octobre 1935; DAUL, Fonds Hamel, lettre de Philippe Hamel à Jos. A. Labrecque, 6 octobre 1935; Louis Dupire «L'alliance Lapointe-Taschereau», *Le Devoir*, 22 mars 1935.
57 BAC, Fonds Gouin, lettre d'Edgar Chouinard à Paul Gouin, 7 janvier 1935.
58 *Ibid.*, lettre de Doria Grimard a Paul Gouin, 1er avril 1935; BANQ-M, Fonds Gouin, lettre d'E. A. Lemaire à Roméo Langlois, 11 juin 1935; DAUL, Fonds Hamel, lettre d'Henri Larouche à Philippe Hamel, 14 avril 1935.
59 DAUL, Fonds Hamel, lettre de Jos.-A. Labrecque à Louis-Philippe Morin, 1er octobre 1935.
60 BAC, Fonds Gouin, lettre de Rémi Pilon à Paul Gouin, 30 novembre 1935.
61 ASSJ, Fonds Duplessis, lettre de Rémi Pilon à Maurice Duplessis, 26 novembre 1935.
62 «Résumé du discours prononcé par M. l'abbé Maurice Laliberté», rapport non signé et non daté contenu dans le fonds Taschereau.
63 BAC, Fonds Gouin, lettre de Médéric Gravel à Paul Gouin, 17 mai 1935.
64 *Ibid.*, lettre de Doria Grimard à Paul Gouin, 8 mars 1935.
65 Dion, *Québec 1945-2000*, 20.

CHAPITRE QUATRE

1 Black, *Duplessis: l'ascension*, 167.
2 BANQ-M, Fonds Gouin, lettre d'E.-A. Lemaire à Roméo Langlois, 11 juin 1935.
3 BAC, Fonds Gouin, lettre de Pierre Gravel à Paul Gouin, 7 novembre 1935; lettre de Doria Grimard à Paul Gouin, 10 novembre 1935; lettre d'A. Meunier à Paul Gouin, 13 novembre 1935; lettre de Valmore Forget à Paul Gouin, 26 novembre 1935.
4 Vigod, *Taschereau*, 225.
5 Linteau, Durocher, Robert et Ricard, *Histoire du Québec contemporain*, vol. 2, 133.
6 Rodrigue Villeneuve, «Devoir électoral», *La Semaine religieuse de Québec*, 1er août 1935.

7 AAQ, Nicolet, lettre d'Hermann Brunault a Rodrigue Villeneuve, 3 août 1935; Alfred-Odilon Comtois, « Circulaire au clergé », *Mgr Comtois – Mandements*, vol. 1, 1935, 38-9; « Circulaire au clergé », *La Semaine religieuse de Montréal*, 7 août 1935.
8 Louis-Philippe Roy, « Le devoir électoral », *L'Action catholique*, 14 novembre 1935.
9 Georges Courchesne, « Circulaire au clergé », *Mgr Geo. Courchesne – Mandements et circulaires*, vol. 1, 1928-1935, 327-8.
10 *Ibid.*, 333-4.
11 « Une ligue de moralité publique », *La Semaine religieuse de Montréal*, 11 septembre 1935.
12 Adélard Harbour, « Le devoir électoral », *La Semaine religieuse de Montréal*, 9 octobre 1935.
13 « Un souhait unanime des prêtres de Dorchester », *Le Soleil*, 12 novembre 1935.
14 AAM, 732.120 Sénateurs, lettre de R. Dandurand à Alphonse-Emmanuel Deschamps, 11 octobre 1935.
15 « Grand nombre de religieux seraient privés de leur droit de vote le 25 novembre », *Le Devoir*, 15 novembre 1935.
16 « Tous les électeurs de Saint-Louis défranchisés – Des centaines de religieux privés de leur droit de citoyens dans toute la province », *Le Devoir*, 19 novembre 1935; « On se demande si plus d'une poignée de religieux auront droit de voter le 25 », *Le Devoir*, 20 novembre 1935; « 22 religieux et 5 prêtres oubliés dans la paroisse du registraire McCaughan », *Le Devoir*, 22 novembre 1935; « Pour liquider : quelques nouvelles électorales de la dernière heure », *Le Devoir*, 23 novembre 1935; « 18 prêtres et religieux défranchisés à Saint-François-Solano », *Le Devoir*, 23 novembre 1935.
17 BAC, Fonds Gouin, lettre d'A. Meunier à Paul Gouin, 13 novembre 1935.
18 DAUL, Fonds Grégoire, lettre de Maurice Patry à Ernest Grégoire, 3 novembre 1935.
19 *Ibid.*, lettre de C. Leclerc à Ernest Grégoire, 19 novembre 1935.
20 « L'Action lib. Nationale dans le Téminscamingue », *L'Action catholique*, 26 octobre 1935; « Assemblées de l'A. L. N. dans le Témiscamingue », *L'Action catholique*, 29 octobre 1935; DAUL, Fonds Hamel, lettre de Philippe Hamel au Curé de Saint-Sacrement, 17 décembre 1935.
21 BAC, Fonds Paul Gouin, lettre de Doria Grimard à Paul Gouin, 4 novembre 1935; lettre de Doria Grimard à Paul Gouin, 10 novembre 1935; lettre de Paul Gouin à Pierre Gravel, 14 novembre 1935; DAUL,

Fonds Grégoire, lettre de Pierre Gravel à Ernest Grégoire, 11 novembre 1935; DAUL, Fonds Hamel, lettre de Philippe Hamel à Oscar Handfield, 22 novembre 1935; lettre d'Oscar Handfield à Philippe Hamel, 23 novembre 1935.
22 BAC, Fonds Gouin, lettre de Doria Grimard à Paul Gouin, 4 novembre 1935.
23 DAUL, Fonds Grégoire, lettre d'Odilon Gauthier à Ernest Grégoire, 25 novembre 1935.
24 *Ibid.*, lettre de Charles Michaud à Ernest Grégoire, 19 novembre 1935.
25 BAC, Fonds Gouin, lettre de sœur Jean du Crucifix à Paul Gouin 17 décembre 1935.
26 *Ibid.*, lettre de Thomas Mignault à Paul Gouin, 10 décembre 1935.
27 BANQ-M, Fonds Gouin, lettre d'A. Laflamme à Paul Gouin, 19 novembre 1935.
28 BAC, Fonds Gouin, lettre de Charles East à Paul Gouin, 26 novembre 1935.
29 BANQ-Q, Fonds Taschereau, lettre de Rodrigue Villeneuve à Louis-Alexandre Taschereau, 24 janvier 1936. Le témoignage du curé a été rapporté au cardinal qui l'a répété à Taschereau.
30 DAUL, Fonds Grégoire, lettre de Georges Adam à Ernest Grégoire, 27 novembre 1935.
31 BAC, Fonds Gouin, lettre d'A. Meunier à Paul Gouin, 13 novembre 1935.
32 ASSJ, Fonds Duplessis, lettre non datée Rémi Pilon à Maurice Duplessis.
33 BANQ-Q, Fonds Taschereau, lettre de Léon Vien à Auguste Choquette, 11 décembre 1935.
34 DAUL, Fonds Grégoire, lettre d'Odilon Gauthier à Ernest Grégoire, 25 novembre 1935.
35 BANQ-Q, Fonds Taschereau, lettre de Rodrigue Villeneuve à Louis-Alexandre Taschereau, 24 janvier 1936.
36 DAUL, Fonds Hamel, lettre de Philippe Hamel à Cyrille Labrecque, 16 décembre 1935; lettre de Philippe Hamel à l'abbé Lapointe, 16 décembre 1935; lettre de Cyrille Labrecque à Philippe Hamel, 30 décembre 1935.
37 Pierre Gravel, « Nos suggestions… », *Le Canadien*, 24 octobre 1935.
38 AAQ, Pierre Gravel, rapport personnel et confidentiel adressé à Louis-Alexandre Taschereau, 28 novembre 1935; 33CP Diocèse de Sherbrooke (désormais Sherbrooke), lettre d'Alphonse-Osias Gagnon à Omer Plante, 15 novembre 1935; lettre d'Omer Plante à Alphonse-Osias Gagnon, 16 novembre 1935. Au bas de la lettre se trouve une note de Mgr Plante sur le discours de l'abbé Gravel à Asbestos du 24 novembre 1935;

BANQ-Q, Fonds Taschereau, lettre de Léonce Cliche à Rodrigue Villeneuve, 7 décembre 1935; «Cantons de l'est», rapport non daté; «Des prêtres participent à la lutte», *Le Soleil*, 25 novembre 1935.
39 «Une lettre du Révérend P. Archange», *L'Action catholique*, 25 novembre 1935.
40 «La lettre du R. P. Archange», *Le Devoir*, 25 novembre 1935.
41 Joseph Bégin, «Lettre du Rév. Père Godbout, franciscain», *La Croix*, 30 novembre 1935.
42 Guillaume Dechêne, «L'intempérance et les élections», *L'Action catholique*, 23 novembre 1935.
43 BAC, Fonds Gouin, lettre de Charles Fast à Paul Gouin, 19 novembre 1935.
44 BANQ-Q, Fonds Taschereau, lettre de Louis-Alexandre Taschereau à Camille Roy, 21 novembre 1935; DAUL, Fonds Hamel, lettre de Joseph Lavoie à Philippe Hamel, 23 novembre 1935; Fonds Grégoire, lettre de Léonidas Castonguay à Ernest Grégoire, 1er octobre 1935; «Déclaration», *L'Action catholique*, 23 novembre 1935.
45 «Résumé du discours prononcé par M. l'abbé Maurice Laliberté», BANQ-Q, Fonds Taschereau.
46 AAQ, NDG, lettre d'Édouard-Valmore Lavergne à Rodrigue Villeneuve, 28 août 1935. La réponse du cardinal est écrite à la main au bas de la lettre.
47 BANQ-Q, Fonds Taschereau, lettre d'un vieux citoyen thetfordois à Louis-Alexandre Taschereau, 4 novembre 1935; déclaration assermentée d'Ovila Samson le 7 novembre 1935 à Thetford Mines devant le notaire J. Morisset; lettre de Joseph-Édouard Perrault à Louis-Alexandre Taschereau, 11 novembre 1935.
48 Édouard-Valmore Lavergne, «Les élections! ... », *La Bonne Nouvelle*, 10 novembre 1935; Gérard Picard, «L'Hon. M. Taschereau et ses directorats de compagnies», *La Bonne Nouvelle*, 10 novembre 1935; Édouard-Valmore Lavergne, «Un... père... scandalisé», *La Bonne Nouvelle*, 10 novembre 1935; «À propos de taxes», *La Bonne Nouvelle*, 10 novembre 1935.
49 Édouard-V. Lavergne, *Votez en hommes libres, en patriotes, en bons chrétiens* (1935), p. 3. Une copie du sermon est contenue dans le Fonds Louis-Alexandre Taschereau.
50 AAQ, NDG, Note non datée de Mgr J.-Omer Plante; Chicoutimi, lettre de Charles Lamarche à Rodrigue Villeneuve, 13 janvier 1936; BANQ-Q, Fonds Taschereau, lettre anonyme à Louis-Alexandre Taschereau, 4 décembre 1935; lettre de Léonce Cliche à Rodrigue Villeneuve,

7 décembre 1935 ; E.-V. Lavergne, « Votez en hommes libres, en patriotes, en bons chrétiens », *Le Canadien*, 21 novembre 1935.

51 AAQ, NDG, lettre de J.-Omer Plante à Édouard-Valmore Lavergne, 22 novembre 1935 ; lettre de J.-Omer Plante à Édouard-Valmore Lavergne, 23 novembre 1935 ; « Monsieur l'abbé Lavergne à Cap-Saint-Ignace », rapport non daté ; « L'abbé Lavergne a été parler pour M. J.-E. Grégoire », *La Presse*, 25 novembre 1935 ; « Des prêtres participent à la lutte », *Le Soleil*, 25 novembre 1935.

52 BAC, Fonds Gouin, lettre de Pierre Gravel à Paul Gouin, 11 novembre 1935 ; BANQ-Q, Fonds Taschereau, « Résumé du discours prononcé par M. l'abbé Maurice Laliberté » ; DAUL, Fonds Hamel, lettre non datée de Rémi Pilon à Philippe Hamel ; Fonds Grégoire, lettre non datée de Rémi Pilon à Ernest Grégoire ; lettre de Léonidas Castonguay à J.-Ernest Grégoire, 1er octobre 1935 ; BAC, Fonds Gouin, lettre non datée de Rémi Pilon à Paul Gouin ; ASSJ, Fonds Duplessis, lettre non datée de Rémi Pilon à Maurice Duplessis.

53 AAQ, Pierre Gravel, lettre de L.-N. Castonguay à Rodrigue Villeneuve, 17 décembre 1935.

54 AAQ, Délégation apostolique, lettre de Rodrigue Villeneuve à Andrea Cassulo, 14 décembre 1935 ; DAUL, Fonds Hamel, lettre de J. A. Gagnon à Philippe Hamel, 17 décembre 1935 ; « Le mauvais exemple », *Le Soleil*, 22 novembre 1935.

55 DAUL, Fonds Hamel, lettre de Cyrille Labrecque à Philippe Hamel, 30 décembre 1935 ; lettre de Philippe Hamel à Charles Beaulieu, 16 novembre 1935 ; lettre de Joseph R. Pelletier à Philippe Hamel, 27 novembre 1935 ; lettre d'Auguste Marcoux à Ernest Grégoire, 25 novembre 1935 ; ASSJ, Fonds Duplessis, lettre de M. T. Giroux à Maurice Duplessis, 26 novembre 1935.

56 BANQ-Q, Fonds Taschereau, lettre de Lucien C. Bédard à Louis-Alexandre Taschereau, 25 novembre 1935.

57 *Ibid.*, lettre de Léonce Boivin à Louis-Alexandre Taschereau, 26 novembre 1935.

58 *Ibid.*, lettre d'un religieux prêtre à Louis-Alexandre Taschereau, 28 novembre 1935.

59 *Ibid.*, lettre du curé Martin à Louis-Alexandre Taschereau, 28 novembre 1935.

60 *Ibid.*, lettre de Jules Ricard à Louis-Alexandre Taschereau, 1er décembre 1935.

61 *Ibid.*, lettre d'Adélard Chouinard à Robert Taschereau, 26 novembre 1935.

62 *Ibid.*, lettre de Joseph Destroismaisons à Robert Taschereau, 26 novembre 1935.
63 *Ibid.*, lettre d'Horace Labrecque à Robert Taschereau, 26 novembre 1935.
64 DAUL, Fonds Grégoire, lettre de Léonce Boivin à Ernest Grégoire, 19 août 1936.
65 ASSJ, Fonds Duplessis, lettre de M. T. Giroux à Maurice Duplessis, 26 novembre 1935; lettre d'Albert Tessier à Maurice Duplessis, 1er décembre 1935.
66 *Ibid.*, lettre de Joseph C. Grenier à Maurice Duplessis, 26 novembre 1935.
67 *Ibid.*, lettre de M. T. Giroux à Maurice Duplessis, 26 novembre 1935.
68 *Ibid.*, lettre de Paul-Émile Brouillet à Maurice Duplessis, 26 novembre 1935.
69 *Ibid.*, lettre non datée de Lionel Groulx à Maurice Duplessis.
70 *Ibid.*, lettre non datée de Pierre Veilleux à Maurice Duplessis.
71 *Ibid.*, lettre non datée d'O. Landry à Maurice Duplessis.
72 Pour la liste complète, voir: Dumas, *L'Église face à Duplessis*, 351-67.
73 ASSJ, Fonds Duplessis, lettre de Médéric Gravel à Maurice Duplessis, 8 décembre 1935; BANQ-M, Fonds Gouin, lettre de Ph. Lessard à Paul Gouin, 18 juin 1935.
74 ASSJ, Fonds Duplessis, lettre de Lionel Boisseau à Maurice Duplessis, 12 décembre 1935.
75 BAC, Fonds Gouin, lettre de Paul Gouin à Doria Grimard, 26 août 1935; lettre de Doria Grimard à Paul Gouin, 30 novembre 1935.
76 DAUL, Fonds Grégoire, lettre de Rémi Pilon à Ernest Grégoire, 26 novembre 1935.
77 BAC, Fonds Gouin, lettre de Charles East à Paul Gouin, 26 novembre 1935.
78 ASSJ, Fonds Duplessis, lettre de J. F. Bellemare à Maurice Duplessis, 26 novembre 1935; BAC, Fonds Gouin, lettre de J. F. Bellemare à Paul Gouin, 26 novembre 1935; DAUL, Fonds Grégoire, lettre de J. F. Bellemare à Ernest Grégoire, 26 novembre 1935.
79 ASSJ, Fonds Duplessis, lettre de Joseph C. Grenier à Maurice Duplessis, 26 novembre 1935.
80 BAC, Fonds Gouin, lettre d'Aurèle Parrot à Paul Gouin, 26 novembre 1935.
81 ASSJ, Fonds Duplessis, lettre d'un prêtre de Montréal à Maurice Duplessis, 26 novembre 1935.
82 *Ibid.*, lettre non datée Rémi Pilon à Maurice Duplessis.
83 DAUL, Fonds Hamel, lettre de Lucien-G. Talbot à Philippe Hamel, 27 novembre 1935.

84 DAUL, Fonds Grégoire, lettre de Louis F. de Léry à Ernest Grégoire, 26 novembre 1935.
85 BAC, Fonds Gouin, lettre d'Aurèle Parrot à Paul Gouin, 26 novembre 1935.
86 *Ibid.*, lettre de Valmore Forget à Paul Gouin, 26 novembre 1935.
87 *Ibid.*, lettre de S. Veilleux à Paul Gouin, 26 novembre 1935.
88 DAUL, Fonds Grégoire, lettre de S. P. Laverdière à Ernest Grégoire, 26 novembre 1935.
89 *Ibid.*, lettre de Stanislas Paradis à Ernest Grégoire, 26 novembre 1935.
90 *Ibid.*, lettre d'Élias Roy à Ernest Grégoire, 26 novembre 1935.
91 BAC, Fonds Gouin, lettre de frère Théogène à Paul Gouin, 27 novembre 1935.
92 ASSJ, Fonds Duplessis, lettre de Joseph C. Grenier à Maurice Duplessis, 26 novembre 1935.
93 DAUL, Fonds Hamel, lettre de Joseph R. Pelletier à Philippe Hamel, 27 novembre 1935.
94 DAUL, Fonds Grégoire, lettre de Louis Patrice à Ernest Grégoire, 30 décembre 1935.
95 BAC, Fonds Gouin, lettre de Louis de Léry à Paul Gouin, 30 novembre 1935.
96 DAUL, Fonds Hamel, lettre de T. L. Tremblay à Philippe Hamel, 26 novembre 1935; BAC, Fonds Gouin, lettre d'Arthur Lacasse à Paul Gouin, 27 novembre 1935.
97 BANQ-M, Fonds Groulx, lettre de Lionel Groulx à Paul Gouin, 24 décembre 1935.
98 BAC, Fonds Gouin, lettre de Doria Grimard à Paul Gouin, 30 novembre 1935; lettre de F. X. Tousignant à Paul Gouin, 1er décembre 1935.
99 ASSJ, Fonds Duplessis, lettre de Médéric Gravel à Maurice Duplessis, 8 décembre 1935.
100 BANQ-M, Fonds Gouin, lettre de L.-N. Laporte à l'A. L. N., 13 décembre 1935; DAUL, Fonds Hamel, lettre de Lucien-G. Talbot à Philippe Hamel, 17 décembre 1935; lettre de Philippe Hamel à Lucien-G. Talbot, 20 janvier 1936; lettre de Joseph Turcotte à Philippe Hamel, 19 février 1936.
101 BANQ-M, Fonds Gouin, lettres d'E.-A. Lemaire à Paul Gouin, 29 novembre 1935; 10 janvier 1936; 29 janvier 1936; 6 février 1936; lettre d'E.-A. Lemaire à Roméo Langlois, 31 janvier 1936.
102 BANQ-M, Fonds Gouin, lettre d'Albert Langlois à *La Province*, 5 décembre 1935; lettres de Paul Gouin à Charles Michaud, 6 décembre 1935; 10 février 1936; 21 février 1936; BAC, Fonds Gouin, lettre de J. Fortin à Paul Gouin, 15 janvier 1936; lettre de Roméo Langlois à J.-C.-R.

Faucher, 19 décembre 1935 ; lettre de Jos.-D. Michaud à Paul Gouin, 15 avril 1936.
103. BAC, Fonds Ernest Lapointe (désormais Fonds Lapointe), lettre de Victor Lanoue à Ernest Lapointe, 16 décembre 1935 ; lettre de Jos. D. Michaud à Ernest Lapointe, 18 décembre 1935 ; lettre de J. A. Vézina à Ernest Lapointe, 2 janvier 1936.
104. J.-Omer Plante, « Communiqué de l'archevêché », *L'Action catholique*, 30 novembre 1935 ; « M. Taschereau n'a pas fait sa déclaration attendue, ce matin », *Le Devoir*, 27 novembre 1935.
105. J.-A. Barnard, « Influence indue », *Le Soleil*, 21 novembre 1935.
106. *Ibid.*, « Le mauvais exemple », *Le Soleil*, 22 novembre 1935.
107. « Faits saillants de l'élection », *Le Canada*, 26 novembre 1935.
108. « Des prêtres participent à la lutte », *Le Soleil*, 25 novembre 1935.
109. J.-A. Barnard, « L'influence cléricale », *Le Soleil*, 27 novembre 1935.
110. *Ibid.*, « Divergence de principes », *Le Soleil*, 26 novembre 1935.
111. Edmond Turcotte, « Le coup de poignard dans le dos des libéraux », *Le Canada*, 28 novembre 1935.
112. Eugène L'Heureux, « L'influence indue », *L'Action catholique*, 27 novembre 1935.
113. Omer Héroux, « La parole est à M. Taschereau, Lapointe et à leurs amis », *Le Devoir*, 28 novembre 1935 ; « Quelques mots encore pour le *Soleil* », *Le Devoir*, 30 novembre 1935
114. Léopold Richer, « Les menaces d'un journal ministériel », *Le Droit*, 29 novembre 1935 ; Léopold Richer, « Maintenant amorcée, étudions la question », *Le Droit*, 2 décembre 1935.
115. Louis-Philippe Roy, « Trois motifs d'une hostilité dont se plaint la presse rouge », *L'Action catholique*, 4 décembre 1935.
116. Joseph Bégin, « Merci au R. P. Archange et à M. le curé Lavergne », *La Croix*, 7 décembre 1935.
117. « Qui mange du prêtre en meurt », *Le Franc-Parleur*, 5 décembre 1935.
118. J.-A. Barnard, « À chacun sa responsabilité », *Le Soleil*, 3 décembre 1935.
119. Henri Gagnon, « Mise au point », *Le Soleil*, 6 décembre 1935.
120. Omer Héroux, « Le *Soleil* et la mise au point de M. Gagnon », *Le Devoir*, 9 décembre 1935 ; Pierre Dupont, « Au *Soleil* », *Le Devoir*, 20 décembre 1935. L'article est tiré du *Progrès du Saguenay*.
121. « M. Philippon tient une grande assemblée », *L'Action catholique*, 2 décembre 1935.
122. « L'assemblée de M. Oscar Drouin à Limoilou », *Le Devoir*, 12 décembre 1935 ; « Le Dr Ph. Hamel à la radio », *Le Devoir*, 13 décembre 1935 ; « Allocution du Dr Philippe Hamel, député de Québec-Centre, à la radio

le 12 décembre », *Le Franc-Parleur*, 19 décembre 1935 ; « Les abus de 1936 sont plus révoltants que ceux de 1837, déclare le maire Grégoire », *Le Devoir*, 17 mars 1936 ; « Réponse de M. Taschereau au Dr Petitclerc », *Le Devoir*, 24 janvier 1936.

123 « Entre ce que dit et ce que fait le gouvernement, il y a l'abîme séparant le bien du mal », *Le Devoir*, 27 mars 1936.

124 « Le vainqueur, c'est M. Paul Gouin, le vaincu, c'est M. Duplessis, dit M. Taschereau », *Le Devoir*, 27 mars 1936 ; « Le Dr P. Hamel aura de nouveau la parole le 14 avril prochain », *L'Action catholique*, 9 avril 1936.

125 *Débats de l'Assemblée législative*, 19e législature – 1re session, vol. 1, séances du 24 mars au 30 avril 1936, p. 385-386.

126 Édouard-V. Lavergne, « Tribune libre », *Le Droit*, 6 décembre 1935 ; et « Une lettre de M. l'abbé E.-V. Lavergne », *Le Devoir*, 9 décembre 1935 ; et « Une lettre de M. l'abbé Lavergne », *La Croix*, 14 décembre 1935.

127 Aurèle Parrot, « La politique et les prêtres », *Le Messager de Lachine*, 12 décembre 1935.

128 Albini Lafortune, « L'autorité religieuse et les dernières élections », *Le Devoir*, 14 décembre 1935. L'article est tiré de *L'Action populaire* de Joliette.

129 AAQ, NDG, « Concert à Notre-Dame de Grâce le 27 novembre 1935 » ; note de J.-Omer Plante, 30 novembre 1935 ; « *"Business as usual"*, dit M. "Taschereau" », *Le Devoir*, 29 novembre 1935.

130 « M. l'abbé Pierre Gravel », *L'Illustration*, 16 décembre 1935 ; « Le clergé continuera de faire son devoir, dit l'abbé Gravel », *La Patrie*, 16 décembre 1935 ; « Rôle que doit jouer le clergé dans la société », *La Presse*, 16 décembre 1935 ; « Au marché Saint-Jacques », *Le Devoir*, 16 décembre 1935 ; « Les élections et le clergé de Québec », *Le Droit*, 16 décembre 1935 ; « L'abbé P. Gravel a parlé dimanche soir à Montréal », *Le Soleil*, 16 décembre 1935 et *Le Nouvelliste*, 16 décembre 1935 ; « *Priest is speaker at Unionist rally* », *The Gazette*, 16 décembre 1935 ; « Notre peuple et ses prêtres », *La Province*, 19 décembre 1935.

131 « Rôle que doit jouer le clergé dans la société », *La Presse*, 16 décembre 1935.

132 « La politique », *Le Devoir*, 7 janvier 1936 ; « L'élection de M. Paul Gouin dans l'Assomption contestée », *Le Canada*, 11 janvier 1936.

133 « Les contestations d'élections », *Le Devoir*, 14 janvier 1936.

134 Jules Dorion, « L'influence indue », *L'Action catholique*, 11 janvier 1936 ; Eugène L'Heureux, « Les contestations d'élections », *L'Action catholique*, 15 janvier 1936 ; « L'influence indue », *Le Franc-Parleur*, 17 janvier 1936 ;

G. P., « Bloc-Notes », *Le Devoir*, 20 janvier 1936 ; Joseph Bégin, « Le clergé, la politique et l'influence indue », *La Croix*, 25 janvier 1936.
135 BANQ-Q, Fonds de la Cour supérieure, Greffe de Québec, dossier 148, Albert Cantin *VS* Pierre Bertrand.
136 BANQ-Q, Fonds Taschereau, lettres de J.-Amédée Gagnon à Louis-Alexandre Taschereau, 30 novembre 1935 ; 2 décembre 1935 ; lettres d'Émile Moreau à Louis-Alexandre Taschereau, 9 décembre 1935 ; 18 décembre 1935 ; lettre de Léo K. Laflamme à Louis-Alexandre Taschereau, 17 décembre 1935 ; « Élections de Grégoire et de Byrne contestées », *Le Soleil*, 13 janvier 1936 ; lettre de Léonce Cliche à Rodrigue Villeneuve, 7 décembre 1935.
137 BANQ-Q, Fonds Taschereau, lettre d'Aldérique Simoneau à Philippe-Auguste Choquette, 27 novembre 1935 ; AAQ, NDG, lettres d'Édouard-Valmore Lavergne à Rodrigue Villeneuve, 4 mars 1936 ; 10 mai 1936. Les documents du juge Choquette sont annexés à la lettre du curé Lavergne ; lettre de Philippe-Auguste Choquette à Rodrigue Villeneuve, 6 avril 1936.
138 *Ibid.*, lettre de Paul Nicole à Philippe-Auguste Choquette, 15 avril 1936.
139 BANQ-Q, Fonds Taschereau, lettre non datée d'Eugène Latulippe à Louis-Alexandre Taschereau ; lettre de J. E. Naud à Louis-Alexandre Taschereau, 28 novembre 1935 ; lettre de Nil Gosselin à Louis-Alexandre Taschereau, 28 novembre 1935.
140 *Ibid.*, lettre de Joseph-M. Gignac à Louis-Alexandre Taschereau, 19 janvier 1936.
141 *Ibid.*, lettre d'Hector Perrier à Louis-Alexandre Taschereau, 9 février 1936 ; AD, Fonds Villeneuve, lettre de Lionel Groulx à Rodrigue Villeneuve, 17 janvier 1938.
142 AAQ, Délégation apostolique, lettre d'Andrea Cassulo à Rodrigue Villeneuve, 11 décembre 1935. La lettre est traduite de l'Italien par l'auteur.
143 *Ibid.*, lettre de Rodrigue Villeneuve à Andrea Cassulo, 14 déecembre 1935.
144 *Ibid.*
145 AD, Fonds Villeneuve, lettre de Rodrigue Villeneuve à un père, 6 janvier 1936.
146 BANQ-Q, Fonds Taschereau, lettre de Louis-Alexandre Taschereau à Rodrigue Villeneuve, 9 janvier 1936 ; lettre d'Andrea Cassulo à Louis-Alexandre Taschereau, 13 janvier 1936.
147 *Résumé du discours prononcé par M. l'abbé Maurice Laliberté*, rapport non signé et non daté contenu dans le fonds Taschereau.
148 Hamelin et Gagnon, *Histoire du catholicisme québécois*, 123.

149 BANQ-Q, Fonds Taschereau, lettre de Rodrigue Villeneuve à Louis-Alexandre Taschereau, 24 janvier 1936.
150 *Ibid.*, lettre de Joseph-Arthur Papineau à Rodrigue Villeneuve, 19 janvier 1936.
151 AAM, 750.100 Élections : Interventions du clergé – en général (désormais Dossier élections), lettre d'Alphonse-Emmanuel Deschamps à Michel Beaudoin, 13 janvier 1936.
152 *Ibid.*, lettre de Joseph-Arthur Brouillette à Michel Beaudoin, 16 janvier 1936.
153 *Ibid.*, lettre de Gédéon Boucher à Michel Beaudoin, 17 janvier 1936.
154 Georges Courchesne, « Circulaire au clergé », 341-2.
155 Joseph-Alfred Langlois, « Circulaire de Monseigneur l'Évêque de Valleyfield au Clergé de son Diocèse », *Œuvres pastorales de Mgr Langlois*, vol. 2, 435-6.
156 BANQ-Q, Fonds Taschereau, lettre de Joseph-Arthur Papineau à Rodrigue Villeneuve, 19 janvier 1936.
157 AAQ, Montréal, lettre d'Alphonse-Emmanuel Deschamps à Rodrigue Villeneuve, 20 janvier 1936.
158 AAQ, Chicoutimi, lettre de Charles Lamarche à Rodrigue Villeneuve, 13 janvier 1935.
159 *Ibid.*
160 Rodrigue Villeneuve, « Des obligations du clergé par rapport aux élections », *La Semaine religieuse de Québec*, 19 décembre 1935.
161 *Ibid.*, *Le Canada*, 20 décembre 1935 ; *Le Devoir*, 20 décembre 1935 ; et « Le clergé et les campagnes électorales », *Le Droit*, 20 décembre 1935 ; et « La politique et le clergé catholique », *Le Soleil*, 20 décembre 1935.
162 Robur, « Eh! La session provinciale aura-t-elle lieu en mars », *L'Autorité*, 21 décembre 1935.
163 Rodrigue Villeneuve, « Lettre pastorale de Son Éminence le cardinal Jean-Marie-Rodrigue Villeneuve, de la Congrégation des Oblats de Marie Immaculée, archevêque de Québec », *L'Action catholique*, 27 janvier 1936.
164 *Ibid.*, « Lettre pastorale du cardinal Villeneuve », *Le Canada*, 27 janvier 1936; et « Lettre pastorale de Son Éminence le cardinal Villeneuve touchant certains faits publics survenus pendant la dernière période électorale », *Le Devoir*, 27 janvier 1936 ; et « Une lettre pastorale du cardinal sur les élections », *Le Soleil*, 27 janvier 1936.
165 Alfred-Odilon Comtois, « Circulaire au clergé », *Mgr Comtois-Mandements – vol. 1: 1935-1940*, 5 février 1936, 81-2.
166 BANQ-M, Fonds Groulx, lettre de Rodrigue Villeneuve à Lionel Groulx, 25 janvier 1936.

167 DAUL, Fonds Grégoire, lettre de J.-Ernest Grégoire à Rodrigue Villeneuve, 29 janvier 1936.
168 AAQ, Saint-Hyacinthe, lettre de Philippe-Servule Desranleau à Rodrigue Villeneuve, 31 janvier 1936.
169 « Retentissant événement religieux ! », *L'Autorité*, 14 mars 1936.
170 « Lettre collective des évêques de toute la province », *Le Canada*, 12 mars 1936 ; Rodrigue Villeneuve, « S. E. le cardinal Villeneuve juge l'indiscrétion de certains informateurs », *Le Devoir*, 12 mars 1936.
171 « Retentissant événement religieux ! », *L'Autorité*, 14 mars 1936.
172 DAUL, Fonds Grégoire, lettre d'Édouard-Valmore Lavergne à Ernest Grégoire, 15 mars 1936.
173 AAM, Dossier Mgr Gauthier, lettre de Georges Gauthier à Archange Godbout, 2 juin 1936 ; Dossier Mgr Deschamps, lettre d'Alphonse-Emmanuel Deschamps à Hector Perrier, 19 mai 1936 ; AAQ, Pierre Gravel, lettre de L.-N. Castonguay à Rodrigue Villeneuve, 17 décembre 1935 ; « M. l'abbé Pierre Gravel nommé vicaire à St-Roch », *Le Devoir*, 21 décembre 1935 ; « Nominations ecclésiastiques », *La Semaine religieuse de Québec*, 26 décembre 1935 ; BANQ-Q, Fonds Taschereau, lettre de Léonce Cliche à Rodrigue Villeneuve, 7 décembre 1935.
174 AAQ, NDG, Lettre d'Édouard-Valmore Lavergne à J.-Omer Plante, 27 novembre 1935.
175 *Ibid.*, lettre de J.-Omer Plante à Édouard-Valmore Lavergne, 28 novembre 1935.
176 *Ibid.*, lettre d'Édouard-Valmore Lavergne à Rodrigue Villeneuve, 27 janvier 1936.
177 *Ibid.*, lettre de Rodrigue Villeneuve à Paul Bouillé, 1er février 1936 ; lettre de Rodrigue Villeneuve à Édouard-Valmore Lavergne, 4 février 1936.
178 *Ibid.*
179 *Ibid.*
180 DAUL, Fonds Grégoire, lettre d'Édouard-Valmore Lavergne à Ernest Grégoire, 18 février 1936.
181 AAQ, 39CD/1907, Dossier Édouard-Valmore Lavergne, « Procès-verbal pour l'amotion du curé de N.-D. de Grâce et rétrospective des événements, 1936-41 ».
182 BANQ-Q, Fonds Taschereau, lettre d'Ernest Arsenault à Louis-Alexandre Taschereau, 23 décembre 1935 ; lettre d'Ernest Arsenault à Louis-Alexandre Taschereau, 9 janvier 1936 ; lettre de Louis-Alexandre Taschereau à Lauréat Lapierre, 13 janvier 1936 ; lettre de Lauréat Lapierre à Louis-Alexandre Taschereau, 16 janvier 1936 ; lettre de Louis-Alexandre Taschereau à Ernest Arsenault, 24 janvier 1936 ; lettre de Louis-Athanase

David à Louis-Alexandre Taschereau, 27 janvier 1936; lettre d'Ernest Arsenault à Louis-Alexandre Taschereau, 26 février 1936; lettre de Louis-Alexandre Taschereau à Ernest Arsenault, 28 février 1936; lettre d'Ernest Arsenault à Jos. Couture, 3 avril 1936; lettre de Joseph Couture à Ernest Arsenault, 17 avril 1936.
183 *Ibid.*, lettre de Louis-Alexandre Taschereau à Ernest Arsenault, 28 février 1936.
184 *Ibid.*, lettre de Louis-Athanase David à Louis-Alexandre Taschereau, 27 janvier 1936.
185 *Ibid.*, lettre du père Godbout à Louis-Alexandre Taschereau, 2 janvier 1936.
186 Vigod, *Taschereau*, 307-9.
187 Robillard, *Monseigneur Joseph Charbonneau*, 49-51.
188 Dupont, *Les relations entre l'Église et l'État*, 320.

CHAPITRE CINQ

1 Black, *Duplessis: l'ascension*, 217.
2 AD, Fonds Villeneuve, lettre de Rodrigue Villeneuve à Anthème Desnoyers, 8 janvier 1938.
3 AAQ, Gouvernement du Québec, lettre de Louis-Alexandre Taschereau à Rodrigue Villeneuve, 9 mars 1936; lettre de Rodrigue Villeneuve à Louis-Alexandre Taschereau, 19 mars 1936; lettre de Louis-Alexandre Taschereau à Rodrigue Villeneuve, 20 mars 1936; lettre de Georges Gauthier à Rodrigue Villeneuve, 16 mars 1936.
4 BAC, Fonds Gouin, lettre d'Henri Roy à Louis-Alexandre Taschereau, 18 mars 1936.
5 « M. Taschereau promet d'accorder la loi des pensions de vieillesse et d'abroger l'art. 7 de la loi du dimanche », *L'Action catholique*, 12 mars 1936.
6 AAM, Dossier Mgr Gauthier, vol. 2, lettre de Georges Gauthier à Louis-Alexandre Taschereau, 14 mars 1936.
7 « M. Bouchard ne reculera pas », *Le Devoir*, 1er juin 1936; « Mgr de St-Hyacinthe et le plan Bouchard », *L'Action catholique*, 3 juin 1936.
8 AAM, Dossier Mgr Gauthier, vol. 2, lettre de Georges Gauthier, à Louis-Alexandre Taschereau, 12 mai 1936.
9 AAM, Dossier Taschereau, lettre de Georges Gauthier à Louis-Alexandre Taschereau, 16 juin 1936.
10 BANQ-Q, Fonds Taschereau, lettre de la supérieure des Sœurs de l'Hôpital Saint-Michel-Archange à Louis-Alexandre Taschereau, 26 juin 1936.

11 *Ibid.*, lettre d'Adélard Chouinard à Louis-Alexandre Taschereau, 18 juin 1936.
12 AAQ, Gouvernement du Québec, lettre d'Adélard Godbout à Rodrigue Villeneuve, 13 juin 1936.
13 « M. Grégoire et 11 de ses candidats sont élus », *L'Action catholique*, 18 février 1936.
14 DAUL, Fonds Grégoire, lettre d'Arthur Robert à J.-Ernest Grégoire, 18 février 1936; lettre de sœur S. Marie de la Rédemption à J.-Ernest Grégoire, 19 février 1936; lettre d'Oscar Genest à J.-Ernest Grégoire, 18 février 1936; lettre d'A. Gaudreault à J.-Ernest Grégoire, 18 février 1936.
15 Black, *Duplessis: l'ascension*, 184.
16 *Débats de l'Assemblée législative*, séance du 27 mai 1936, 749-50.
17 Charles-E. Pelletier, « La Législature refuse de nouveau aux femmes le droit d'aller voter », *L'Action catholique*, 28 mai 1936.
18 Rumilly, *Histoire de la province de Québec*, vol. 41, 118-19.
19 BANQ-Q, Fonds Chaloult, lettre de J. A. Chamberland à René Chaloult, 18 août 1936; lettre de Louis-Émile Hudon à René Chaloult, 19 août 1936; lettre d'O. Lamonde à René Chaloult, 26 octobre 1939; lettre de V. Corbeil à René Chaloult, 28 octobre 1939; lettre de P. Veilleux à René Chaloult, 10 août 1944.
20 Genest, *Godbout*, 165; Dupont, *Les relations entre l'Église et l'État*, 9.
21 BAC, Fonds Gouin, lettre d'Élias Roy à Paul Gouin, 12 avril 1936; lettre de Pierre Gravel à Paul Gouin, 21 décembre 1937; lettre de Paul-Émile Paquet à Paul Gouin, 20 mai 1936.
22 *Ibid.*, lettre d'Édouard-Valmore Lavergne à Paul Gouin, 10 mai 1936.
23 *Ibid.*, lettre de Doria Grimard à Paul Gouin, 27 mai 1936.
24 « M. Paul Gouin rompt avec M. M. Duplessis », *L'Action catholique*, 19 juin 1936.
25 DAUL, Fonds Grégoire, lettre Jos.-D. Michaud à J.-Ernest Grégoire, 19 juin 1936.
26 BAC, Fonds Gouin, lettre d'Ant.-B. Desrochers à Paul Gouin, 25 juin 1936.
27 *Ibid.*
28 BANQ-M, Fonds Gouin, lettre d'Émilien Gauthier à Séraphin Vachon, 5 juillet 1936; lettre de C. H. Garneau à *La Province*, 11 juillet 1936.
29 *Ibid.*, lettre d'A. Laflamme à Paul Gouin, 28 juin 1936.
30 BAC, Fonds Gouin, lettre de Lionel Groulx à E. Cormier, 23 juillet 1936.
31 *Ibid.*, lettre de Pierre Gravel à Paul Gouin, 9 juillet 1936; 13 juillet 1936.
32 *Ibid.*, lettre d'Arthur Dubois à Paul Gouin, 17 août 1936.

33 *Ibid.*, lettre de Pierre Gravel à Paul Gouin, 20 juillet 1936.
34 *Ibid.*, lettre de Gérard Gariépy à Paul Gouin, 21 juillet 1936.
35 *Ibid.*, lettre de L. P. Blais à Paul Gouin, 20 juillet 1936 ; lettre de Valmore Forget à Paul Gouin, 4 juillet 1936.
36 « Son Em. le cardinal Villeneuve rappelle les grands devoirs de la justice et de la charité chrétienne », *L'Action catholique*, 13 juin 1936.
37 AAQ, Délégation apostolique, lettre d'Andrea Cassulo à Rodrigue Villeneuve, 24 juin 1936.
38 François-Xavier Ross, « Pour des élections honnêtes », *L'Action catholique*, 13 août 1936.
39 AAQ, Rimouski, lettre de Georges Courchesne à Rodrigue Villeneuve, 14 juillet 1936.
40 AAQ, Gaspé, lettre de François-Xavier Ross à Rodrigue Villeneuve, 15 juillet 1936.
41 BAC, Fonds Gouin, lettre non datée de François-Xavier Ross à Paul Gouin.
42 ASSJ, Fonds Duplessis, lettre d'Odilon Gauthier à Maurice Duplessis, 18 août 1936 ; lettre de Rémi Pilon à Maurice Duplessis, 18 août 1936 ; DAUL, Fonds Hamel, lettre du Père Siméon à Philippe Hamel, 26 juin 1936 ; lettre de Philippe Hamel au Père Tremblay, 27 juin 1936 ; lettre d'Edgar LeMay à Philippe Hamel, 5 août 1936 ; lettre de Philippe Hamel à Chas. Beaulieu, 5 août 1936 ; lettre de Philippe Hamel au frère Hébert, 27 juillet 1936. La lettre a probablement été écrite le 27 août et non le 27 juillet.
43 AAQ, NDG, lettre d'Édouard-Valmore Lavergne au cardinal Villeneuve, 30 juillet 1936 ; lettre d'Édouard-Valmore Lavergne au cardinal Villeneuve, 31 juillet 1936 ; note du cardinal Villeneuve, 15 juillet 1936.
44 DAUL, Fonds Hamel, lettre de Philippe Hamel à Édouard-Valmore Lavergne, 3 août 1936.
45 Rumilly, *Histoire de la Province de Québec*, vol. 35, 203 ; Black, *Duplessis : l'ascension*, 218-19.
46 AAQ, Pierre Gravel, lettre de Pierre Gravel à Rodrigue Villeneuve, 13 octobre 1936.
47 Thomas, *La carrière politique de René Chaloult de 1936 à 1952* ; Chouinard et Jones, « La carrière politique de René Chaloult », 25-50.
48 ASSJ, Fonds Duplessis, lettre du frère Stanislas à Maurice Duplessis, 16 août 1936 ; lettre de Roméo Cloutier à Maurice Duplessis, 17 août 1936 ; lettre d'Arthur Lacasse à Maurice Duplessis, 26 août 1936.
49 DAUL, Fonds Grégoire, lettre de Thomas Richard à Ernest Grégoire, 17 août 1936.

50 ASSJ, Fonds Duplessis, lettre de Stanislas Cantin à Maurice Duplessis, 18 août 1936.
51 *Ibid.*, lettre d'Armand Duchesneau à Maurice Duplessis, 18 août 1936; DAUL, Fonds Grégoire, lettre d'Armand Duchesneau à J.-Ernest Grégoire, 18 août 1936.
52 DAUL, Fonds Hamel, lettre non datée de Cyrille Labrecque à Philippe Hamel; Fonds Grégoire, lettre d'Achille Demers à J.-Ernest Grégoire, 18 août 1936; lettre d'Arthur Sideleau à J.-Ernest Grégoire, 18 août 1936; lettre d'Émile Robitaille à J.-Ernest Grégoire, 6 août 1936.
53 BANQ-Q, Fonds René Chaloult (désormais Fonds Chaloult), lettre d'Omer Genest à René Chaloult, 26 août 1936.
54 BANQ-M, Fonds Groulx, lettre de Lionel Groulx à Philippe Hamel, 18 août 1936.
55 ASSJ, Fonds Duplessis, lettre d'Armand Duchesneau à Maurice Duplessis, 18 août 1936; lettre de frère Dominique à Maurice Duplessis, 22 août 1936; DAUL, Fonds Grégoire, lettre d'Odilon Gauthier à Ernest Grégoire, 18 août 1936; lettre de Rémi Pilon à J.-Ernest Grégoire, 18 août 1936.
56 DAUL, Fonds Grégoire, lettre d'E. A. Lemaire à J.-Ernest Grégoire, 25 août 1936.
57 *Ibid.*, lettre de Léonce Boivin à J.-Ernest Grégoire, 19 août 1936.
58 ASSJ, Fonds Duplessis, lettre de Jean Cabana à Maurice Duplessis, 24 août 1936; lettre d'Hector Joyal à Maurice Duplessis, 25 août 1936; lettre d'Olivier Maurault à Maurice Duplessis, 24 août 1936.
59 AAM, 751.516 Hon. Maurice-Lenoblet Duplessis, Union nationale (1936-1939) (désormais Dossier Duplessis), lettre de Georges Gauthier à Maurice Duplessis, 25 août 1936.
60 ASSJ, Fonds Duplessis, lettre de Rodrigue Villeneuve à Maurice Duplessis, 3 septembre 1936.
61 *Ibid.*, lettre de Joseph-Aldée Desmarais à Maurice Duplessis, 18 août 1936.
62 DAUL, Fonds Hamel, lettre de sœur St-Cyrille à Philippe Hamel, 20 août 1936.
63 ASSJ, Fonds Duplessis, lettre de sœur Marie de l'Annonciation à Maurice Duplessis, le 15 septembre 1936.
64 *Ibid.*, lettre des adoratrices du Précieux-Sang à Maurice Duplessis, 18 août 1936.
65 Black, *Duplessis: l'ascension*, 234.
66 Chaloult, *Mémoires politiques*, 88-9.
67 AAQ, NDG, lettre d'Édouard-Valmore Lavergne à Rodrigue Villeneuve, 31 août 1936.

68 ASSJ, Fonds Duplessis, lettre de Pierre Veilleux à Maurice Duplessis, 27 août 1936.
69 DAUL, Fonds Grégoire, lettre d'Arthur Robert à J.-Ernest Grégoire, 1er septembre 1936.
70 DAUL, Fonds Hamel, lettre d'Alphonse Tardif à Philippe Hamel, 3 septembre 1936.
71 ASSJ, Fonds Duplessis, lettre de F. Rudolphe Ayotte à Maurice Duplessis, 2 septembre 1936.
72 BAC, Fonds Gouin, lettre de Pierre Gravel à Paul Gouin, 28 août 1936; lettre de Paul Gouin à Pierre Gravel, 4 septembre 1936.
73 BANQ-M, Fonds Groulx, lettre de Lionel Groulx à Philippe Hamel, 4 septembre 1936; lettre de Lionel Groulx à Léopold Richer, 29 septembre 1936.
74 DAUL, Fonds Hamel, lettre de Philippe Hamel à Cyrille Labrecque, 24 septembre 1936.

CHAPITRE SIX

1 Jacques Rouillard, « Duplessis : le Québec vire à droite », dans Gagnon et Sarra-Bournet, *Duplessis, Entre la Grande Noirceur et la société libérale*, 184-5.
2 Boismenu, *Le duplessisme*, 337-8.
3 Dion, *Québec 1945-2000*, 23.
4 « Discours de MM. P. Gagnon, A. Gaudreault, T. Côté, A. Caron et N. Larivière sur le budget », *L'Action catholique*, 13 mai 1936.
5 Paquette, *Hon. Albiny Paquette*, 75.
6 Rouillard, « Aux sources de la Révolution tranquille », 130.
7 Antoine Robitaille, « Boisclair ne veut pas de crucifix à l'Assemblée nationale », *Le Devoir*, 19 janvier 2007.
8 « Un crucifix dans l'Assemblée législative », *Le Devoir*, 8 octobre 1936.
9 « Les leaders de la Chambre échangent leurs premiers mots », *L'Événement*, 8 octobre 1936 ; « L'adresse en réponse au discours du trône », *La Presse*, 8 octobre 1936 ; « Petits faits de la session provinciale », *Le Canada*, 8 octobre 1936 ; « La session s'ouvre à Québec », *Le Quotidien de Lévis*, 8 octobre 1936.
10 « La première session de la vingtième législature durerait au moins 2 mois », *L'Action catholique*, 8 octobre 1936.
11 *Débats de l'Assemblée législative*, séance du 4 mars 1937, p. 88.
12 « Un grand crucifix ornera la salle du C. Législatif », *L'Action catholique*, 29 octobre 1936.
13 « Le cardinal a exigé un trône », *La Patrie*, 7 octobre 1936.

14 « L'autorité religieuse et civile à l'ouverture de la session », *La Presse*, 8 octobre 1936.
15 « Petits faits de la session provinciale », *Le Canada*, 8 octobre 1936.
16 « Un trône pour Son Éminence », *Le Devoir*, 8 octobre 1936 ; « La session s'ouvre à Québec », *Le Quotidien*, 8 octobre 1936 ; « L'autorité religieuse et civile à l'ouverture de la session », *La Presse*, 8 octobre 1936.
17 AD, Fonds Villeneuve, lettre de Rodrigue Villeneuve à Anthème Desnoyers, 11 août 1937.
18 ASSJ, Fonds Duplessis, lettre non datée de Rodrigue Villeneuve à Maurice Duplessis ; lettre de Rodrigue Villeneuve à Maurice Duplessis, 31 décembre 1937.
19 « S. E. le cardinal et l'Instruction publique », *L'Action catholique*, 23 septembre 1936.
20 ASSJ, Fonds Duplessis, lettre de Georges Léveillé à Paul Bernier, 12 mai 1938 ; lettre de Paul Bernier à Georges Léveillé, 23 mai 1938 ; lettre de Rodrigue Villeneuve à Thomas Chapais, 10 mai 1938.
21 « La réception du Cardinal Légat restera mémorable », *L'Action catholique*, 23 juin 1938.
22 Rodrigue Villeneuve, « Lettre de S. Em. le Cardinal archevêque à l'honorable M. Maurice Duplessis, premier ministre de la Province », *La Semaine religieuse de Québec*, 21 juillet 1938.
23 ASSJ, Fonds Duplessis, lettre d'Henri Garceau à Maurice Duplessis, 4 juillet 1938.
24 Lavigne, *Duplessis*, 102.
25 ASSJ, Fonds Duplessis, lettre d'A. Cassulo à Rodrigue Villeneuve, 16 novembre 1936.
26 « Le crucifix dans la chambre législative de Québec », *L'Osservatore Romano*, 12 novembre 1936.
27 ASSJ, Fonds Duplessis, lettre de William Mark Duke à Rodrigue Villeneuve, 11 septembre 1936.
28 Joseph Bégin, « L'Église et l'État se donnent la main pour perfectionner notre enseignement à tous les degrés, et le mettre à l'abri des hasards de la politique », *La Croix*, 3 octobre 1936.
29 John A. Dickinson, « Seigneurs et propriétaires : une logique ecclésiastique de l'économie », dans Deslandres, Dickinson et Hubert, *Les Sulpiciens de Montréal*, 206-8.
30 ASSJ, Fonds Duplessis, lettre de Paul Bruchési à Rodrigue Villeneuve, 2 juillet 1937.
31 *Ibid.*, lettre de Rodrigue Villeneuve à Maurice Duplessis, 23 septembre 1936 ; 12 octobre 1936.

32 AAM, Dossier Mgr Deschamps, vol. 5, lettre d'Alphonse-Emmanuel Deschamps à Rodrigue Villeneuve, 8 octobre 1936.
33 AAM, Dossier Mgr Gauthier, vol. 3, lettre de Georges Gauthier à Maurice Duplessis, 7 février 1939; ASSJ, Fonds Duplessis, lettre de Maurice Duplessis à J.-Omer Plante, 22 février 1939.
34 AAQ, Rimouski, lettre de Georges Courchesne à Rodrigue Villeneuve, 11 janvier 1937; Gouvernement du Québec, lettre de Rodrigue Villeneuve à Henry Lemaître Auger, 9 février 1937.
35 AAM, Dossier Mgr Gauthier, vol. 2, lettre de Georges Gauthier à Maurice Duplessis, 1er février 1937.
36 *Débats de l'Assemblée législative*, 20e Législature – 2e session, vol. 1 – Séances du 24 février au 31 mars 1937, 289-91.
37 AAM, Dossier Mgr Gauthier, vol. 2, lettre de Georges Gauthier à Athanase David, 14 mars 1936; vol. 3, lettre de Georges Gauthier à Albiny Paquette, 31 août 1939.
38 *Ibid.*, vol. 3, lettre de Georges Gauthier à Maurice Duplessis, 26 octobre 1937; AAQ, Montréal, lettre de Georges Gauthier à Rodrigue Villeneuve, 6 octobre 1938; lettre de Rodrigue Villeneuve à Maurice Duplessis, 8 octobre 1938.
39 AAM, Dossier Mgr Georges Gauthier, vol. 3, lettre de Georges Gauthier à Alphonse Raymond, 24 mars 1939.
40 *Débats de l'Assemblée législative*, 20e Législature – 4e session, vol. 2 : Séances du 14 mars au 28 avril 1939, 886.
41 BANQ-TR, Fonds Duplessis, lettre de Paul Bruchési à Maurice Duplessis, 21 avril 1939; AAM, Dossier Mgr Gauthier, vol. 3, lettre de Georges Gauthier à Maurice Duplessis, 3 avril 1939; ASSJ, Fonds Duplessis, lettre d'Olivier Maurault à Maurice Duplessis, 28 avril 1939.
42 Rumilly, *Maurice Duplessis et son temps*, vol. 1, 506-9.
43 *Débats de l'Assemblée législative*, 21e Législature – 1re session, vol. 2 – Séances du 21 mai au 22 juin 1940, 647-52.
44 AAM, Dossier Mgr Gauthier, vol. 3, lettre de Georges Gauthier à Alphonse Raymond, 24 mars 1939.
45 AAQ, Gouvernement du Québec, lettre de François Leduc à Rodrigue Villeneuve, 2 septembre 1936; lettre de Rodrigue Villeneuve à Maurice Duplessis, 28 mai 1937; lettre d'Ulric Perron à Oscar Drouin, 31 janvier 1937; lettre de Rodrigue Villeneuve à William Tremblay, 6 août 1937; AAM, Dossier Mgr Gauthier, vol. 3, lettre de Georges Gauthier à Maurice Duplessis, 23 août 1937; lettre de Gérard Tremblay à Rodrigue Villeneuve, 23 septembre 1937; AAM, Dossier Mgr Gauthier, vol. 2, lettre de Georges Gauthier à Louis-Athanase David, 15 avril 1937.

46 AAM, Dossier Mgr Gauthier, vol. 3, lettre de Georges Gauthier à Maurice Duplessis, 30 décembre 1937 ; lettre de Georges Gauthier à Rodrigue Villeneuve, 14 juin 1938.
47 AAQ, Montréal, lettre du marquis de Roussy de Sales à Rodrigue Villeneuve, 18 octobre 1937 ; lettre de Rodrigue Villeneuve au marquis de Roussy de Sales, 9 novembre 1937.
48 AAM, Dossier Mgr Deschamps, vol. 5, lettre d'Alphonse-Emmanuel Deschamps à Albiny Paquette, 21 novembre 1936 ; lettre d'Alphonse-Emmanuel Deschamps à Albiny Paquette, 30 novembre 1936.
49 AAQ, Gouvernement du Québec, lettre de Jean Bruchési à Rodrigue Villeneuve, 19 août 1937 ; lettre de Paul Bernier à Jean Bruchési, 23 août 1937.
50 Genest, *Godbout*, 39.
51 AD, Fonds Villeneuve, lettre d'Anthème Desnoyers à Rodrigue Villeneuve, 23 avril 1938 ; lettre de Rodrigue Villeneuve à Anthème Desnoyers, 12 mai 1938.
52 AAM, Dossier Mgr Gauthier, vol. 3, lettre de Georges Gauthier à Maurice Duplessis, 23 août 1937.
53 AAQ, Délégation apostolique, lettre d'Andrea Cassulo à Rodrigue Villeneuve, 12 avril 1936 ; lettre d'Andrea Cassulo à Rodrigue Villeneuve, 21 mai 1936.
54 Marc Charpentier, *Columns on the march : Montreal newspapers interpret the Spanish Civil War 1936-1939*; M. A., Université McGill, 1992, 2.
55 Désy, *Si loin, si proche*, 1-2.
56 « Le Cardinal Villeneuve fait une mise en garde », *L'Action catholique*, 29 juin 1936 ; Rodrigue Villeneuve, « Associations dangereuses », *La Semaine religieuse de Québec*, 2 juillet 1936.
57 DAUL, Fonds Grégoire, lettre de Rodrigue Villeneuve à J.-Ernest Grégoire, 25 juin 1936 ; lettre de Rodrigue Villeneuve à J.-Ernest Grégoire, 7 juillet 1936.
58 AAQ, Délégation apostolique, lettre de Rodrigue Villeneuve à Andrea Cassulo, 26 juillet 1936.
59 AAM, Dossier Mgr Gauthier, vol. 2, lettre de Georges Gauthier à Andrea Cassulo, 29 avril 1936.
60 BAC, Fonds Lapointe, lettre de G. Lindsay à Ernest Lapointe, 11 mars 1937 ; lettre de Laurent Lacoursière à Ernest Lapointe, 11 avril 1937 ; lettre d'Élias Roy à Ernest Lapointe, 3 mars 1937 ; lettre d'Élias Roy à Ernest Lapointe, 3 avril 1937 ; lettre de J. Oscar Boulanger à Rodrigue Villeneuve, 25 septembre 1936.
61 « Émouvant hommage au Christ-Roi et grande manifestation anticommuniste », *L'Action catholique*, 26 octobre 1936.

62 BAC, Fonds Lapointe, lettre de Rodrigue Villeneuve à Ernest Lapointe, 27 octobre 1936; lettre de J. Oscar Boulanger à Ernest Lapointe, 26 octobre 1936; lettre d'Ernest Lapointe à Rodrigue Villeneuve, 3 novembre 1936.
63 AAQ, Gouvernement du Québec, lettre de Léon Lambert à Rodrigue Villeneuve, 2 novembre 1936.
64 ASSJ, Fonds Duplessis, lettre de Rodrigue Villeneuve à Raoul Cloutier, 10 décembre 1936; lettre de Rodrigue Villeneuve à Maurice Duplessis, 19 janvier 1937; DAUL, Fonds Grégoire, lettre de J.-Ernest Grégoire à Raoul Cloutier, 13 janvier 1937.
65 « Débats de l'Assemblée législative du Québec sur la loi du cadenas », *Le Devoir*, 18 mars 1937.
66 « La Loi du Cadenas : Dénégation de S. E. le cardinal Villeneuve », *Le Devoir*, 19 février 1938.
67 *Ibid.*
68 « Les vendeurs du temple », *Le Journal*, 29 novembre 1937.
69 Rumilly, *Maurice Duplessis et son temps*, vol. 1, 458; Lamonde, *La modernité au Québec*, vol. 1, 209; Betcherman, *Ernest Lapointe*, 228; Jean-Claude Racine et François Rocher, « Duplessis vu d'Ottawa », dans Gélinas et Ferretti, *Duplessis, son milieu, son époque*, 268; Rouillard, *Le syndicalisme québécois*, 67-8; Behiels, *Prelude to Quebec's Quiet Revolution*, 228; Lévesque, *Virage à gauche interdit*, 138; 169-170.
70 AAQ, Montréal, lettre de Georges Gauthier à Humbert Mozzoni, 19 mars 1937; lettre d'Humbert Mozzoni à Rodrigue Villeneuve, 9 avril 1937.
71 AAM, Dossier Mgr Gauthier, vol. 3, lettre de Georges Gauthier à Liguori Lacombe, 25 mars 1938.
72 « Si la « loi du cadenas » est désavouée, ce sera une quasi-révolution dans le Québec, dit M. W. Gariépy », *L'Action catholique*, 2 avril 1938.
73 « "Nous ne laisserons saboter nos convictions religieuses et nos institutions par des étrangers qui sont des perturbateurs", déclare son Éminence le Cardinal », *L'Action catholique*, 2 novembre 1937.
74 « M. Godbout dit que le fascisme est plus à craindre que le communisme », *L'Action catholique*, 25 novembre 1937.
75 AD, Fonds Villeneuve, lettre de Rodrigue Villeneuve à Anthème Desnoyers, 8 janvier 1938.
76 BAC, Fonds Lapointe, lettre de Joseph Jean à Adélard Godbout, 25 novembre 1937.
77 *Ibid.*, lettre de Léonce Cliche à Ernest Lapointe, 29 mars 1939; lettre de J.-Oscar Boulanger à Ernest Lapointe, 14 décembre 1938; lettre d'Ernest Lapointe à J.-Oscar Boulanger, 16 décembre 1938.

78 AAQ, Délégation apostolique, lettre d'Humbert Mozzoni à Rodrigue Villeneuve, 12 mai 1938.
79 « Déclaration de M. Coonan », *L'Action catholique*, 17 novembre 1937; « Déclarations qui causent une sensation à Montréal », *Le Soleil*, 17 novembre 1937.
80 « Hon T. J. Coonan Issues Statement », *Chronicle-Telegraph*, 18 novembre 1937.
81 « Le Dr Hamel relève les paroles de l'Hon. Coonan », *L'Action catholique*, 18 novembre 1937.
82 « Félix Roy demande une rétractation », *L'Événement*, 18 novembre 1937.
83 « M. Perron condamne les paroles de l'hon. Coonan », *L'Action catholique*, 24 novembre 1937.
84 AAQ, Ville de Québec, lettre de F. X. Chouinard à Paul Bernier, 29 novembre 1937; « Le Conseil et M. Coonan », *Le Journal*, 27 novembre 1937.
85 « Exploiteur du sentiment religieux », *Le Journal*, 3 décembre 1937.
86 AAQ, 39CD/1911 Labrecque, lettre de Cyrille Labrecque à Rodrigue Villeneuve, 15 novembre 1937. La date, qui n'a pas été inscrite par l'auteur de la lettre, est probablement erronée.
87 AD, Fonds Villeneuve, lettre de Rodrigue Villeneuve à Anthème Desnoyers, 12 mai 1938.
88 *Ibid.*, lettre d'Anthème Desnoyers à Rodrigue Villeneuve, 20 juin 1937.
89 *Ibid.*, lettre de Rodrigue Villeneuve à Anthème Desnoyers, 11 août 1937.

CHAPITRE SEPT

1 Thomas, *La carrière politique de René Chaloult de 1936 à 1952*, 40.
2 ASSJ, Fonds Duplessis, lettres d'Albert Tessier à Maurice Duplessis, 24 août 1936; 21 septembre 1936; 17 octobre 1936; 19 octobre 1936; 3 novembre 1936; 1er décembre 1936; 18 janvier 1937; 24 janvier 1938; 28 juin 1938; 11 septembre 1939.
3 *Ibid.*, lettre d'Albert Tessier à Maurice Duplessis, 8 mars 1938.
4 *Ibid.*, 24 janvier 1938.
5 *Ibid.*, 18 août 1936.
6 ASSJ, Fonds Duplessis, lettre de Georges Panneton à Auréa Cloutier, 17 janvier 1938; lettre de Georges Panneton à Auréa Cloutier, 22 janvier 1938; lettre de Georges Panneton à Auréa Cloutier, 17 janvier 1938.
7 DAUL, Fonds Hamel, lettre de Lionel Groulx à Philippe Hamel, 19 juin 1938.
8 « Une lettre à l'hon. M. Frs. Leduc », *L'Action catholique*, 15 mars 1937; *Débats de l'Assemblée législative*, Séance du 12 mars 1937, 217.

9 BANQ-M, Fonds Groulx, lettre de Lionel Groulx à François Leduc, 16 mars 1937; lettre de François Leduc à Lionel Groulx, 18 mars 1937.
10 DAUL, Fonds Grégoire, lettre de Florian Jolicœur à J.-Ernest Grégoire, 23 février 1938.
11 DAUL, Fonds Hamel, lettre de Paul-Émile Paquet à Omer Héroux, 31 mars 1937.
12 BANQ-M, Fonds Groulx, lettre de Lionel Groulx à Philippe Hamel, 10 janvier 1937.
13 *Ibid.*
14 BANQ-M, Fonds Groulx, lettre d'Oscar Drouin à Lionel Groulx, 20 mars 1937.
15 *Ibid.*, lettre de Paul Bouchard à Lionel Groulx, 2 juillet 1937.
16 BANQ-Q, Fonds Chaloult, lettre de Léonidas Castonguay à René Chaloult, 17 octobre 1936.
17 « La soirée des Jeunesses Patriotes a un vif succès », *L'Action catholique*, 10 février 1937 ; « Conférence de l'abbé Gravel à Saint-Roch », *L'Action catholique*, 5 avril 1938 ; « L'abbé Pierre Gravel à la L. des Patriotes », *L'Action catholique*, 21 mai 1938 ; « M. l'abbé P. Gravel s'attaque au Jour », *L'Événement*, 28 novembre 1938 ; « Une causerie de M. l'abbé Pierre Gravel », *Le Soleil*, 9 décembre 1938.
18 DAUL, Fonds Hamel, lettre d'Eugène Lapointe à Philippe Hamel, 17 octobre 1936; lettre de Philippe Hamel à J.-Alphonse Richard, 6 juillet 1937; lettre de Jos. A. Labrecque à Philippe Hamel, 3 février 1939; lettre de D. Paradis à Philippe Hamel, 4 avril 1937; lettre d'Alphonse Tardif à Philippe Hamel, 13 mars 1937; lettre d'Ernest Lemieux à Philippe Hamel, 24 novembre 1936; Fonds Ernest Grégoire, lettre de S. Bourque à J.-Ernest Grégoire, 7 mars 1937; lettre de Médéric Gravel à J.-Ernest Grégoire, 7 mai 1937.
19 *Ibid.*, lettre de Philippe Hamel à Laurent Lacoursière, 22 mars 1937; lettre de Philippe Hamel au supérieur du Séminaire du Sacré-Cœur, 27 mars 1937; lettre de J. Adrien Gagné à Philippe Hamel, 12 avril 1937; Fonds Grégoire, lettre de Laurent Lacoursière à Philippe Hamel, 14 mars 1937; lettre de Louis-Joseph Ferland à J.-Ernest Grégoire, 21 mars 1937.
20 « Le comté de Beauce a élu M. J.-Émile Perron », *L'Action catholique*, 18 mars 1937.
21 DAUL, Fonds Hamel, lettre de Laurent Lacoursière à Philippe Hamel, 19 mars 1937.
22 DAUL, Fonds Grégoire, lettre du frère Palasis à J.-Ernest Grégoire, 14 août 1937; Fonds Hamel, lettre de Philippe Hamel au frère Palasis, 7 mars 1938; lettre du frère Palasis à Philippe Hamel, 17 mars 1938.

23 « Une lettre de reproche de Ph. Hamel au R. F. Palasis soulève l'indignation des anciens élèves des Frères », *Le Soleil*, 15 mars 1938.
24 DAUL, Fonds Grégoire, lettre de J.-Ernest Grégoire à Odilon Gauthier, 7 décembre 1937.
25 *Ibid.*, lettre de Raoul Cloutier à J.-Ernest Grégoire, 21 février 1938; lettre de G.-M. Deschênes à J.-Ernest Grégoire, 22 février 1938; lettre d'un dominicain à J.-Ernest Grégoire, 22 février 1938; lettre de sœur M. Claire de Jésus à J.-Ernest Grégoire, 22 février 1938; lettre d'Alphonse Tardif à J.-Ernest Grégoire, 23 février 1938; lettre de Dollard Morel à J.-Ernest Grégoire, 24 février 1938; lettre de Florian Jolicœur à J.-Ernest Grégoire, 23 février 1938; lettre d'Élias Roy à J.-Ernest Grégoire, 23 février 1938; lettre d'Arthur Giguère à J.-Ernest Grégoire, 25 février 1938; lettre de Gérard Jacques à J.-Ernest Grégoire, 25 février 1938; Fonds Hamel, lettre de Charles-Omer Rouleau à Philippe Hamel, 22 février 1938.
26 AAQ, Gouvernement du Québec, lettre de Rodrigue Villeneuve à Philippe Hamel, 26 novembre 1938.
27 BANQ-M, Fonds Gouin, lettre d'A. Meunier à Paul Gouin, 30 novembre 1936; lettre de Paul Gouin à Auguste LaPalme, 2 juillet 1937; BAC, Fonds Gouin, lettre de Médéric Gravel à Paul Gouin, 20 juin 1937; lettre de Richard Tremblay à Paul Gouin, 12 août 1937; lettre de Carmel Brouillard à Paul Gouin, 22 novembre 1937; lettre du frère Marie-Victorin à Paul Gouin, 28 février 1937.
28 BAC, Fonds Gouin, lettre de Jos. D. Michaud à Séraphin Vachon, 31 octobre 1936.
29 *Ibid.*, lettre d'Omer Carrier à Paul Gouin, 1er mars 1937; BANQ-M, Fonds Gouin, lettre de Vital Labrie à Paul Gouin, 3 novembre 1936; Fonds Groulx, lettres de Lionel Groulx à Léopold Richer, 29 septembre 1936; 24 décembre 1936; lettre de Lionel Groulx à Paul Gouin, 24 septembre 1937.
30 BAC, Fonds Gouin, lettre de Pierre Gravel au curé Ferland, 11 juin 1937; lettre de Pierre Gravel à Paul Gouin, 6 juillet 1937; 17 août 1937; lettres de Paul Gouin à Pierre Gravel, 3 juillet 1937; 10 août 1937; 19 août 1938.
31 « M. Oscar Drouin déclare que l'entente de son groupe avec l'A. L. N. est désirable », *Le Canada*, 2 août 1937.
32 « Avant d'être rouge ou bleu, je serai C. Français, dit Lacroix », *L'Action catholique*, 19 décembre 1938.
33 BAC, Fonds Gouin, lettre de Paul Bouchard à Paul Gouin, 2 novembre 1937; lettres de Pierre Gravel à Paul Gouin, 18 décembre 1937; 21 décembre 1937; lettre de Paul Gouin à Pierre Gravel, 21 décembre 1937.

34 *Ibid.*, lettre d'A. Piché à Paul Gouin, 28 avril 1938 ; lettre de P. Veilleux à Paul Gouin, 3 août 1939 ; lettre de Léon Beaulieu à Paul Gouin, 20 mars 1937 ; lettre d'Oscar Drouin à Paul Gouin, 17 août 1937 ; lettre de Paul Gouin à Oscar Drouin, 31 août 1937.

35 *Ibid.*, lettre de Paul Gouin à Robert Chevalier, 17 septembre 1938 ; lettre de Robert Chevalier à Paul Gouin, 18 juillet 1938 ; lettre d'Étienne Blanchard à Paul Gouin, 3 octobre 1938 ; lettre de Jean Duval à Paul Gouin, 5 mai 1939 ; lettre de J. A. Lambert à Paul Gouin, 6 juin 1939 ; lettre de frère Marc-André à Paul Gouin, 16 février 1939 ; lettre de J. O. Lambert à Paul Gouin, 22 mai 1939 ; BANQ-M, Fonds Gouin lettre d'Omer Labbé à Paul Gouin, 13 juillet 1937.

36 AAQ, NDG, lettre non datée de Cyrille Labrecque à Rodrigue Villeneuve.

37 BANQ-Q, Fonds Taschereau, lettre d'Adélard Godbout à Louis-Alexandre Taschereau, 26 mars 1936 ; lettre d'Eust. Santerre à Louis-Alexandre Taschereau.

38 AAQ, Rimouski, lettre d'Eustache Santerre à Rodrigue Villeneuve, 25 octobre 1937.

39 AAQ, Dossier Labrecque, lettre de Cyrille Labrecque à Rodrigue Villeneuve, 30 octobre 1937.

40 ASSJ, Fonds Duplessis, lettre de Rodrigue Villeneuve à *L'Action catholique*, 30 mai 1937.

41 AAQ, NDG, lettre d'Édouard-Valmore Lavergne à Cyrille Deslauriers, 20 octobre 1937.

42 *Ibid.*, lettre de Rodrigue Villeneuve à Cyrille Deslauriers, 29 octobre 1937 ; lettre de Rodrigue Villeneuve à Édouard-Valmore Lavergne, 29 octobre 1937 ; 14 décembre 1937 ; lettre de Rodrigue Villeneuve à Joseph-N. Gignac, 11 novembre 1937.

43 « Gouvernement de criminels », *L'Action catholique*, 12 novembre 1937.

44 « Une conférence de l'abbé E.-V. Lavergne », *Le Soleil*, 12 novembre 1937.

45 AAQ, NDG, lettre non datée de Cyrille Labrecque à Rodrigue Villeneuve.

46 *Ibid.*, lettre de Rodrigue Villeneuve à Édouard-Valmore Lavergne, 12 novembre 1937.

47 *Ibid.*, lettre d'Édouard-Valmore Lavergne à Rodrigue Villeneuve, 13 novembre 1937.

48 « Communication de l'archevêché », *L'Action catholique*, 26 mars 1938 ; E. V., « Le curé Lavergne », *La Nation*, 31 mars 1938.

49 DAUL, Fonds Grégoire, lettre non datée d'Édouard-Valmore Lavergne à Rodrigue Villeneuve.

50 *Ibid.*, lettre de Jean-Pierre Després à Philippe Hamel, 24 octobre 1939 ; AAQ, Pierre Gravel, lettre de Jean-Marc Blanchet à Rodrigue Villeneuve,

22 juillet 1937 ; lettre de Rodrigue Villeneuve à Pierre Gravel, 26 février 1937.
51 « Permission nécessaire aux ecclésiastiques et aux religieux pour écrire dans les journaux ou les périodiques », *La Semaine religieuse de Québec*, 29 juillet 1937.
52 AAQ, Gouvernement du Canada, lettre de Pierre Gravel à Cléophas Adams, 21 mars 1938.
53 *Ibid.*, lettre d'Ernest Lapointe à Rodrigue Villeneuve, 27 juillet 1938.
54 AAQ, Pierre Gravel, lettre de Rodrigue Villeneuve à Pierre Gravel, 3 août 1938.
55 *Ibid.*, 14 avril 1939.
56 AAQ, Gouvernement du Canada, lettre d'Ernest Lapointe à Rodrigue Villeneuve, 20 avril 1939.
57 AAQ, Pierre Gravel, lettre de Pierre Gravel à Rodrigue Villeneuve, 17 avril 1939.
58 *Ibid.*, note de J. Omer Plante, 18 avril 1939.
59 *Ibid.*, lettre de Pierre Gravel à Rodrigue Villeneuve, 6 septembre 1939.
60 Black, *Duplessis : l'ascension*, 343-4.
61 Lévesque, *Histoire du Parti libéral du Québec*, 83-98.
62 Rouillard, « Aux sources de la Révolution tranquille », 125-58.
63 BANQ-M, Fonds Groulx, lettre d'Édouard-Valmore Lavergne à Lionel Groulx, 24 octobre 1939 ; BANQ-Q, Fonds Chaloult, lettre de René Chaloult à Lionel Groulx, 7 novembre 1939.
64 BANQ-M, Fonds Groulx, lettre de Pierre Gravel à Lionel Groulx, 7 octobre 1939.
65 DAUL, Fonds Hamel, lettre de Pierre Gravel à Philippe Hamel, 16 octobre 1939.
66 BANQ-Q, Fonds Chaloult, lettre d'Édouard-Valmore Lavergne à Lionel Groulx, 24 octobre 1939.
67 DAUL, Fonds Hamel, lettre de Lionel Groulx à Philippe Hamel, 9 octobre 1939.
68 *Ibid.*, 13 octobre 1939.
69 DAUL, Fonds Hamel, lettre de Philippe Hamel à Lionel Groulx, 14 octobre 1939.
70 BAC, Fonds Gouin, lettre d'A. Meunier à Paul Gouin, 14 octobre 1939 ; DAUL, Fonds Hamel, lettre d'Alphonse Lucchési à Philippe Hamel, 27 octobre 1939 ; Fonds Grégoire, lettre d'Adélard Piché à J.-Ernest Grégoire, 12 octobre 1939 ; ASSJ, Fonds Duplessis, lettre de J. A. Desmarais à Maurice Duplessis, 23 octobre 1939.
71 BANQ-M, Fonds Groulx, lettre de Lionel Groulx à Pierre Gravel, 12 octobre 1939.

72 « M. Mercier cite une opinion attribuée à M. l'abbé L. Groulx sur MM. P. Hamel et R. Chaloult », *L'Événement*, 24 octobre 1939, 3.

73 BANQ-M, Fonds Groulx, lettre de Lionel Groulx à René Chaloult, 24 octobre 1939 ; DAUL, Fonds Hamel, lettre de Lionel Groulx à Philippe Hamel, 24 octobre 1939.

74 AAQ, Pierre Gravel, lettre anonyme à Rodrigue Villeneuve, 24 octobre 1939.

75 DAUL, Fonds Hamel, lettre de Lionel Groulx à Philippe Hamel, 24 octobre 1939.

76 BANQ-Q, Fonds Chaloult, lettre de René Chaloult à Lionel Groulx, 19 octobre 1939.

77 AAQ, Pierre Gravel, lettre anonyme à Rodrigue Villeneuve, 24 octobre 1939.

78 BANQ-M, Fonds Groulx, lettre de Pierre Gravel à Lionel Groulx, 24 octobre 1939.

79 BANQ-Q, Fonds Chaloult, lettre de Georges-Marie Bilodeau à René Chaloult, 26 octobre 1939 ; lettre de P. Veilleux à René Chaloult, 26 octobre 1939 ; ASSJ, Fonds Duplessis, lettre d'Arthur Bastien à Maurice Duplessis, 27 octobre 1939 ; BAC, Fonds Gouin, lettre d'Arthur Bastien à Paul Gouin, 27 décembre 1939.

80 BAC, Fonds Gouin, lettre de Pierre Gravel à Paul Gouin, 25 octobre 1939 ; lettre de Jean-d'Auteuil Richard à Gabrielle Gouin, 26 octobre 1939 ; lettre de Jean Riberdy à Paul Gouin, 31 octobre 1939 ; lettre d'Arthur Giguère à Paul Gouin, 26 octobre 1939 ; lettre de Noël Simard à Paul Gouin, 27 octobre 1939 ; lettre de Marcel Beaudry à Paul Gouin, 29 octobre 1939 ; lettre de Denis Périgord à Paul Gouin, 29 octobre 1939 ; lettre d'Adélard Piché à Paul Gouin, 29 octobre 1939.

81 BANQ-Q, Fonds Chaloult, lettre de Joseph-Papin Archambault à René Chaloult, 29 octobre 1939 ; lettre de Léonidas Castonguay à René Chaloult, 26 octobre 1939 ; lettre de de Jacques Gervais à René Chaloult, 27 octobre 1939 ; lettre de J. A. Lambert à René Chaloult, 27 octobre 1939 ; lettre de L. Gingras à René Chaloult, 26 octobre 1939 ; lettre de P. D. Desrochers à René Chaloult, 28 octobre 1939.

82 ASSJ, Fonds Duplessis, lettre de Joseph Paré à Maurice Duplessis, 26 octobre 1939 ; lettre d'Arthur Bastien à Maurice Duplessis, 27 octobre 1939 ; lettre de sœur Marie Philippe de Bethsaïde à Maurice Duplessis, 4 novembre 1939 ; lettre de frère Palasis à Maurice Duplessis, 29 octobre 1939 ; lettre de sœur Marie du Bon Pasteur à Maurice Duplessis, 28 octobre 1939 ; lettre de frère Hippolyte à Maurice Duplessis, 29 octobre 1939 ; lettre de frère Placide à Maurice Duplessis, 8 décembre

1939; lettre de Joseph-Aldée Desmarais à Maurice Duplessis, 15 novembre 1940.
83 BANQ-Q, Fonds Chaloult, lettre de Lionel Groulx à René Chaloult, 26 octobre 1939.
84 DAUL, Fonds Grégoire, lettre de Gustave Lamarche à J.-Ernest Grégoire, 26 octobre 1939.
85 Ibid.
86 BAC, Fonds Gouin, lettre de Pierre Gravel à Édouard-Valmore Lavergne, 27 octobre 1939.
87 BANQ-M, Fonds Groulx, lettre d'Édouard-Valmore Lavergne à Lionel Groulx, 27 octobre 1939.
88 AAM, Dossier Mgr Gauthier, vol. 3, lettre de Georges Gauthier à Jean Bruchési, 8 novembre 1939.
89 AD, Fonds Villeneuve, lettre de Rodrigue Villeneuve à Maurice Duplessis, 2 novembre 1939.
90 Pickersgill et Foster, *The Mackenzie King Record*, vol. 2, 235-6.
91 « Le discours de Son Em. le Cardinal devant les journalistes de Washington », *L'Action catholique*, 30 novembre 1939.
92 AAQ, Cyrille Labrecque, lettre de Cyrille Labrecque à Rodrigue Villeneuve, 30 novembre 1939.
93 AD, Fonds Villeneuve, lettre d'Anthème Desnoyers à Rodrigue Villeneuve, 17 novembre 1939.
94 Ibid., lettre de Rodrigue Villeneuve à Anthème Desnoyers, 14 décembre 1939.
95 Black, *Duplessis: Le pouvoir*, 307.
96 Dion, *Québec 1945-2000*, 20.
97 *Débats de l'Assemblée législative*, 1939, 859-61.

CHAPITRE HUIT

1 Genest, *Godbout*, 7; 327; Jacques Godbout, *Traître ou patriote*, Office national du film du Canada, 2000.
2 « M. T. D. Bouchard et l'enseignement de l'anglais », *Le Devoir*, 17 décembre 1941.
3 Darsigny, *L'épopée du suffrage féminin au Québec (1920-1940)*, 26.
4 Genest, *Godbout*, 154; Collectif Clio, *Histoire des femmes au Québec*, 364; Hébert, « Une organisation matérialiste au Québec », 340; Rouillard, « Aux sources de la Révolution tranquille », 138; Dumont, *Le féminisme québécois raconté à Camille*, 80-1; Baillargeon, *Brève histoire des femmes au Québec*, 143-4; Parent, *Histoire de la laïcité au Québec*, 63; Laplante,

La démocratie, 13-14. Jacques Rouillard mentionne le « cardinal Taschereau » (1820-1898) plutôt que le cardinal Villeneuve.
5 Adams, *Women and the Vote*, 289-308.
6 Sylvie Chaperon, « The Difficult Struggle for Women's Political Rights in France », dans Rodriguez-Ruiz et Rubio-Marin, *The Struggle for Female Suffrage in Europe*, 305.
7 Genest, *Godbout*, 112.
8 Dumas, « Le droit de vote des femmes ».
9 Gubin, *Le siècle des féminismes*, 184 ; Adams, *Women and the Vote*, 283-5.
10 *Ibid.*, p. 289-290 ; 302-303 ; Mathilde Dubesset, « L'impossible (impensable ?) suffrage des femmes, 1848-1944, un siècle de controverses françaises », dans Chianéa et Chabot, *Les droits de l'homme et le suffrage universel*, 28-9.
11 Lévesque, *Virage à gauche interdit*.
12 *Débats de l'Assemblée législative*, séance du 23 mars 1939, 677-8.
13 « L'étude du bill des femmes est ajournée par le comité », *L'Action catholique*, 29 mars 1939.
14 Dumas, « Le droit de vote des femmes ».
15 « Les libéraux accorderont le droit de suffrage aux femmes, déclare M. Caron », *Le Droit*, 20 octobre 1939.
16 « Le cardinal Villeneuve est opposé au suffrage féminin », *Le Canada*, 4 mars 1940.
17 AAQ, 34CP Diocèse de Valleyfield (désormais Valleyfield), lettre de Joseph-Alfred Langlois à Rodrigue Villeneuve, 10 mars 1940.
18 AAQ, Saint-Hyacinthe, lettre d'Arthur Douville à Rodrigue Villeneuve, 6 mars 1940.
19 Fabien-Zoël Decelles, « Circulaire au clergé n° 106 », *Mandements des évêques de S.-Hyacinthe*, vol. 20, 24-5.
20 AAQ, Nicolet, lettre d'Albini Lafortune à Rodrigue Villeneuve, 3 mars 1940.
21 « Trois nouvelles oppositions des cercles de fermières du sud au droit de vote féminin », *Le Nouvelliste*, 1er mars 1940.
22 Marie-Célestine, « Lettre ouverte au Cercle des Fermières de Bécancourt [sic] », *Le Devoir*, 1er mars 1940.
23 « À propos de suffrage féminin », *Le Devoir*, 3 avril 1940.
24 Hébert, « Une organisation matérialiste au Québec », 333.
25 AAQ, Gouvernement du Québec, lettre de Rodrigue Villeneuve à Adélard Godbout, 6 mars 1940.

26 « Le cardinal Villeneuve est opposé au suffrage féminin », *Le Canada*, 4 mars 1940.
27 Eugène L'Heureux, « Suffrage féminin », *L'Action catholique*, 20 janvier 1940 ; « Le Discours du Trône », *L'Action catholique*, 21 février 1940 ; « À propos du suffrage féminin », *L'Action catholique*, 1er mars 1940.
28 Renée, « En marge du vote féminin », *L'Action catholique*, 7 mars 1940.
29 « Résolutions pour et contre le droit de vote aux femmes », *L'Action catholique*, 2 mars 1940.
30 Jeanne L'Archevêque-Duguay, « Le suffrage féminin », *L'Action catholique*, 4 mars 1940.
31 Le Grincheux, « Le carnet du Grincheux », *Le Devoir*, 13 avril 1940.
32 Genest, *Godbout*, 152.
33 « Le suffrage féminin est inopportun », *L'Action catholique*, 27 février 1940.
34 AAQ, Pierre Gravel, lettre de Rodrigue Villeneuve à Pierre Gravel, 8 mars 1940 ; lettre de Pierre Gravel à Françoise Trudel, 6 mars 1940.
35 Casgrain, *Une femme chez les hommes*.
36 AAQ, Gouvernement du Québec, lettre d'Adélard Godbout à Rodrigue Villeneuve, 9 juillet 1941.
37 *Ibid.*, lettre de Rodrigue Villeneuve à Adélard Godbout, 9 juillet 1941.
38 Laferté, *Derrière le trône*, 428-9.
39 ASSJ, Fonds Duplessis, lettre de Rodrigue Villeneuve à Mme Charles Frémont, 2 août 1933.
40 AEC, Fonds Georges Melançon (désormais Fonds Melançon), lettre de Georges Melançon au clergé de Chicoutimi, 1er mai 1942.
41 AAM, Élections, lettre d'Albert Valois à l'officier réviseur du comté de Cartier, 17 mars 1947.
42 Lucia Ferretti et Maélie Richard, « Maurice Duplessis, député de Trois-Rivières, 1944-1959 », dans Gélinas et Ferretti, *Duplessis, son milieu, son époque*, 149-50.
43 AAM, Dossier secrétariat, lettre d'Henri Groulx à Georges Gauthier, 14 novembre 1939 ; Dossier Mgr Gauthier, vol. 3, lettre de Georges Gauthier à Henri Groulx, 13 novembre 1939 ; 9 mars 1940 ; « Le gouvernement annonce un bill sur l'Université de Montréal », *Le Devoir*, 29 mai 1940.
44 « Déclaration de M. Godbout », *Le Devoir*, 3 juin 1940.
45 Genest, *Godbout*, 240.
46 Archives de l'archevêché de Montréal, correspondance de Mgr Joseph Charbonneau (désormais Dossier Charbonneau), vol. 1, lettre de Joseph Charbonneau à Adélard Godbout, 17 mars 1941.

47 « L'attitude du clergé dénoncée aux évêques », *La Presse*, 11 mars 1939.
48 « M. Perrier s'explique sur ses réformes de l'enseignement », *Le Devoir*, 11 novembre 1940.
49 « Deux déclarations de M. Godbout », *Le Devoir*, 11 novembre 1940.
50 « L'instruction publique dans la province », *Le Devoir*, 15 novembre 1940.
51 Louis-Philippe Roy, « Triple déclaration de l'hon. Perrier », *L'Action catholique*, 19 décembre 1940.
52 Louis-Philippe Roy, « Une forteresse à protéger », *L'Action catholique*, 4 juin 1940.
53 Chaloult, *Mémoires politiques*, 114.
54 « Le gouvernement aura la mainmise absolue sur les maisons d'enseignement spécialisé – Projet de loi », *L'Action catholique*, 8 mai 1941.
55 Rodrigue Villeneuve, « Communiqué de Son Éminence », *L'Action catholique*, 23 août 1941.
56 AAQ, Gouvernement du Québec, lettre de Rodrigue Villeneuve à Adélard Godbout, 14 décembre 1939.
57 « L'instruction obligatoire », *Le Devoir*, 15 septembre 1941.
58 Genest, *Godbout*, 242-3.
59 « Fréquentation obligatoire de l'école pour les enfants de 6 à 14 ans », *L'Action catholique*, 18 décembre 1942; Rodrigue Villeneuve, « Fréquentation scolaire », *La Semaine religieuse de Québec*, 2 septembre 1943.
60 « La Chambre provinciale adopte en deuxième lecture, par 40 à 12, la fréquentation scolaire obligatoire », *Le Devoir*, 5 mai 1943.
61 « Le cardinal Villeneuve interdit les bingos », *Le Devoir*, 20 novembre 1941.
62 AAQ, Gouvernement du Québec, lettre de Rodrigue Villeneuve à Wilfrid Girouard, 24 novembre 1941; lettre de Wilfrid Girouard à Rodrigue Villeneuve, 28 novembre 1941; lettre de Rodrigue Villeneuve à Léon Cagrain, 13 octobre 1942; lettre de Léon Casgrain à Rodrigue Villeneuve, 22 octobre 1942; lettre de Bruno Desrochers à Charles Cantin, 26 mars 1943; 5 avril 1943; lettre de Charles Cantin à Bruno Desrochers, 31 mars 1943.
63 AAM, Dossier Gauthier, vol. 3, lettre de Georges Gauthier à Rodrigue Villeneuve, 23 février 1940.
64 AAQ, Montréal, lettre de Georges Gauthier à Paul Nicole, 27 février 1940.
65 AAQ, Gouvernement du Québec, lettre de Léon Lambert à Rodrigue Villeneuve, 26 septembre 1940.
66 *Ibid.*, lettre d'Adélard Godbout à Rodrigue Villeneuve, 11 septembre 1940.

67 AJC, Fonds Joseph-Papin Archambault, lettre d'Adélard Godbout à Joseph-Papin Archambault, 18 septembre 1941; « Les lumières de l'Église sont aussi », *L'Action catholique*, 19 septembre 1941.
68 « L'allocution de M. Godbout à midi, à Toronto », *Le Devoir*, 4 décembre 1940; "Cela me paraît être de la cinquième colonne" (M. Godbout) », *Le Devoir*, 21 janvier 1941.
69 BANQ-Q, Fonds Adélard Godbout (désormais Fonds Godbout), lettre d'Arthur Douville à Adélard Godbout, 16 octobre 1942.
70 AESH, Gouvernement provincial, lettre d'Adélard Godbout à Arthur Douville, 6 juin 1944.
71 « La nouvelle École des arts et métiers », *Le Devoir*, 16 janvier 1942.
72 AAQ, Gouvernement du Québec, lettre de Rodrigue Villeneuve à Adélard Godbout, 30 août 1943; lettre d'Adélard Godbout à Rodrigue Villeneuve, 21 septembre 1943.
73 « Nos autorités religieuses et civiles flétrissent l'hitlérisme », *L'Action catholique*, 10 juin 1940; « Encouragement de Son Éminence et de M. Godbout à la souscription à nos services de guerre canadiens », *L'Action catholique*, 19 mars 1941.
74 AAQ, Gouvernement du Québec, lettre d'Adélard Godbout à Rodrigue Villeneuve, 17 février 1943.
75 « Le cabinet se rend chez Son Éminence », *L'Action catholique*, 9 janvier 1942.
76 Hamelin et Gagnon, *Histoire du catholicisme québécois*, 197-207.
77 *Ibid.*; Dupont, *Les relations entre l'Église et l'État*, 35-71.
78 « Réformes dans l'éducation, la colonisation et le commerce des liqueurs; le gouvernement sauvegardera l'autonomie de la Province à la Conférence », *L'Action catholique*, 8 janvier 1941; AAQ, Gouvernement du Québec, lettre de Rodrigue Villeneuve à Adélard Godbout, 23 décembre 1940; 14 février 1941; lettre d'Alexandre Larue à Rodrigue Villeneuve, 28 décembre 1940. Alexandre Larue est le secrétaire particulier d'Adélard Godbout.
79 « La nouvelle loi des liqueurs », *L'Action catholique*, 1er mai 1941.
80 « La Chambre a adopté le projet de la loi des liqueurs », *L'Action catholique*, 2 mai 1941.
81 Flambeau, « Un Franciscain dénonce la nouvelle Loi des Liqueurs », *L'Autorité*, 17 mai 1941.
82 AAQ, Gouvernement du Québec, lettre de Philippe Desranleau à Adélard Godbout, 19 mai 1941.
83 *Ibid.*, lettre d'Adélard Godbout à Philippe Desranleau, 9 juillet 1941.

84 Télésphore-Damien Bouchard, « Ce mandement sur les sociétés et les clubs neutres », *Le Clairon*, 4 décembre 1942.
85 BANQ-Q, Fonds Télésphore-Damien Bouchard (désormais Fonds Bouchard), lettre de Philippe Desranleau à Télésphore-Damien Bouchard, 5 décembre 1942.
86 *Ibid.*, lettre de Télésphore-Damien Bouchard à Philippe Desranleau, 9 décembre 1942 ; lettre de Philippe Desranleau à Télésphore-Damien Bouchard, 10 décembre 1942.
87 *Ibid.*, lettre de Télésphore-Damien Bouchard à Albéric Martin, 26 décembre 1942.
88 *Ibid.*, lettre d'Armand Perrier à Télésphore-Damien Bouchard, 18 décembre 1941 ; lettre d'Arthur Maheux à Télésphore-Damien Bouchard, 23 janvier 1941 ; lettre de frère Félix à Télésphore-Damien Bouchard, 6 octobre 1942 ; lettre de Télésphore-Damien Bouchard à Gaston Pontbriand, 2 novembre 1942 ; lettre de Télésphore-Damien Bouchard aux Révérendes Sœurs de la Présentation-de-Marie, 2 novembre 1942 ; lettre de Télésphore-Damien Bouchard à J. Arthur Vézina, 2 novembre 1942.
89 *Ibid.*, lettres de Fabien-Zoël Decelles à Télésphore-Damien Bouchard, 19 mars 1927 ; 2 avril 1927 ; 14 avril 1927.
90 *Ibid.*, lettre d'Arthur Douville à Télésphore-Damien Bouchard, 19 décembre 1941.
91 AESH, Registre des lettres, série III, vol. 1, lettre d'Arthur Douville à Télésphore-Damien Bouchard, 27 juillet 1943.
92 AAQ, Saint-Hyacinthe, lettre d'Arthur Douville à Rodrigue Villeneuve, 5 février 1944.
93 BANQ-Q, Fonds Bouchard, lettre d'Arthur Douville à Télésphore-Damien Bouchard, 7 février 1944.
94 AAQ, Saint-Hyacinthe, lettre d'Arthur Douville à Rodrigue Villeneuve, 7 février 1944.
95 AEV, Fonds Joseph-Alfred Langlois (désormais Fonds Langlois), lettre de Joseph-Alfred Langlois à Adélard Godbout, 6 avril 1944 ; 14 avril 1944 ; lettre de Geo.-E. Dansereau à Joseph-Alfred Langlois, 12 avril 1944.
96 « Le Collège d'Amos », *Le Devoir*, 5 février 1941.
97 « L'abbé Gravel et la question du bilinguisme », *L'Action catholique*, 30 avril 1941.
98 Genest, *Godbout*, 210-13 ; Black, *Duplessis : l'ascension*, 410-13.
99 Comeau, *Le Bloc populaire 1942-1948*, 81-2.
100 « L'appel du cardinal Villeneuve », *Le Devoir*, 17 septembre 1940.

101 « La province de Québec, dignitaires en tête, prie pour la victoire et la paix », *L'Action catholique*, 10 février 1941.
102 « Après avoir visité Valcartier, le Cardinal s'est rendu aux différents camps de la rive sud », *L'Action catholique*, 3 novembre 1940 ; « Son Éminence le cardinal a visité le camp de Montmagny », *L'Action catholique*, 5 novembre 1940.
103 BANQ-M, Fonds Groulx, lettre de Lionel Groulx à Georges Courchesne, 13 septembre 1939.
104 AD, Fonds Villeneuve, lettre de Philippe Desranleau à François-Xavier Ross, 30 mars 1942.
105 Alfred-Odilon Comtois, « Circulaire au clergé », *Mgr Comtois – Mandements*, vol. 2, 26 janvier 1942 ; AAQ, Diocèse de Saint-Jean, lettre d'Anastase Forget à Rodrigue Villeneuve, 13 janvier 1942 ; AEBC, Fonds Napoléon Labrie (désormais Fonds Labrie), lettre de Napoléon Labrie à Ludger Faguy, 27 novembre 1939.
106 « Mgr Melançon au camp de Chicoutimi », *L'Action catholique*, 5 novembre 1940.
107 AD, Fonds Villeneuve, lettre de François-Xavier Ross à Rodrigue Villeneuve, 14 janvier 1942 ; lettre de François-Xavier Ross à J. L. Isley, 28 janvier 1942.
108 BANQ-Q, Fonds Chaloult, lettre de Camille Mercier à René Chaloult, 23 mars 1945.
109 « Lettre de S. E. Mgr Charbonneau », *Le Devoir*, 3 février 1941.
110 Paul Bernier, « Lettre pastorale collective et mandement de Son Éminence le Cardinal Archevêque de Québec et de Leurs Excellences Nosseigneurs les Archevêques et Évêques de la Province de Québec prescrivant une messe votive solennelle pour la victoire, le dimanche de la Septuagésime », *La Semaine religieuse de Québec*, 16 janvier 1941.
111 AD, Fonds Villeneuve, lettre de François-Xavier Ross à Rodrigue Villeneuve, 14 janvier 1942.
112 *Ibid.*, lettre de Rodrigue Villeneuve à François-Xavier Ross, 24 janvier 1942.
113 *Ibid.*, lettre de François-Xavier Ross à Rodrigue Villeneuve, 28 mars 1942.
114 DAUL, Fonds Georges-Henri Lévesque (désormais Fonds Lévesque), lettre de François-Xavier Ross à Georges-Henri Lévesque, 28 mars 1942.
115 AD, Fonds Villeneuve, lettre de Joseph-Alfred Langlois à François-Xavier Ross, 26 avril 1942.
116 *Ibid.*, lettre de Philippe Desranleau à François-Xavier Ross, 30 mars 1942.
117 *Ibid.*, lettre de Rodrigue Villeneuve aux évêques canadiens, 18 avril 1942.

118 « L'Épiscopat canadien définit l'attitude des catholiques dans la présente guerre – Une lettre pastorale collective des Archevêques et des Évêques de tout le pays – Consécration au Christ-Roi le 14 juin », *La Semaine religieuse de Québec*, 11 juin 1942.

119 « Lettre pastorale et mandement », *L'Action catholique*, 8 juin 1942.

120 AESH, Registre des lettres, Série III, vol. 1, lettre de Fabien-Zoël Decelles à J.-M. Surprenant, 22 septembre 1939.

121 AD, Fonds Villeneuve, lettre anonyme à Ernest Lapointe, 24 mars 1941.

122 *Ibid.*, lettre de Rodrigue Villeneuve à Ernest Lapointe, 27 mars 1941 ; lettre de Rodrigue Villeneuve à Gilles Marchand, 27 mars 1941.

123 *Ibid.*, lettre d'Ernest Lapointe à Rodrigue Villeneuve, 7 avril 1941.

124 BANQ-M, Fonds Groulx, Sermon de M. l'abbé Ed. Lavergne, curé de Notre-Dame-de-Grâce, 23 juin 1940.

125 AAQ, Gouvernement du Canada, lettre d'Ernest Lapointe à Rodrigue Villeneuve, 13 mars 1941 ; lettre anonyme à Ernest Lapointe, 6 mars 1941 ; lettre de Rodrigue Villeneuve à Ernest Lapointe, 15 mars 1941.

126 *Ibid.*, lettre de Rodrigue Villeneuve à Ernest Lapointe, 15 mars 1941.

127 *Ibid.*, lettre d'Ernest Lapointe à Rodrigue Villeneuve, 26 mars 1941.

128 BAC, Fonds Lapointe, lettre de H. A. R. Gagnon au commissaire du R. C. M. P., 14 septembre 1939.

129 AAQ, Pierre Gravel, lettre de Louis Turmel à Rodrigue Villeneuve, 29 avril 1941.

130 AAQ, Gouvernement du Canada, lettre de Fulgence Charpentier à Rodrigue Villeneuve, 21 avril 1941 ; BAC, Fonds Lapointe, lettre d'Oscar Drouin à Ernest Lapointe, 26 avril 1941 ; lettre d'E. E. Deslauriers à Ernest Lapointe, 29 avril 1941 ; lettre de Fulgence Charpentier à Rodrigue Villeneuve, 7 mai 1941 ; BAC, Fonds Lapointe, lettre d'Ernest Lapointe à E. E. Deslauriers, 5 mai 1941 ; lettre d'Ernest Lapointe à Oscar Drouin, 8 mai 1941 ; « L'interdiction de « La Droite » : texte officiel », *Le Devoir*, 5 mai 1941.

131 BAC, Fonds Lapointe, lettre de J. O. Boulanger à Ernest Lapointe, 5 mai 1941 ; lettre d'Oscar Drouin à Ernest Lapointe, 29 avril 1941 ; lettre de Louis-Alexandre Taschereau à Ernest Lapointe, 6 juin 1941.

132 AAQ, Gouvernement du Canada, lettre d'Ernest Lapointe à Rodrigue Villeneuve, 12 mai 1941 ; lettre de Paul Bernier à Ernest Lapointe, 16 mai 1941.

133 AAM, Dossier Mgr Gauthier, vol. 3, lettre de Georges Gauthier à Ernest Lapointe, 27 août 1940.

134 DAUL, Fonds Grégoire, lettre d'Édouard-Valmore Lavergne à Adélard Godbout, 22 mai 1941.

135 AAQ, NDG, lettre de Rodrigue Villeneuve à Édouard-Valmore Lavergne, 5 septembre 1941.
136 AAQ, 39CD/1907, Dossier Édouard-Valmore Lavergne (désormais Dossier Lavergne), « Procès-verbal pour l'amotion du curé de N.-D. de Grâce et rétrospective des événements, 1936-41 ».
137 *Ibid.*, lettres d'Édouard-Valmore Lavergne à Rodrigue Villeneuve, 30 septembre 1941; 4 octobre 1941; 10 octobre 1941; 13 octobre 1941; 18 octobre 1941; lettre de Rodrigue Villeneuve à Édouard-Valmore Lavergne, 13 octobre 1941.
138 Amyot, *Entre Pétain et de Gaulle*, 198.
139 « Mgr Roy au programme "Tous pour la victoire" », *L'Action catholique*, 20 juillet 1940; « Il faut en finir », *Le Devoir*, 3 juin 1941.
140 AJC, Fonds Arthur Dubois, lettre d'E. A. Macnutt à Arthur Dubois, 9 février 1942; lettre d'Alphonse Raymond à Arthur Dubois, 11 février 1942.
141 « L'abbé Maheux répond à ceux qui le critiquent », *L'Action catholique*, 14 janvier 1942.
142 AAQ, Montréal, lettre du major-abbé Sabourin à Rodrigue Villeneuve, 5 novembre 1942; BANQ-M, Fonds Groulx, lettre de Lionel Groulx à Joseph Charbonneau, 30 octobre 1942; lettre de P. Touchette à Lionel Groulx, 4 novembre 1942; « Shawinigan a acclamé le major Armand Sabourin », *L'Action catholique*, 28 octobre 1942; « Le capitaine (abbé) Sabourin parlera au Club Canadien, le 11 », *L'Action catholique*, 31 octobre 1942; « Le major A. Sabourin à Sorel », *L'Action catholique*, 5 novembre 1942; « Le brigadier G.-P. Vanier et le major Sabourin à Mégantic », *L'Action catholique*, 10 décembre 1942; « L'abbé Sabourin prononce une vibrante allocution », *La Chronique de la Vallée du Saint-Maurice*, 31 octobre 1942.
143 BANQ-M, Fonds Groulx, lettre de Léopold Richer à Lionel Groulx, 10 novembre 1940; BANQ-M, Fonds Maxime Raymond, lettre de Maxime Raymond à Lionel Groulx, 22 novembre 1940; DAUL, Fonds Hamel, lettre de Philippe Hamel à Lionel Groulx, 2 novembre 1940.
144 BANQ-M, Fonds de la Ligue pour la défense du Canada (désormais Fonds LDC), lettre d'Edgar Foucault à la Ligue pour la défense du Canada, 18 février 1942; lettre non datée de Walter Roux à André Laurendeau; lettre de Walter Roux à André Laurendeau, 9 mars 1942; lettre de Lévi Côté à André Laurendeau, 20 février 1942; lettre d'André Laurendeau à Ovila Campeau, 11 avril 1942; lettre de B. E. Pleau à André Laurendeau, 14 mai 1942; lettre de frère Emmanuel à Jean Drapeau, 11 avril 1943; lettre de Willie Brulotte à Georges Pelletier, 25 février 1942; lettre

d'Édouard Vallières à la Ligue pour la défense du Canada, 4 mars 1942 ; lettre de J. Bertrand à la Ligue pour la défense du Canada, 23 février 1942 ; lettre d'A. Fafard à André Laurendeau, 19 mars 1942 ; lettre de Jean Drapeau à Édouard Martineau, 16 avril 1942 ; lettre de Jean-d'Auteuil Richard à André Laurendeau, 16 juin 1942.

145 « Assemblée à Limoilou, dimanche », *Le Devoir*, 5 mars 1942 ; « Chaloult, Girard, Grégoire et Dorion à Limoilou », *L'Action catholique*, 22 avril 1942 ; « Prochaines assemblées de la Ligue pour la Défense du Canada », *Le Devoir*, 7 avril 1942 ; « Ce soir, salle Ste-Marguerite Marie », *Le Devoir*, 8 avril 1942 ; « Grande assemblée anticonscriptionniste à Tétreauville », *Le Devoir*, 13 avril 1942 ; « Assemblée de M. Lacombe à Sainte-Rose », *Le Devoir*, 13 avril 1942.

146 BANQ-M, Fonds Groulx, lettre de René Chaloult à Lionel Groulx, 24 novembre 1941.

147 DAUL, Fonds Hamel, lettre de Philippe Hamel à Rodrigue Villeneuve, 18 juillet 1940.

148 *Ibid.*, lettre d'André Giroux à Rodrigue Villeneuve, 19 janvier 1942.

149 AESJL, II-B-2 Québec, lettre d'Anatole Carignan à Rodrigue Villeneuve, 9 mai 1942.

150 « Vos évêques ne vous ont jamais trahis ni vendus, dit le Cardinal », *L'Action catholique*, 27 avril 1942.

151 BANQ-M, Fonds LDC, lettre de S. Veilleux à la Ligue pour défense du Canada, 21 mars 1942.

152 *Ibid.*, lettre de Charles Martel à la Ligue pour la défense du Canada, 28 avril 1942.

153 BAC, Fonds Gouin, lettre de Médéric Gravel à Paul Gouin, 7 août 1942.

154 Calixte Dumas, « M. Chaloult exprime son opinion sur le plébiscite », *L'Action catholique*, 19 mars 1942.

155 BANQ-Q, Fonds Chaloult, lettre de Paul Bernier à René Chaloult, 19 mars 1942 ; lettre de René Chaloult à Paul Bernier, 23 mars 1942.

156 *Ibid.*, lettre de Robert Lacroix à René Chaloult, 20 mars 1942 ; lettre de René Chaloult à Philippe-A. Lajoie, 21 mars 1942 ; lettre de Georges Hébert à René Chaloult, 20 avril 1942 ; lettre de J. Paré à René Chaloult, 26 avril 1942 ; lettre de Francis Goyer à René Chaloult, 30 novembre 1942 ; lettre de Valère Pouliot à René Chaloult, 13 avril 1944 ; lettre d'Adélard Piché à René Chaloult, 26 avril 1944.

157 BANQ-M, Fonds Groulx, lettre de Lionel Groulx à René Chaloult, 13 avril 1942.

158 BANQ-Q, Fonds Chaloult, lettre d'Henri Beaulieu à René Chaloult, 28 mai 1942 ; lettre de Louis Le Cavalier à René Chaloult, 28 mai 1942 ;

lettre de J. L. Pilon à René Chaloult, 29 mai 1942; lettre de Paul Marineau à René Chaloult, 29 mai 1942; lettre de Lucien Matte à René Chaloult, 29 mai 1942; lettre de Pierre Gravel à René Chaloult, 29 mai 1942; lettre de G. A. Trépanier à Marie-Louis Beaulieu, 27 juillet 1942; lettre de J. Alp. Beaumont à René Chaloult, 3 août 1942; lettre d'Édouard-Valmore Lavergne à René Chaloult, 6 août 1942; lettre de Lucien-G. Talbot à René Chaloult, 15 août 1942; lettre de L.-B. Ward à René Chaloult, 24 août 1942.

159 Black, *Duplessis : l'ascension*, 377.
160 BANQ-M, Fonds Groulx, lettre de Lionel Groulx à René Chaloult, 14 août 1942; 21 septembre 1942; lettre de Lionel Groulx à Maxime Raymond, 14 août 1942.
161 DAUL, Fonds Hamel, lettre de Lionel Groulx à Philippe Hamel, 23 juin 1943.
162 BANQ-M, Fonds Raymond, lettre de Lionel Groulx à Maxime Raymond, 23 juin 1943; Division DAUL, Fonds Hamel, lettre de Philippe Hamel à Lionel Groulx, 28 juin 1943; BANQ-M, Fonds Groulx, lettre de Joseph-Papin Archambault à Lionel Groulx, 23 juillet 1943.
163 BANQ-M, Fonds Groulx, lettre de Lionel Groulx à René Chaloult, 5 août 1943; lettre de Lionel Groulx à Maxime Raymond, 17 août 1943; lettre de Léopold Richer à Lionel Groulx, 19 septembre 1944; lettre de Lionel Groulx à Léopold Richer, 25 septembre 1944; Fonds Raymond, lettre de Lionel Groulx a Maxime Raymond, 4 septembre 1944.
164 Léopold Richer, «De l'Action catholique au Devoir», *Le Devoir*, 9 novembre 1942; Rodrigue Villeneuve, «Son Éminence le cardinal Villeneuve et l'Action catholique», *Le Devoir*, 10 novembre 1942.
165 BANQ-M, Fonds Groulx, lettre de Lionel Groulx à Maxime Raymond, 27 août 1943; lettre d'Édouard-Valmore Lavergne à Lionel Groulx, 22 juillet 1943; Fonds Raymond, lettre de Louis-Émile Girard à Maxime Raymond, 21 mars 1943; lettre de Médéric Gravel à Maxime Raymond, 21 octobre 1943; BAC, Fonds Gouin, lettre de Médéric Gravel à Paul Gouin, 21 octobre 1942.
166 DAUL, Fonds Hamel, lettre d'Édouard-Valmore Lavergne à Philippe Hamel, 20 juillet 1944.
167 Guttman, *The Devil from Saint-Hyacinthe*, 284-301.
168 «Propos injustes, injurieux, irréfléchis et mal fondés, déclare S. E. le cardinal», *L'Action catholique*, 26 juin 1944.
169 Guttman, *The Devil from Saint-Hyacinthe*, 292.
170 «MM. Godbout et St-Laurent réprouvent les déclarations de M. Bouchard», *Le Devoir*, 23 juin 1944.

171 « M. Duplessis et Borne dénoncent M. Bouchard », *L'Action catholique*, 22 juin 1944.
172 « M. Godbout a destitué M. T. D. Bouchard », *Le Devoir*, 26 juin 1944.
173 « M. Laurendeau et le discours de M. Bouchard », *L'Action catholique*, 28 juin 1944.
174 « M. Godbout a destitué M. T. D. Bouchard », *Le Devoir*, 26 juin 1944.
175 « Fête nationale au parc S. Marc, à Shawinigan », *Le Nouvelliste*, 26 juin 1944.
176 « Une foule énorme a rempli un stade, malgré la grève, pour l'assemblée du Bloc populaire canadien », *Le Devoir*, 4 août 1944.
177 Edmond Turcotte, « De M. Bourassa et de Kiska », *Le Canada*, 4 août 1944.
178 Rodrigue Villeneuve, « À propos de Monsieur Henri Bourassa », *L'Action catholique*, 10 août 1944.
179 AAQ, Sherbrooke, lettre de Philippe Desranleau à Rodrigue Villeneuve, 11 août 1944 ; Saint-Hyacinthe, lettre d'Arthur Douville à Rodrigue Villeneuve, 10 août 1944 ; Nicolet, lettre d'Albini Lafortune à Rodrigue Villeneuve, 11 août 1944.
180 ASSJ, Fonds Georges Panneton (désormais Fonds Panneton), lettre de Maurice Duplessis à Georges Panneton, 13 mars 1940.
181 ASSJ, Fonds Panneton, Henri Dumoulin, « Où est la déception ? », 26 septembre 1943. Le nom du chanoine Labrecque est inscrit entre parenthèses.
182 Dion, *Québec 1945-2000*, 28.
183 Monière, *André Laurendeau et le destin d'un peuple*, 152.
184 ASSJ, Fonds Duplessis, lettre de J. N. Béland à Maurice Duplessis, 8 août 1944 ; lettre d'A. Gaudreault à Maurice Duplessis, 9 août 1944 ; lettre non datée de Cyrille Labrecque à Maurice Duplessis ; lettre de frère Jacques à Maurice Duplessis, 9 août 1944 ; lettre de J. Z. Tremblay à Maurice Duplessis, 9 août 1944 ; lettre d'E. A. Lemaire à Maurice Duplessis, 8 août 1944.
185 *Ibid.*, lettre de frère Gaudence à Maurice Duplessis, 10 août 1944 ; lettre de sœur Marie de Ste-Jeanne de Chantal à Maurice Duplessis, 12 août 1944 ; lettre de Cyrille Gagnon à Maurice Duplessis, 12 août 1944 ; lettre de S. de Carufel à Maurice Duplessis, 10 août 1944 ; lettre de Lionel Boisseau à Maurice Duplessis, 8 septembre 1944.
186 *Ibid.*, lettre d'Émile Deguise à Maurice Duplessis, 8 septembre 1944 ; lettre de Dom Grenier à Maurice Duplessis, 30 août 1944 ; lettre de Roland Leroux à Maurice Duplessis, 30 août 1944 ; lettre de Joseph Alexandre à Maurice Duplessis, 9 août 1944 ; lettre de J.-Amédée Rioux à Maurice Duplessis, 10 août 1944.

187 *Ibid.*, lettre d'Arthur Douville à Maurice Duplessis, 10 août 1944.
188 AEC, Fonds Melançon, lettre non datée d'Antonio Talbot à Georges Melançon.
189 ASSJ, Fonds Duplessis, lettre de Joseph-Aldée Desmarais à Maurice Duplessis, 12 septembre 1944.
190 *Ibid.*
191 BANQ-Q, Fonds Chaloult, lettre de J. A. Couture à René Chaloult, 9 août 1944.
192 BANQ-M, Fonds Laurendeau, lettre de frère Athanase à André Laurendeau, 23 février 1945; lettre de frère Éloi à André Laurendeau, 4 avril 1947; lettre de l'abbé Ulric Ouellet à André Laurendeau, 12 avril 1947.
193 BANQ-M, Fonds Laurendeau, lettre de Gustave Lamarche à André Laurendeau, 21 mai 1945.
194 Vulcain, « Coups de marteau », *L'Autorité*, 16 juin 1945.
195 BANQ-Q, Fonds Godbout, lettre d'Albert Tessier à Adélard Godbout, 18 août 1944.
196 DAUL, Fonds Grégoire, lettre d'Édouard-Valmore Lavergne à Adélard Godbout, 22 mai 1941; BANQ-Q, Fonds Godbout, lettre de Cyrille Gagnon à Adélard Godbout, 3 septembre 1941; DAUL, Fonds Lévesque, lettre de Georges-Henri Lévesque à Adélard Godbout, 19 mars 1944.
197 ASSJ, Fonds Duplessis, lettre d'E. A. Lemaire à Maurice Duplessis, 8 août 1944.
198 Jean Tavernier, « Propos d'un Québécois », *Le Mégantic*, 14 septembre 1944.
199 BANQ-M, Fonds Groulx, lettre de Pierre Gravel à Lionel Groulx, 29 août 1945.
200 Office national du film, « Traître ou patriote », 2000, 71:44-73:03.
201 « Des religieux qui s'amusent à jouer au bloc ? », *L'Autorité*, 2 septembre 1944.
202 Lévesque, *Histoire du Parti libéral du Québec*, 535.
203 Genest, *Godbout*, 264-6.
204 Linteau, Durocher, Robert et Ricard, *Histoire du Québec contemporain*, 364-6.

CHAPITRE NEUF

Alexandre Dumas, « Les évêques mangent dans ma main : les relations entre l'Église et l'État sous Maurice Duplessis (1944-1959) », *Revue d'Histoire de l'Amérique française* 69, n° 4 (printemps 2016), 47-69.

1. Ventresca, *Soldier of Christ*, 241-5 ; 253.
2. Hamelin, *Histoire du catholicisme québécois*, 112.
3. Boismenu, *Le duplessisme*, 354-5.
4. Lavigne, *Duplessis*, 114.
5. Black, *Duplessis: le pouvoir*, 75.
6. « Les libéraux sont rabroués », *Le Devoir*, 10 juillet 1948.
7. Gérard Filion, « Bloc-Notes », *Le Devoir*, 5 juillet 1948.
8. Michel Sarra-Bournet, « Maurice Duplessis et l'axe Toronto-Québec », dans Gélinas et Ferretti, *Duplessis, son milieu, son époque*, 285-312.
9. Jacques Rouillard, « Duplessis : le Québec vire à droite », dans Alain-G. Gagnon et Michel Sarra-Bournet, *Duplessis, Entre la Grande Noirceur et la société libérale*, 183-206.
10. Whitfield, *The Culture of the Cold War*.
11. Charles-Philippe Courtois, « *Cité libre*, Duplessis et une vision tronquée du Québec », dans Gélinas et Ferretti, *Duplessis, son milieu, son époque*, 58 ; Pierre-Louis Lapointe, « L'Office de l'électrification rurale (1945-1964), enfant chéri de Maurice Le Noblet Duplessis », dans *ibid.*, 160.
12. Iacovetta, *Gatekeepers*, 43.
13. Conrad Black, *Duplessis: Le pouvoir*, p 305.
14. *Ibid.*, p 308 ; 397-8.
15. Paradis et Bureau-Dufresne, *Nous avons connu Duplessis*, 71.
16. « M. Duplessis veut créer un ministère de la jeunesse », *Le Devoir*, 3 août 1944.
17. ASSJ, Fonds Duplessis, lettre de Rodrigue Villeneuve à Maurice Duplessis, 18 janvier 1946 ; lettre d'Albini Lafortune à Maurice Duplessis, 13 février 1946 ; lettre de Maurice Duplessis à Albini Lafortune, 15 février 1946 ; lettre d'Albini Lafortune à Maurice Duplessis, 2 mars 1946.
18. « Le bill créant un ministère du Bien-Être Social et de la Jeunesse a été adopté en seconde lecture ; le vote a été de 43 à 33 », *L'Action catholique*, 15 mars 1946.
19. ASSJ, Fonds Duplessis, lettre d'Albini Lafortune à Maurice Duplessis, 17 mars 1946.
20. *Ibid.*, lettre de Maurice Duplessis à Albini Lafortune, 19 mars 1946 ; lettre d'Albini Lafortune à Maurice Duplessis, 21 mars 1946 ; lettre de Maurice Duplessis à J.-C. Chaumont, 25 mars 1946.
21. *Ibid.*, lettre de Georges Melançon à Maurice Duplessis, 15 avril 1957 ; lettre de Maurice Roy à Maurice Duplessis, 23 avril 1958 ; lettre de Maurice Duplessis à Maurice Roy, 12 mai 1959.
22. *Ibid.*, lettre de Paul-Émile Léger à Maurice Duplessis, 24 avril 1958 ; lettre de Maurice Duplessis à Paul-Émile Léger, 3 décembre 1952 ; lettre de

Maurice Roy à Maurice Duplessis, 25 janvier 1948; lettre de Paul-Émile Léger à Maurice Duplessis, 12 août 1954; lettre de Roger Ouellet à Gilles Beauregard, 16 janvier 1957; lettre de Maurice Roy à Maurice Duplessis, 16 janvier 1957.
23 AAR, Fonds Courchesne, lettre de Maurice Duplessis à Léonard Lebel, 17 novembre 1950.
24 ASSJ, Fonds Duplessis, lettre de Maurice Duplessis à Joseph-Arthur Papineau, 25 mars 1957.
25 AAS, Province de Québec, lettre de Maurice Duplessis à Georges Cabana, 11 novembre 1953.
26 ASSJ, Fonds Duplessis, lettre de Maurice Duplessis à Joseph-Aldée Desmarais, 17 avril 1957.
27 Ibid., lettre d'Albertus Martin à Maurice Duplessis, 8 août 1953.
28 Ibid., lettre de Maurice Duplessis à Gérard Couturier, 25 mars 1957.
29 Ibid., lettre de Maurice Duplessis à Philippe Desranleau, 15 septembre 1949.
30 AEV, Fonds Langlois, lettre de Maurice Duplessis à Joseph-Alfred Langlois, 13 mai 1954.
31 ASSJ, Fonds Duplessis, lettre de Maurice Duplessis à Bruno Desrochers, 7 août 1959.
32 Ibid., lettre non datée de Georges Melançon à Maurice Duplessis; lettre de Maurice Duplessis à Georges Melançon, 4 janvier 1945; lettre de Maurice Duplessis à Napoléon-Alexandre Labrie, 1er décembre 1955.
33 Ibid., lettre de Joseph-Alfred Langlois à Maurice Duplessis, 6 septembre 1948.
34 Ibid., lettre de Maurice Roy à Maurice Duplessis, 22 janvier 1955.
35 AESJL, Fonds Gérard-Marie Coderre (désormais Fonds Coderre), XII-B-5 premier ministre, lettre de Gérard-Marie Coderre à Maurice Duplessis, 28 mai 1955.
36 AAS, Pouvoirs civils: Gouvernement provincial (désormais Dossier gouvernement), lettre de Philippe Desranleau à Maurice Duplessis, 3 mai 1948.
37 BANQ-M, Fonds Groulx, lettre de Philippe Desranleau à Lionel Groulx, 3 mai 1948.
38 ASSJ, Fonds Duplessis, lettre de Philippe Desranleau à Maurice Duplessis, 29 juillet 1948.
39 Ibid., lettre d'Albertus Martin à Maurice Duplessis, 30 juillet 1953; lettre de Maurice Duplessis à Albertus Martin, 5 août 1953; lettre d'Albertus Martin à Maurice Duplessis, 5 août 1953.
40 AESJL, Fonds Coderre, XII-B-5 premier ministre, lettre de Maurice Duplessis à Gérard-Marie Coderre, 7 novembre 1952.

41 ASSJ, Fonds Duplessis, lettre de Maurice Duplessis à Paul-Émile Léger, 14 juillet 1955.
42 Black, *Duplessis: le pouvoir*, 307.
43 « Mgr Desmarais demande au gouvernement de continuer à comprendre les besoins des pays neufs et de toujours collaborer avec l'Église », *L'Action catholique*, 31 mai 1948.
44 Robur, « L'état mental de M. Duplessis sur le déclin », *L'Autorité*, 5 juin 1948.
45 Roger Duhamel, « Reconnaissance à M. Duplessis », *Montréal-Matin*, 1er juin 1948.
46 « Mgr Desmarais nie ce qu'on lui fait dire », *Le Canada*, 5 juin 1948.
47 ASSJ, Fonds Duplessis, lettre de Joseph-Aldée Desmarais à Maurice Duplessis, 2 janvier 1950.
48 Pierre Laporte, « L'Union nationale distribue le discours d'un évêque comme littérature politique », *Le Devoir*, 11 octobre 1956.
49 ASSJ, Fonds Duplessis, lettre de Joseph-Aldée Desmarais à Maurice Duplessis, 23 juin 1956.
50 *Ibid.*, lettre de Joseph-Aldée Desmarais à Maurice Duplessis, 18 août 1959.
51 *Ibid.*, lettre d'Albertus Martin à Maurice Duplessis, 31 juillet 1957 ; lettre de J.-Eugène Limoges à Maurice Duplessis, 24 mars 1958 ; AESH, Gouvernement provincial, lettre d'Arthur Douville à Maurice Duplessis, 18 mai 1954.
52 ASSJ, Fonds Duplessis, lettre de Joseph-Aldée Desmarais à Maurice Duplessis, 1er mars 1950.
53 *Ibid.*, lettre de Joseph-Aldée Desmarais à Pie XII, 1er mars 1950 ; lettre de J. B. Montini à Joseph-Aldée Desmarais, 10 avril 1950.
54 *Ibid.*, lettre de Joseph-Aldée Desmarais à Maurice Duplessis, 15 avril 1957.
55 AEV, Fonds Langlois, lettre de Joseph-Alfred Langlois à Bona Dussault, 25 novembre 1944 ; lettre de Bona Dussault à Joseph-Alfred Langlois, 29 novembre 1944 ; lettre d'Adrien Patenaude au clergé diocésain, 9 avril 1947 ; ASSJ, Fonds Duplessis, lettre de Joseph-Alfred Langlois à Maurice Duplessis, 12 avril 1946.
56 ASSJ, Fonds Duplessis, lettre de Joseph-Alfred Langlois à Maurice Duplessis, 28 mai 1948.
57 AEV, Fonds Langlois, lettre de Joseph-Alfred Langlois à Maurice Duplessis, 19 juin 1951.
58 *Ibid.*, lettre de Maurice Duplessis à Joseph-Alfred Langlois, 22 juin 1951.
59 ASSJ, Fonds Duplessis, Aimé Grandmaison, *Monseigneur Langlois*, 26 septembre 1954.

60 *Ibid.*, lettre de Joseph-Alfred Langlois à Maurice Duplessis, 4 septembre 1958.
61 *Ibid.*, lettre de Joseph-Alfred Langlois à Maurice Duplessis, 1er juillet 1959.
62 *Ibid.*, lettre d'Albertus Martin à Maurice Duplessis, 7 avril 1953.
63 *Ibid.*, lettre de Georges Cabana à Maurice Duplessis, 5 janvier 1959.
64 *Ibid.*, lettre de Maurice Roy à Maurice Duplessis, 9 février 1951.
65 *Ibid.*, lettre de Maurice Roy à Maurice Duplessis, 30 août 1949.
66 *Ibid.*, lettre de Georges Melançon à Maurice Duplessis, 15 avril 1950; lettre de Georges Melançon à Maurice Duplessis, 5 avril 1958.
67 *Ibid.*, lettre de Georges Melançon à Maurice Duplessis, 1er juin 1947.
68 *Ibid.*, lettre de Georges Melançon à Maurice Duplessis, 10 janvier 1957.
69 *Ibid.*, lettre de Paul Joncas à Maurice Duplessis, 2 juin 1957.
70 AEC, Fonds Melançon, lettre de Camille-E. Pouliot à Antonio Talbot, 2 juillet 1948; BANQ-TR, Fonds Duplessis, lettre de J. Savard à Gérald Martineau, 8 mars 1958; ASSJ, Dossier Duplessis, lettre de Maurice Roy à Maurice Duplessis, 8 novembre 1946; lettre de Maurice Duplessis à Maurice Roy, 18 novembre 1946.
71 ASSJ, Fonds Duplessis, lettre de Charles-Eugène Roy à Maurice Duplessis, 15 avril 1958; lettre de Paul Bernier à Maurice Duplessis, 25 novembre 1958; lettre de Maurice Duplessis à Paul Bernier, 1er décembre 1958.
72 *Ibid.*, lettre d'Albertus Martin à Maurice Duplessis, 5 janvier 1956; lettre d'Albertus Martin à Maurice Duplessis, 2 avril 1956; lettre d'Albertus Martin à Maurice Duplessis, 31 mars 1957; 8 avril 1957.
73 AESH, Registre des lettres, série III, vol. 2, lettre d'Arthur Douville à Maurice Duplessis, 7 mai 1946; ASSJ, Fonds Duplessis, lettre d'Arthur Douville à Maurice Duplessis, 17 octobre 1944; lettre de Maurice Duplessis à Arthur Douville, 25 mai 1946; lettre de Maurice Duplessis à Édouard Archambault, 25 mai 1946; lettre d'Arthur Douville à Maurice Duplessis, 24 juillet 1946.
74 AESH, Registre des lettres, série III, vol. 2, lettre de Gaston Girouard à Laurent Barré, 22 mai 1945; lettre d'Arthur Douville à Joseph-Damase Bégin, 7 juin 1947.
75 Clavette, *Les dessous d'Asbestos*, 41-2.
76 Rumilly, *Maurice Duplessis et son temps*, vol. 2, 292.
77 AESH, Dossier gouvernement, lettre de Maurice Duplessis à Arthur Douville, 14 juillet 1949. Les notes du secrétaire et de Mgr Douville sont annexées à la lettre.
78 AESH, Registre des lettres, série III, vol. 4, lettre d'Arthur Douville à Maurice Duplessis, 28 janvier 1950; 19 février 1950; Dossier

gouvernement, lettre de Maurice Duplessis à Arthur Douville, 27 février 1950; ASSJ, Fonds Duplessis, lettre de bère Sainte-Thérèse de l'E. J. à Arthur Douville, 24 février 1950.
79 ASSJ, Fonds Duplessis, lettre de Maurice Duplessis à Arthur Douville, 3 mars 1950.
80 AESH, Dossier gouvernement, lettre d'Arthur Douville à Maurice Duplessis, 28 avril 1952.
81 AESJL, Fonds Coderre, XII-B-5 premier ministre (désormais Dossier Duplessis), lettre de Gérard-Marie Coderre à Maurice Duplessis, 28 octobre 1952.
82 AESJL, Fonds Coderre, Dossier Duplessis, lettre de Gérard-Marie Coderre à Maurice Duplessis, 28 octobre 1952.
83 AESJL, Fonds Coderre, XII-B-1 Gouvernement provincial – Divers, lettre de Gérard-Marie Coderre à Paul Beaulieu, 31 mars 1953. La correspondance de Mgr Coderre ne permet pas de déterminer si le ministre Beaulieu a accordé l'octroi.
84 AESJL, Fonds Coderre, Dossier Duplessis, lettre de Gérard-Marie Coderre à Maurice Duplessis, 20 mai 1954.
85 *Ibid.*
86 AAQ, 25CP Diocèse de Mont-Laurier, lettre d'Eugène Limoges à Maurice Duplessis, 18 mars 1945.
87 ASSJ, Fonds Duplessis, lettre de Maurice Duplessis à J.-Eugène Limoges, 15 novembre 1955.
88 *Ibid.*, lettres de J.-Eugène Limoges à Maurice Duplessis, 21 janvier 1957; 24 mars 1958; 4 décembre 1957.
89 AEC, Fonds Melançon, lettre d'Antonio Talbot à Georges Melançon, 28 décembre 1951.
90 *Ibid.*, lettre d'Omer Genest à Georges Melançon, 31 décembre 1951.
91 Black, *Duplessis*, vol. 2, 308.
92 Robillard, *Monseigneur Joseph Charbonneau.*
93 AAM, Dossier Duplessis, lettre de Maurice Duplessis à Joseph Charbonneau, 1er février 1945; lettre de Joseph Charbonneau à Maurice Duplessis, 18 décembre 1944; 31 janvier 1945; Dossier secrétariat, lettre d'Omer Côté à Joseph Charbonneau, 1er janvier 1946; ASSJ, Fonds Duplessis, lettre de Maurice Duplessis à Joseph Charbonneau, 25 avril 1945; lettre de Joseph Charbonneau à Maurice Duplessis, 19 avril 1945.
94 « On veut écraser la classe ouvrière », *Le Devoir*, 2 mai 1949.
95 « Mgr Charbonneau remercie le gouvernement provincial pour son aide à l'éducation », *L'Action catholique*, 29 août 1949.
96 Hamelin, *Histoire du catholicisme québécois*, 142.

97 Black, *Duplessis*, vol. 2, 382-3.
98 ASSJ, Fonds Duplessis, lettres de Paul-Émile Léger à Maurice Duplessis, 11 décembre 1950; 27 avril 1954; 29 mai 1954; 5 mars 1955; lettre de Maurice Duplessis à Paul-Émile Léger, 21 mars 1955.
99 *Ibid.*, lettre de Paul-Émile Léger à Maurice Duplessis, 7 novembre 1957.
100 AAS, Pouvoirs civils: mouvernement provincial: membres, lettre de Maurice Duplessis à Philippe Desranleau, 9 février 1948.
101 ASSJ, Fonds Duplessis, lettre de Philippe Desranleau à Maurice Duplessis, 29 avril 1947.
102 AAS, Philippe Desranleau – hommes politiques, lettre d'Omer Côté à Philippe Desranleau, 22 mai 1945; lettre d'Antonio Talbot à Philippe Desranleau, 11 juin 1946; lettre de Joseph-Damase Bégin à Philippe Desranleau, 18 juin 1946.
103 Philippe Desranleau, «Le pamphlet de la police provinciale est une insulte à la pudeur», *Le Devoir*, 25 août 1949.
104 ASSJ, Fonds Duplessis, lettres de Philippe Desranleau à Maurice Duplessis, 12 septembre 1949; 20 septembre 1949; 2 janvier 1950; 13 janvier 1950; 2 mars 1950; lettre de Maurice Duplessis à Philippe Desranleau, 15 septembre 1949; lettre de Philippe Desranleau à Antonio Talbot, 8 janvier 1950.
105 AEBC, Fonds Labrie, lettre de Napoléon-Alexandre Labrie à Maurice Duplessis, 15 mars 1946.
106 Black, *Duplessis: le pouvoir*, 317-18.
107 Stéphane Savard, «L'instrumentalisation d'Hydro-Québec par l'Union nationale (1944-1960): quels rôles pour le développement hydroélectrique?», dans Gélinas et Ferretti, *Duplessis, son milieu, son époque*, 88.
108 ASSJ, Fonds Duplessis, lettre de Napoléon-Alexandre Labrie à Yves Prévost, 8 novembre 1955.
109 *Ibid.*, lettre de Maurice Duplessis à Napoléon-Alexandre Labrie, 1er décembre 1955.
110 *Ibid.*, lettre de Napoléon-Alexandre Labrie à Maurice Duplessis, 7 décembre 1955.
111 *Ibid.*, lettre de Napoléon-Alexandre Labrie à Maurice Duplessis, 22 décembre 1956.
112 *Ibid.*, lettre de Napoléon-Alexandre Labrie à Maurice Duplessis, 4 avril 1946.
113 Robillard, *Monseigneur Joseph Charbonneau*, 422.
114 ASSJ, Fonds Duplessis, lettre de Charles-Omer Garant à Maurice Duplessis, 16 décembre 1949.
115 *Ibid.*, lettre d'Ildebrando Antoniutti à Maurice Duplessis, 1er février 1950.

116 *Ibid.*, lettre de Maurice Duplessis à Ildebrando Antoniutti, 13 février 1950.
117 *Ibid.*, lettre d'Ildebrando Antoniutti à Maurice Duplessis, 15 février 1950; lettre de Maurice Duplessis à Ildebrando Antoniutti, 22 février 1950.
118 *Ibid.*, lettre de Joseph-Aldée Desmarais à Maurice Duplessis, 23 juin 1956; lettre de Philippe Desranleau à Maurice Duplessis, 29 juillet 1948; lettre de J.-Eugène Limoges à Maurice Duplessis, 29 juillet 1948.
119 *Ibid.*, lettre de Maurice Roy à Maurice Duplessis, 3 août 1948.
120 Jean Tavernier, « Contre la centralisation », *Le Mégantic*, 1er février 1945; Jean Tavernier, « La province n'aura pas le droit d'oublier », *Le Mégantic*, 13 juin 1946.
121 « On est fier du drapeau provincial », *L'Action catholique*, 30 mars 1948.
122 Jean Tavernier, « Les voix du Québec », *Le Mégantic*, 12 août 1948.
123 Jean Tavernier, « À propos d'un renvoi », *Le Mégantic*, 11 novembre 1948.
124 Pierre Gravel, « Un sujet d'examen », *La Semaine religieuse de Québec*, 14 avril 1949.
125 ASSJ, Fonds Duplessis, lettre de Pierre Gravel à Maurice Duplessis, 25 juin 1949; lettre de Maurice Duplessis à Pierre Gravel, 2 septembre 1949; lettre de Pierre Gravel à Maurice Duplessis, 12 octobre 1951.
126 BANQ-TR, Fonds Duplessis, lettre de Maurice Duplessis à Pierre Gravel, 26 septembre 1957.
127 ASSJ, Fonds Duplessis, lettre de Georges Panneton à Gérard Filion, 2 août 1947; lettre de Georges Panneton à André Laurendeau, 13 septembre 1947; 30 octobre 1947.
128 *Ibid.*, lettre de Maurice Duplessis à Georges Panneton, 3 janvier 1951; 4 septembre 1957.
129 « Murdochville ou la révolution en germe », *Le Bien public*, 30 août 1957. L'article n'est pas signé.
130 Clavette, *Les dessous d'Asbestos*, 326-31.
131 « Custos et le R. P. Bouvier », *Le Travail*, 16 mars 1951.
132 Émile Bouvier, « Mise au point sur la Grève de l'Amiante », 44. Archives des jésuites, Fonds Émile Bouvier.
133 AJC, Fonds Arthur Dubois, « Arthur Dubois pour le gouvernement provincial ».
134 BANQ-TR, Fonds Duplessis, lettre d'Arthur Dubois à Maurice Duplessis, 4 juin 1950.
135 ASSJ, Fonds Duplessis, lettre de Cyrille Labrecque à Maurice Duplessis, 23 août 1951.
136 BANQ-TR, Fonds Duplessis, lettre de P.-É. Richemont à Maurice Duplessis, 11 décembre 1951.

137 ASSJ, Fonds Duplessis, lettre de Cyrille Labrecque à Maurice Duplessis, 25 mai 1950.
138 BANQ-TR, Fonds Duplessis, lettre de Paul-Évrard Richemont à Émile Tourigny, 29 mai 1950; lettre de P.-É. Richemont à Maurice Duplessis, 11 décembre 1951; ASSJ, Fonds Duplessis, lettre non datée de Cyrille Labrecque à Maurice Duplessis, 15 juillet 1950.
139 Black, *Duplessis: le pouvoir*, 368.
140 ASSJ, Fonds Duplessis, lettre de Maurice Duplessis à Georges Panneton, 26 mai 1958.
141 *Ibid.*, lettre de Pierre Gravel à Maurice Duplessis, 22 mars 1951; 25 juillet 1956; 2 mars 1958.
142 *Ibid.*, lettre d'Arthur Fortier à Maurice Duplessis, 31 juin 1948. La lettre a probablement été écrite le 31 juillet.
143 *Ibid.*, lettre de Jean Bergeron à Maurice Duplessis, 2 août 1948.
144 *Ibid.*, lettre de sœur S. Louis à Maurice Duplessis, 28 juillet 1948.
145 *Ibid.*, lettre de Roméo Bergeron à Maurice Duplessis, 3 août 1948.
146 *Ibid.*, lettre de Joseph Bélanger à Maurice Duplessis, 2 août 1948.
147 *Ibid.*, lettre de Paul-Émile Ouellet à Maurice Duplessis, 30 juillet 1948.
148 *Ibid.*, lettre d'Edmond Gendron à Maurice Duplessis, 28 juillet 1948.
149 *Ibid.*, lettre non datée de Pierre Gravel à Maurice Duplessis.
150 *Ibid.*, lettre du père Cléophas à Maurice Duplessis, 17 juillet 1952.
151 *Ibid.*, lettre de J.-Z. Tremblay à Maurice Duplessis, 18 juillet 1952.
152 *Ibid.*, lettre de Bern. Lemay à Maurice Duplessis, 17 juillet 1952.
153 *Ibid.*, lettre de Jos. Beaulieu à Maurice Duplessis, 17 juillet 1952.
154 *Ibid.*, lettre de Léo Paquin à Maurice Duplessis, 18 juillet 1952.
155 *Ibid.*, lettre de Gilles-M. Lemire à Maurice Duplessis, 21 juillet 1952.
156 *Ibid.*, lettre du père Pascal à Maurice Duplessis, 17 juillet 1952.
157 *Ibid.*, lettre de Denise St-Louis à Maurice Duplessis, 17 juillet 1952.
158 *Ibid.*, lettre de sœur Boucher à Maurice Duplessis, 19 juillet 1952.
159 *Ibid.*, lettre de sœur Marie Paul du Saint Esprit à Maurice Duplessis, 22 juillet 1952.
160 *Ibid.*, lettre de frère Herménégilde à Maurice Duplessis, 17 juillet 1952. Frère Herménégilde est le secrétaire de la congrégation et c'est en son nom qu'il écrit à Duplessis.
161 *Ibid.*, lettre de frère Honorat-Joseph à Maurice Duplessis, 24 juillet 1952.
162 *Ibid.*, lettre de Valmore Forget à Maurice Duplessis, 23 décembre 1944; lettre de Léo Hudon à Maurice Duplessis, 20 novembre 1951; lettre de Jean-Noël Trudel à Maurice Duplessis, 22 juillet 1959; lettre de Maurice Duplessis à Jean-Noël Trudel, 3 août 1959; BANQ-TR, Fonds Duplessis, lettre d'Émile Deguire à Maurice Duplessis, 22 novembre 1951.

163 ASSJ, Fonds Duplessis, lettre de Maurice Duplessis à Fernand Larochelle, 27 juin 1946; lettre de Fernand Larochelle à Maurice Duplessis, 15 juillet 1946.
164 BANQ-Q, Fonds Gravel, lettre de Maurice Duplessis à Pierre Gravel, 27 octobre 1948; lettre de Maurice Duplessis à Pierre Gravel, 18 octobre 1949.
165 ASSJ, Fonds Duplessis, lettre de Maurice Duplessis à Charles-Eugène Roy, 10 avril 1958.
166 *Ibid.*, lettre de Ferdinand Vandry à Maurice Duplessis, 15 octobre 1957.
167 Paquette, *Hon. Albiny Paquette*, 193.
168 ASSJ, Fonds Duplessis, lettre d'Armand Perrier à Maurice Duplessis, 3 octobre 1946; lettre de Maurice Duplessis à Armand Perrier, 8 octobre 1946.
169 Racine Saint-Jacques, *L'engagement du père Georges-Henri Lévesque*.
170 *Ibid.*, 384-5.
171 Simard et Allard, *Échos d'une mutation sociale*, 6-8; 59-60.
172 ASSJ, Fonds Duplessis, lettre de Pierre Gravel à Maurice Duplessis, 5 novembre 1957.
173 DAUQAM, Fonds Georges-Émile Lapalme (désormais Fonds Lapalme), lettre de Joseph-Arthur Papineau à Georges-Émile Lapalme, 25 mai 1950; Rumilly, *Maurice Duplessis et son temps*, vol. 2, 434.
174 DAUQAM, Fonds Lapalme, lettre d'Hervé Lussier à Georges-Émile Lapalme, 22 mai 1950; lettre de Paul Maurice Farley à Georges-Émile Lapalme, 20 mai 1950; lettre de sœur Marie-Désiré à Georges-Émile Lapalme, 25 mai 1950; lettre de Paul-André Valois à Georges-Émile Lapalme, 20 mai 1950; lettre d'Ephrem Thivierge à Georges-Émile Lapalme, 20 mai 1950.
175 DAUQAM, Fonds Lapalme, lettre de Gustave Lamarche à Georges-Émile Lapalme, 28 juillet 1953.
176 ASSJ, Fonds Duplessis, lettre d'Alphonse-Marie Parent à Maurice Duplessis, 17 juillet 1952.
177 DAUQAM, Fonds Lapalme, lettre d'Alphonse-Marie Parent à Georges-Émile Lapalme, 10 juillet 1953.
178 *Ibid.*, lettre de Marcel de Grandpré à Georges-Émile Lapalme, 16 juillet 1953.
179 BANQ-Q, Fonds Chaloult, lettre de Michel Couture à René Chaloult, 30 avril 1947; lettre de Norbert M. Bettez à René Chaloult, 12 septembre 1950; lettre de Norbert M. Bettez à René Chaloult, 31 janvier 1951; lettre de Norbert M. Bettez à René Chaloult, 7 mars 1951; lettre de Norbert Bettez à René Chaloult, 20 mars 1951.

180 *Ibid.*, lettre d'Alfred Quirion à René Chaloult, 5 décembre 1944; lettre d'A. Chouinard à René Chaloult, 18 mars 1945; lettre de Roger Dorval à René Chaloult, 18 mars 1945; lettre de Camille Mercier à René Chaloult, 23 mars 1945; lettre d'Édouard-Valmore Lavergne à René Chaloult, 16 mars 1945; lettre de René Chaloult à Alfred Quirion, 26 mars 1945.
181 BANQ-M, Fonds Groulx, lettre de Lionel Groulx à René Chaloult, 10 février 1948.
182 BANQ-Q, Fonds Chaloult, lettre de Jean-d'Auteuil Richard à René Chaloult, 22 janvier 1948; lettre d'Ephrem Longpré à René Chaloult, 22 janvier 1948; lettre de Jean-d'Auteuil Richard à René Chaloult, 27 mars 1948; lettre de Lionel Larocque à René Chaloult, 11 mars 1948.
183 *Ibid.*, lettre des scolastiques des F. P. de S. V. de Paul à René Chaloult, 29 juillet 1948.
184 *Ibid.*, lettre de F. C. à René Chaloult, 20 décembre 1945.
185 *Ibid.*, lettre d'Alexandre Dugré à René Chaloult, 14 novembre 1946; lettre d'Alexandre Dugré à René Chaloult, 14 novembre 1946; lettre d'Alexandre Dugré à René Chaloult, 28 février 1947.
186 *Ibid.*, lettre de Paul-Émile Bégin à René Chaloult, 19 février 1949.
187 *Ibid.*, lettre d'Henri Cloutier à René Chaloult, 2 février 1951; lettre de Camille Mercier à René Chaloult, 23 février 1951; lettre d'Antoine Savard à René Chaloult, 23 février 1951.
188 *Ibid.*, lettre d'A. Larouche à René Chaloult, 29 février 1948.
189 Robur, « Le sieur René Chaloult serait-il fou? », *L'Autorité*, 28 avril 1945; Vulcain, « Coups de marteau », *L'Autorité*, 5 mai 1945.
190 BANQ-Q, Fonds Chaloult, lettre d'Édouard-Valmore Lavergne à Louis Even, 20 mars 1948.
191 *Ibid.*, lettre d'Adélard Piché à René Chaloult, 26 mai 1945.
192 *Ibid.*, lettre de Georges Courchesne à René Chaloult, 3 juillet 1948.
193 *Ibid.*, lettre de J. N. Couture à René Chaloult, 25 mars 1953.
194 « Dénonçons les fanatiques », *Le Canada*, 18 août 1948; BANQ-Q, Fonds René Chaloult, lettre de René Chaloult à Arthur Caron, 13 septembre 1948; lettre de René Chaloult à Gerald Murray, 23 décembre 1948; lettre de René Chaloult à Ildebrando Antoniutti, 31 mars 1949.
195 BANQ-Q, Fonds Chaloult, lettre de Francis Goyer à René Chaloult, 16 juillet 1952.
196 *Ibid.*, lettre de mère M. de la Providence à Jeannette Chaloult, 17 juillet 1952.
197 *Ibid.*, lettre de Joseph-Papin Archambault à René Chaloult, 27 juillet 1952.
198 *Ibid.*, lettre de Gustave Lamarche à René Chaloult, 20 juillet 1952.

CHAPITRE DIX

1. Georges Courchesne, « Circulaire au clergé », *Mgr Geo. Courchesne Mandements et circulaires*, vol. 4 : 1943-1946, 248-9.
2. « Circulaire au clergé », *Mandements Mgr G.-L. Pelletier*, 1956-1957, 346-51.
3. *Le civisme : compte rendu des cours et conférences / Semaine sociale du Canada (section française), XXXIIIe session*, Institut social populaire, 1955, 200 p.
4. « Circulaire au clergé », *Mandements Mgr G.-L. Pelletier*, 1956-1957, 346-351.
5. Paul Sauriol, « Quelques leçons du vote », *Le Devoir*, 22 juin 1956 ; André Laurendeau, « Qui a élu M. Duplessis ? », *Le Devoir*, 27 juin 1956 ; André Laurendeau, « La politique provinciale », *Le Devoir*, 4 août 1956 ;
6. DAUL, Fonds Gérard Dion (désormais Fonds Dion), lettre de René Chaloult à Louis O'Neill, 8 août 1956.
7. Lapalme, *Le vent de l'oubli*, 204-5.
8. André Laurendeau, « Ce qu'on demande au clerc », *Le Devoir*, 6 août 1956.
9. Un vieux curé, « Une lettre d'un vieux curé », *Le Devoir*, 23 août 1956.
10. Un jeune prêtre de Sherbrooke, « Mœurs électorales », *Le Devoir*, 17 août 1956.
11. Pierre Laporte, « La religion mise au service de la campagne », *Le Devoir*, 10 octobre 1956.
12. Pierre Laporte, « L'Union nationale distribue le discours d'un évêque comme littérature politique », *Le Devoir*, 11 octobre 1956.
13. Pierre Laporte, « Ce qu'on dit et ce qu'on ne dit pas dans nos arènes politiques », *Le Devoir*, 1er septembre 1956.
14. André Laurendeau, « Ce qu'on demande au clerc », *Le Devoir*, 6 août 1956 ; Un jeune prêtre de Sherbrooke, « Mœurs électorales », *Le Devoir*, 17 août 1956.
15. Gérard Dion et Louis O'Neill, « Lendemain d'élections », *Ad Usum Sacerdotum*, vol. 11, n°s 9-10, juin-juillet 1956.
16. Anonyme, « Une vue d'ensemble », *Le Devoir*, 7 août 1956.
17. Gérard Dion et Louis O'Neill, « L'immoralité politique dans la province de Québec », *Le Devoir*, 14 août 1956.
18. Anonyme, « Une vue d'ensemble », *Le Devoir*, 7 août 1956.

19 Laferté, *Derrière le trône*, 425.
20 « M. Pouliot réplique à M. St-Laurent », *Le Devoir*, 14 août 1956.
21 Antonin Lamarche, « Le sens des faits », *La Revue dominicaine*, octobre 1956, 180-3.
22 Roger Duhamel, « Un document explosif », *La Patrie*, 19 août 1956.
23 Harry Bernard, « D'une étude *ad usum* », *Le Courrier de Saint-Hyacinthe*, 31 août 1956.
24 « L'affaire Dion-Filion », *Le Bien public*, 24 août 1956.
25 Eugène L'Heureux, « La déclaration des abbés Dion et O'Neill : Une salutaire explosion de vérité », *Le Devoir*, 20 août 1956.
26 Clavette et Bois, *Gérard Dion*, 230-68.
27 Cyrille Felteau, « La déclaration Dion-O'Neill avait été acceptée par la censure ecclésiastique », *Le Devoir*, 11 août 1956.
28 DAUL, Fonds Dion, lettre de Gérard Dion à Charles-Omer Garant, 10 mars 1958.
29 Émile Bouvier, « Entrevue avec Mgr A. Martin à Nicolet le 3 novembre 1956 », AJC, Fonds Émile Bouvier, BO-195-21.
30 BANQ-TR, Fonds Duplessis, lettre de Paul-Émile Léger à Anatole Vanier, 16 août 1956.
31 ASSJ, Fonds Duplessis, lettre de Cyrille Labrecque à Georges Panneton, 1er août 1956.
32 DAUL, Fonds Dion, lettre d'Arthur Douville à Gérard Dion, 9 juillet 1956.
33 *Ibid.*, lettre non datée de Gérard-Marie Coderre à Gérard Dion.
34 *Ibid.*, lettre de Georges-Henri Lévesque à Gérard Dion, 20 août 1956.
35 *Ibid.*, lettre de Gérard Guité à Gérard Dion, 8 août 1956.
36 *Ibid.*, lettre d'Ernest Lapierre à Gérard Dion, 12 août 1956.
37 *Ibid.*, lettre d'Albert Lefebvre à Louis O'Neill, 23 août 1956.
38 *Ibid.*, lettre de Georges-Albert Boissinot à Gérard Dion, 14 août 1956.
39 *Ibid.*, lettre de Denis Duval à Louis O'Neill, 20 août 1956.
40 *Ibid.*, lettre d'H. Bérubé à Gérard Dion, 6 septembre 1956.
41 Pierre Laporte, « Ce qu'on dit et ce qu'on ne dit pas dans nos arènes politiques », *Le Devoir*, 1er septembre 1956 ; 15 septembre 1956.
42 DAUL, Fonds Dion, lettre anonyme à Gérard Dion, 10 août 1956. La lettre est signée « Un ami religieux qui a voté pour M. Jean-Paul Galipeault ».
43 *Ibid.*, lettre de J.-Alphonse Beaulieu à Gérard Dion, 15 septembre 1956.
44 *Ibid.*, lettre de Camille Lebel à Gérard Filion, 3 septembre 1956.
45 Adrien Gauvreau, « Réforme ou révolution ? », *Le Devoir*, 5 octobre 1956.
46 DAUL, Fonds Dion, lettre de Raymond Lavoie à Gérard Dion, 27 juillet 1956.

47 *Ibid.*, 11 août 1956; 3 septembre 1956.
48 *Ibid.*
49 *Ibid.*, lettre de J. T. Tétreau à Gérard Dion, 21 août 1956.
50 *Ibid.*, lettre de J. A. Melançon à Gérard Dion, 9 août 1956.
51 ASSJ, Fonds Panneton, lettre de Georges Panneton à Léopold Richer, 12 août 1956; lettre de Pierre Gravel à Georges Panneton, 30 août 1956; 8 novembre 1956.
52 Turgeon, «Et si Paul Sauvé n'avait jamais prononcé le «Désormais...»?»
53 «Lettre de S. E. le Cardinal Villeneuve à l'Hon. Maurice Duplessis», *Le Bien public*, 29 avril 1960.
54 ASSJ, Fonds Panneton, lettre de Cyrille Labrecque à Georges Panneton, 2 mai 1960.
55 «Électeurs et élus ne sont pas pires ici qu'ailleurs...», *Le Devoir*, 21 mars 1960.
56 Ira J. Bourassa, «La démocratie au Québec et ailleurs», *Le Devoir*, 21 avril 1960.
57 Dion et O'Neill, *Le chrétien et les élections*.
58 *Ibid.*, 76-87.
59 Michel Roy, «Un livre choc des abbés Dion et O'Neill: *Le chrétien et les élections*», *Le Devoir*, 4 mai 1960.
60 «Échos de la campagne», *Le Devoir*, 24 mai 1960; «Échos de la campagne», *Le Devoir*, 6 juin 1960.
61 Richard Arès, «On n'a pas le droit de ne considérer que son intérêt personnel», *Le Devoir*, 26 mai 1960.
62 «Le prêtre ne doit être ni l'adulateur ni le détracteur du pouvoir», *Le Devoir*, 29 avril 1960.
63 ASSJ, Fonds Panneton, lettre de Cyrille Labrecque à Georges Panneton, 2 mai 1960.
64 DAUL, Fonds Dion, lettre de Paul-Émile à Gérard Dion, 29 avril 1960.
65 Gérard St-Pierre, «L'évêque», *Le Devoir*, 3 juin 1960. L'article est tiré du *Nouvelliste* de Trois-Rivières; Louis-Philippe Roy, «L'Église est au-dessus», *L'Action catholique*, 16 juin 1960; André Laureandeau, «L'évêque», *Le Devoir*, 4 juin 1960; «Échos de la campagne», *Le Devoir*, 16 juin 1960.
66 Rodrigue Villeneuve, «Le droit de vote et les devoirs qui en découlent», *L'Action catholique*, 14 juin 1960.
67 Gérard-Marie Coderre, «Texte à lire avant une élection», *Lettres et mandements du diocèse de Saint-Jean*, vol. X, 5 mai 1960.
68 Paquette, *Hon. Albiny Paquette*, 193.

69 ASSJ, Fonds Panneton, lettre de Cyrille Labrecque à Georges Panneton, 26 juin 1960.
70 Thomson, *Jean Lesage et la révolution tranquille*, vol. 2, 131.
71 Tremblay, Blais et Simard, *Le ministère de l'éducation et le Conseil supérieur*, 116-17.
72 Seljak, « Why the Quiet Revolution Was Quiet ».
73 Gauvreau, *Les origines catholiques de la Révolution tranquille*, 8-9 ; Meunier et Warren, *Sortir de la grande noirceur*.
74 ASSJ, Fonds Panneton, lettre de Cyrille Labrecque à Georges Panneton, 2 mai 1960.
75 Hamelin, *Histoire du catholicisme québécois*, 242.
76 « Un curé de l'ancien régime », *Le Journal des Pays d'en Haut*, 24 juin 1967.
77 ASSJ, Fonds Panneton, Dossier Cyrille Labrecque.
78 ASSJ, Fonds Duplessis, lettre de Joseph-Aldée Desmarais à Maurice Duplessis, 2 janvier 1950.

CONCLUSION

1 Lapalme, *Le bruit des choses réveillées*, 13.
2 Godin, *René Lévesque*, 322 ; 346-7.
3 « On n'a rien trouvé dans les bulletins paroissiaux qui puisse mériter reproche », *La Presse*, 11 juin 1966 ; C. R., « Le rôle du clergé dans l'élection du 5 juin », *Le Devoir*, 14 juin 1966.
4 Pierre Boulet, « Le manifeste des religieux peut provoquer une scission au sein de la chrétienté », *Le Soleil*, 23 octobre 1973 ; « Des prêtres pour qui l'Évangile passe par l'engagement politique », *Le Soleil*, 24 octobre 1973.
5 Ferretti, « L'Église de Montréal ».
6 Gélinas, « Duplessis et ses historiens », 27-8.
7 Lemay, *À la défense de Maurice Duplessis*.
8 Lamonde, *Histoire sociale des idées au Québec*, 353.
9 Godin, *Daniel Johnson : 1946-1964, la passion du pouvoir*, 73.
10 Lavigne, *Duplessis*, 35.
11 Imavision Productions, *Épopée en Amérique, une histoire populaire du Québec*, 1997, « Épisode 12 : Le temps de Duplessis (1945-1959) ».
12 Stéphanie Martin, « "Le ciel est bleu, l'enfer est rouge !" lance Blaney aux aînés », *Le Soleil*, 24 mars 2011.
13 Guy Rocher, « Une Charte garante d'un long avenir dans la diversité », *Le Devoir*, 16 septembre 2013.

14 Michel C. Auger, « Charte des valeurs : forcer la note », 23 septembre 2013, http://blogues.radio-canada.ca/auger/2013/09/23/forcer-la-note/. Page consultée le 4 août 2015.

Bibliographie

ARCHIVES DOCUMENTAIRES

Archives de l'archevêché de Montréal (AAM)
  Correspondance de Mgr Joseph Charbonneau
  Correspondance de Mgr Alphonse-Emmanuel Deschamps
  Correspondance de Mgr Georges Gauthier
  Dossier 732.110 : Secrétaire d'État du Canada
  Dossier 732.120 : Sénateurs
  Dossier 750.100 : Élections – Interventions du clergé – en général
  Dossier 751.514 : Hon. Louis-Alexandre Taschereau
  Dossier 751.516 : Hon. Maurice Lenoblet Duplessis, Union nationale (1936-1939)
  Dossier 752.120 : Secrétariat de la province
Archives de l'archevêché de Québec (AAQ)
  1CN : Délégué apostolique
  20CP : Diocèse de Gaspé
  25CP : Diocèse de Mont-Laurier
  26CP : Archidiocèse de Montréal
  27CP : Diocèse de Nicolet
  28CP : Diocèse de Rimouski
  30CP : Diocèse de Saint-Hyacinthe
  31CP : Diocèse de Saint-Jean
  33CP : Diocèse de Sherbrooke
  34CP : Diocèse de Valleyfield
  39CD : Prêtres
  60CN : Gouvernement du Canada

60CP : Gouvernement du Québec
61CD : Paroisse Notre-Dame-de-Grâce
Archives de l'archevêché de Rimouski (AAR)
    Fonds Georges Courchesne
    Mgr Geo. Courchesne – Mandements et circulaires
Archives de l'archevêché de Sherbrooke (AAS)
    Philippe Desranleau – Hommes politiques
    Pouvoirs civils : Gouvernement provincial
    Province de Québec
Archives de l'évêché de Baie-Comeau (AEBC)
    Fonds Napoléon-Alexandre Labrie
Archives de l'évêché de Chicoutimi (AEC)
    Fonds Charles Lamarche
    Fonds Georges Melançon
Archives de l'évêché de Saint-Hyacinthe (AESH)
    III-B-2 : Gouvernement provincial
    Mandements des évêques de S.-Hyacinthe
    Registre des lettres
Archives de l'évêché de Saint-Jean-Longueuil (AESJL)
    Fonds Gérard-Marie Coderre
    Lettres et mandements du diocèse de Saint-Jean
Archives de l'évêché de Trois-Rivières (AETR)
    Fonds Mgr Comtois
    Mgr Comtois – Mandements
    Mandements de Mgr G.-L. Pelletier
Archives de l'évêché de Valleyfield (AEV)
    Fonds Joseph-Alfred Langlois
    Œuvres pastorales de Mgr Langlois
Archives Deschâtelets, Oblats de Marie Immaculée (AD)
    Fonds Rodrigue Villeneuve
Archives des jésuites du Canada (AJC)
    Fonds Joseph-Papin Archambault
    Fonds Émile Bouvier
    Fonds Arthur Dubois
Archives du Séminaire Saint-Joseph de Trois-Rivières (ASSJ)
    Fonds Maurice Duplessis
    Fonds Georges Panneton
Bibliothèque et Archives Canada (BAC)
    Fonds Paul Gouin
    Fonds Ernest Lapointe

Bibliothèque et Archives nationales du Québec, Centre de Montréal
(BANQ-M)
- Fonds Paul Gouin
- Fonds Lionel Groulx
- Fonds André Laurendeau
- Fonds de la Ligue pour la défense du Canada
- Fonds Maxime Raymond

Bibliothèque et Archives nationales du Québec, Centre de Québec
(BANQ-Q)
- Fonds Télésphore-Damien Bouchard
- Fonds René Chaloult
- Fonds Adélard Godbout
- Fonds Pierre Gravel
- Fonds Louis-Alexandre Taschereau

Bibliothèque et Archives nationales du Québec, Centre de Trois-Rivières
(BANQ-TR)
- Fonds Maurice Duplessis
- Débats de l'Assemblée législative

Division des archives de l'Université de Montréal (DAUL)
- Fonds Gérard Dion
- Fonds Ernest Grégoire
- Fonds Philippe Hamel
- Fonds Georges-Henri Lévesque

Division des archives de l'Université du Québec à Montréal (DAUQM)
- Fonds Georges-Émile Lapalme

JOURNAUX ET PÉRIODIQUES

L'Action catholique
L'Autorité
Le Bien public
Le Boischatel
La Bonne Nouvelle, bulletin paroissial de Notre-Dame-de-Grâce
La Bonne Parole
Le Canada
Le Canadien
La Chronique de la Vallée du Saint-Maurice
Cité libre
La Croix
L'Événement

Le Franc-Parleur
Le Devoir
Le Droit
L'Illustration
Le Journal
Le Mégantic
Le Messager de Lachine
Le Montréal-Matin
La Nation
Le Nouvelliste
La Patrie
La Presse
La Province
Le Progrès du Saguenay
Le Quotidien de Lévis
La Semaine religieuse de Montréal
La Semaine religieuse de Québec
Le Soleil

MONOGRAPHIES

Adams, Jad. *Women and the Vote: A World History*. OUP Oxford, 2014. 528 p.

Amyot, Éric. *Le Québec entre Pétain et de Gaulle: Vichy, la France libre et les Canadiens français, 1940-1945*. Fides, 1999. 365 p.

Anctil, Pierre. *Le rendez-vous manqué: les Juifs de Montréal face au Québec de l'entre-deux-guerres*. Institut québécois de recherche sur la culture, 1988. 366 p.

Baillargeon, Denyse. *Brève histoire des femmes au Québec*. Boréal, 2012. 281 p.

Behiels, Michael. *Prelude to Quebec's Quiet Revolution: Liberalism Versus Neo-Nationalism, 1945-1960*. McGill-Queen's University Press, 1985. 366 p.

Bellavance, Marcel. *Le Québec et la Confédération: un choix libre? Le clergé et la constitution de 1867*. Septentrion, 1992. 214 p.

Bernard, Jean-Paul. *Les Rouges, Libéralisme, nationalisme et anticléricalisme au milieu du XIXe siècle*. Presses de l'Université du Québec, 1971. 395 p.

Berthiaume, Guy et Claude Corbo. *La Révolution tranquille en héritage*. Montréal: Boréal, 2011. 298 p.

Betcherman, Lita-Rose. *Ernest Lapointe: Mackenzie King's Great Quebec Lieutenant*. University of Toronto Press, 2002. 426 p.
– *The Swastika and the Maple Leaf: Fascist Movements in Canada in the Thirties*. Fitzhenry and Whiteside, 1978. 167 p.
Black, Conrad. *Duplessis*. Éditions de l'Homme, 1977. 2 vol.
Bock, Michel. *Quand la nation débordait les frontières: les minorités françaises dans la pensée de Lionel Groulx*. Hurtubise, 2004. 452 p.
Boileau, Gilles. *Étienne Chartier: la colère et le chagrin d'un curé patriote*. Septentrion, 2010. 360 p.
Boismenu, Gérard. *Le duplessisme: politique économique et rapports de force, 1944-1960*. Presses de l'Université de Montréal, 1981. 432 p.
Borgal, Colin. *Church and state relations during the Holy Wars in 19th Century Quebec*. Carleton University, MA, 2009.
Bouchard, Gérard. *Les deux chanoines: Contradiction et ambivalence dans la pensée de Lionel Groulx*. Boréal, 2003. 314 p.
Bourque, Gilles, Jules Duchastel et Jacques Beauchemin. *La société libérale duplessiste*. Presses de l'Université de Montréal, 1994. 435 p.
Brunelle, Dorval. *Les trois colombes: essai*. VLB éditeur, 1985. 305 p.
Casgrain, Thérèse. *Une femme chez les hommes*. Éditions du Jour, 1971. 296 p.
Chaloult, René. *Mémoires politiques*. Éditions du Jour, 1969. 295 p.
Chianéa, Gérard et Jean-Luc Chabot (dir.). *Les droits de l'homme et le suffrage universel, 1848-1948-1998: Actes du colloque de Grenoble, avril 1998*. Harmattan, 2000. 392 p.
Clavette, Suzanne. *Les dessous d'Asbestos: une lutte idéologique contre la participation des travailleurs*. Les presses de l'Université Laval, 2005. 566 p.
Clavette, Suzanne et Hélène Bois. *Gérard Dion: artisan de la Révolution tranquille*. Presses de l'Université Laval, 2008. 648 p.
Collectif Clio. *L'histoire des femmes au Québec: depuis quatre siècles*. Quinze, 1982. 521 p.
Comeau, Paul-André. *Le Bloc populaire: 1942-1948*. Québec Amérique, 1982. 478 p.
Comeau, Robert et Lucille Beaudry (dir.). *André Laurendeau: un intellectuel d'ici*. Presses de l'Université du Québec, 1990. 310 p.
Comeau, Robert, Charles-Philippe Courtois et Denis Monière (dir.). *Histoire intellectuelle de l'indépendantisme québécois*, vol. 1. VLB éditeur, 2010. 488 p.

Corbo, Claude et Jean-Pierre Couture. *Repenser l'école : une anthologie des débats sur l'éducation au Québec de 1945 au Rapport Parent.* Presses de l'Université de Montréal, 2000. 667 p.

Corcos, Arlette. *Montréal, les Juifs et l'école.* Septentrion, 1997. 308 p.

Cousineau, Jacques. *L'Église d'ici et le social : 1940-1960*, vol. 1. Éditions Bellarmin, 1982. 287 p.

Crunican, Paul. *Priests and politicians : Manitoba schools and the election of 1896.* University of Toronto Press, 1974. 369 p.

Darsigny, Maryse. *L'épopée du suffrage féminin au Québec (1920-1940).* Université du Québec à Montréal, 1990. 33 p.

Delisle, Esther. *Le traître et le Juif : Lionel Groulx, le Devoir, et le délire du nationalisme d'extrême droite dans la province de Québec : 1929-1939.* L'Étincelle, 1992. 284 p.

Delisle, Esther et Pierre K. Malouf. *Le quatuor d'Asbestos : autour de la grève de l'amiante.* Éditions Varia, 2004. 572 p.

Deslandres, Dominique, John A. Dickinson et Ollivier Hubert (dir.). *Les Sulpiciens de Montréal : Une histoire de pouvoir et de discrétion (1657-2007).* Fides, 2007. 670 p.

Désy, Caroline. *Si loin, si proche : la guerre civile espagnole et le Québec des années trente.* Presses de l'Université Laval, 2004. 177 p.

Dion, Gérard et Louis O'Neill. *Le chrétien et les élections : textes pontificaux et épiscopaux, documents historiques, textes divers sur la moralité.* Éditions de l'Homme, 1960. 123 p.

Dion, Léon. *Québec 1945-2000 : Les intellectuels et le temps de Duplessis.* Les Presses de l'Université Laval, 1993. 452 p.

Dirks, Patricia. *The Failure of l'Action libérale nationale.* McGill-Queen's University Press, 1991. 199 p.

Dumas, Alexandre. *L'abbé Pierre Gravel : syndicaliste et ultranationaliste.* Septentrion, 2014. 320 p.

– *L'Église face à Duplessis : le clergé catholique face à la politique québécoise de 1930 à 1960.* Université McGill.

Dumont, Micheline. *Le féminisme québécois raconté à Camille.* Remue-Ménage, 2008. 247 p.

Dupont, Antonin. *Les relations entre l'Église et l'État sous Louis-Alexandre Taschereau, 1920-1936.* Guérin, 1973. 366 p.

Étèvenaux, Jean. *Église et État : histoire de la laïcité.* Saint-Léger éditions, 2012. 305 p.

Fahmy-Eid, Nadia. *Le clergé et le pouvoir politique au Québec : une analyse de l'idéologie ultramontaine au milieu du XIXe siècle.* Hurtubise HMH, 1978. 318 p.

Ferland, Philippe. *Paul Gouin*. Guérin, 1991. 604 p.
Ferretti, Lucia. *Brève histoire de l'Église catholique au Québec*. Boréal, 1999. 203 p.
– *Entre voisins : la société paroissiale en milieu urbain : Saint-Pierre-Apôtre de Montréal, 1848-1930*. Boréal, 1992. 264 p.
– *Lionel Groulx : La voix d'une époque*. Agence du livre, 1983. 47 p.
Frégault, Guy. *Lionel Groulx tel qu'en lui-même*. Léméac, 1978. 237 p.
Gaboury, Jean-Pierre. *Le nationalisme de Lionel Groulx : aspects idéologiques*. Éditions de l'Université d'Ottawa, 1970. 226 p.
Gagnon, Alain-G. et Michel Sarra-Bournet. *Duplessis : entre la grande noirceur et la société libérale*. Québec Amérique, 1997. 396 p.
Gagnon, Serge. *Le Québec et ses historiens de 1840 à 1920 : la Nouvelle-France de Garneau à Groulx*. Presses universitaires de Laval, 1978. 474 p.
Gauvreau, Michael. *Les origines catholiques de la Révolution tranquille*. Fides, 2008. 457 p.
Gélinas, Xavier et Lucia Ferretti (dir.). *Duplessis, son milieu, son époque*. Septentrion, 2010. 513 p.
Genest, Jean-Guy. *Godbout*. Septentrion, 1986. 390 p.
Godin, Pierre. *Daniel Johnson*. Éditions de l'Homme, 1980. 2 vol.
– *René Lévesque : un homme et son rêve*. Boréal, 2007. 716 p.
Granatstein, Jack et J. M. Hitsman. *Broken Promises : A History of Conscription in Canada*. Oxford University Press, 1977. 281 p.
Groulx, Lionel. *Mes mémoires*. Fides, 1970. 4 vol.
Gubin, Éliane. *Le siècle des féminismes*. Éditions de l'Atelier/Éditions Ouvrières, 2004. 463 p.
Guttman, Frank Myron. *The Devil from Saint-Hyacinthe*. iUniverse, 2009. 378 p.
Hamelin, Jean. *Histoire du catholicisme québécois : 1940 à nos jours*. Boréal Express, 1985. 426 p.
Hamelin, Jean et Nicole Gagnon. *Histoire du catholicisme québécois : Le XXe siècle : 1898-1940*. Boréal Express. Vol. 3.1, 504 p.
Hébert, Jacques. *Duplessis, non merci !* Boréal, 2000. 205 p.
Horton, Donald James. *André Laurendeau : la vie d'un nationaliste, 1912-1968*. Bellarmin, 1995. 357 p.
Iacovetta, Franca. *Gatekeepers : Reshaping Immigrant Lives in Cold War Canada*. Between the Lines, 2006. 384 p.
Jones, Richard. *Duplessis et le gouvernement de l'Union nationale*. La Société historique du Canada, 1983. 24 p.
– *L'idéologie de l'Action catholique (1917-1939)*. Presses de l'Université Laval, 1974. 359 p.

Khouri, Nadia. *Discours et mythes de l'ethnicité*. Montréal, Association canadienne-française pour l'avancement des sciences, 1992. 231 p.

Laferté, Hector. *Derrière le trône: mémoires d'un parlementaire québécois: 1936-1958*. Septentrion, 1998. 461 p.

Lamonde, Yvan. *Histoire sociale des idées au Québec: 1896 à 1929*, vol. 2. Fides, 2004. 895 p.

- *La modernité au Québec*, vol. 1. Fides, 2010. 336 p.

Langlais, Jacques et David Rome. *Juifs et Québécois français: 200 ans d'histoire commune*. Fides, 1986. 286 p.

Lapalme, Georges-Émile. *Le bruit des choses réveillées*. Leméac, 1969.

- *Pour une politique: le programme de la Révolution tranquille*. VLB éditeur, 1988. 348 p.

- *Le vent de l'oubli*. Leméac, 1970.

Laplante, Laurent. *La démocratie, je l'apprends*. Éditions MultiMondes, 2000. 39 p.

Lapointe, Renaude. *L'histoire bouleversante de Mgr Charbonneau*. Éditions du Jour, 1962. 156 p.

Lapointe, Richard. *La politique au service d'une conviction: Philippe Hamel: Deux décennies d'action politique*, MA, Université Laval, 1987.

Laporte, Pierre. *Le vrai visage de Duplessis*, Éditions de l'Homme, 1960, 140 p.

Lavertu, Yves. *Jean-Charles Harvey: le combattant*. Boréal, 2000. 462 p.

Lavigne, Alain. *Duplessis, pièce manquante d'une légende: l'invention du marketing politique*. Septentrion, 2012. 194 p.

Lemaire, Patrick. *Psychologie cognitive*. De Boeck, 1999. 543 p.

Lemay, Martin. *À la défense de Maurice Duplessis*. Québec Amérique, 2016. 165 p.

Lemay, Violaine et Karim Benyekhlef. *Guy Rocher: le savant et le politique*. Presses de l'Université de Montréal, 2014. 236 p.

Lemieux, Lucien. *Histoire du catholicisme québécois: Les XVIIIe et XIXe siècles: Les années difficiles, 1760-1839*. Boréal, 1989. 438 p.

Lévesque, Andrée. *Madeleine Parent: Activist*. Sumach Press, 2005. 137 p.

- *Virage à gauche interdit: Les communistes, les socialistes et leurs ennemis au Québec 1929-1939*. Boréal Express, 1984. 187 p.

Lévesque, Michel. *Histoire du Parti libéral du Québec: La nébuleuse politique 1867-1960*. Septentrion, 2013. 840 p.

Linteau, Paul-André, René Durocher, Jean-Claude Robert et François Ricard. *Histoire du Québec contemporain: le Québec depuis 1930*. Boréal, 1989. 834 p.

Luneau, Marie-Pier. *Lionel Groulx: Le mythe du berger.* Léméac, 2003. 226 p.
Lyon, David et Marguerite Van Die. *Rethinking Church, State and Modernity: Canada between Europe and America.* University of Toronto Press, 2000. 353 p.
Mager, Robert et Serge Cantin. *Modernité et religion au Québec: Où en sommes-nous?* Presses de l'Université Laval, 2010. 430 p.
Marquis, Dominique. *Un quotidien pour l'Église: l'Action catholique, 1910-1940.* Léméac, 2004. 220 p.
Martin, David. *A General Theory of Secularization.* Basil Blackwell, 1978. 353 p.
Meunier, E-Martin et Jean-Philippe Warren. *Sortir de la grande noirceur: l'horizon personnaliste de la Révolution tranquille.* Septentrion, 2002. 207 p.
Monière, Denis. *André Laurendeau.* Québec Amérique, 1983. 347 p.
Monod, Jean-Claude. *Sécularisation et laïcité.* Presses universitaires de France, 2007. 152 p.
Morisset, Lucie K. *Les Églises du Québec: un patrimoine à réinventer.* Presses de l'Université du Québec, 2005. 456 p.
Nadeau, Jean-François. *Adrien Arcand: Fuhrer canadien.* Lux Éditeur, 2010. 404 p.
Ouimet, Raymond. *L'affaire Tissot: campagne antisémite en Outaouais.* Écrits des Hautes-Terres, 2006. 160 p.
Paquet, Louis-Adolphe. *Études et appréciations: Nouveaux mélanges canadiens.* Imprimerie franciscaine missionnaire, 1919. 358 p.
Paquette, Albiny. *Hon. Albiny Paquette, soldat, médecin, maire, député, ministre: 33 années à la législature de Québec: souvenirs d'une vie de travail et de bonheur.* s. l., s. n., 1977. 346 p.
Paradis, Raymond et Berthe Bureau-Dufresne. *Nous avons connu Duplessis.* Éditions Marie-France, 1977. 93 p.
Parent, Jocelyn. *Histoire de la laïcité au Québec: avancées et reculs.* Éd. par l'auteur, 2011, 199 p.
Perin, Roberto. *Ignace de Montréal: artisan d'une identité nationale.* Boréal, 2008. 303 p.
– *Rome et le Canada: la bureaucratie vaticane et la question nationale, 1870-1903.* Boréal, 1993. 343 p.
Philipps, David. *Arcand ou la vérité retrouvée.* Éd. par l'auteur, 2002. 716 p.
Pickersgill, J. W. et D. F. Foster. *The Mackenzie King Record,* vol. 2. J. W. Pickersgill, 1968. 4 vol.

Provencher, Jean. *J.-Ernest Grégoire, 4 années de vie politique*. MA, Université Laval, 1969. 169 p.

Racine Saint-Jacques, Jules. *L'engagement du père Georges-Henri Lévesque dans la modernité canadienne-française, 1932-1962*. Université Laval, 2015. 468 p.

Regehr, Theodore David. *The Beauharnois Scandal : A Story of Canadian Entrepreneurship and Politics*. University of Toronto Press, 1990. 234 p.

Roberts, Leslie. *Le chef : une biographie politique de Maurice L. Duplessis*. Éditions du Jour, 1963. 195 p.

Robillard, Denise. *Monseigneur Joseph Charbonneau, bouc émissaire d'une lutte au pouvoir*. Presses de l'Université Laval, 2013. 500 p.

— *Paul-Émile Léger : l'évolution de sa pensée : 1950-1967*. Hurtubise, 1993. 292 p.

Robin, Martin. *Shades of Right : Nativist and Fascist Politics in Canada, 1920-1940*. University of Toronto Press, 1992. 372 p.

Rodriguez-Ruiz, Blanca et Ruth Rubio-Marin. *The Struggle for Female Suffrage in Europe : Voting to Become Citizens*. Brill, 2012.

Rouillard, Jacques. *Le syndicalisme québécois : deux siècles d'histoire*. Boréal, 2004.

— *Les grèves de Sorel en 1937 : un bras de fer entre la famille Simard et le curé de Saint-Pierre, Mgr Philippe-S. Desranleau*. Société historique Pierre-de-Saurel, 2010. 105 p.

Rumilly, Robert. *Histoire de la province de Québec*. Fides, vol. 25-41.

— *Histoire de Montréal*, tome IV. Fides, 1974, 313 p.

— *Maurice Duplessis et son temps*. Fides, 1978, 2 vol.

Saint-Aubin, Bernard. *Duplessis et son époque*. La Presse, 1979. 278 p.

Savard, Pierre. *Jules-Paul Tardivel, la France et les États-Unis 1851-1905*. Les Presses de l'Université Laval, 1967. 499 p.

Seljak, David. *The Catholic Church's Reaction to the Secularization of Nationalism in Quebec, 1960-1980*. PhD, Université McGill, 1995.

Simard, Jean-François et Maxime Allard. *Échos d'une mutation sociale : anthologie des textes du père Georges-Henri Lévesque, précurseur de la Révolution tranquille*. Presses de l'Université Laval, 2011. 520 p.

Smith, Frédéric. *« La France appelle votre secours » : Québec et la France libre, 1940-1945*. VLB Éditeur, 2012. 293 p.

Sylvain, Philippe et Nive Voisine. *Histoire du catholicisme québécois : Réveil et consolidation (1840-1898)*. Boréal, 1991. 450 p.

Taylor, Charles. *L'âge séculier*. Boréal, 2011. 1339 p.

Théorêt, Hugues. *Les chemises bleues : Adrien Arcand, journaliste antisémite canadien-français*. Septentrion, 2012. 410 p.

Thério, Adrien. *Joseph Guibord, victime expiatoire de l'évêque Bourget : l'Institut canadien et l'affaire Guibord revisités*. XYZ, 2000. 270 p.

Thomas, Donald. *La carrière politique de René Chaloult de 1936 à 1952*. MA, Université de Montréal, 1980.

Thomson, Dale C. *Jean Lesage et la Révolution tranquille*. Éditions du Trecarré, 1984. 615 p.

Tremblay, Arthur, Robert Blais et Marc Simard. *Le ministère de l'Éducation et le Conseil supérieur : antécédents et création, 1867-1964*. Presses de l'Université Laval, 1989. 2 vol.

Trudeau, Pierre Elliott (dir.). *La grève de l'amiante*. Cité Libre, 1956. 430 p.

Ullmann, Walter. *The Holy War in Quebec : 1860-1890*. MA, University of British Columbia, 1956. 173 p.

Ventresca, Robert. *Soldier of Christ : The life of Pope Pius XII*. Harvard University Press, 2013. 432 p.

Vigod, Bernard L. *Taschereau*. Septentrion, 1996. 392 p.

Voisine, Nive. *Louis-François Laflèche, deuxième évêque de Trois-Rivières*. Edisem, 1980. 320 p.

Whitfield, Stephen J. *The Culture of Cold War*. JHU Press, 1996. 288 p. 4.

ARTICLES

Chouinard, Denis et Richard Jones. « La carrière politique de René Chaloult : l'art de promouvoir une politique nationaliste tout en sauvegardant son avenir politique ». *Revue d'histoire de l'Amérique française* 39, n° 1 (1985) : 25-50.

Dumas, Alexandre. « Le droit de vote des femmes à l'Assemblée législative du Québec (1922-1940) ». *Bulletin d'histoire politique* 24, n° 3 (2016) : 137-57.

Dupuis, Jean-Claude. « L'appel au chef : Groulx et l'action politique ». *Les cahiers d'histoire du Québec au XXe siècle*, n° 8 (automne 1997), 94-9.

Durocher, René. « L'histoire partisane : Maurice Duplessis et son temps vus par Robert Rumilly et Conrad Black ». *Revue d'histoire de l'Amérique française* 31, n° 3 (1977) : 407-26.

Ferretti, Lucia. « L'Église de Montréal (1900-1950) dans les Mémoires et les Thèses depuis 1980 ». *Études d'histoire religieuse* 59 (1993) : 105-23.

Hébert, Karine. « Une organisation maternaliste au Québec la Fédération nationale Saint-Jean-Baptiste et la bataille pour le vote des femmes ». *Revue d'histoire de l'Amérique française* 52, n° 3 (hiver 1999) : 315-44.

Martin, David. « What I Really Said about Secularisation ». *Dialog* 46, n° 2 (2007) : 139-52.

Rouillard, Jacques. « Aux sources de la Révolution tranquille : le congrès d'orientation du Parti libéral du Québec du 10 et 11 juin 1938 ». *Bulletin d'histoire politique* 24, n° 1 (2015) : 125-58.

Seljak, David. « Why the Quiet Revolution Was Quiet : The Catholic Church's Reaction to the Secularization of Nationalism in Quebec after 1960 ». CCHA, *Historical Studies* 62 (1996), 109-24.

Trifiro, Luigi. « Une intervention à Rome dans la lutte pour le suffrage féminin au Québec (1922) ». *Revue de l'Histoire de l'Amérique française* 32, n° 1 (1978), 3-18.

Turgeon, Alexandre. « Et si Paul Sauvé n'avait jamais prononcé le "Désormais…" ? ». *Revue d'Histoire de l'Amérique Française* 67, n° 1 (2013) : 33-56.

Index

Action catholique, L' (quotidien), 21, 37-8, 43, 52, 53, 79, 82, 107, 135, 154, 159, 163, 178
Action libérale nationale, 55-60, 74-5, 99, 131-4, 139, 141-2
Antoniutti, Ildebrando, 212, 224
Arcand, Adrien, 26-7
Archambault, Joseph-Papin, 53, 68, 121, 142, 161, 177, 181, 224
Arès, Richard, 235
Arsenault, Ernest, 93
Arsenault, Simon, 171-2

Beaudoin, Michel, 88
Bégin, Joseph-Damase, 185, 204, 209, 223
Bégin, Louis-Nazaire, 18-19, 21
Benoît XV, 150
Bercovitch, Peter, 22
Bernier, Paul, 29-30, 176, 203, 235-6, 240
Bertrand, Charles-Auguste, 111
Bertrand, Pierre, 53, 83
Bettez, Norbert, 163, 222
Bilodeau, Georges-Marie, 56, 141
Bloc populaire canadien, 177-9, 181, 182-83, 185-6

Boileau, Georges, 58
Bois, Honorius, 117-18
Boisseau, Lionel, 74, 183
Bouchard, Paul, 133, 136-7, 216
Bouchard, Télésphore-Damien (T.-D.), 43-4, 97, 111, 145, 149, 152, 158, 159, 161, 164-6, 180-1, 184, 185, 214
Boulanger, Oscar, 119-20, 122, 172
Bourassa, Henri, 21, 181
Bourassa, Ira, 234-5
Bourget, Ignace, 16, 17
Bouvier, Émile, 214-15, 231
Bruchési, Paul, 20-1, 114, 116

Cabana, Georges, 193, 198, 201, 216, 240
Calder, Robert Louis, 121
Caron, Alexis, 151
Casgrain, Léon, 160-1
Casgrain, Thérèse, 149-51, 154, 156, 157
Cassulo, Andrea, 45-6, 85-6, 92, 94, 102, 113-14, 118-19
Castonguay, Léonidas 67, 70, 128, 142

Chaloult, René, 99, 103, 105, 107-8, 116, 125, 127, 128, 139-43, 146, 159, 163, 168, 175-9, 182, 222-4, 228
Charbonneau, Joseph, 148, 157, 158, 168, 174, 175, 190, 207-8, 212, 215-16
Choquette, Philippe-Auguste, 83-4
Chouinard, Edgar, 53, 58, 135
Cliche, Léonce, 83, 122
Cloutier, Auréa, 234
Cloutier, Raoul, 104, 120, 130
Coderre, Gérard-Marie, 197, 198, 205-6, 231, 235
Comtois, Alfred-Odilon, 23, 24, 31-2, 34, 36, 50, 90, 160, 168, 174
Coonan, Thomas, 122-3
Côté, Omer, 207-8
Courchesne, Georges, 24, 62, 88, 102, 115, 162, 168, 193, 195, 202, 215-16, 223, 227
Couturier, Gérard, 196, 212

Dandurand, Raoul, 63
Dansereau, Georges-Étienne, 166
David, Athanase, 24-6, 30, 32-3, 36, 41-2, 46, 51, 81, 93, 97, 115
Decelles, Fabien-Zoël, 43-4, 97, 152-3, 165, 170
Desbiens, Jean-Paul, 240
Deschamps, Alphonse-Emmanuel, 30-1, 35, 43, 46, 63, 88, 91, 115
Deslauriers, Cyrille, 135
Desmarais, Joseph-Aldée, 43-4, 106, 140, 143, 184-5, 196, 197, 198-200, 213, 228-9, 241
Desnoyers, Anthème, 118, 123, 145

Desranleau, Philippe, 90, 148-9, 156, 163-5, 168, 169, 181, 196, 197-8, 209-10, 213
Desrosiers, Placide, 41
Devoir, Le (quotidien), 63-4, 79, 82, 107, 111, 127, 154, 167, 178, 191, 214, 227-9, 231
Dion, Gérard, 229-34, 235-6
Douville, Arthur, 152, 160, 161-2, 165-6, 169, 181, 184, 194, 203-5, 231
Drainville, Bernard, 251
Drouin, Oscar, 54, 76, 81, 121, 125, 128, 133, 136, 139, 143, 171-2
Dubois, Arthur, 101, 173, 215-16
Dugré, Alexandre, 223
Duplessis, Maurice, 32, 61, 80, 82, 96, 100, 103, 120-1, 141, 159, 163, 166, 167, 177, 180, 190-213, 234; alliés dans le clergé, 50-2, 72-4, 104-10, 126-7, 142-3, 182-5, 213-21; Rodrigue Villeneuve, 106, 111-18, 122-3, 144-5, 194, 234; vote des femmes, 149, 151, 153

École sociale populaire, 49-50, 56

Forget, Valmore, 61, 75, 102, 219

Gagnon, Henri, 80
Garant, Charles-Omer, 63
Gauthier, Georges, 30-1, 32-3, 37, 41-2, 91, 96-8, 102, 144, 161, 193; Adrien Arcand, 26-7; communisme, 44-6, 121-2; Maurice Duplessis, 50, 106, 115-17; écoles juives, 22-6; Université de Montréal, 33-4, 97, 115-16, 158

Gauthier, Odilon, 65-6, 103, 130
Genest, Omer, 207
Gignac, Joseph, 84, 135
Godbout, Adélard, 72, 98, 99, 118, 122, 132, 138-9, 141, 144-5, 148, 156, 161-4, 166, 172, 180, 185, 186-9; instruction publique, 158-60; Seconde Guerre mondiale, 167, 177; Université de Montréal, 157-8; vote des femmes, 149-54
Godbout, Archange, 45, 52, 55, 66-7, 79, 82, 85, 91, 93, 103
Giroux, M.-T., 34, 71, 73
Gouin, Paul, 52-3, 56-9, 61, 64-5, 74, 82, 100-2, 105, 107, 125, 132-4, 137, 139, 141, 142, 168, 177, 178, 185
Gravel, Médéric, 59, 73-4, 76, 128, 131, 176, 178
Gravel, Pierre, 56-7, 62, 64, 66, 69, 78, 81, 82, 85, 87, 89, 91, 99, 100, 101, 103, 107, 125, 128, 132-3, 134, 136-8, 140-1, 143, 147, 155-6, 166-7, 171-2, 181, 186, 213-14, 215, 216, 217, 220, 221, 223, 230, 233, 238, 240
Grégoire, J.-Ernest, 53-5, 64-6, 67, 68, 69, 70, 71, 75, 80-1, 82, 83, 90, 92, 98, 100, 103, 104-5, 107-8, 119, 120, 121, 123, 125, 126, 129-30, 135, 139, 142, 143, 182
Grenier, Joseph C., 51, 73, 74, 75
Grimard, Doria, 55, 56, 58, 59, 61, 64, 65, 74, 76, 100
Groulx, Henri, 158, 161, 185
Groulx, Lionel, 29, 90, 105, 126-7, 168, 174; Bloc populaire canadien, 177-8; René Chaloult, 139-41, 177, 222, 224; Maurice Duplessis, 73, 107-8, 126, 143; Adélard Godbout, 143, 177; Paul Gouin, 53, 76, 101, 132, 139; Parti national, 127-8

Hamel, Philippe, 52, 58, 64-6, 71, 72-3, 75-6, 77, 80-1, 92, 96, 100, 103-4, 107-8, 123, 125, 126, 127-31, 139-40, 143, 168, 175, 177-8, 182, 224
Harbour, Adélard, 63
Héroux, Omer, 79, 80, 127

Labrecque, Cyrille, 66, 71, 104, 123, 134-5, 136, 144, 182, 215-16, 231, 236, 238-40
Lacoursière, Laurent, 119, 129
Laflamme, Eugène, 39
Laflèche, Louis-François Richer, 17-20, 36, 50, 116
Lafortune, Albini, 81, 153, 181, 194
Lafrenière, Léo, 224
Laliberté, Maurice, 59, 67-8, 78, 86
Lamarche, Charles, 34, 37, 69, 88-9
Lamarche, Gustave, 143, 185-6, 221-2, 224
Lambert, Léon, 120, 161
Langlois, Joseph-Alfred, 88, 152, 160, 166, 168, 169, 197, 200-1
Lapalme, Georges-Émile, 211, 217, 221-2, 224, 227-8, 230
Lapointe, Ernest, 77, 119-20, 122, 137, 138, 143, 145, 150, 168, 170-2
Lapointe, Eugène, 128
Larivière, Nil-Élie, 110
Larochelle, Fernand, 219
Lasalle, Nazaire, 220

Laurendeau, André, 5, 174-5, 180-1, 184, 185, 213, 214, 227-8
Lavergne, Édouard-Valmore, 38-41, 43, 46, 52, 53, 54-5, 60, 67, 68-9, 71, 76, 77-8, 79, 81, 83-4, 85, 86, 87, 89, 91, 92-3, 100, 103, 107, 125, 134-6, 139, 143-4, 166, 170-3, 175, 178, 180, 186, 222, 223
Lavoie, Raymond, 233
Leblanc, Albini, 202, 231
Leclaire, Jean-Charles, 204
Leduc, François, 82, 117, 126-7
Léger, Paul-Émile, 193, 195, 198, 208-9, 215, 225, 231, 236, 240
Lemaire, Alcide, 57, 61, 70, 76, 105, 186
Lesage, Jean, 4, 238, 250, 252
Létourneau, Léon, 53, 71
Lévesque, Georges-Henri, 139, 162, 186, 221, 231, 245
Ligue pour la défense du Canada, 167-8, 174-6, 178-9
Limoges, Eugène, 169, 206, 213

Maheux, Arthur, 165-6, 173-4
Maltempi, Benedetto, 172
Martin, Albertus, 196, 201, 203, 216, 231
Martineau, Gérald, 202, 220
Maurault, Olivier, 105-6, 116, 158, 173
Melançon, Georges, 157, 168, 184, 195, 197, 202, 207
Mercier, Honoré (fils), 31, 44
Mercier, Jean, 140
Michaud, Charles, 54, 65, 77
Michaud, Jos.-D., 100, 132
Miville-Deschênes, Guillaume, 67, 81, 130
Mozzoni, Humbert, 121, 122

Nation, La (hebdomadaire), 133, 136-7

O'Neill, Louis, 229-34, 235-6

Palasis, frère, 129, 143
Panneton, Georges, 126, 182, 214, 216, 230, 233, 234, 238, 240
Papineau, Joseph-Arthur, 87, 88, 169, 195-6, 221
Paquet, Paul-Émile, 100, 127
Paquette, Albiny, 110, 114, 115-16, 117-18, 160, 184, 204-5, 206, 212, 220
Paquin, Léo, 51, 217
Parent, Alphonse-Marie, 222, 239
Parent, Eudore, 55
Parrot, Aurèle, 57, 74, 75, 81
Pelletier, Georges-Léon, 157, 195, 230-1
Perrault, Joseph-Édouard, 25-6, 30-1, 85
Perrier, Armand, 85, 165, 220-1
Perrier, Hector, 84-5, 91, 158-60, 185, 188, 208
Piché, Adélard, 133, 140, 223
Pie XI, 49, 136
Pie XII, 190, 212
Pilon, Gaston, 45
Pilon, Rémi, 58-9, 65, 70, 74, 103
Plante, Omer, 31-2, 37, 41, 55, 66, 69, 77, 82, 92, 115, 137
Pouliot, Jean-François, 230
Progrès du Saguenay, Le (quotidien), 79, 80, 154, 207
Province, La (hebdomadaire), 56, 100-1, 125, 131-3

Quirion, Alfred, 222

Racicot, Armand, 235

Raymond, Maxime, 174, 177-8, 182-3
Richard, Jean-d'Auteuil, 141-2, 175, 222-3
Richemont, Paul-Évrard, 215-16
Richer, Léopold, 79, 132, 174, 178
Robert, Arthur, 54, 98, 107
Rochefort, Candide, 66-7, 82
Ross, François-Xavier, 23, 24, 29, 32, 34, 102-3, 168-9
Rouleau, Raymond-Marie, 23-5, 31
Roy, Camille (Mgr), 54, 67, 173
Roy, Camille (député), 203
Roy, Élias, 75, 100, 119, 130
Roy, J.-Adalbert, 41, 66
Roy, Louis-Philippe, 79, 111
Roy, Maurice, 26, 193, 194, 195, 197, 202, 213, 235
Rumilly, Robert, 26-7, 103, 116, 121, 204, 216, 248

Sabourin, Armand, 174
Santerre, Eustache, 134-5
Sauvé, Paul, 193-4, 208, 234
Soleil, Le (quotidien), 38, 40, 71, 77-9, 89, 111, 136, 224
Surprenant, J.-M., 170

Talbot, Antonio, 184, 207, 210
Taschereau, Elzéar-Alexandre, 17, 18
Taschereau, Louis-Alexandre, 21, 24, 26, 28, 30-2, 35, 36-44, 46, 62, 67-8, 71-2, 80-6, 93, 96-8
Tessier, Albert, 73, 118, 126, 186
Therrien, Armand, 242
Turcotte, Jean-Claude, 3

Université de Montréal, 33-4, 97, 115-16, 157-8, 215

Vandry, Ferdinand, 220
Veilleux, Pierre, 73, 107, 133, 141
Vien, Léon, 65
Villeneuve, Rodrigue, 28-30, 62, 68, 71, 89, 102, 131, 134-8, 141, 148, 165, 180, 181, 193, 236; communisme, 45-4, 118-21; Maurice Duplessis, 106, 111-18, 122-3, 144-5, 194, 234; Adélard Godbout, 98, 144-5, 149, 152-6, 159-64; Seconde Guerre mondiale, 168-73, 175-6, 178; Louis-Alexandre Taschereau, 31-3, 37-8, 42-4, 80, 85-6, 96-7